珍藏本·增订本

纪念版

汉译世界学术名著丛书

资本积累论

〔德〕罗莎·卢森堡 著

董文琪 译

商务印书馆
SINCE 1897
The Commercial Press

Rosa Luxemburg

THE ACCUMULATION OF CAPITAL

汉译世界学术名著丛书
（120 年纪念版·珍藏本）
增订本出版说明

2017 年 10 月，为纪念商务印书馆创立 120 周年，本馆推出“汉译世界学术名著丛书”（120 年纪念版·珍藏本），计七百种。近五六年来，仰赖学界同人倾力支持，订正旧译，增补新译，拓展新著，积累日多。为满足读者需要，本馆在七百种的基础上，继续推出“汉译世界学术名著丛书”（120 年纪念版·珍藏本·增订本）三百种。至此，“汉译世界学术名著丛书”累计出版已达千种。

今后，本馆将继续推进丛书的翻译出版工作，在积累单本名著的基础上陆续分辑刊行，汇印出版。为促进中外文明互鉴、推动我国学术发展，使“汉译世界学术名著丛书”这项对我国学术文化有基本建设意义的重大工程发挥更大作用，诚望海内外学术界、翻译界继续给予支持，帮助我们把这套丛书出得更好。

商务印书馆编辑部

2024 年 2 月

汉译世界学术名著丛书
（120年纪念版·珍藏本）
出 版 说 明

2017年2月11日，商务印书馆迎来120岁的生日。120年前，商务印书馆前贤怀揣文化救国的理想，抱持“昌明教育，开启民智”的使命，立足本土，放眼寰宇，以出版为津梁，沟通中西，为中国、为世界提供最富智慧的思想文化成果。无论世事白云苍狗，潮流左右激荡，甚至战火硝烟弥漫，始终践行学术报国之志，无改初心。

迻译世界各国学术名著，即其一端。早在20世纪初年便出版《原富》《天演论》等影响至今的代表性著作，1950年代后更致力于外国哲学和社会科学经典的译介，及至1980年代，辑为“汉译世界学术名著丛书”，汇涓为流，蔚为大观。丛书自1981年开始出版，历时三十余年，迄今已推出七百种，是我国现代出版史上规模最大、最为重要的学术翻译工程。

丛书所选之书，立场观点不囿于一派，学科领域不限于一门，皆为文明开启以来，各时代、各国家、各民族的思想与文化精粹，代表着人类已经到达过的精神境界。丛书系统译介世界学术经典，引领时代思想，为本土原创学术的发展提供丰富的文化滋养，为推动中国现代学术和现代化进程做出了突出的贡献。

为纪念商务印书馆成立120周年，我们整体推出“汉译世界学术名著丛书”120年纪念版的珍藏本，寄望既利于文化积累，又便于研读查考，同时向长期支持丛书出版的译者、编者和读者致以敬意。

两甲子后的今天，商务印书馆又站在了一个新的历史时间节点上。我们不仅要铭记先辈的身影和足迹，更须让我们的步伐充满新的时代精神。这是商务人代代相传的事业，更是与国家和民族的命运始终紧密相连的事业。我们责无旁贷，必须做好我们这代人的传承与创造，让我们的努力和成果不仅凝聚成民族文化的记忆，还能成为后来人可以接续的事业。唯此，才能不负前贤，无愧来者。

商务印书馆编辑部

2017年10月

目　　录

第一篇　再生产问题

第二篇　问题的历史阐述

第一回合　西斯蒙第、马尔萨斯对萨伊、李嘉图、麦卡洛克

第一篇

再生产问题

第一章　我们的研究目标

当卡尔·马克思引起人们对社会总资本的再生产问题的关注时，他就对经济理论做出了长期、持久的贡献。重要的是，我们只在经济学历史上发现了两次精确阐述此问题的努力：一是魁奈（Quesney），重农学派之父，在这个问题上开始研究；二是马克思在该问题研究的最后阶段的尝试。在此期间，这个问题一直伴随着资产阶级经济学。不过，资产阶级的经济学家们从来没有意识到这个问题，没有从它自身层面、剥离相关和交叉的小问题的视角来认识它；他们一直无法精确地陈述它，更不用说解决它。既然这个问题至关重要，他们的尝试和努力都将有助于我们理解经济科学的发展趋势。

确切地说，是什么构成了总资本的再生产问题呢？“再生产”一词的字面意思是重复，即生产过程的更新。乍看之下，可能很难理解再生产的想法与我们都理解的重复在哪些方面存在差异　为什么需要这样一个全新的、陌生的术语。但就我们所要研究的重复而言，在生产过程的不间断重复中，存在着一些鲜明的特点。首先，再生产的经常性重复是经常性消费的基本必要条件，而经常性消费又构成任一历史形式中人类文明的前提。从这一角度来看，再生产的概念反映着人类文明历史的一个方面。除非有一定的先决条件，如工具、原材料和已经在生产的前一阶段得到建立的劳动，生产不可能得到恢复，也不会有再生产。然而，在人类文明的最原始水平，在人类力量超越自然的初始阶段，重新组织生产的可能性或多或少依赖于机会。由于狩猎和捕鱼是社会生存的主要基础，频繁的饥荒阻断了生产的经常性重复。在很早的时期，一些原始人就已经明白，为了让再生产成为一个经常发生的过程，一些措施必不可少；他们把这些措施融入宗教性质的仪式，然后以这种方式接受这些措施，并将其发展为传统的社会义务。因此，正如斯宾塞（Spencer）和吉伦（Gillen）的深入研究所告诉我们的，澳大利亚黑人的图腾崇拜根本不过是社会群体用来获取和保存其动、植物食品的一些办法。古往今来，这些防护措施被实施了一年又一年；如此逐渐被固化为宗教仪式。但只有伴随着耕耘的发明、家畜的驯养以及以消费为目的的畜牧业的发展，构成再生产本质的消费和生产周期才成为可能。就其对人类社会掌控自然的水平，或经济术语所谓的劳动生产率的预示而言，再生产并不只是简单的重复。

另一方面，在社会发展的各个阶段，生产过程都是以两个不同却又密切关联的要素——技术和社会条件——的延续为基础，以人与自然、人与人之间的确切关系为基础。再生产对这些条件的依赖程度相同。我们已经看到再生产是如何与人类工作技术的条件相关联，在何种程度上纯粹是一定水平的劳动生产率的结果；然而在每种情形下，流行的社会生产形式居然都起着决定性作用。在原始的共产主义农业群落中，再生产与所有的经济生活计划一样，由全体劳动者和他们的民主机构决定。劳动的再投入决定，劳动的组织，作为劳动基本前提的原材料、工具和人力的供给，再生产的安排及其规模的确定，都是群落范围内每一个体都参与的有计划合作的结果。在以奴隶劳动或苦役为基础的经济体系中，再生产的严密运行与控制依靠人际间的统治关系实现。在这里，再生产的数量取决于统治精英所持有的对大、小范围内他人劳动的处置权力。只要略略扫视某些显著的现象，就可以看到在以资本主义方式组织生产的社会中，再生产呈现出一种特殊的形式。在历史已知的其他社会中，只要其前提条件，如现存的生产工具和劳动允许，再生产就会按照一定的顺序发生。作为一个规则，只有外部影响，如毁灭性的战争或大瘟疫，它们造成大片前文化生活范围的人口剧减，从而破坏大量的劳动和生产积累方式，能够或长或短地完全中断再生产或严重缩减再生产。生产计划的专制组织有时也会造成相似现象。当古埃及法老的意志几十年锁住千万农夫建造金字塔，当近代埃及的伊斯梅尔·帕夏(Ismail Pasha)强征两万农夫在苏伊士运河劳动；或者大约在公元前200年，当秦始皇——秦王朝的创始人，听任40万人死于饥饿和疲惫，如此牺牲整整一代人以实现其巩固中国北部边境长城的目的时，总是出现大量的良田荒芜、正常的经济生活长时间被打乱的结果。在所有这些情形下，再生产被中断的原因显然在于那些当权者片面决定再生产计划。

依据资本主义方式生产的社会呈现出不一样的景象。我们观察到，在某些时期，再生产的所有要素，不管是劳动力还是生产工具均可获得；然而社会对消费品的一些基本需要却未得到满足。我们发现，尽管具备这些资源，再生产也可能在某种程度上被延缓或削减。在这里，并没有暴君干预经济计划，而这些经济计划却造成了生产过程中的困难。撇开所有的技术条件，再生产完全地依赖于社会因素：只有那些有着确定的销售预期，而且不仅是能被出售，还要以惯常利润被出售的产品才会被生产出来。于是，利润成了目的本身，成了不仅决定生产，还决定再生产的关键性因素。利润不仅决定着工作在每种情形下如何被安排、被落实以及产品如何分配，而且还决定着在每个工作周期结束的时候，是否继续劳动过程，如果是，那么在何种程度与方向上进行。①

由于这些纯粹的历史和社会因素，作为一个整体，资本主义社会的再生产过程构成了一个独特且最为复杂的问题。正如我们将要看到的，是一个外部特征展现了资本主义再生产过程的具体历史特点。它不仅包括生产，还包括流通（交换过程）的过程，并将这两个要素结合在一起。资本主义的生产是一个主要由无数缺乏计划管制的私人生产者所构成的生产。这些生产者之间的唯一社会联系就是交易行为。除了上一劳动周期的经验以外，再生产并无其他线索去估算社会需求。而那些经验不过是个人生产者的私人经验，也没有被整合进一个全面的、社会化的形式。此外，它们并不总是积极、直接地反映社会需要。相反，由于只以显示商品生产数量是超出还是不足于有效需求的价格波动为基础，它们的反映往往是间接的和消极的。但个体私人生产者在重新组织再生产时，会普遍利用上一劳动周期的经验，以至于在下一周期又注定再次出现供给过剩或短缺。由于生产的个体机构可以独立发展，因此有可能在一个机构出现剩余，而在另一个出现不足。不过，因为几乎所有的个体

① 如果生产具有资本主义形式，那么，也将是再生产。（《资本论》，第一卷，第578页）

生产机构都在技术上相互依存，一些大型机构出现的过剩或短缺现象也将在其他的多数机构同样出现。这样，相较于社会需求，产品的总供给就会在剩余与短缺之间周期性地更替。

这其中就存在着资本主义社会再生产中不同于其他已知生产方式的鲜明特点。首先，每一个生产机构多少都在一定限度内独立发展，以致形成持续时间长短不一的周期性生产停顿。其次，个体再生产机构对社会需求的偏离，最终会发展成全面的脱节，并由此导致再生产的整体中断。资本主义再生产的这些现象尤为独特。除非有外部的暴力干预，其他所有经济系统中的再生产都是无间断地运行于其正常轨道。而资本主义再生产，借用西斯蒙第（Sismondi）的名言，只能被形容为一个连续的个体循环结果。每一个这样的循环都始于一个日益变大且最终确实变得很大的小环。然后，它们萎缩，再有一个新的循环从小环开始，不断重复着这样的图形直至中断点。这种从再生产的最大规模到部分停顿的萎缩之间的周期性波动，这种所谓的萧条、繁荣和危机循环，就是资本主义再生产中最引人注目的特点。

不过，重要的是，自一开始就必须相当坚定地承认，这个繁荣、衰退、危机的周期性运动并不能代表资本主义再生产的所有问题，尽管它是其中的基本内容。周期性的循环和危机是资本主义经济制度下再生产的特殊阶段，却并非这一过程的全部。为了论证资本主义再生产的纯粹含义，我们不得不脱离开周期性的循环和危机来对其进行考察。这看似奇怪，但其方法却相当理性，的确是唯一合乎科学性的研究方法。为了论证和解决纯价值问题，我们必须将价格波动置于考量之外。总是试图通过讨论供求波动来解决价值问题是庸俗经济学的方法。从亚当·斯密（Adam Smith）到卡尔·马克思（Karl Marx）的古典经济学家，则采用相反的方法来应对此问题，他们指出供求间相互关系的波动只能解释价格与价值之间的差异，而非价值本身。为了找到一种商品的价值，我们必须从一开始就假定供给和需求处于均衡状态，商品的价格与价值彼此密切对应。这样，科学的价值问题正好始于供给和需求停止发挥作用的那一点。

由于周期性的循环和危机，资本主义再生产规则性地围绕着社会有效需求的水平波动，有时超出、有时低于该水平，甚至偶尔萎缩至几近完全停止再生产的地步。但是，如果我们以更长时间来考察一个交替出现繁荣与萧条、激增与暴跌阶段的完整循环，也就是说，如果我们以再生产的最高和最低数量，包括停顿阶段对其进行考察，就可以用激增抵消暴跌并得到一个平均值，即该完整循环再生产的平均数量。该平均数不仅是一个理论上的构想，也是一个真实的客观存在。因为尽管在循环的进程中存在着急速的增长或下降，尽管有危机，但社会需要总是多多少少得到满足，再生产的复杂进程得以继续进行，生产能力也不断向前发展。撇开循环和危机，这一切是如何发生的呢？这才是真正问题的开始。如同企图用供求波动来解决价值问题一样，企图用危机的周期性特点来解决再生产问题，也是庸俗经济学的一个基本手段。不过，我们即将在观察中看到，只要经济理论开始涉及再生产问题，只要它至少开始猜测这个问题，就会表现出一个固执地将再生产问题突然转化为危机问题的倾向，于是阻断其自身对该问题的解决之路。当我们在后面的论述中谈及资本主义再生产时，将会通过生产率的平均规模，这

一发生于循环内不同阶段的平均数来进行理解。

现在，资本主义再生产的总量由一个无限且不断变化的私人生产者的数量所创造。他们彼此独立生产，除了观察价格波动以外，这里没有社会控制——抛开商品交换，个体生产者之间不存在任何社会联系。问题是这些无数的、无关联的运作如何产生真实的生产总量。这一问题的概况确实作为一个重要问题立即打动了我们。但是，如果我们如此处理这一问题，就会忽略这样的事实，即这些私人生产者并不是简单的商品生产者，而在本质上是资本主义生产者；社会的总产量不单纯是以满足社会需求为目的的生产，同样也不仅仅是商品的生产，而在本质上是资本主义生产。

让我们以这个事实重新审视我们的问题。一个不仅生产商品还生产资本的生产者，必须以创造剩余价值为首要之事。资本主义生产者的终极目标，他的主要动机，是生产剩余价值。从他所制造商品产生的收益，不仅要补偿他的所有支出，还必须额外给他带来与他的那部分支出不相符的价值，也就是纯利润。如果从创造剩余价值的角度思考生产过程，我们就可以看到资本家所垫付的资本被分为两个部分：第一部分代表他在生产工具，如厂房、原材料、半成品和机器方面所支付的费用。第二部分用于发放工资。即使资本主义的生产者自己并不清楚，尽管他可以用固定资本和流动资本等虔诚的素材来哄骗自己和欺瞒世界，这种划分方法还是适用的。马克思把第一部分称为固定资本。固定资本的价值不会因其在劳动过程的被利用而发生改变，它会全部转移入制成品。第二部分被马克思称为可变资本。可变资本会产生附加价值，当未获支付的劳动成果被侵占时，这一价值就实现了。构成每一个经由资本主义方式生产的商品的价值的各种成分可用公式表示为：$c+v+s$。在这个公式中，c 代表着被划入生产资料的不变资本的价值，并被转移到商品中，v 代表的是以工资形式垫付的可变资本的价值，而 s 则代表剩余价值，即工资劳动中无偿部分的附加价值。不管我们考察的是单个商品或商品总量的全部，不管我们考察的是棉制品或芭蕾舞演出、铸铁管或自由主义的报纸，每一类物品都显示了价值的这三个组成部分。因此，对于资本主义的生产者而言，商品制造本身并不是目的，而仅仅是一种占用剩余价值的手段。不过，只要这种剩余价值依然隐藏在产品的商品形态中，对资本家就不具有意义。商品一旦被生产出来，就必须被出售，必须被转化为纯价值形式，即变成金钱。所有被融入商品中的资本开支都必须蜕去其商品形态，以金钱的方式归还给资本家从而使这种转化成为可能，结果令其能以现金的方式占有剩余价值。只有在该转化成功时，在商品的总量已据其价值被出售后，生产的目的方能实现。商品销售的这一收入，即通过出售商品所获得的金钱，与原来的商品总额一样，也包含着同样的价值组成部分，也能用同样的 $c+v+s$ 公式表示。c 部分补偿资本家所垫付的已耗用的生产资料，v 部分补偿他所垫支的工资，最后一部分，s 则代表预期的剩余，以现金表示的资本家的净利润。[①]

资本从它的最初形态，从一切资本主义生产的起点，转化为死的和活的生产资料，如原材料、工具和劳动；通过活的劳动过程，

① 在我们的论述中，剩余价值就等于利润。对于生产整体而言，这是对的，也只有它在我们后面的观察中是重要的。目前，我们暂不讨论剩余价值被进一步分成企业利润、利息和地租，因为这样的细分对再生产问题无足轻重。

进一步转化为商品；及最后转化为金钱，甚至比其在初始阶段更多的金钱——不过，资本的这一转化并不仅仅是生产和占有剩余价值的要求。资本主义生产的目标和动机不是一个按照所希望数量占有的简单、纯粹的剩余价值，而是一个数量不断增长的、无限度的剩余价值。然而，要实现这一目的，同样的魔术手段，即资本主义的生产方式必须被一再地使用——在商品制造和随后的所生产商品的出售过程中，反复地占有无偿劳动的收益。

因此，一个非常新的动机，一个其他生产系统都不具有的动机，被赋予了不断更新的生产，被赋予了作为资本主义社会常规现象的再生产过程。在为历史所知的每一个其他经济制度中，再生产取决于社会对消费品的连续不断的需要，而不管这些需要是农业和共产主义市场共同体中所有工人以民主方式决定的需要，或是奴隶劳动或苦役及类似经济中社会敌对阶级专制干预而来的需要。然而，在一个资本主义生产制度中，并不是社会需要驱动着唯一起作用的个体私人生产者。他的生产完全取决于有效需求，即便这对他而言，不过是一种实现不可或缺剩余价值的手段。他的真实动机是占有剩余价值，当我们看向其真实动机时，就会发现为满足有效需求而生产消费品只是一种迂回占有剩余价值的方式，尽管这对于个体资本家而言，也是一个必要的规则。占有剩余价值的这一动机，也促使他反复投入再生产。对剩余价值的生产把社会必需品的再生产变成了永动机。只有在上一周期的产品，即商品，已经被出售，也就是转换成金钱时，再生产本身才能明显地被恢复；因为货币形态下的资本，即纯价值形式的资本，必须始终是资本主义制度下再生产的起点。由此可以看出，对于资本主义生产者而言，再生产的第

一个条件就是成功出售上一生产周期所生产的商品。

现在，我们来看看第二个要点。在一个私人经济制度下，是个体生产者自己斟酌决定着再生产的规模。他的主要动机是占有剩余价值，甚至还要尽可能快地增加占有。对剩余价值的加速占有，则需要资本生产的增加来产生这些剩余价值。这里，一个规模大的企业在各方面获得的优势都胜过一个小企业。总而言之，资本主义的生产方式不仅能为一般的再生产提供永久的动力，还能为它的扩张，即一个规模更大的再生产提供激励。

不仅如此。资本主义的生产方式不止唤醒了资本家对剩余价值的渴望，而令其陷入无休止的扩大再生产。扩张在事实上演变为一个强制法，一种令个体资本家存在的经济条件。在竞争规则下，商品的廉价成了个体资本家在市场争夺一席之地的最有力的武器。现在，所有降低商品生产成本的方法最终都会永远地导致生产的扩张，除了那些仅以实现具体的剩余价值增长率为目的而采取的降低工资和增加劳动时间之类的措施。至于后面提到的这些措施，往往更易遭遇各种障碍。在这方面，相比中小企业，大企业总是拥有各种优势。从厂房或设备的节约、更有效生产工具的应用、机器对人力劳动的广泛替代，到快速利用有利的市场机会以廉价获取原材料，这些都是大企业的优势。在极大的范围内，这些优势伴随着企业的扩张同比例增长。因此，只要少数资本主义企业被扩大，竞争本身就会迫使所有其他企业同样地扩张。扩张成为生存条件。一个以不断增长的规模组织再生产的趋势，像浪潮一般自动地在日益拓展的再生产平面伸展。

扩大再生产并不是资本的新发现。相反，它自远古以来就是

每一种呈现了经济和文化进步的社会的规则。当然，在长时间的社会历史中，也的确可以观察到，像以往那样仅在同等规模下作为生产过程中的持续复制的简单再生产。例如，在古老的农业和乡村公社中，人口的增长并没有带来生产的不断扩张，而是令新一代被驱逐出来，然后成立同样狭小和自给自足的聚居地。印度和中国的古老小手工业单位提供了相类似的例子，这些例子反映的是代代相传的、于同等形式和规模下展开的传统生产竞争。不过，在所有这些情况下，简单再生产都是一般经济和文化停滞的根源与显著标志。没有扩大再生产，就不会有生产中的重大进步，不会有东方的水利事业、埃及的金字塔、罗马的军用道路、希腊的艺术和科学或中世纪的手工业和城市发展等文明纪念物，因为重大文明进步的基础和社会动力完全在于逐渐超越当前需要的生产扩张和不断增长的人口及其需求。

如果没有扩大再生产，尤其不能想象带来阶级社会的交换及其进入资本主义形态的社会发展。再者，资本主义社会中的扩大再生产具有明确的特点。正如我们已经提到的，对于个体资本家而言，它立马就成了一个强制法。资本主义的生产方式并不排除简单甚或倒退的再生产；事实上，这也是为什么周期性的危机现象会在繁荣年代尾随同样周期性的过度再生产扩张阶段出现。若不考虑周期性波动，再生产的一般趋势则总是扩张的。对于个体资本家来说，不能及时跟进这一扩张则意味着退出竞争努力，意味着经济上的死亡。

此外，还必须将其他方面纳入考量。扩大再生产的概念只适用于产品的数量、所生产物品的总量。只要生产完全或主要依赖自然经济，消费就决定着个体劳动过程的程度和特性，以及作为自身目的的一般再生产的程度和特性：这适用于印度的农业和乡村公社，适用于拥有奴隶劳动经济的罗马庄园，以及以徭役为基础的中世纪封建农庄。但资本主义经济制度中的景象是不同的。资本主义生产不是为了消费而生产，而是为了创造价值而生产。整个生产与再生产过程，都被价值关系控制。资本主义生产不是生产消费品，也不仅仅是生产商品：它最要紧的是生产剩余价值。从资本家的视角来看，扩大再生产就是扩大剩余价值的生产，虽然它以商品生产的形式发生，并在最后导致消费品的生产。再生产进程中的劳动生产率的变化，导致这两个方面不断发生矛盾。如果生产率上升，同样数量的资本和剩余价值会代表不断增加的消费品数量。被理解为创造更多数量的剩余价值的扩大生产，并不因此必然地指向资本主义意义上的扩大再生产。相反，在一定限度内，资本可以通过更严酷的剥削，如削减工资等获得更多的剩余价值，实际却未生产更多的商品。但在这两种情况下，剩余价值都具有两个层面：它是价值的数量，同时也是实物产品的总量。而在资本家看来，它在这两个层面的要素却是一样的。

作为一项规则，不管资本家的剩余价值是用于扩展一个老企业，还是建立一个新企业、一个独立的分支机构，这些增加的剩余价值生产都来自通过在初始资本中增加所占有的部分剩余价值而带来的资本增加。于是，资本主义的扩大再生产就获得了通过不断的剩余价值资本化，或如马克思所说的资本积累实现资本增加的具体特点。

在资本的控制下，资本扩大再生产的一般公式因而运行如下：

$c+v+\frac{s}{x}+s'$。在这里，$\frac{s}{x}$代表着上一生产周期中所占有的剩余价值的资本化部分；s'代表着由资本增加所创造的新的剩余价值。新剩余价值的若干部分又将被资本化，因而从资本家的视角来看，扩大再生产就是一个恒定流动的、交替性占有和资本化剩余价值的过程。

不过，到目前为止，我们只是论及了再生产的一般和抽象的公式。现在，让我们更周密地考察应用这一公式所必需的具体条件。

当其成功地在市场上摆脱了自己的商品形态后，已被占有的剩余价值就表现为一笔给定数额的金钱。金钱形式是它的绝对价值形式，是它的资本生涯的开始。但由于无法用金钱创造剩余价值，因此它不能以这种形式突破自己的职业门槛而向前进。资本必须具有商品形式，如此才能令其专用于积累的特定部分可以被资本化。也只有以这种形式，它才能变成生产性的资本，更确切地说，就是资本产生新的剩余价值。所以，像初始资本一样，它也必须被再分为两部分；固定部分，包括无生命的生产资料；可变部分即工资。只有这样，我们的 $c+v+s$ 公式才能适用于它，如同适用于原有的资本。

除了良好的积累意图，资本家的节制和禁欲并不足以实现这一目标，那些节制和禁欲促使他将剩余价值的较大部分用于生产而不是浪费于个人奢侈品。相反，他必须在商品市场上找到具体的形式，这形式是他打算赋予自己的新剩余价值的。首先，他必须取得为其所选择和计划的生产部门需要的重要的生产资料，如原材料、机器等，这样才能使相当于他的不变资本的那部分剩余价值获得生产形态。其次，另一部分，即他的剩余价值的可变部分也必须是可转化的，这一转化必须有两个基本要素：第一重要的是劳动力市场必须能够提供数量充足的额外劳动力；第二，由于工人不能只以金钱为食，商品市场也必须提供额外数量的食物，这些食物是新近被雇用的工人用他们将从资本家那里得到的剩余价值的可变部分来交换的。

所有这些前提都具备后，资本家就可以把他货币化的剩余价值投放到工作中，让它作为运营资本产生新的剩余价值。但是他的任务还没有完全实现。新的资本及其所产生的剩余价值还都暂时以额外数量的这种或那种商品的形式存在。在这种形式下，新的资本只是垫付的，它所创造的新剩余价值依然停留在一个对资本家没有用处的状态。新的资本及其所创造的剩余价值，都必须抛弃它们的商品形态，重新获得纯粹的价值形式，然后以金钱的形式归属于资本家。除非这一过程被顺利完成，否则将完全或部分地失去新的资本和剩余价值，剩余价值的资本化也将失败，这里也不会有积累。对资本的积累而言，至关重要的是新资本所创造的大量商品在市场为自己赢得一席之地并实现销售。

如此，我们可以发现，在资本主义制度下，作为资本积累的扩大再生产与一系列的特殊条件息息相关。让我们更仔细地看看这些条件吧。第一个条件是生产必须创造剩余价值，因为剩余价值是在资本主义条件下，令生产增长成为可能的基本形态。在决定资本家和工人于商品生产中的关系时，整个生产过程必须服从这一条件。一旦给出了第一个条件，第二个则是剩余价值必须被实现，以转化为金钱的形式实现，从而使它能以扩大再生产的目的被占有。

第二个条件就这样把我们引向商品市场。在这里，交换的风险决定着剩余价值今后的命运，从而也决定着再生产的未来。第三个条件是：假设所实现的部分剩余价值以积累的目的被加入资本，这种新的资本必须首先获得自己的劳动和无生命的生产资料的形式。而且它已经用于劳动交换的部分必须被转化为工人的食物。由此，我们又被引向劳动市场和商品市场。如果所有的这些要求都得到了满足，商品的扩大再生产也已经发生，那么就必须加上第四个条件：代表着新资本和剩余价值的额外数量的商品必须被实现，也就是被转化为金钱。只有这一转化是成功的，才可以说资本主义扩大再生产已真正实现。最后这一条件又把我们带回到商品市场。

因此，资本主义的生产和再生产意味着生产地点与商品市场之间的不断转移，意味着从私人办公室和工厂到商品市场的穿梭运动，其中，工厂是严格排除未获授权人员、将个体资本家的独立意志视为最高法律的地方，而在商品市场则任何人都不能创设法律、任何意愿与理智都得不到专行。但正是商品市场的放纵和无政府状态令个体资本家深刻地认识到他对社会、对社会的生产和消费整体的依赖。为了扩大再生产，个体资本家需要额外的生产资料、劳动力和提供给工人的食物，但他能否得到所需要的东西，在某种程度上取决于他无法控制的、在他背后发生的因素和事件。为了实现他已经增加的产品整体，个体资本家需要一个更大的市场来销售他的货物，但他无法控制无论是一般需求，或是对他独有的物品的特殊需求的实际增长。

我们在这里所列举的条件，都反映了消费与私人生产之间的内在矛盾以及它们的相互社会关系，这些条件都不是新的，也不只是在再生产阶段才变得明显。这些条件揭示了内在于资本主义生产的一般矛盾。但就再生产过程，它们因下列原因涉及一些特殊的困难。关于再生产，特别是扩大再生产，资本主义生产方式不仅揭示了它一般的基本特征，而更为重要的是它显示了一个于不同的生产时期、在连续进展中的明确节奏——个人意愿的独特的相互作用。从这一点看，我们必须以一种普遍方式来探讨，虽然没有任何社会控制，也没有协调生产和需求的计划，每一位个体资本家是如何有可能在市场上找到生产资料和为了实现他所生产的商品而需要的劳动。对这个问题的回答，可以说是资本家因竞争而强化的对剩余价值的贪婪以及资本主义剥削的自动效果，导致每一种商品包括生产资料的生产；也可以说是日益增多的无产阶级化的工人阶级通常足够资本利用。另一方面，计划在此方面的匮乏反映在这一事实中，那就是所有领域的供求平衡，只能通过不断的偏离、即时的价格波动以及市场情势的周期性危机和变化来实现。

从再生产的角度来看，问题是不一样的。如何让市场对劳动和生产资料的无计划供应，以及需求中无法预料和估量的变化，仍然有可能提供适当数量和质量的生产资料、劳动和个体资本家所需要的销售机会呢？如何才能确保这些要素中的每一个都以适当比例增长呢？让我们更准确地讨论这一问题。根据我们所熟知的公式，让个体资本家的生产构成被表述为 $40c+10v+10s$ 的比例。他的不变资本于是四倍于他的可变资本，而利用率是 100%。商品总量因而以价值 60 来表示。现在让我们假设，资本家处在这样一个位置，即将他一半的剩余价值资本化并添加到预定结构中的原有资本。在这种情况下，下一个生产周期将适用 $44c+11v+11s = 66$ 的公式。

现在让我们假设，在若干年内，资本家连续每年把一半的剩余价值转化为资本。为了这个目的，不能只要求生产资料、劳动和市场大体唾手可得，他还必须找到这些要素的比例，这一比例与他在积累方面的进展高度一致。

第二章　魁奈和亚当·斯密对再生产过程的分析

迄今为止，我们对再生产的调查仅仅考虑到个体资本家：他是它的典型代表，是它的代理人，因为再生产的确完全是由单个的资本主义的企业实现的。这样的探索已经告诉我们，这一问题包含诸多争论。但当我们将注意力从单个资本家转移到资本家整体时，这些争论将上升到异常程度，甚至变得更加复杂。

表面的观察就足以说明：资本主义再生产作为一个社会整体，绝不应简单地被视为所有个体资本家单独的再生产过程的机械加总。例如，我们已经看到，个体资本家扩大再生产的基本条件之一就是他在商品市场销售机会的相应增长。但是个体资本家既不因市场吸收能力的绝对增长，也不作为一个市场竞争结果，以其他个体资本家为代价而永远进行扩张。因此，一个资本家赢取的可能是另一个或其他很多资本家曾在市场拥有却必须被记作损失的东西。这一过程可使一个资本家的再生产扩大至一定数量，而这个数量却是其他人被迫因损失限制自己再生产的数量。一个资本家可以因其他资本家连简单再生产都无法实现而着手扩大再生产。同样，一个资本家可通过利用另一个资本家的破产，即部分或全部地退出再生产而释放出来的劳动和生产资料去扩大再生产。

这些常见现象证明，作为一个整体的社会资本的再生产与个体资本家被提高到第 n 度的再生产是不一样的。它们显示，个体资本家们的再生产活动无休止地彼此交错，且或多或少地相互抵消。

因此，我们在考察资本主义总体再生产的规律和作用机制之前，必须从整体上对资本再生产的概念进行界定。我们必须提出这一问题：是否可能从不断运动着的个人资本——时刻根据无法控制的、不可估量的规律变化，有的以平行线路运行，有的相互交错和抵消——的无序混乱中推导出类似总体再生产的东西？确实能把社会总资本看作一个实体吗？如果可以，这一概念的真正意义是什么？这是在科学探讨再生产规律时，第一个不得不关注的问题。在经济理论和资产阶级经济学的初创时期，魁奈，重农学派的创始人，以古典学派的无畏和简明来进行这一问题的研究，并理所当然地认为总资本是一个真实、活跃的实体。在其名著《经济表》中——该书如此复杂以至于在马克思之前无人能够读懂，魁奈认为必须从商品交换的方面，也就是作为流通过程来考察总资本的同时，用一系列数字展示了总资本再生产的各个阶段。[①]

在魁奈看来，社会包含三个阶级：农业的生产阶级；所有在农业范围外活动的不生产阶级——工业、商业和自由职业者；最后是地主阶级，包括君主和什一税税吏。一个国家的总产品由生产阶级

① “魁奈的《经济表》说明……某一年中，总计为一定价值的国民生产结果如何被通过流通这样方式的分配，令……再生产发生……无数的个体流通行为立刻被用它们特有的社会大众运动的方式看待——大的依据经济功能所划分的社会阶级之间的流通。”（《资本论》，第二卷，第414页）

以价值50亿金法郎的食物和原材料集合的形式生产出来。在这一总额中，20亿代表着每年的农业生产成本，10亿代表着每年的固定资本损耗，其他20亿则是归属地主的净收益。除了这些总产值以外，在资本主义条件下被视为佃农的农业生产者手里有着20亿金法郎。现在，流通开始以这样的方式发生：佃农阶级付给地主20亿金法郎作为租金（作为早期生产阶段的成本）。有了这笔钱，地主阶级可以花10亿从佃农那里购买食物，剩下的10亿向不生产阶级购买工业产品。佃农再用流回到他们手里的10亿购买工业产品。于是，不生产阶级用他们手中的20亿购买农产品：10亿买原材料及其他物品以补充每年的运营资本，剩下的10亿买食品。因此，资金最终还是回到它的起点，佃农那儿；产品在所有的阶级之间进行分配，以使每个人都能参与消费；不生产阶级和生产阶级的生产资料都得到了更新，地主阶级也获得了自己的收益。再生产的前提均已出现，流通的条件也都得到满足，再生产就可以按照它的常规路径重新启程了。[①]

不久，我们将会在考察过程中发现，这一阐述虽然闪耀着天才的光辉，但依然是粗陋且有缺陷的。不管怎样，我们必须在这里强调，站在科学的经济学大门前的魁奈，丝毫没有怀疑论证社会总资本及其再生产的可能性。另一方面，与重农主义者观念中清晰且全

① 参见杜邦（1766）的《经济表分析》，载于《农业、贸易和财政杂志》，第305页，及其后的翁肯（Oncken）版的《魁奈传》。魁奈明确地表示，他所描述的流通以两个条件为基础：无限制的贸易和一个仅对地租课税的税收制度："然而这些事实有着不可或缺的条件，即贸易自由能让产品以一个良好的价格出售……并且，除了这个收入以外，农民不需要再支付任何直接或者间接的费用，而这个收入的一部分，假设是七分之二，必须构成君主的税收。"（上述提及作品，第311页）

面的概述相比，亚当·斯密虽对资本间的关系做出了更为深邃的分析，但却像是设置了一个迷宫。由于对价格的错误分析，斯密颠覆了科学论证整个资本主义过程的所有基础。对价格的这一错误分析长期统治着资产阶级经济学；该理论认为，虽然商品的价值代表着生产它时所投入的劳动数量，但价格却仅包含三个要素：劳动的工资、资本的利润和地租。

很显然，这也必须同样适用于商品总体，即国民产值，因此我们就面临着一个惊人的发现：尽管通过资本主义方式制造的整体商品的价值代表着所有的工资支出及资本的利润和地租，也就是剩余价值的总和，并因此而补偿所有，但是在价值的组成中，却没有与生产中所耗用的不变资本相对应的部分。对于斯密而言，$v+s$ 就是表示整体资本主义生产价值的公式。以谷物为例，斯密如下论证自己的观点：

“这三个部分（工资、利润和地租）似乎直接或最终构成谷物的整体价格。如果必须偿还农民的资本，或者补偿他的劳作牲口及其他农用工具的损耗，就有可能要考虑第四部分。但必须提及的是，任一农用工具，如一匹劳作的马的价格都同样由三部分组成：土地的租金、饲养费——即照看和饲养它的劳动，以及垫付了这一土地租金和劳动工资的佃农的利润。因此，尽管谷物的价格可以支付这匹马的价格和持有它，但整体价格依然被直接或最终地分解为地租、劳动和利润这三个相同的部分。”[①]

① 亚当·斯密：《国富论》，第一卷，第 86—88 页（McCulloch, Edinburg, London, 1928）。

正如马克思所指出的，斯密以这种“四处游离”的方式再三把不变资本分解为 $v+s$。不过，他偶尔也会起疑，并不时地陷入相反的观点。在第二卷书中，他说：

“在第一卷书中已说明，大部分商品的价格被分解成三个部分，其中的一部分支付劳动工资，第二部分是资本的收益，第三部分是用于生产和将产品运往市场销售的土地的租金……既然对于每一个特殊的商品而言，都分别如此，那么，对于构成每个国家的劳动和土地的全部年产物的所有商品而言，也全都应如此。那些年产物的总价格或交换价值必须被分解为相同的三个部分，分配给该国不同的居民，或作为他们的劳动的工资、资本的利润和土地的租金。”[1]

在这里，斯密犹豫了并且立即给出如下解释：“虽然每个国家的劳动和土地的年产物的总价值被如此分配给该国的不同居民，并构成这些居民的收入，但正如我们将私人地产的租金划分为总租金和净租金一样，我们也应如此对待一个大国的所有居民的收入。

“私人地产的总租金包括支付给农民的部分；净租金则是扣除管理、维修及其他必要费用之后留给地主自由支配的部分；或者说，他能够放入为直接消费所留存的储备中，或花在手表、马车、房屋装饰和家具以及他的个人享受和娱乐上，而不至于损害他的地产的部分。他的真实财富并不是跟他的总租金，而是跟他的净租金有着比例关系。

“一个大国的所有居民的总收入包括其土地和劳动的全部年产物；纯收入则是扣除完所有的维持费用，先是他们的固定资本，再

① 亚当·斯密：《国富论》，第二卷，第 17—18 页。

是他们的流通资本后，留给他们自由支配的部分；或者说，他们能够放入留存储备用于直接消费，或花在食物、舒适及娱乐上，而不至于侵蚀他们财富的部分。他们的真实财富同样不是与总收入，而是与纯收入有着比例关系。”[①]

在这里，斯密引进了与不变资本相对应的价值部分，但却在下一刻通过把它分解为工资、利润和地租而抛弃了它。最后，这件事中断于如下的解释：

“既然那些构成了个体和社会的固定资本的贸易中的机器和工具等物品，不构成总收入或纯收入的组成部分，那么，通过社会总收入在不同成员之间常规性分配的资金，本身也不构成收入的任何部分。”[②]

不变资本，即亚当·斯密的固定资本，就这样被放在与资金相同的层次，也没有被计入社会的总产出，或者说总收入中。它不曾作为价值因素在总产品中存在。

因为石头里不能挤出血，所以流通，即以这种方式组成的总产品之间的双向交换，只能导致工资(v)和剩余价值(s)的实现。但是，由于它不能以任何方式补偿不变资本，连续的再生产显然也就无法成为可能。斯密其实非常明白，也没有打算去否认这一点，即除了工资基金，也就是他的可变资本以外，每一个私人资本家都需要不变资本来运作企业。然而，上述对商品价格的分析却在开始整体性关注资本主义生产时，让不变资本以令人迷惑的方式消失得无

① 亚当·斯密：《国富论》，第二卷，第18—19页。

② 同上书，第23页。

影无踪。于是，资本的再生产问题就完全陷入泥淖。很显然，如果这一问题的最基本前提，即社会资本的整体论证触礁，那么所有的分析都必然会走向失败。李嘉图（Ricardo）、萨伊（Say）、西斯蒙第（Sismondi）及其他人接受了亚当·斯密的这一错误理论，他们都在对再生产问题的研究中陷入了最初级的纠葛：社会资本的论证。

另一个困难与前面所提到的科学分析的开端相混淆。什么是一个社会总资本的性质？对于个体生产者来说，情况很明了：他的资本包含他的企业的开支。假定在资本主义生产方式下，他的产品价值为他创造了剩余，且超出了他的开支，这一剩余价值并没有补偿他的资本而是构成了他的净收入，即他可以完全用于消费却不会侵蚀他的资本，也就是他的消费基金。确实，资本家可以把这部分净收入储存起来，不用于他自己的消费而是加入到他的资本中。但这是另外一个问题，一个新的步骤，即新资本的形成，而这一新资本又必须在随后的再生产中得到补偿，且必须能为他产生一个新的剩余。无论如何，个人资本总是包含他为生产所需要的，以及他在运营企业时所垫付的；而他的收入则是他实际消费或可能消费的，即他的消费基金。如果我们问一个资本家："你付给你的工人的工资是什么？"他的答案将是："它们显然是我运营资本的一部分。"但如果我们问："对于已经拿到工资的工人来说，这些工资是什么呢？"他就不可能把它们描述为资本，因为对于工人来说，所收到的工资不是资本而是收入，是工人的消费基金。

现在，让我们来看另一个例子。一位机器制造商在他的工厂里生产机器。每年的产出是一定数量的机器。但在每年产出的价值中，包含着这位制造商所垫付的资本和挣得的净收入。由此，部分所制造的机器就代表着这位生产者的收入，且注定在流通和交换过程中实现的这些收入。然而，对于一个从生产者那里购买这些机器的人来说，不是作为收入来购买它们，而是为了把它们用作生产工具；对于这个购买者而言，它们就是资本。

这些例子似乎能够说明：一样物品，可能是一个人的资本，也可能是另一个人的收入，反之亦然。在这样的情况下，如何有可能建构出任何具有社会总资本性质的东西呢？诚然，在马克思之前，几乎每一位有学问的经济学家都断定没有社会资本。[①] 而斯密对这个问题依然是怀疑、不确定和犹豫不决的；李嘉图也是如此。不过，萨伊却已明确地宣称：

“产品的总价值以这种方式在共同体的成员之间分配；我说总价值，是因为所生产的整体价值中，有一部分并没有流入到一个消费的生产者手中，而是被其余的接收了。制布商购买农民的羊毛，给他的每个部门的工人支付工资，然后以一个能够偿还他所有的垫付并给他自己提供一个利润的价格出售布匹，也就是他们共同努力的成果。在扣除了所有费用和开支以后，他只会把净剩余视为利润或他自己企业的收入；而那些开支不过是对前面的生产者所期望的收入的垫付，通过布匹的总价值得到了补偿。因羊毛支付给农民的价格集合了耕种者、牧羊者和地主的多种收入。虽然农民只会把支付完地主和雇农后留下的剩余视为净收获，但对于地主和雇农来说，这些支付就是他们的收入项目——一个是地租，另一个是工

① 至于洛贝尔图斯（Rodbertus）专门提出的“国家资本”概念，详见后面的第二部分。

资——一个是土地的收入，另一个是辛劳的报酬。所有这些的总和都要用布匹的价值支付，而构成了某个人或其他人收入的布匹的所有价值，就这样完全地被吸收了。由此看来，净收获这个概念只适用于每一个独立的生产者或企业商人的个体收入，但个体收入的总和，即共同体的总收入，等于它的土地、资本和企业的总产出，而这完全颠覆了18世纪的经济学者的体系，他们只把土地的净产出视为农业收入，并因此得出净产出就是共同体必须消费的所有东西的结论，而不是用明显的推理说明，所有被创造出来的东西，都可以为人类所消费。"①

萨伊以他特殊的方式证明了自己的理论。而亚当·斯密则试图给出证据，通过把每一私人资本单位回归它的生产场所，以将其分解为纯粹的劳动产出，不过考虑到每个劳动产出在严格的资本主义条件下都被视为有偿和无偿劳动的总和，即 $v+s$，由此也可以把社会的总产品分解为 $v+s$；当然，萨伊的盲目自信足以通过把这些经典主义的错误扩大到通俗的庸俗观念的方法来"纠正"它们。他的论点以下列事实为基础：在生产的每个阶段，企业家都必须为了生产资料，即他的资本向他人进行支付，而这些人正是上一生产阶段的代表，这些人再将这一支付的部分作为收入放进自己的腰包，部分用于补偿他们自己为给另一圈人提供收入而垫付的费用。萨伊把亚当·斯密无休止的劳动过程链，转换为一条同样无休止的相互垫付收入并以销售收益进行补偿的链条。在这里，工人是作为企

① 萨伊：《政治经济学概论》，普林赛普（C. R. Prinsep）翻译，第二卷，伦敦，1821年。

业家的绝对平等者出现的。他以工资形式预先得到收入，然后再通过所从事的劳动偿付。这样社会总产品的最终价值就表现为大量垫付收入的总和，并且在交换过程中被用于偿还所有的这些垫付。萨伊的表面性特质体现在，他以钟表制造的例子来说明资本主义再生产之间的社会联系，而钟表制造不过是一个生产分支，在当时甚至现在都是一个纯粹的“制造业”。在那里，每一个工人同时也是一个小规模的企业家，剩余价值的生产过程被一系列连续的、具有简单商品生产性质的交换行为掩盖了。

由此，萨伊对于这个源自亚当·斯密的混淆给出了一个极其粗糙的表述。年度社会产出的总量根据价值被完全地分解为一连串的多种所得，因而每年也都被完全地消费掉。至于如何在没有资本和生产资料的情况下再次组织生产，依然是一个未解之谜，资本主义再生产也就看似成了一个无法解决的问题。

如果我们对从重农学派到亚当·斯密时期处理此问题的不同方法进行比较，就一定会发现局部的发展与退化。重农学派的经济观念的主要特征在于他们假设农业单独创造剩余，即剩余价值，农业劳动是资本主义条件下唯一具有生产性的劳动。由此，我们能在《经济表》中看到，非生产性的工业工人阶级所创造的价值只有与其消费的原材料和食品相等的20亿金法郎。结果在交换过程中，制造的所有产品也被分为两个部分，一部分属于佃农阶级，另一部分属于地主阶级，而制造阶级不能消费自己的产品。这样，在商品的价值上，严格地说，只有在流动资本被消费完时，才会产生制造阶级的再生产，而且也没有为企业家阶级创造任何收益。唯一进入流通环节超出所有资本垫付的收入，创造于农业并被地主阶级以租金的形式消费，而佃农阶级所做的不过是补偿他们的资本：也就是说，10亿金法郎的固定资本利息和20亿的流动资本中，三分之二是原材料和食品，三分之一是工业产品。而且，令人惊讶的是，魁奈假设只有在农业中存在固定资产，也就是他所说的“原始预付款”(avances primitives)，以示与“年度预付款”(avances annuelles)的区分。在他看来，工业的运作显然不需要任何固定资本，只要每年都有供周转的流动资本即可，因而在它每年的商品产出中，也没有创造任何价值要素来补偿固定资本(如厂房、工具等)的耗损。[①]

与这一明显的瑕疵相比，英国的古典学派取得了一个尤为重要的巨大进步，即他们宣称每一种劳动都是生产性的，因而揭示制造业与农业一样存在剩余价值创造。我们之所以说英国古典学派，是因为亚当·斯密自己时不时地退回到重农学派的观点，只有李嘉图把劳动价值理论发展到了资产阶级研究方法限度内可能达到的高度和逻辑性。结果是我们必须假设，整体来看，社会生产的制造业中用以产生一年剩余价值的所有资本投资，并不少于农业部分。[②]

① 必须注意的事实是，米拉博(Mirabeau)在他对《经济表》的解释中，明确地提到过非生产性阶级的固定资本：“这个阶级为生产产品，为打造工具、机器、磨坊、锻铁炉(钢铁厂)和其他工厂提供的前期垫付……总计为20亿金法郎。”(《经济表与它的解释》,1760年)在他对《经济表》的混乱概述中,米拉博也没有重视不生产阶级的固定资本。

② 斯密相应地做出这样的综合表述：“所以，在这种情况下，工人增加在原材料上的价值被分为两个部分，一部分支付他们的工资，另一部分是雇主垫付原材料和工资的全部资本的利润。”(《国富论》，第一卷，第83页)此外，在第二卷的第八章中特别讨论了工业劳动：“制造者一般在其所加工的材料上增加他本人所需给养的价值和雇主利润的价值。相反，家庭仆役的劳动没有增加任何价值。虽然，制造者从他的雇主那里预先得到了工资，但实际并没有给他的雇主造成任何花费，因为那些工资的价值已经普遍从他所施与劳动的对象所提升的价值中得到偿还，并且还带来了一些利润。”(《国富论》，第二卷，第93—94页)

另一方面，对于每一种劳动，例如农业和制造业中的劳动都具有生产性和价值创造性属性的发现，也让斯密联想到农业劳动除了给地主阶级提供地租以外，也在为佃农阶级产生剩余，并且超出了他们的资本支出。因此，除了补偿资本以外，也实现了佃农阶级的年收入。①

最后，通过系统地阐述魁奈所介绍的“原始预付款”和“年度预付款”概念，也就是他自己所说的固定资本和流动资本，斯密在其他问题中弄清了这一点，即在社会生产的制造层面既需要固定资本，也需要流动资本。这样，他就很好地走上了恢复对社会资本和收入概念的规范，并以精确方式描述它们的道路。下列阐述代表着他在这一方面所能达到的最高清晰度：

“毫无疑问，虽然每个国家的土地和劳动的全部年产物，最终都用来为该国的居民提供消费和实现一个收入，但当它初次自土地或生产性的劳动者手里产生时，就自然地被分为两个部分。其中一部分，通常也是最大的部分，首先被用于补偿资本或更新从资本中抽走的食品、材料和制成品；其他部分则构成收入，要么作为资本的利润，是资本所有者的收入；要么作为地租，属于其他人。②

① 在农业中雇用的劳动者……与制造业中的工人一样，不仅带来等于他们自己的消费或雇用他们的资本，加上资本所有者利润的价值再生产，还产生了更大价值的再生产。在农民的资本和利润之外，他们还经常产生地主地租的再生产。（《国富论》，第二卷，第149页）

② （《国富论》，第二卷，第97—98页）然而，在接下来的段落中，斯密已完全把资本转化为工资，也就是变动资本："任何国家土地和劳动的年产出中用以补偿资本的部分，从来都是直接被用于维护生产性的人手。它只支付生产性劳动的工资。至于那些直接注定构成收入的部分，则不管是作为利润还是地租，都可以无差别地用于维持生产性人手或非生产性人手。”

“一个大国的所有居民的总收入包括其土地和劳动的全部年产物；纯收入则是扣除完所有的维持费用，先是他们的固定资本，再是他们的流通资本后，留给他们自由支配的部分；或者说是，他们能够放入留存的储备用于直接消费，或花在食物、舒适及娱乐上，而不至于侵蚀他们财富的部分。他们的真实财富同样不是与总收入，而是与纯收入有着比例关系。”[①]

这里的总资本和总收入概念以一个比在《经济表》中更为复杂和严谨的形式出现。社会收入与农业之间的片面联系被切断，社会收入变成了一个更为宽泛的概念；一个较宽泛的资本概念以固定资本和流动资本两种形式，构成了整个社会生产的基础。不是误导性地将生产区分为农业和工业两个部门，而是把其他真正有意义的分类带至面前：资本与收入之间的区别，以及进一步说是固定资本和流动资本之间的区别。

现在，斯密接着对这些类别之间的相互关系，以及它们如何在社会过程的进行中，在生产和流通，即社会的再生产过程中变化，做出了更深入的分析。在这里，他从社会的观点强调了固定资本与流动资本之间的根本区别：

“维持固定资本的全部费用显然必须从社会的纯收入中扣除。无论是维持有用的机器、贸易工具以及可产生利润的建筑物所必需的材料，还是把这些材料加工成适当形式所必需的劳动生产，都不构成纯收入的部分。如果被雇用的工人们可以把他们的工资的所有价值放入为直接消费所留存的储备中，那么，劳动的价格的确可

① 亚当·斯密：《国富论》，第二卷，第 19 页。

以成为它的组成部分。然而在其他类型的劳动中，价格和产品都被计入资本，价格成了这些工人的资本，产品则成了那些因这些工人的劳动而增加了食物、舒适和娱乐的人的资本。”①

在这里，斯密再次谈及生产生产资料的工人与生产消费品的工人之间的重要区别。对于前者，他说他们以生产资料的形式创造价值——用来补偿他们的工资和形成他们的收入，这些诸如原材料和工具等的生产资料在自然状态下不能被消费。至于后一种类的工人，斯密注意到，相反地，所有的产品，或者最好说包含于其中的那部分原来补偿工资的价值，也就是工人的收入以及其他余下的价值，都以消费品的形式出现。（虽然斯密没有说清楚，但在这个结论中隐藏的真实意义是，产品中那些代表着生产中所使用的固定资本的部分，也同样以这个形式出现）在我们进一步的探讨中，我们将会发现斯密曾经是多么接近马克思解决这一问题的要点。然而，斯密并没有对这一根本问题进行深入研究，就持有了一个大致结论，即在任何情况下，无论用什么来保存和更新社会的固定资本，都不得被加入到社会的净收入中。

对于流动资本来说，情况又不一样。“虽然必须把维持固定资本的所有费用从社会纯收入中扣除，但这并不同样适用于维持流动资本的费用。后一种资本包含四个部分：资金、食物、材料和制成品。已经讨论过，后面的三个部分，即食物、材料和制成品都被经常从流动资本中抽走，或被归入社会的固定资本，或被放入为直接消费准备的库存。除了维持固定资本的必需以外，那些可消费的物

① 亚当·斯密：《国富论》，第二卷，第19—20页。

品中，任何没有被归入固定资本的部分，都将被放入消费品储存，成为社会纯收入的一个组成部分。”①

我们可以看到，斯密在这里简单地把除了已用于固定资本之外的所有一切归入流动资本这一类别，也就是说，根据其自然属性，食物、原材料和部分商品都属于对固定资本的补偿。这样，他就令流动资本的概念变得模糊和满是歧义。但突然出现了另外一个，而且也是最重要的区别并穿透了这一概念：“社会的流动资本在这方面不同于个人的。个人的流动资本被完全从其纯收入中扣除，而其纯收入又必须完全地体现为他的利润，尽管每一个人的流动资本都构成了他所属社会的流动资本的一部分，但并不等于该部分内容将同样地被全部从社会纯收入中扣除。”②

在接下来的例证中，斯密阐述了自己的观点：“虽然，一个商人店铺中的全部货物无论如何都不应被列入他自己的直接消费储存，但这些货物可以列为其他人的，而这些人则可以经常使用他们从别的基金获取的收入，把自己的价值给这个商人，并为他带来利润，而不至于使这个商人和其他人的资本有任何减少。”③

这里，斯密已经根据社会流动资本的再生产和运动，建立了基本类别。固定资本和流动资本，私人资本和社会资本，私人收入和社会收入，生产资料和消费品，都被作为广泛性的范畴划出，而它们真实的客观的相互关系，一部分得到显示，另一部分则淹没在斯密分析的主观与理论矛盾中。重农主义理论体系中那些简明的、精

① 亚当·斯密：《国富论》，第一卷，第21—22页。

② 同上书，第22页。

③ 同上。

确的和经典清晰的图式，被分解成为一堆混乱无序的概念和关系。但是我们可能已察觉到，对于社会再生产过程中的新联系，斯密的理解方式比魁奈的更为深刻、现代和关键。然而，就像米开朗基罗(Michelangelo)努力去雕琢粗糙的大理石一样，它们还只是个开始。

这是斯密对这一问题做出的唯一解释。但在同一时间，他又从另一个角度做出了回应——通过对价值的解释。这一理论和重农学派很相似——这一理论认为所有的劳动力都会创造价值；在补偿工资的有偿劳动和创造剩余价值的无偿劳动之间，存在着严格的资本主义区别；最后，剩余价值被严格区分为两个主要的类别：利润和地租。重农学派分析中的所有这些进步，引导着斯密得出一个奇怪的命题，即每个商品的价格都包含工资、附加价值和附加租金，或者马克思缩写的 $v+s$。结果，社会每年生产的商品整体上被依据价值完全地分解为工资和剩余价值这两个部分。在这里，资本的范畴突然消失；而社会只生产收入，只生产被完全消费的消费品。没有资本的再生产成了一个悖论；对于这一问题的整体处理，大大落后于重农学派。

亚当・斯密的追随者们刚好从错误的途径来研究这一双重理论。在马克思之前，没有人意识到在斯密著作的第二卷中，他自己就这一问题的精确阐述所提供的重要开端，而他的追随者们人多小心翼翼地保留了斯密根本错误的价格分析，或像李嘉图一样毫无疑问地接受它，或像萨伊那样将它发展成一个陈腐的教条。斯密提出了丰富和具有启发性的矛盾，而萨伊却是在炫耀一个平庸大脑的武断臆测。斯密对一个人的资本可能是另一个人的收益的评论，令萨伊宣称资本与收入在社会规模上的每个区别都是荒谬的。但收入应该完全吸收年度生产的总价值，从而被全部消费掉的谬论，在萨伊的处理中，获得了绝对有效教条的特点。如果社会每年都全部消费掉自己的所有产品，那么，没有任何生产资料的社会再生产就必然成为一个每年都在重复的生产奇迹。

在这种情况下，关于再生产的问题依然被卡尔·马克思保留。

第三章　对斯密分析的批判

让我们来概括一下斯密所带给我们的结论：

(1)在一个社会中存在着固定资本，它的任何部分都不计入社会的净收入。这种固定资本包括“维持有用的机器和交易工具的必要材料”和“为把这些材料加工成适当形式而必需的劳动生产”[①]。通过把这种固定资本的生产作为一种特殊种类挑出来，并将之与消费品的生产进行精确对比，斯密有效地将固定资本转化为马克思所说的“不变资本”——即包含一切物质生产资料，而与劳动相对的那部分资本。

(2)在一个社会中存在着流动资本。扣除了固定或不变资本部分，剩下来的只有消费品类别；对于社会而言，这些都不是资本而是净收入，一笔消费基金。

(3)个人的资本和净收入并不能严格对应社会的资本和净收入。重要的是，一般对社会是固定或不变资本的东西，并不可能是对个人的资本。它必须也是收入，是消费基金，包含着代表工人工资和资本家利润的那部分固定资本。另一方面，个人的流动资本对社会不可能是资本，但必定是收益，特别是当它以食物形式存在时。

① 亚当·斯密：《国富论》，第一卷，第19页。

(4) 至于年度社会总产品的价值，没有资本遗留的痕迹。它能被完全地分解成三种收入：工资、资本的利润和地租。

如果我们试着从这个零碎思想的拼凑中勾勒一幅关于社会总资本的年度再生产的图像，可能很快就对这个任务感到绝望。实际上，所有的这些观察都让我们无限远离社会资本如何每年被更新、每个人的收入如何确保其消费等问题的解决方案，尽管个人依然可以坚持他们自己关于资本和收入的观点。然而，如果我们希望充分了解马克思对于阐明这一问题的贡献，必须全面认识所有这些观念上的混乱，各种矛盾观点的集合。

让我们从亚当·斯密的最后命题开始，单单这一命题就足以破坏古典经济学对再生产问题的处理方式。

斯密的基本原理是，当我们考虑其价值时，社会的总产品就会将它自己完全地分解为工资、利润和地租——这一观念已深深地根植在他的科学理论中，即价值不过是劳动的产物。不过，所有已完成的劳动都是雇佣劳动。这种把人类劳动识别为资本主义的雇佣劳动的做法确实是斯密学说中的经典元素。社会总产品的价值包含对垫付工资的补偿和从无偿劳动所获得的剩余，这一剩余以资本家的利润和地主的地租的形式出现。凡是能够适用于单一商品的，也必然同样地适用于商品总体。社会所生产的整个商品集合——作为一个价值量来看——不过是劳动的产物，有偿的和无偿的劳动的产物，因此它也可以被完全地分解为工资、利润和地租。

当然，同样正确的是，必须把与所有劳动相关的原材料、工具以及其他纳入考虑。但如果说这些原材料和工具本身也同样是劳动的产物，而这些劳动也既有有偿的，也有无偿的，这是不是也对呢？我们可以尽我们选择的向后追溯，也可以任我们喜欢的曲解或转变这个问题，但我们无法在任何商品的价值中——因而也就是价格中——找到可以被纯粹地根据人类劳动分解的要素。但我们可以将所有的劳动区分为两部分：一部分偿还工资，另一部分则归于资本家和地主。除了工资和利润以外，看似没有什么东西被留下来——然而还有资本，个人的和社会的资本。我们该如何克服这一公然的矛盾呢？马克思自己也顽强地长时间研究这一问题并在一开始没有取得任何成就作为他的《剩余价值学说史》的证据[①]，这一事实说明该理论问题的确极难解决。但他最后找到的解决方案却是极其成功的，该方案以他的价值理论为基础。亚当·斯密的观点非常正确，即是劳动而非其他构成了单个商品和总体商品的价值。他也同样正确地说明，从一个资本主义的观点来说，所有的劳动要么是偿还工资的有偿劳动，要么是作为剩余价值，归属拥有生产资料的各个阶级所有的无偿劳动。然而，他忘了，不如说他忽视了这样一个事实，即劳动除了能够创造新的价值以外，还能把包含于所使用的生产资料中的旧价值转移到新的商品中。从资本主义的观点看，一个面包师的10小时工作日，可以分为有偿时间和无偿时间，分成 $v+s$。但是在这10个小时中所生产的商品将代表着比10个小时劳动更大的价值，因为它还包含着面粉、所使用的烤箱、房屋、燃料等的价值，一句话，对于烘焙来说必需的所有生产资料的价值。只有在一个条件下，任何一件商品的价值严格等于 $v+s$，即一个人打算在半空中工作，没有原材料，也没有工具或工场。但是，既然

① 《剩余价值学说史》（斯图加特，1905年），第一卷，第179—252页。

所有加工材料的劳动（物质劳动）都以某些种类的生产资料为前提，而这些生产资料本身又是以往劳动的结果，这些过去劳动的价值必须被转移到新的产品中去。

所讨论的这个过程不仅发生在资本主义生产中，也是人类劳动的一般基础，完全独立于社会的历史形态。使用人造工具是人类文明的一个基本特征。先于所有的新劳动、并为新劳动准备基础的旧劳动的概念，表达了人与自然在文明历史中所演变的联结关系。这是人类社会中的劳动努力紧密交织所形成的永恒链条，它的起点被湮没在人类社会化的灰色黎明期，而终点则意味着整个文明人类的末日。因此，我们必须把所有的人类劳动描绘成借助工具进行的，而工具本身又是以往劳动的产物。于是，每一个新产品不仅包含着赋予其最后形态的新劳动，也包括为其提供材料、劳动工具等的过去劳动。在价值的生产中，也就是资本主义的生产也进入商品生产中，这一现象并没有被中止，而是采取了一种特殊的形式。在这里，生产商品的劳动具有双重特征：一方面，它是这种或那种的有用的具体劳动，创造有使用价值的有用的物体；另一方面，它是抽象的、普遍的社会必要劳动，并因而创造价值。在第一个方面，它做劳动一直所做的：把包含在所使用的生产资料中的过去劳动转移到新产品中，唯一的区别在于，这一过去的劳动现在也表现为价值，即旧价值。在第二个方面，劳动创造了新的价值，用资本主义的术语来说，就是这一价值可以被还原为有偿和无偿的劳动，还原为 $v+s$。因此，每一商品的价值必然包括由劳动作为有用的、具体的劳动从生产资料转移到商品中的旧价值，以及由同一劳动作为社会必要劳动在一小时一小时地被消耗时所创造的新价值。

这一区别超越了斯密，因为他并没有对创造价值的劳动的双重特征进行区分。马克思曾经声称已经发现了斯密奇怪教义的终极来源，即在斯密根本错误的价值理论中，所创造价值的总体可以被完全地分解为 $v+s$。[1] 不能区分商品生产的劳动的两个方面，一方面是具体的、有用的劳动，另一方面则是抽象的、社会必要的劳动，确实构成了不仅是斯密而且是所有古典学派成员所设想的价值理论的最重要的特征之一。

不顾所有的社会后果，古典经济学认为只有人类劳动才是创造价值的因素，并把这一理论发展到了我们在李嘉图的表述中所能看到的清晰程度。但是，在马克思与李嘉图的价值理论之间存在着一个根本区别，这个区别不仅被资产阶级的经济学家，而且在大多数情况下也被马克思学说的通俗传播者所误解：李嘉图，如他所做的那样根据自然法则考察资产阶级经济，相信价值的创造也是人类劳动的一个自然属性，是一个人类个体特殊的、具体的劳动的自然属性。

这一观点被更明显地体现在亚当·斯密的著作中。例如，他宣称他所谓的“交换倾向”是一种人性的特质，在动物，特别是狗身上的寻找是徒劳的。虽然他也怀疑交换倾向在动物身上的存在，但斯密赋予了动物同人类一样的价值创造，特别是当他偶尔重新堕入重农主义的教义时：

“没有比农民更能以同量的资本推动更大数量的生产劳动的了。不光他的雇农，还有他驭使的牲畜，都是生产性的劳动

① 《资本论》，第二卷，第 435 页。

者……”①

“农业中所使用的劳动者和驭使的牲畜，就像制造业中的工人一样，不仅产生了等同于其自身消费，或雇用他们的资本的价值以及资本所有者利润的再生产，还带来了更大价值的再生产。在农民的资本及其利润之外，他们还经常形成地主地租的再生产。”②

斯密的信念——价值创造是劳动的一个直接生理属性，是人类动物有机体的一个表现——在这里得到了最生动的表达。正如蜘蛛通过自己的身体生产蛛网，劳动的人也是这样生产价值——劳动的人纯粹而简单，即每个能生产有用物体的人——因为劳动的人天生就是一个商品的生产者；同样，人类社会也是天然地建立在商品交换的基础上，商品经济是人类经济的正常形态。

直到马克思，才认识到一个代表着一定社会关系的特定价值，该社会关系在一定的历史条件下发展。因此，他开始区分商品生产劳动的两个方面：具体的个别劳动和社会必要劳动。当这个区别被形成后，货币问题的解决就变得清晰了然，仿佛一个聚光灯被打开。

为了区别资本主义经济中表现静态的劳动的两个方面，马克思不得不在历史过程中建立一个商品生产者与劳动的人之间的动态区别。在他能够解读资本主义经济的天书之前，他必须发现商品生产是社会生产的一个特定的历史形态。总之，马克思必须采用与古典学派截然相反的演绎方法来研究这个问题，在他的研究方法中，他必须否定后者对资本主义生产中的人性和规则要素的信仰，而只承认其历史短暂性：他必须把古典学派的形而上学的演绎法转变为

① 亚当·斯密：《国富论》，第二卷，第148页。

② 同上书，第149页。

与之相反的、辩证的演绎法。

这也显示了斯密不可能已经认识到创造价值的劳动的两个方面之间的明确区别，一方面把生产资料所包含的旧价值转移到新产品中，另一方面则是同时创造新价值。此外，他的总价值可以被完全地分解为 $v+s$ 的学说，似乎还有一个另一个来源。如果我们认为斯密没有看见这样一个事实，即所生产的每个商品包括的不仅是通过它的生产所创造的价值，还有在它的生产过程中所耗用的全部生产资料所包含的价值，那是错误的。他不断地引导我们从一个生产阶段转向前一个阶段——正如马克思所抱怨的，为了能够展示总体价值到 $v+s$ 的全部可分性，引得我们东奔西跑——这个事实显示，斯密自己是非常清楚这一点的。不过，这一联系的奇怪之处在于，他再三把生产资料的旧价值也分解为 $v+s$，以致最终覆盖了商品所包含的全部价值。

“例如，谷物的价格，会有一部分支付地主的地租，还有一部分支付生产它所使用的劳动者和牲畜的给养的工资，第三部分付给农民利润。这三个部分（工资、利润和地租）看似直接或最终构成了谷物的总体价格。第四部分，也可以被设想为必要的对农民的存货或者他的劳作的牲畜及其他农具的损耗的补偿。但必须考虑到任何一件农具的价格，例如一匹劳作的马的价格，本身也由相同的三个部分组成：饲养它的土地的租金，照料和养护它的劳动，以及垫支了土地租金和劳动报酬的农民的利润。因此，尽管谷物的价格也要支付马的价格和它的养护费用，但全部价格仍立即或最终分解为地租、劳动和利润这三个相同的部分。”[①]

① 亚当·斯密：《国富论》，第一卷，第 86—87 页。

显然，斯密的困惑来自下列前提：第一，所有的劳动都是在某种生产资料的帮助下进行的——但这些与特定劳动相结合的生产资料（如原材料和工具），如果不是以前劳动的产物，又是什么呢？对于面包师来说，面粉是面包师加入新劳动的生产资料；但面粉又是磨坊主的工作结果，在他的手中不是生产资料，而是产品，现在同样地，面包和糕点又是面包师的产品。而面粉，这个产品又以生产资料谷物为前提，而且如果我们再往后追溯一步，在农民的手里，谷物则不是生产资料而是产品。不可能找到任何一种具有价值的生产资料，其本身不是某种以前劳动的产物。

第二，从资本主义角度而言，还可以进一步说，所有在某种商品制造中已经消耗完毕的资本，最终都能被分解为一定数量的已完成的劳动。

第三，商品的总价值，包括所有垫支的资本，都能轻易地以这种方式被分解为一定数量的劳动。对于每个单一商品都适用的，也必将适用于社会在一年周期内所生产的全部商品，它的总价值也能同样地被分解为一定数量的已完成的劳动。

第四，在资本主义条件下完成的所有劳动都可以分为两个部分：补偿所垫支工资的有偿劳动，创造利润、地租或剩余价值的无偿劳动。资本主义条件下实施的所有劳动都对应于我们的公式 $v+s$。①

上述所有的论述都是完全正确和无懈可击的。斯密对这些论

① 在这一关系中，我们放弃了贯穿斯密著作的一个相反观念。依据那个观念，虽然商品的价值包括 $v+s$，但它的价格不能被分解为 $v+s$。不过，这一区别对于斯密的价值理论要比我们现在文中所主要感兴趣的他的 $v+s$ 公式更为重要。

点的运用，在一定程度上证明了他的科学分析是始终一致和稳定不变的，他的价值和剩余价值理论也比重农学派的方法有着明显的进步。只是在他的第三个论点中，他偶然地在最后结论中误入歧途，因为尽管他已足够敏锐到在别处承认一个国家在一年周期内所生产的商品价值必然包括往年的劳动，即通过生产资料传递下来的劳动，他还是在该处说每年所生产的商品总量的所有价值可以分解为当年的劳动。

但即便所列举的四个陈述本身都是完全正确的，斯密从中得出的结论——每一商品的全部价值，同样地，社会每年生产的商品总量的全部价值都可以被完全地分解为 $v+s$——是绝对错误的。他有正确的想法，即一件商品的总价值代表的不过是社会劳动，但他把它与所有的价值是 $v+s$ 这个错误的原理等同起来。$v+s$ 这个公式表示的是资本主义条件下活劳动的功能，更确切地说是它的双重功能，首先是补偿工资，或可变资本；其次是为资本家创造剩余价值。由于商品的价值要通过现金来实现这一事实，雇佣劳动在受雇于资本家的同时完成了这一功能。资本家拿回了他以工资形式垫支的可变资本，并把剩余价值攫为己有。因而 $v+s$ 表示的是雇佣劳动与资本家之间的关系，每当商品生产过程结束时，这个关系就终止了。一旦商品出售，对于资本家而言，$v+s$ 关系就被实现为现金，整个关系就被消灭，在商品上也看不出任何痕迹。如果我们考察商品及其价值，既不能确定它是由有偿劳动还是由无偿劳动生产的，也不能确定这二者的贡献比例。只有一个事实是毋庸置疑的，即商品包含一定数量的社会必要劳动，而这些社会必要劳动被表现在它的交换中。对于交换行为和商品的使用而言，生产该商品所使用的劳动

能否被分解为 $v+s$ 并不重要。在交换行为中，最重要的是商品代表着价值，而且只有它的具体特质，它的效用才与我们对它的利用相关。因此，公式 $v+s$ 可以说只代表着资本和劳动之间的密切关系，雇佣劳动的社会功能，而在实际的产品中，它是完全被抹杀掉的。而预先垫支和投资于生产资料的不变资本则不同，因为劳动的每一项活动都需要一定的原材料、工具和建筑物。这一事物的状态的资本主义性质可通过下列事实表示，这些生产资料表现为资本，表示为 c，作为劳动者以外的某个脱离劳动的人的财产，即自己不劳动的那些人的财产。其次，不变资本 c，仅仅是为了创造剩余价值而做出的垫支，在这里只表现为 $v+s$ 的基础。但是，不变资本的概念包含的不止于此：它表达了生产资料在人类劳动过程中的功能，相当独立于它所有的历史和社会形态。每个人都必须有原材料、劳动工具和生产工具，不管是南海岛民制作他自家的独木舟，或是印度的农村公社社民耕种他们公共的土地，或是埃及的农夫耕作他的乡村土地或建造法老的金字塔，或是雅典小农场的希腊奴隶，或是封建农奴，或是中世纪行会中优秀的手艺人，或是现代的雇佣劳动者。他们都需要生产资料，而生产资料来自人类劳动，代表着人类劳动与自然物质之间的联系，构成了人类生产过程的永恒和普遍的先决条件。在公式 $c+v+s$ 中，c 代表着生产资料的某种功能，而这个功能并没有在一系列的劳动过程中被消灭。虽然对于一个商品的交换和实际使用而言，它是由有偿或无偿劳动、雇佣劳动、奴隶劳动、强迫劳动或任何其他形式的劳动所生产的，是完全无足轻重的；但在另一方面，就使用它而言，这件商品本身是生产资料还是消费品，却有着决定性的重要意义。在一台机器的生产中，所使用的究竟是有偿或是无偿劳动，对于机器的制造商和他的工人而言固然重要，但也只对他们有意义；对于社会而言，当通过交换取得这台机器时，只有这台机器作为生产资料的品质，只有它在生产过程中的功能才是重要的。正如自远古以来的每个生产性社会，都必须通过在每一个生产周期内安排制造下一周期所需要的生产资料，来对生产资料的重要功能予以关注。同样地，资本主义社会也无法令它每年的价值生产符合 $v+s$ 的公式——这意味着雇佣劳动的被剥削，除非存在着必要的生产资料数量，作为上一周期的结果，去补充不变资本。每个过去的生产周期与下一周期之间的特定联系构成了社会再生产过程的普遍和永恒的基础，并包含着这样的事实，即在每个周期，都会有部分产品注定要成为下一周期的生产资料，但这种关系依然逃过了斯密的视线。他对生产资料在其使用过程中的特殊功能并不感兴趣；他只关注它们，像其他任何本身就是资本主义方式下所使用雇佣劳动的产物的商品一样。雇佣劳动在生产性过程中特有的资本主义功能，完全遮掩了他对劳动过程中的生产资料的永恒和普遍功能的认识。他狭隘的资产阶级看法，完全忽视了处于资本和雇佣劳动之间的特殊社会关系之下的人与自然之间的普遍关系。在这里，每年的社会产出的总体价值可以被分解为 $v+s$，似乎就是亚当·斯密奇怪教义的真正来源。他忽略了 c 作为公式 $c+v+s$ 的第一个环节，是资本剥削雇佣劳动的一般社会基础的基本表现的事实。

我们的结论是每个商品的价值都必须表示为公式 $c+v+s$。现在的问题是，这个公式对于一个社会商品总额的适用程度到底有多远。让我们转向斯密在这一点上所表示的怀疑，他认为，个人的固定资本、流动资本及其收入并不能严格地对应于社会范畴的相同种类。对一个人是流动资本的，对另一个人则不是资本，而是收入，例如资本垫支为工资。这种说法基于一个错误。如果资本家向工人支付工资，他绝不会放弃自己的可变资本，让它流入工人的手中，成为他们的收入。他只不过以他的可变资本的价值形式，去交换它的自然形态，劳动力。可变资本始终保持在资本家的手中，一开始是货币，然后是劳动力，后来再以商品销售所获得的现金的方式连同剩余价值一起回到资本家的手中。另一方面，工人则从来没有得到过可变资本的所有权。对他而言，他的劳动力从来不是资本，而是他唯一的资产，他唯一能拥有的就是工作的能力。再说，如果他卖掉它并取得一笔货币工资，这工资对他来说也不是资本，而是他所出售商品的价格。最后，这个工人用他所收到的工资购买了食物的事实，与这笔钱曾经作为资本家手中的可变资本使用的功能没有任何联系，只不过是一个商品的小贩以销售所得的货币用于私人花销。这不是资本家的可变资本成为工人的收入，而是工人已经销售的商品“劳动力”的价格，而可变资本，现在如以往一样，依然留在资本家的手中，并实现着它的特殊功能。同样错误的观念是把隐藏在机器中的资本家的收入（剩余价值）——在我们的机器制造的例子中——至今还没有实现的，视为另一个人，即机器购买者的固定资本。并不是机器或机器的某些部分，而是隐藏在机器背后的剩余价值——他的雇佣劳动者的无偿劳动，构成了机器制造商的收入。在机器被出售后，这个收入只是像以前那样留在机械制造商的手中，而它改变的不过是它的外在形态：它已经从“机器形态”转变为“货币形态”。反过来，这台机器的购买者，也没有通过购买获得新的固定资本，因为在他购买之前，他就以一定数量货币的形式持有着这笔固定资本。通过购买这台机器，他不过是给他的资本以适当的物质形态，以令它具有生产性。在机器的销售前后，收入或剩余价值都保持在机器制造商的手中，固定资本则在另一个人的手中，机器的资本家买方手中，正如第一个例子中，可变资本总是在资本家的手中，而收入总是在工人的手中。

斯密和他的信徒们之所以产生混乱，是因为他们在考察资本主义的交换时，混淆了商品的使用形态和它们的价值关系。此外，他们并没有区分相互交错的个体资本和商品的流通。从一方面看，同一的交换行为可以是资本的流通；同时又是以消费为目的的简单商品交换。对一个人是资本，则必定对另一个人是收入，反之亦然，这样的谬论必须转化成如下正确的描述，即对一个人是流通资本，可能对另一个人就是简单的商品交换，反之亦然。这只能说明资本有经受自己的特性转变的能力，以及在社会交换过程中不同利益范围内的相互联系。相比于收入，资本一直轮廓清晰地存在于其界定明确的不变资本与可变资本的形式之下。即便如此，当斯密指出，个体的资本和收入不能与社会范畴中的相同类别严格一致时，他已非常接近真理。只是缺少了一些更进一步的联系环节，以清晰揭示真正的关系。

第四章　马克思的简单再生产图式

现在，让我们来考察一下作为整个社会产品表达的 $c+v+s$ 公式。它仅仅是一个理论性的抽象，还是在被应用于社会生活时，传递着一些真实的意义呢？对于整个社会而言，这个公式有没有什么客观的存在？虽然是一直到马克思，才在经济理论中确立了 c，即不变资本的根本重要性，但在他之前，就有亚当·斯密专门研究了固定资本和流动资本的范畴，并有效地将固定资本转化为不变资本，尽管他本人还没有意识到已经实现了这一成果。不变资本不仅包括那些在多年进程中损耗的生产资料，还包括那些每年都被生产全部吸收的生产资料。斯密的全部价值被分解为 $v+s$ 的教条及其在这方面的论述，令他对两种生产类型做出了区分：活劳动和无生命的生产资料。另一方面，当他试图以个体的资本和收入为基础解释社会再生产过程时，他所认为的存在于这些东西之外的固定资本，实际是不变资本。

每个个体资本家在他的商品生产中，都会使用一些物质生产资料，如房屋、原材料和工具。为了生产某个特定社会的全部商品，必须把个体资本家所消耗的全部物质生产资料视为一个显著的必要条件。尽管它们都以纯粹的私人资本的形式出现，但在社会中确实存在着这些生产资料。这是社会生产存在于其一切历史形态的普遍的、绝对的条件。[①]

下列事实可以体现资本主义的特定形态，即物质生产资料是作为不变资本 c，即那些不用劳动的人的财产而发生作用的；对于无产阶级化的劳动力——类似于雇佣劳动——而言，它处在相反的一端。可变资本 v 是社会在一年的生产过程中实际支付的工资总额。尽管它表现为无数个体工资的集合，但它也是一个客观存在的要素。实际参与生产的劳动力的数量和工人每年的生活维持，在每个社会都是一个具有决定性重要意义的问题。这个要素采用了 v——可变资本这一特殊的资本主义形态，因此，生活资料首先以工资的形式来到工人手中，而这些工资也就是他们把劳动力出售给另一个人的价格，那个人就是自己并不劳动的物质生产资料的拥有者。在这一情况下，它就是后者的资本主义的财产。其次，v 是一个货币总额，也就是说它是工人生活资料的纯价值形态。v 的概念意味着工人具有双重意义上的自由——人身自由和摆脱全部生产资料的自由。它也表达了这样一个事实，即在一个给定的社会中，商品生产是最普遍的生产形式。

最后，剩余价值 s 代表着个体资本家所获得的全部剩余价值的总量。每个社会都必须进行劳动，即便社会主义社会也是如此。社会主义社会之必须从事剩余劳动，具有三层含义：第一，它必须提供一定数量的劳动来维持非工人的生存（那些不能工作的人，例如儿童、老人、残疾人，还有公务员、所谓的自由职业者这些不直接

① 为了简洁起见，我们将采用一般惯例，在这里和后面都使用“年度生产”，尽管这个概念严格地说一般只能适用于农业。工业生产周期或资本的周转周期无须与日历年度相吻合。

参与物质需求[1]的满足的人)；第二，它必须提供社会保险基金以应对那些可能威胁年度生产的基本灾害，如歉收、森林火灾和水灾；第三，它必须为增加生产而提供资金，这要么是因为人口的增长，要么是因为高水平的文明导致额外需求。而剩余劳动存在的资本主义特点则体现在下列两个方面：(1)作为剩余价值，以可实现为现金的商品形态；(2)作为非工人的财产，以他们自己的生产资料的形式。

同样地，如果我们把 $v+s$ 这两个数量合并在一起考察，就会发现它们代表着效力普遍的客观数量，即社会在一年内所完成的活劳动的总量。每一个人类社会，不管它的历史形态如何，都必须注意下列两个数据，一是已经获得的产出；二是存在的和可用的劳动力。对 $v+s$ 的划分是一个普遍现象，独立于社会的特定历史形态。在资本主义形态下，这个划分不仅表现为已经指出的 v 和 s 的质量特征，还表现在它们的数量关系上：v 趋向于被压缩到仅仅满足工人的生理和社会存在的最低水平，相对于 v，s 则趋向于以 v 为代价而不断增长。

资本主义生产的主要特征还体现在最后的情况上，即其生产的真正目的和动力，在于创造和占有剩余价值。

我们已经考察了整体产品的资本主义公式所依据的各项关系，并发现它们是普遍适用的。在每一个计划经济中，它们构成了社会有意识管制的对象；在共产主义社会里，它们由工人团体及其民主

---

① 在一个以生产资料的公有制为基础的计划社会里，智力劳动与体力劳动之间的区别不必在人口中形成特殊的类别。它会在一定数量的精神领袖的存在中体现出来，而这些领袖必须得到物质支持。同样的个体可以在不同的年代发挥不同的功能。

机构决定，而在一个以阶级统治为基础的社会里，则由有产者的核心阶层及其专制力量决定。在资本主义的生产制度下，并没有这样的计划管制。社会资本的总量和它的商品总量就像存在于无数个体资本和商品项目的碎片集合中一样。

由此，引出一个问题：即在一个资本主义的社会里，这些总额是否比一个单纯的统计结果更具有意义，而这个统计结果本身还是不太准确的和模糊的。若用社会的整体标准来衡量，我们就会发现私人企业个体的完全独立和自主的存在只是历史性的特定条件，而社会相互联系才是基础。虽然个体资本以完全独立于他人的方式运行，也全然缺乏社会管制，但资本的运动构成了一个同质的整体。这一运动也表现为特殊的资本主义形态。在每个计划生产制度下，首要的是过去和现在的所有劳动与生产资料之间的关系（根据我们的公式，是 $v+s$ 与 c 之间的关系），或者说是必要的消费品的总量（又是根据我们的 $v+s$ 公式）与作为管制对象的 c 之间的关系。而在另一方面，在资本主义条件下，所有用于维持无生命的生产资料以及活劳动的社会必要劳动，被视同为资本，不同于已经完成的剩余劳动，或者说剩余价值。c 与 $v+s$ 这两个数量之间的关系，显然是资本主义社会的真实、客观关系：它是平均利润率，每一个资本其实都只被视为共同整体，即社会资本整体的组成部分，并被根据数量大小分配其在从社会所榨取的剩余价值中的应有份额，而不管这一特定的资本实际创造了多少。这样，不仅社会资本和它的对等物，社会剩余价值的全部，都是客观存在的真实数量，而且更重要的是，它们之间的关系，也就是平均利润在引导和指挥着社会交换过程。这一作用通过下列三种方式实现：(1) 通过价值规律机制，独立于

个体商品种类的特定价值关系而在它们之间建立数量交换关系；(2)通过社会的劳动分配，把资本和劳动的若干部分分配至生产的各个领域；(3)通过劳动生产率的发展，一方面刺激个人资本为了获得高于平均值的利润而参与开拓性的工作，另一方面则积极把个人所取得的进步推广至整个生产领域。总之，通过平均利润率，社会总资本就完全掌控了看似独立的个体资本运动。

因此，$c+v+s$ 公式对一个资本主义社会所生产的商品的总体的适用，并不亚于对每一个体商品的价值构成的适用。但也只对其价值构成适用，不可能再做进一步的类推。

如果我们把一个资本主义生产性社会的总产出视为一年的劳动产出，并且希望分析它的相应的组成部分，那么这个公式确实很精确。c 的数量显示了往年的劳动有多少以生产资料的形式被转入今年的产品。$v+s$ 的数量显示了仅在上一年度通过新劳动所创造的产品的价值成分。v 与 s 的关系最终告诉我们，社会的年度劳动方案是如何对维持工人生计和维持不劳动者的生活这两项任务进行分配的。这一分析对于个体资本的再生产也是有效和正确的，无论该资本所创造的产品的物质形式如何。对于一个机器工业的资本家，c、v 与 s 的这三个部分也同样地出现在机器形态与其组成部分上；对于一个音乐厅的主人，它们也体现在舞者的魅力和杂耍家的技巧上。只要产品被无差别地对待，c、v 与 s 之间的区别就只在于它们是可分割的价值组成部分。既然再生产始于资本的价值形态，即以实现制成品所得的一定数量的货币为起点，这对于个体资本的再生产而言已是足够。$c+v+s$ 公式就为这笔货币的数额分配提供了基础，一部分购买物质生产资料，第二部分购买劳动力，第三部分——

最初假设的是简单再生产情况——则用于资本家的工人消费。在扩大再生产情况下，第三部分会被进一步细分，它只有一部分被用于资本家的个人消费，其余的则用来扩充资本家的资本。为了实际再生产他的资本，资本家当然也必须带着他以这种方式划分的资本前去商品市场，这样他就可以获得生产所必需的物质前提，诸如原材料、工具等。对于个体资本家以及有学问的理论家和“庸俗经济学家”而言，个体资本家似乎理所当然地就能在市场那里实际找到其事业所需要的生产资料和劳动力。

而对于一个社会的总产品而言，情况却是不一样的。从社会整体的角度来看，商品交换只是通过产品总体中单个产品的换手而发生的商品移动。而产品的物质结构并不会随着这一过程而发生改变。如同以前一样，在商品的位置发生改变后，当且仅当下列情况下，可能会有总资本的再生产，即在上一周期的总产品中存在：第一，足够数量的生产资料；第二，充足的生活物资以维持与以前相同数量的劳动；最后，但也不是最无关紧要的，必要的以合适方式维持资产阶级及其食客地位的物品。这将我们带向了一个新地方：现在我们对纯价值关系的关注已经被物质观点所取代。现在，社会总产品的使用形态变得重要。个体资本家所以为的无关他人的事情，已经变成对全体资本家都非常重要的事情了。对于个体资本家而言，不管他是生产机器、糖果、人工肥料或是激进性的报纸，这些都没有什么区别——除非他为他的商品找到一个买主，他才能把他的资本连同剩余价值一起收回。但对于“全体资本家”都极其重要的是，他的全部产品必须有一个确切的使用形态。这也就意味着它必须提供三个要素：更新劳动过程的生产资料、维持工人生计

的简单生活用品以及维护“全体资本家”自身的高级和奢侈性的生活用品。在这一点上，他的欲望并不是普遍的、空洞的，而是在数量上精确规定好的。如果我们问“全体资本家”需要多少数量的这三类要素，只要我们以简单再生产为起点，并将自己限定于此，那么上一年度总产品的价值结构就会给我们一个确切的判断。到目前为止，我们认识到 $c+v+s$ 公式仅仅是总体价值的数量分配，同样适用于总资本和个体资本，并代表着包含于社会年产物中的劳动数量。现在我们发现这个公式又成了物质产品结构的基础。很显然，如果“全体资本家”要进行与以前同样规模的再生产，那么他必须在他的新的总产品中，找到与 c 的大小相当的生产资料，与工资总额 v 相当的提供给工人的简单生活用品，与 s 相当的供应给他和他的食客的高级生活用品。这样，我们对社会总产品的价值分析就被转化成了对此产品的总处方，具体如下：为了进行简单再生产，社会中的全部 c 必须被重新体现在同等数量的生产资料中，v 被体现在工人的用品中，而 s 则被体现在资本家的用品中。

这里，我们再次接触到了个体资本家与全体资本家之间的明显区别。前者总是以这样的方式再生产他的不变资本、可变资本以及剩余价值，即这三个部分全都以相同的物质形态包含在其同质的产品中；而且，这一物质形态完全无关紧要，并可能在每个个体资本家手中都有不同的品质。而“全体资本家”则以不同的物质形态再生产其年产物的各个价值组成部分，c 作为生产资料，v 作为工人的生活用品，s 作为资本家的生活用品。在个体资本的再生产中，价值关系观点与物质观点之间并没有矛盾。此外，很明显的是，个体资本可以集中关注价值层面，把物质条件接受为天赋法则和商品交换中不言而喻的现象；而“全体资本家”却不得不考虑物质观点。如果社会中的全部 c 不能每年以同等数量的生产资料的形态被再生产出来，那么每个个体资本家将注定徒劳地以其 c 所实现的现金寻找商品市场，无法找到其个人再生产所需要的物资。从总资本再生产的观点来看，公式 $c+v+s$ 是不恰当的。这又再次证明，总资本的概念是真实的，并不仅是生产概念的释义。但我们在阐述总资本时，必须做出一般性的区分，即我们必须说明它的三个主要类别，而不是把它展示为一个同质的整体。为了简便起见，我们在当前只考虑总资本的两个部类：生产资料的生产，以及工人和资本家消费品的生产。这样的处理并不会削弱我们的理论。我们必须在坚持资本主义生产的基本条件的情况下，分别对这两个部类进行考察。同时，我们也必须从再生产的视角，强调这两个部类之间的相互联系。因为只有以一个部类与另一个部类的联系的视角来认识它们，它们才会构成整个社会资本的基础。

我们以个体资本为研究起点，但绝不能以完全相同的方式来论证总资本和它的总产品。作为一定数量的价值，社会中的 c 在数量上恰好就等于个体不变资本的总和；其他数量，v 和 s 也是如此。但这三者的外形已经发生改变——不变资本 c，作为价值的一个部分以各种形式重新进入生产过程，构成了一系列变化多端的可使用物体，但它出现在总产品中时，可以说还是被界定为一定数量的生产资料。v 和 s 也是如此，它们以丰富多彩的商品集合的形式重新出现在个体资本家那里，但在总产品中，依然是用于工人和资本家消费的适当数量的生活用品。当亚当·斯密观察到对个体资本家而言的固定资本和流通资本范畴，以及收益范畴与社会的不一致时，他距离揭示这个事实已是一步之遥。

我们已经得到下列结论：

(1) $c+v+s$ 公式既可以用来表示整体视角下的社会生产，也可以表示个体资本家的生产。

(2) 社会生产被分为两个部类，分别致力于生产资料生产和消费者物品的生产。

(3) 两个部类都根据资本主义的方式运作，也就是说，它们的目的都在于生产剩余价值，因而都可以适用 $c+v+s$ 公式。

(4) 两个部类是相互独立的，因此也必然表现出某种数量上的关系，即一个部门必须生产所有的生产资料，另一个则必须为两个部门的工人和资本家提供生活用品。

从这个观点出发，马克思设计出了如下的资本主义再生产的图式：

Ⅰ. $4{,}000c+1{,}000v+1{,}000s=6{,}000$　生产资料

Ⅱ. $2{,}000c+\ \ 500v+\ \ 500s=3{,}000$　消费物品[①]

图中数字所表达的价值数量、资金数量都是任意选择的，但它们之间的比例却是准确的。每个部类的特征都取决于其所生产的商品的使用形态。它们之间的相互流通运行如下：部类Ⅰ为它自己以及部类Ⅱ提供整个生产性过程所需要的生产资料。单纯从这一点来看，可以推出：为了使再生产可以不被打扰地持续进行——因为我们依然假设的是原有规模上的简单再生产——部门Ⅰ的总产品（Ⅰ 6,000）必须具有与两个部门的不变资本相等的价值

① 《资本论》，第二卷，第 459 页。

（Ⅰ 4,000c+ Ⅱ 2,000c）。同样地，部门Ⅱ为整个社会提供生活用品，既为它自己部门的工人和资本家，也为部门Ⅰ的工人和资本家。由此可以推出，为了令生产和消费的进程不受干扰并能在原有的规模上更新，必须要令生活用品的供应总量在价值上等于社会中的雇佣劳动者和资本家的总体收入［这里是Ⅱ 3,000= Ⅰ (1,000v+1,000s)+Ⅱ (500v+500s)］。

在这里，我们确实阐明了不仅是资本主义再生产，而且是每个社会再生产基础的价值关系。在每个生产性社会，不管它的社会形态如何，不管是在巴西巴卡伊利（Bakairi）的原始的小山村公社里，还是在雅典泰门（Timon）的农庄和它的奴隶中，或是在查理大帝的皇家农庄中，社会可用劳动力的分配必须能够满足适当数量的生产资料与生活用品的生产。生产资料必须能够同时满足生活用品的直接生产以及生产资料自身在未来的更新的需要，而生活用品则必须能够维持生活用品和生产资料的生产中所使用的劳动力，以及那些不劳动的人。

除了具有下列特点以外，马克思的体系基本上与社会再生产的普遍而绝对的基础相一致：即在这里，社会必要劳动表现为价值，生产资料表现为不变资本，维持工人所需的必要劳动是可变资本，维持不劳动者的则是剩余价值。

但是在资本主义社会里，这两大部类之间的联系依赖的是商品交换，等价物的交换。部类Ⅰ中的资本家和工人从部类Ⅱ中所获得的生活资料，只能相当于他们为部类Ⅱ所提供的，生产资料。另一方面，部类Ⅱ对生产资料的需求取决于其不变资本的规模大小。由此可以推出，生产资料生产过程中的可变资本与剩余价值的总额

[这里是 Ⅰ (1,000v+1,000s)] 必须等于消费物品生产中的不变资本 [这里是 Ⅱ (2,000c)]。

在上述图式中还必须加入一个限制条件。因为这两个部类所消耗的不变资本实际只是社会所使用的不变资本的一部分。不变资本被分为两个部分，第一部分是固定资本——如房屋、工具、牲畜——要在多个生产周期内发生作用，但在每一个生产周期内，都只有部分价值根据损耗数量被产品所吸收。第二部分则是流动资本，比如原材料、备用的半成品、燃料和照明——它的全部价值在每一个生产周期都完全被新产品所吸收。但与再生产有关联的，只不过是那部分在价值生产中真正被吸收的生产资料。对社会流通的正确表述，允许放弃对固定资本中未被产品吸收的剩余部分的考察，这么做并不会削弱表述的正确性，不过也不是要彻底地遗忘它。这一点很容易得到证实。

让我们假设，两个部类中确实被其年产出所吸收的不变资本为 6,000c，包括 1,500c 的固定资本，4,500c 的流动资本，而 1,500c 的固定资本在这里代表着房屋、机器和牲畜的年度损耗。如果说，年度损耗等于所使用的固定资本的总体价值的 10%，那么社会总资本将由 19,500c+1,500v 构成，两个部类的不变资本为 1,500c，流动资本为 4,500c。由于总体固定资本的生命周期被假设为十年，损耗率为 10%，那么，这一固定资本要在十年后才需要更新。其间，它的价值的十分之一每年会进入社会生产。如果一个社会的所有固定资本的损耗率相同，耐久力一样，根据我们的假设，那它就需要每十年彻底更新一次。但事实并非如此，因为固定资本的各个部分，都有着不同的使用形态，有的使用时间长，有的时间短。而且不同类型与个体的固定资本的损耗和生命周期也都各不相同。因此，固定资本并不需要全部同时更新——以它的具体形态被再生产出来，而只有其中的部分需要在社会生产的各个阶段被持续更新，其他的仍旧在原来的形态下发挥作用。而我们假设固定资本为 15,000c，损耗率为 10%，并不意味着每十年就要对其全部进行一次更新，而是全部社会固定资本中，每年平均更新和替换的部分相当于它的价值的十分之一。也就是说，必须满足社会对生产资料需要的部类 I 不仅必须一年又一年地再生产它所有的原料、半成品等，即它的流通资本至价值 4,500，还必须再生产它的固定资本的使用形态——房屋、机器等——至 1,500，相当于固定资本每年的损耗。如果部类 I 继续以这种方式每年更新固定资本的十分之一的使用形态，结果将是每十年社会的总固定资本就会被新的物品替换一遍。由此可见，那些不被考虑在内的部分固定资本的再生产问题，已经在上述图式中得到了充分解释。

实践中的程序是每个资本家都会从自己的年度生产，从其商品的实现所得中，拿出一定数额来补偿他的固定资本。这些个体的年度扣除必然发展成一定数量的资本，因而这个资本家实际也就更新了他的固定资本，也就是说，他已经用新的、更有效的东西更新了他的固定资本。建立准备金以更新固定资本，定期使用准备金以实际更新固定资本，这个交替的过程对每个资本家都是变化不一、因人而异的。所以，有的正在积累准备金，有的则已经开始更新了。因此，每年都有部分的固定资本被更新。这里的货币过程只是掩盖了实际过程的固定资本再生产的特点。

通过更贴近的观察，我们发现事实也正如此。从物质层面看，全部固定资本都参与了生产过程，因为大量的可用物品，如房屋、机器、牲畜等都被使用。另一方面，固定资本的特殊性在于只有部分价值在价值生产中被吸收，因为在再生产过程中（再次假设为简单再生产），最重要的是以其自然形态补偿在一年的生产中作为生活和生产资料被实际耗用的价值，所以固定资本只需被再生产到它在商品生产中实际耗用的程度。剩余的价值部分，体现在固定资本的全部使用形态中，对作为劳动过程的生产有着决定性的重要意义，但对作为价值形成过程的再生产而言却不存在。

此外，这个以价值关系表示的过程同样适用于每个社会，甚至是不生产商品的共同体。例如，假设从前需要 1,000 个农夫工作十年以建造著名的摩利士湖（Lake Moeris）和尼罗（Nile）运河——希罗多德（Herodotus）告诉我们，这个美妙的湖是用人工修建的，而为了维持这一世界上最宏伟的排水系统，每年还需要 100 个农夫（当然这些数字是随意设计的），那么我们可以说每过一百年，摩利士大坝和运河就会被重新建造一次，虽然实际上全部系统不可能每百年就整体重建一次。这显然是真实的。当这些古老的文化纪念物处于政治历史的风暴事件和外族的征服中，一贯遭受冷遇时——例如英国人在印度所表现的，当古老文明的再生产需要不被理解时，随着时间的流逝，整个摩利士湖，它的水、堤坝、运河、中间的两座金字塔、建筑在上面的巨像，以及其他的神奇建筑物，都消失得无影无踪，仿佛它们从未被修建过一样。只有希罗多德著作中的十行文字，托勒密所绘制的世界地图（Ptolemy）上的一个小点，古代文化以及村落和城市的遗迹，证明曾经有丰富的生活随着这一宏伟灌溉系统延展，而今天的那里只有利比亚境内的一片干燥沙漠和海岸

沿线的荒凉沼泽。在马克思的简单再生产图式中，只有与不变资本有关的一点，令人感到不满意或不完备。确实，社会所拥有的转化劳动，加起来要多于固定资本中被吸收入年产物并转而依靠年产物来补偿的那部分价值。在我们所举例子的数字中，社会总资本并不是图式中所展示的 6,000c+1,500v，而是 19,500c+1,500v。虽然固定资本中的 1,500（我们假设固定资本的总量是 15,000）每年都以适当的生产资料形式被再生产出来，但每年也有一个相同的数量在生产中被消耗掉，而作为使用形态的全部固定资本，即物品的总和，已经得到更新。十年后，社会在第十一年，也像其他任何一年一样，拥有 15,000 固定资本，但它每年获得的只有 1,500c；它的不变资本总体是 19,500，而它所创造的不过是 6,000。显然，既然它必须通过它的劳动创造这余下的 13,500 固定资本，它就会拥有比我们的再生产图式所保证的更多的被积累的过去劳动。就在这个阶段，社会的年度劳动必须以某些被囤积的过去的年度劳动为基础。但是，过去劳动作为所有现在劳动的基础问题，又把我们引向最初的开端，这个对人类经济的发展与物质的自然发展一样毫无意义的开端。再生产图式认为社会过程处在永久的运转中，是无穷无尽的事件链条上的一个纽带，它既不要证实自己的起源，也不会这么做。社会的生产过程总是以过去的劳动为基础，我们可以尽情向后追溯它的踪迹。社会劳动没有开始，也一如它不会终结。就像希罗多德所说的摩利士湖的历史起源一样，文明历史中的再生产过程的起点，最终消失在没落的传说中。随着技术的进步与文化的发展，生产资料改变了它们的形式，粗糙的旧石器被锐利的工具取代，石器被精美的青铜器和铁器取代，匠人的工具被蒸汽驱动的机器取代。

但是，尽管生产资料和生产过程中的社会组织在不断改变形式，社会已经为自己的劳动过程占有了一定数量的过去劳动，作为年度再生产的基础。

在资本主义的生产方式下，社会的过去劳动以资本的形式保存在生产资料中，构成再生产过程基础的过去劳动的起源问题，就成了资本的起源问题。这个并不具有什么传奇，它的确是以血的文字在现代史书写。除非假定我们有一笔过去劳动的储存，在数量上超过了每年用于维持社会的劳动，否则我们不可能有简单再生产。但正是这一事实触动了简单再生产的痛处；因为它展示了简单再生产不仅对资本主义生产，而且对一般文明的进步，都是一个虚构的事务。如果我们仅仅希望全面理解这一虚构的事务，并把它简化为一个图式，我们必须把过去的生产过程结果假设为它的必要条件，而这过去的生产过程不可能被限定为简单再生产，它不可阻挡地指向扩大再生产。举例说明，我们可以拿铁路来比较社会的固定资本总额。铁路的各个组成部分的耐用程度进而每年的损耗都是不一样的，高架桥和隧道部分可以维持几百年，蒸汽机几十年，但其他的车辆部分则可能会在很短的时间内用完，有时候只有几个月。但依然有可能计算一个平均损耗率，假定是 30 年，从而使全部价值每年被磨损掉三十分之一。现在这个价值损失就不断地通过铁路的部分再生产（也可以视为修理）得到补偿，所以，今天换了一节车厢，明天换了部分机器，后天又更换了一段轨座。根据我们的假设，旧铁路在三十年后就被新的替代了，而社会每年完成着同样数量的劳动，简单再生产也就这样发生了。但是铁路只能以这种方式被再生产——它不能以这种方式被生产。为了让它适用并补偿它逐渐的损

耗，铁路首先必须被生产出来。虽然铁路可以按部分被修理，但它不能被制造得适于零散使用，今天一个车轴，明天一个车厢。的确，固定资本的实质就在于它总是以一个整体作为物质的使用价值，进入生产过程。为了从一开始就准备好这一使用形态，社会必须使用更集中数量的劳动来制造它。就我们的例子而言，为修理所使用的三十年劳动，必须压缩到两至三年。在制造期间，社会必须因此而花费远比平均值更多的劳动，也就是说，它必须依靠扩大再生产。之后，当铁路建好了，它可以再回到简单再生产。虽然我们不必把全部固定资本设想为一个简单的组合的使用物品或一个必须全部一次性生产出来的物品的组合，但所有比较重要的生产资料，如建筑物、运输设施和农业设备的制造，却都要求比较集中的劳动使用，这不仅对于现代的铁路和轮船来说是正确的，对于粗糙的石斧和手推磨来说，也是如此。因此，只能在理论上把简单再生产视为扩大再生产的替代；后者不仅是进步文明和人口增长的一般条件，还是固定资本的经济形态，或者每个社会相当于固定资本的生产资料的先决条件。

通过论及固定资本损耗的变动，在某一些年份比其他年份更快，马克思间接处理了固定资本的形成与简单再生产之间的冲突。这里，他强调永恒“生产过剩”的需要，即扩大再生产，因为一个严格的简单再生产政策，将周期性地导致再生产的损失。总之，他是在社会的固定资本的保险基金层面，而不是实际生产过程角度认识扩大再生产。[①]

① 《资本论》，第二卷，第 544—547 页，也参见第 20 页，关于在准备金方面的扩大再生产的必要性。

在不同的背景下，马克思都表示了对上述观点的支持。他在《剩余价值学说史》第二卷的第二部分，分析收益向资本的转化时谈到了固定资本的特殊再生产，即固定资本自身的更换已经为积累提供了一笔基金。他做出了如下结论：

"我们心中的重点是，即便机器制造中所使用的全部资本都只够补偿每年的机器损耗，每年仍会生产比所需更多的机器，由于损耗的部分发生只是理想上的，实际只有在若干年后才需要被补偿。如此使用的资本每年都要供应大量的机器，成为可用的资本投资，并为新的资本投资做准备。例如，让我们假设一个机器制造商今年开始生产。在这一年内，他供应了 12,000 英镑的机器。如果他只是要再生产他已经制造的机器，他将不得不在以后的十一年内，都只生产 1,000 英镑的机器，而且即使那样，一年的生产都不能在当年被消费。如果他要运营他的全部资本，所能被消费的依然比较少。为了继续令这笔资本运作，使它每年都再生产自己，需要这些机器的制造部门绝对要有一个新的、不断的扩张。如果机器制造商本人在进行积累，那就更得如此了。因此，*即便投资于某一生产部门的资本在进行简单再生产*，[①] 也必须要有其他生产部门的持续积累相伴随。"[②]

我们可以把马克思的机器制造商的例子拿来说明固定资本的生产。然后得出下列推论：如果社会在此领域维持简单再生产，每年雇用相同数量的劳动生产固定资本（当然在现实生活中不可能出

① 马克思原文中此句使用了斜体。

② 马克思：《剩余价值学说史》，第二卷，第二部分，第 248 页。

现这一过程)，那么所有其他领域的年度生产则必须扩大。但如果这里也要维持简单再生产，曾经所创造的固定资本仅仅只要求更新，那么，能被用上的劳动只是它创造过程中所使用劳动的一小部分。或用另一种说法，如果一个社会要为固定资本提供大规模投资，即便假设整个社会都以简单再生产为准，它也必须周期性地求助扩大再生产。

随着文明的进步，不管是生产资料的形态，还是其所代表的价值数量，都将发生变化——更好地说，是其本身所储存的社会劳动会发生变化。除了直接保存的必要劳动以外，社会还将拥有越来越多的结余的劳动时间和劳动力，它可以利用它们来制造规模不断增长的生产资料。这将如何影响再生产过程呢？在资本主义条件下，社会又如何在其每年的劳动中创造出多于以前所拥有的资本量呢？这个问题涉及还没有时间去讨论的扩大再生产问题。

第五章　货币的流通

在我们对再生产过程的研究中，至今还未考虑过货币流通问题。在这里，我们并不是把货币作为一个量杆，一种价值体现，因为社会劳动中的所有关系都已经以货币为单位来进行表现、假设和测量。现在，我们要做的是以货币作为交换手段，来检测我们的简单再生产图式。

魁奈已经发现，如果我们能假定在生产资料与消费品之外，还有一定数量的货币，我们才能够理解社会再生产过程。[①]

现在，面临两个问题：(1)货币应该为谁所有，以及(2)应该有多少货币？对于第一个问题的回答，毫无疑问是工人以货币的形式获得工资，并用工资购买消费品。从社会的角度来看，这只意味着工人被分配了一定份额的消费基金：每个社会，无论其生产的历史形态如何，都会对工人做出如此分配。但是，资本主义生产方式的本质特征是，工人不是直接以实物形态，而是通过商品交换的形式

---

① 在魁奈的《经济表》的第七条注释中，在批驳了重商主义理论将货币与财富相等同的观点之后，魁奈说："一个国家的货币数量不能增加，除非这个再生产本身有所增加；否则，货币数量的增加必然会有害于年度财富的生产……因此，我们不能以货币数量的多少为基础来判断国家的贫富：这样，对于一个有规则地开展流通，以及在信任和充分自由下从事商业的农业国家来说，若其货币存量等于土地所有者的收入，就会被认为是太多了。"（翁肯版《经济表分析》，第 324—325 页）

获得其份额，正如资本主义生产方式的根本特点，即它们的劳动力不是直接作为个人支配关系的结果被使用，而是通过商品交换进行：工人向生产资料的所有者出售自己的劳动力，并自由地购买其生活资料。货币形式的可变资本是这些交易的表现和媒介。

于是，货币首先以工资支付的形式进入流通。因此，资产阶级一开始就必须让一定数量的货币流通起来，而且这一数量必须等于他们支付的工资数额。部类Ⅰ中的资本家需要 1,000 单位的货币，部类Ⅱ中的资本家需要 500 工资来支付账单。因此，根据我们的图式，有两笔货币正在流通：Ⅰ（1,000*v*）和Ⅱ（500*v*）。工人把 1,500 全部用于购买消费品，也就是说，用于购买部类Ⅱ的产品。这样，劳动力就得到了维持，也就是说社会的可变资本以其自然形态被再生产出来，作为所有其他资本再生产的基础。同时，部类Ⅱ中的资本家用以下方式处置他们的全部产品（1,500）：他们自己的工人获得 500，部类Ⅰ中的工人获得 1,000。这一交换令部类Ⅱ中的资本家获得了 1,500 单位的货币：500 是返还给他们的且由他们自己所有的可变资本，这笔钱可以作为可变资本再次开始流通，但在目前它们已经完成了自己的路程；其他的 1,000 则产生于他们年复一年地实现自己三分之一的产品。部类Ⅱ的资本家现在用这 1,000 单位货币从部类Ⅰ的资本家手中购买生产资料，以更新他们已经消耗完的不变资本部分。通过这一购买，部类Ⅱ以自然形态更新了其所需的不变资本Ⅱ*c* 的一半。部类Ⅰ现在反过来拥有 1,000 单位的货币，而这些货币不过是最初支付给它自己工人的工资。现在，在经过两次转手后，这些货币又回到了部类Ⅰ，此后作为可变资本发生作用。在这一刻，这一货币数量就完成了流通，但社会范

围内的流通还未结束。部类Ⅰ的资本家还没有实现他们为自己购买消费品的剩余价值，这些剩余价值仍然以一种对他们无用的形式被包含在他们的产品中。此外，部类Ⅱ的资本家也还没有更新他们不变资本的另一半。这两个交换行为在实质与价值上都是一样的，因为部类Ⅰ的资本家通过交换部类Ⅱ的资本家所需要的生产资料Ⅰ（1,000*c*），获得来自部类Ⅱ的物品。但是，为了实现这笔交易，还需要一个新的货币数量。那笔已经完成它的路程的货币，确实可以因这一目的而重新被带入流通——这在理论上，不会遭到任何反对。但在实践中，却不可能存在这样的解决方案。因为资本家作为消费者的需求，正如工人的需求一样，必须即刻就被满足——它们与生产过程中同时运行，并且必须有一定数量的货币做媒介。由此可知，这两个部类的资本家，也就是所有的资本家，除了拥有所需要的用作可变资本的资金以外，还必须要有更多的现金储备在手中，另一方面，在所有产品实现之前及其生产过程中，不变资本的某些部分必须被不断地购买进来。这些是不变资本的流通部分，如原材料、半成品、照明及类似产品。因此，不仅部类Ⅰ的资本家必须有一定数量的货币在手以满足他们作为消费者的需求，而且部类Ⅱ中的资本家也必须拥有货币以满足他们对不变资本的需求。这样，1,000*s*Ⅰ（包含在生产资料中的部类Ⅰ的剩余价值）对商品的交换就这样被部类Ⅰ中的资本家为满足自己作为消费者的需求，以及部类Ⅱ中的资本家为满足自己作为生产者的需求，而分别垫付的部分资金影响了。[①] 两个部类中的诸多资本家都可能为交换预付必

① 马克思（《资本论》，第二卷，第 482 页）把部类Ⅱ中的资本家所直接使用的货

要的 500 单位的货币，也可能两个部类贡献的比例不同。但无论如何，有两件事情可以确定：(a) 两个部类为这一目标而提供的货币必须足够实现部类Ⅰ (1,000*s*) 与部类Ⅱ (1,000*c*) 之间的交换；(b) 不管这笔货币在两个部类之间如何分配，交换事务完成后，资本主义生产的每个部类必须再次拥有它以前所投入流通的同样数量的货币。后一条准则相当普遍地适用于整个社会流通：一旦流通过程结束，货币总是会回到它最初的起点。因此，在普遍交换后，所有的资本家都获得了双重结果：第一，他们以自然形态下对他们无用的产品，换取了那些在自然形态下是这些资本家所需要的生产资料或消费品的产品；第二，他们重新获得了其投入流通以影响这些交换行为的货币的所有权。

从简单商品流通的角度来看，这一现象是令人费解的，因为在那里，商品和货币在不断变换位置——商品占有排斥货币占有，由于货币经常抢夺商品所放弃的位置，反之亦然。确实，当商品交换是社会流通形式，这对于商品交换的每一个体行为来说都是正确的。但这种社会流通本身并不仅是商品交换：它是资本的流通。而这种流通的本质和特征是，它不仅可以把资本家的原始资本的价值，连同一个增加额，即剩余价值返还给资本家，还能够通过提供生产资本自然形态下的生产资料和劳动力，确保维持那些不劳动者的生活来帮助社会再生产。在占有了所需要的生产资料和资金后，资本家们开始启动整个社会流通过程；一旦社会资本已经完成了它

币作为这一交易行为的起点。正如恩格斯在他的附注中所正确指出的，这并不会影响流通的最后结果，但这个假设并不是社会范围内流通的正确条件。马克思自己在《资本论》第二卷的第 461—462 页中给出了更好的阐述。

的循环，一切就又会回到他们的手中，被依据每个部类的投资额度分配至各个部类。工人只能在他们把可变资本从货币形态转化为自然形态的期间，暂时地拥有货币。资本家手中的可变资本，不过是他们部分资本的外形，并总是回归到他们手中。

迄今为止，我们只考虑了流通，因为它发生在两大部类的生产之间。但第一部类的4,000单位的产品仍然以生产资料的形式留在那里以更新它的4,000*c*的不变资本；同时，部类Ⅱ所生产的500单位的消费品［相当于剩余价值Ⅱ（500*s*）］也以消费品的形态留在该部类供资产阶级使用。由于两个部类的生产方式都是资本主义的，即无计划的私人生产，每个部类都只能通过商品交换的方式，即通过同一部类的资本家之间的个人商品交易，在它自己的资本家之间分配本部类的产品——部类Ⅰ中的生产资料和部类Ⅱ中的消费品。因此，这两个部类的资本家都必须拥有准备金以从事交换事务——以更新部类Ⅰ中的生产资料和部类Ⅱ中供资产阶级使用的消费品。这一部分流通并没有显现出特别令人感兴趣的特征，因为它不过是简单商品流通。供应商和购买者都属于同一类型的生产代理人，只有在货币和商品在同一阶层和部类之间换手时，流通才受到关注。尽管如此，该流通所需要的货币从一开始就必须掌握在资产阶级手中：这是他们资本的一部分。

到目前为止，即使我们考虑货币流通，整个社会资本的流通也没有显示任何特别之处。显然，从一开始社会就必须拥有一定数量的货币以使这种流通成为可能，这是因为两个原因：第一，资本主义生产的一般形态就是包含货币流通的商品生产；第二，资本的流通以货币资本、生产资本以及商品资本这三种资本形态的不断交替

为基础。最后，正是这一货币作为资本运作——我们的图式专指的是资本主义生产——资产阶级必须拥有这些货币，因为它拥有着资本的任何其他形态；资产阶级把货币投入流通是为了一旦流通过程结束，就重新占有这些货币。

乍一看，只有一个细节可能会引起我们的关注：即如果资本家已经令在社会中流通的所有货币运行，他们也必须垫支实现他们自己的剩余价值所需要的货币。因此，看似资本家阶级理应用自己的货币购买他们自己的剩余价值。由于资产阶级拥有这些产生于上一生产周期的货币，甚至先于每一劳动周期的产品的实现，乍一看，剩余价值的分配似乎不是以工资中的无偿劳动为基础——实际却是以此为基础——而仅仅是同样由资产阶级自己提供的商品和相同数量的货币交换的结果。但我们稍加思考就可以消除这一错觉。在流通基本完成后，资本家现在就像以前一样，拥有着那些回归或留在他们手中的货币基金。此外，他们获得了与其已经消费的等额的消费品（注意我们仍将自己限于以简单再生产作为我们再生产图式的基本条件，即在原有规模上更新生产以及所生产的全部剩余用于资产阶级的个人消费）。

此外，如果我们不是将自己局限于一个生产周期，而是观察一系列连续周期的相互联系，这种错觉就会完全消失。今天，资本家为了实现自己的剩余价值而以货币形式投入流通领域的价值，实际上只是他从上一生产周期所获得的货币形式的剩余价值。资本家必须从自己的口袋垫付货币购买自己消费的物品。一方面，他每年所生产的剩余价值，或者以不适合消费的自然形态存在，或者采取了适合消费的形态，却暂时存在于另一个人手中。另一方面，他（资本家）已经重新获得了货币，并且现在正通过实现上一周期所生产剩余价值的方式来垫支货币。一旦他实现了仍以商品形式存在的新的剩余价值，这些货币就会回到他的手中。因此，在几个生产周期的进程中，资产阶级从共同物品堆里拿走自己的消费品以及其他自然形态的资本。但他原来拥有的那些货币数量并未受这一过程的影响。

对社会中的货币流通的调查显示，个体资本家绝不能把他的全部货币资本都投入生产，而是必须经常保留若干货币准备金以用作可变资本，即工资。再者，他必须为在任何特定周期购买生产资料而保持资本准备金，此外他还必须为自己的个人消费准备现金。

这样，社会总资本的再生产过程带来了生产和再生产货币本体的必要性。因为我们前面所讨论的马克思图式只设想资本主义生产，所以货币也是资本。这个图式也因而看似不完整。我们应该在社会生产的两大部类[那些生产资料（Ⅰ）和消费品（Ⅱ）]之外增加另一个生产交易工具的部类。确实，这一第三部类的特征就是：它既不能服务于生产，也不能服务于消费，只代表着一种不能被使用的无差别的商品中的社会劳动。尽管货币及其产生，如同商品的交换和生产一样，远比资本主义生产方式古老，但只有后者才令货币流通成为社会流通的一般形式，从而成为社会再生产过程的基本要素。只有论证了货币的生产和再生产与社会生产的其他两个部类之间的原始关系，我们才能得到关于资本主义生产要点的全面图解。

但是我们在这里背离了马克思。他把黄金的生产（为了简便起见，我们把整个货币的生产简化为黄金的生产）计入社会生产的第一部类。

“黄金的生产，如同一般金属一样，属于以生产资料的生产为己任的部类Ⅰ。”[①]

只有当黄金的生产是工业用途的金属生产（珠宝、牙齿填充物等）时，这点才是正确的。但黄金作为货币的性能，不是金属而是社会劳动的抽象体现。因此，它既不是生产资料也不是消费品。此外，对再生产图式本身的一种显示，这种不一致必然来自对交易资料与生产资料的混淆。如果我们增加一个关于黄金的年度生产的图式描述，而黄金是社会生产的两个部类的货币本体，就会得到下列三组数字：

Ⅰ. $4{,}000c + 1{,}000v + 1{,}000s = 6{,}000$　生产资料

Ⅱ. $2{,}000c + 500v + 500s = 3{,}000$　生活资料

Ⅲ. $20c + 5v + 5s = 30$　交换资料

马克思选作例子的30的价值数量，显然并不代表社会每年流通的货币数量。它只代表着每年再生产的部分，货币本体的年度损耗；只要社会再生产保持在同一水平上，这一损耗也就平均保持不变。资本的周转按照常规方式进行，而商品的实现也以相同的步调前进。如果我们把第三行视为第一行整体的一部分，如同马克思所希望的那样，就会发生下面的困难：第三部类的不变资本包括真实、具体的生产资料，房屋、工具、辅助材料、船舶等，就如其他两个部类一样。但它的产品，30代表的货币，不能以其自然形态作为不变资本在任何生产过程中运作。因此，如果我们把这30

① 《资本论》，第二卷，第548页。

作为重要的组成部分计入部类Ⅰ的产品(6,000 生产资料)，生产资料就会显示这一规模下的社会赤字，这将会阻止部类Ⅰ和部类Ⅱ在原有的规模上重新进行他们的再生产。根据之前的假设——构成马克思的整体图式基础的假设——再生产作为一个整体，开始于每个部类产品的实际使用形态。这一图式的各个比例都以该假设为基础；没有它，一切会变得一团糟。因此，第一个基本价值关系基于等式Ⅰ(6,000)= Ⅰ(4,000*c*)+ Ⅱ(2,000*c*)。这并不能适用于产品Ⅲ(30)，因为两个部类都不能将黄金用作生产资料[假设按Ⅰ(20*c*)+ Ⅱ(10*c*)的比例]。从这里得出的第二个基本关系基于等式Ⅰ(1,000*v*)+ Ⅰ(1,000*s*)= Ⅱ(2,000*c*)。这将意味着对于黄金的生产，从部类Ⅱ所取得的消费品，等于为其供应的生产资料。但这同样不对。尽管为了生产黄金，从社会总产品中取走了具体的生产资料，并把它们当作不变资本使用，尽管它也拿走了相当于其可变资本和剩余价值的具体的消费品，交由它的工人和资本家使用，但它所供应的产品既不能作为生产资料在任何生产部门使用，也不是适合人类消费的消费品。因此，把货币的生产计入部类Ⅰ的活动，是对马克思图式中表现价值关系的所有一般比例的违背，减弱了这一图式的有效性。

马克思在部类Ⅰ(生产资料)中为黄金的生产寻找一席之地的尝试，带来了不可靠的结果。新的分部类(马克思称之为Ⅰg)和部类Ⅱ(生活资料)之间的第一个流通行为，照例是工人作为工资从资本家手中取得的货币，向部类Ⅱ购买消费品。但这一货币并不是新的生产周期的产品。它已经被Ⅰg部类的资本家从包含在他们上一周期产品中的货币中储存下来。这确实是一个正常的步骤。但现在，马克思允许部类Ⅱ的资本家用他们储存下来的货币向Ⅰg部类购买价值为2的黄金作为商品资料。这是从货币的生产到黄金的工业生产的一个跳跃，而黄金的工业生产与货币的生产，如同与鞋油的生产一样毫无关联。但在所储备的5 Ⅰ*gv*中，还剩下3；而资本家因为不能将它们用作不变资本，也不知道该如何处理它们，马克思便替资本家做安排，把它们加入到了资本家自己的货币储备中。马克思进一步发现如下途径以避免部类Ⅱ中的不变资本的赤字，部类Ⅱ中的不变资本必须全部与生产资料交换（Ⅰ*v*+ Ⅰ*s*）：

“因此，这一货币必须被彻底地从Ⅱ*c*转向Ⅱ*s*，无论它是否存在于生活必需品或奢侈品，反之亦然，相应的商品价值也必须从Ⅱ*s*转向Ⅱ*c*。结果是剩余价值的一部分被当作货币积累。”[①]

老实说，这是一个奇怪的结果。我们通过单纯地限制自己的年度货币基金损耗，已经获得了货币的增加，货币本体的剩余。因为一些未知的原因，这种剩余价值的形成以消费品部类资本家的利益为代价。我们可以这样说，他们厉行节制，不是因为他们要扩大自己的剩余价值的生产，而是为了让从事黄金生产的工人获得足够数量的消费品。

但部类Ⅱ的资本家只从这一美德中获得了可怜的回报。尽管他们节制，但是他们不仅不能扩大自己的再生产，甚至也不能再以它的原有规模重新进行生产。即使相应的“商品价值”从Ⅱg转移到Ⅱ*c*但真正重要的不只是价值，还有它实际而具体的形态。由于部类Ⅰ的一部分新产品是不能用作生产资料的货币，尽管部类Ⅱ很

① 《资本论》，第二卷，第550页。

节制，但也无法在原有规模上更新其不变实物资本。当我们的图式以简单再生产为条件时，它的条件因而在两个方面遭到破坏：剩余价值被储存，而不变资本则出现亏损。这样，马克思自己的结果证明了黄金的生产不可能在他图式的两个部类的任一个，找到一席之地；一旦部类Ⅰ和部类Ⅱ之间的第一个交换行为已经完成，整个图式就会被打乱。正如恩格斯在他的附注中所言，“手稿中并没有对最新生产的黄金在部类Ⅰ的不变资本中的交换的分析”。[①] 此外，这一矛盾只会更大。当马克思就这一问题给出透彻、简短且又震撼的答案时，我们提倡的观点即被他本人所证实，“货币本身不是实际再生产的一个要素”。[②]

还有另一个重要的原因让我们把货币生产整体性放入社会生产的第三个独立部类，它就是：作为再生产过程的起点和基础，马克思的简单再生产图式不仅对资本主义是有效的，而且经过必要的修改后，也适合于所有的管制和计划经济秩序，例如社会主义经济秩序。不过，当私人的生产资料所有制被取消后，货币的生产，就会如产品的商品形态一样，变得过时。它成了资本主义条件下的无政府经济的“不正当”责任、虚假花费，一个以私营企业为基础社会的特殊负担，这意味着每年支出大量劳动所制造的产品，既不是生产资料也不是消费品。这种由资本主义条件下的社会生产所产生的特殊劳动支出，将在社会计划经济中消失。在社会资本的再生产过程中，用一个单独的部类来展示它是最为恰当的。至于我们描

① 《资本论》，第二卷，第551页。

② 同上书，第572页。

绘的是一个能自己生产黄金的国家，还是一个从国外进口黄金的国家，这都是不重要的。在第一种情形下黄金的直接生产所必要的社会劳动支出，被同样需要于第二种情形下的交易影响。

这些观察表明，总资本的再生产问题并不像那些单纯从危机观点来研究它的那些人所认为的那样简单。核心问题可以表述如下：在一个无计划的经济中，无数个体资本家的总体生产，如何才能满足所有的社会需要？该问题本身所指向的答案是与伴随需求波动的生产水平的持续波动，也就是市场的周期性变化。这一观点把社会的总体产品视为无差异的商品集合，并且以同样荒谬的方式对待社会需求，这忽视了最重要的要素，即资本主义生产方式的具体差异。我们已经发现资本主义再生产的问题包含着大量的精确界定的关系，这些关系涉及特定的资本主义范畴，经过适当修改后就可以与人类劳动的一般范畴相关。真正的问题在于它们既冲突又和谐的内在倾向。马克思的图式正是对这一问题的科学设想。

必须探讨这一图式在分析生产过程中的含义。对于实际生活中的问题具有现实的意义吗？根据这一图式，流通吸收了全部社会产品，所有消费者的需求都得到满足，而再生产的开展并无冲突。货币流通促成了商品的流通，从而完成了社会资本的循环。但在现实生活中又是什么情况呢？该图式所列出的关系为社会劳动在计划生产中的分配设置了第一个清晰的原则——永远以简单再生产体系为条件，也就是生产规模不变。但在资本主义经济中，这样的被计划组织并不存在于全过程，事情也不会像图式所设计的那样，沿着一个数学公式顺利运行。相反，再生产进程表现出对图式比例的持续背离，并逐渐体现在：(a) 日复一日的价格波动；(b) 持续的利润波动；(c) 从一个生产部门到另一个生产部门的无休止的资本流动，最终是生产过剩与危机之间的周期性摆动。

然而，除了所有的这些背离以外，该图式还呈现了一个社会必要的平均水平，所有的这些运动都必须以该水平为核心，且一旦离开，就永远有动力返回。这就是为什么个体资本家起伏不定的运动并没有恶化成混乱，而是被简化为某种能确保社会无计划时长期存在的规则。

一经比较，我们立刻就意识到了马克思的再生产图式与魁奈的《经济表》之间的相似性和深刻差异。这两个图式，也是古典经济学时期的开端与终结，都是用精确术语来描述明显混乱的仅有尝试，该混乱产生于相互关联的资本主义生产和消费运动，产生于无数私人生产者和消费者之间的差异。两位作者都把这种私人资本的混乱聚合简化为少量的广义规则，实际上，这些规则成了混乱的资本主义社会发展的支柱。他们都实现了两个方面的整合，而这两个方面都是整个社会资本运动的基础：即流通不仅是资本主义的生产和剩余价值的占有的同一过程，也是一个生产和消费文明的人类生存所必要的物质资料的社会过程。两者都表明商品的流通是整个社会过程的中介，都把货币流通视为一种次要现象，一种对商品流通的不同阶段的表面的、肤浅的表述。

社会必要劳动创造了价值。由此发展出了马克思价值理论的基本规律，该规律为资金问题提供了解决方案，在其他规律之外，进一步引导他第一次区分与整合全部再生产过程的两个方面：价值方面和实际的物质联系方面。马克思的图式以不变资本与可变资本的明确区分为基础，而这一区分独自揭示了剩余价值生产的内部机制，并把它作为一种价值关系带入到生产资料与消费物品这两类物质资料生产的确切关系中。

在魁奈之后，一些古典经济学家，特别是亚当·斯密和李嘉图相当接近这个观点。李嘉图的贡献，他对价值理论的精妙阐述，甚至经常被与马克思相混淆。李嘉图在他自己的价值理论的基础上，看到了斯密把所有商品的价格都分解为 $v+s$ 的方法——这一理论给再生产的分析造成如此巨大的破坏——是错误的；但是他对斯密的错误并不是非常感兴趣，也确实不太热衷于整体的再生产问题。事实上，他的分析代表了亚当·斯密之后的一个退步，如同斯密也曾经部分地倒退于重农学派。如果李嘉图能比他的前人更精确、更前后一致地阐述资产阶级经济的基本价值范畴——工资、剩余价值和资本，他也就能更严谨地对待它们。亚当·斯密则对现存的联系，广泛的整体运动，有着更深刻的理解。因此，他不介意为同一问题，如价值问题，提供两个甚至三四个不同的答案。尽管他很乐意在自己分析的很多部分自相矛盾，但正是这些矛盾永远激励着他再接再厉，它们令他从完全不同的角度研究整体问题，并因此把握问题的动态。最终，资产阶级思想的局限性令斯密和李嘉图必然走向失败。对资本主义生产、价值和剩余价值基本范畴的正当理解，作为社会过程的现实动态，要求从历史发展与一般劳动关系的历史约束形态本身来理解这一过程。这意味着，只有社会主义才能真正解决资本的再生产问题。《经济表》和《资本论》第二卷中的再生产图式，存在着资产阶级经济学在时间与实质上的繁荣和衰落。

第六章 扩大再生产

简单再生产图式的缺点很明显：它说明了一种再生产形式的规律，而这种再生产形式只可能发生于资本主义经济中的偶然例外。不是简单再生产，而是扩大再生产，构成了每个资本主义经济制度的规则，与其他经济制度相比较，更是如此。[①]

但是这一图式在两方面具有真正的科学上的意义。在实践上，即便是在扩大再生产条件下，大部分的社会生产都可以被视为简单再生产，而简单再生产则是任何情形下生产突破其原有界限扩张的广泛基础。在理论上，关于简单再生产的分析，也为扩大再生产的所有科学阐述提供了必要的起点。因此，总体社会资本的简单再生产图式必然引起了深层次的总资本扩大再生产问题。

我们已经知道了资本主义基础上的扩大再生产的历史特性。它必然表现为资本的积聚，这既是它的特殊形态，也是它的特殊条件。这就是说，整体社会生产——在资本主义基础上就是剩余价值

---

① 简单再生产的前提，即 Ⅰ $(v+s)=$ Ⅱ c 与资本主义的生产相悖。尽管也可能出现这种情况，即在一个十或十一年的工业周期，某一年的总生产可能比上一年少，以至于没有发生与上一年度相对应的简单再生产，考虑到每年的人口自然增长，只有在更多的非生产性雇员可以分享代表总剩余产品的 1,500 时，才可能发生简单再生产。但是，资本的积累，真正的资本主义生产，却不可能出现于这样的情形之下。（《资本论》，第二卷，第 608 页）

的生产——只有在任何曾经活跃的社会资本如今被自己所创造的剩余价值增强这样的情况下，才能被扩大。把部分剩余价值（特别是增长部分的剩余价值）用于生产而非资产阶级的个人消费，或用于增加准备金，是资本主义生产条件下扩大再生产的基础。

社会总资本的扩大再生产的特征——正如我们在之前的简单再生产假设中一样——是个体资本的再生产。因为生产作为一个整体，不管是被视为简单还是扩大再生产，实际都只能以私人个体资本所完成的无数独立的再生产运动的形式出现。

对于个体资本积累的第一次全面分析出现在马克思的《资本论》的第七篇的第二十二、二十三章。在这里，马克思研究了：(a)剩余价值划分为资本和收入；(b)确定除了这种划分之外资本积累的各种情况，例如对劳动力的剥削程度和劳动生产率；(c)作为一个积累因素，固定资本相对流动资本的增长，以及(d)同时是积累过程的结果与前提的工业后备军的加速发展。在这些讨论中，马克思研究了资产阶级经济学者关于积累的两种意见：一是较多庸俗经济学者所持有的“禁欲论”，他们主张把剩余价值划分入资本，因此积累本身就成为资本家的一种道德和英雄行为；二是古典经济学者的谬见，他们的学说认为剩余价值的全部资本化部分，完全被用于生产性工人的消费，也就是说，都被用于年复一年所雇用的工人的工资。这一错误的设想完全忽视了这样一个事实：即生产的每次增长不仅表现在雇佣工人数量的增长上，还表现在物质生产资料的增长上（厂房、工具，当然也包括原材料）。这种错误设想显然根植于我们前面所讨论的亚当·斯密的“教条”。此外，认为有较大数量的资本用于工资开支就足以实现扩大生产的假设，源自于这样一

种错误想法，即所有商品的价格都可以被完全地分解为工资和剩余价值，以致固定资本完全被忽视。奇怪的是，即便是已经偶尔意识到斯密理论中的这点错误的李嘉图，也极端认同它的最终推论，虽然它们是错误的：

"必须被理解的是，一个国家的所有产品都会被用于消费，但它们是被再生产出其他价值的人消费掉，还是被未再生产出其他价值的人消费掉，会造成我们所能设想的最大区别。当我们说收入被储蓄，被加入资本，我们指的是，这部分被加入资本的收入，是被生产性劳动者，而不是非生产的劳动者所消费了。"①

如果生产出来的所有物品都被人类的消费所吞没掉，那么在社会总产品中就显然没有结余部分可用于非消费性的生产资料，如工具、机器、新的材料与房屋，扩大再生产因而也将不得不采取一条特殊的路径。按照这个奇怪的概念，所要发生的必将是：根据剩余价值资本化部分的数量，生产新工人所消费的主要食物，而非过去提供给资本家的美味佳肴。除了与消费品生产有关的变动外，古典的扩大再生产理论不允许发生任何的其他变动。经过前面的观察，我们毫不奇怪马克思能轻易地驳斥李嘉图和斯密两人的基本错误。正如简单再生产除了为工人和资本家提供必要数量的消费品生产以外，还需要不变资本，即物质生产资料的调节性更新；同样地，在扩大再生产情况下，部分的新增资本必须用于扩大不变资本，也就是增加物质生产资料。马克思发现在这里还必须适用另一规律。相对于花费在工资上的可变资本，被古典经济学者一再忽视的不变

① 李嘉图：《原理》，第八章，"税收论"，第 87 页注释。

资本是增加的。这只是劳动生产率增长的普遍效果的资本主义表现。随着科技的进步，人类劳动能够使用越来越多的生产资料，并将它们转化为物品。在资本主义条件下，这意味着相对于无生命的生产资料而言，用于活劳动，也就是工资的支出将日益递减。与亚当·斯密和李嘉图的设想相反，扩大再生产不仅必须从将剩余价值的资本化部分分配给固定资本和可变资本开始，而且随着生产技术的提高，该分配注定将不断增加固定资本的比重，不断减少可变资本的部分。资本结构的这种持续性质量变化就是资本积累的具体表现，也是资本主义基础上的扩大再生产的具体表现。[①]

这种不变与可变资本之间的持续变化的另一图景，便是马克思所说的相对过剩人口的形成，也就是说劳动人口中有部分超出了资本的平均需求，从而变得多余。失业的产业工人后备军（在这里采

① 这一特殊的资本主义生产方式，对应于它的劳动生产力的发展，以及由此产生的有机资本构成，不仅与积累的增长保持同步，还并行于社会财富的发展。因为单纯的积累，即社会总资本的绝对增长与构成总资本的个体资本的集中化相伴随，再加上所增加资本的技术结构变化同步于原有资本的技术结构变化，它们的发展速度非常快。因此，随着积累的增加，不变资本与可变资本的比例在发生变化。如果一开始说是1:1，现在则逐渐变为2:1、3:1、4:1、5:1、7:1等，于是随着资本的增加，在它的总价值中，不是$\frac{1}{2}$，而是$\frac{1}{3}$、$\frac{1}{4}$、$\frac{1}{5}$、$\frac{1}{6}$、$\frac{1}{8}$等被转化为劳动力，另一方面，则有$\frac{2}{3}$、$\frac{3}{4}$、$\frac{4}{5}$、$\frac{5}{6}$、$\frac{7}{8}$被转为生产资料。由于劳动需求不是取决于整体的资本数量，而只是取决于它的可变部分，这一需求就会随着总资本的增加而逐步下降，而非原来所设想的同比例增长。它随着总资本的增加而相应下降，并且随着这一数量的增加而加速下降。随着总资本的增加，它的可变部分，或者说劳动内含于其中的部分同样也在增加，但在比例上却不断下降。积累作为一定技术基础上的生产的简单扩大来运作的中间的停顿时间缩短。为了吸收更多数量的工人，甚或为了让那些已被雇用的工人基于旧资本的不断变化而继续发挥作用，不只需要总资本以不断发展的速度加速积累。在这方面，不断增长的积累和集中逐渐成为资本结构新变化的源泉，成为它的可变部分相较于不变部分加速减少的源泉。（《资本论》，第一卷，第642—643页）

用更广泛的意义，包括商业资本所统治的无产阶级）总是存在的。它是繁荣时期生产急速扩张的一个先决条件，也是资本主义积累的另一特殊条件。[①]

从个体资本的积累，我们可以推导出扩大再生产的下列四个独特现象。

（1）在某一限度内，扩大再生产的规模独立于资本的增长，并且可以超越它。要达到这一点的必要方法是：加强对劳动和自然力量的剥削，和提高劳动生产率（包括提高固定资本的效能）。

（2）所有真正的积累始于意图资本化的那部分剩余价值被划分为不变资本和可变资本。

（3）作为一个社会过程，积累是与不变资本和可变资本之间关系的持续性变化相伴随的，通过这个变化，投资于无生命生产资料的那部分资本，相对花费于工资的部分，在不断增加。

（4）伴随着积累过程，同时也是积累过程的条件之一，发展出了一支产业后备军。

这些从个体资本所完成的再生产过程所得出的特征，比庸俗经济学者的分析大大地向前迈进了一步。但我们现在的问题是去论证源于个体资本运动的总资本的积累，并以简单再生产图式为基础，从积累的视角建立贯穿于剩余价值生产过程的价值因素与消费品和生产资料生产中的物质考量之间的确切关系。

① 以现代产业为特征的进程，即一个平均活动周期为十年的循环（被更小的波动中断），在高压、危机与停滞下生产，就是以产业后备军或过剩人口的不断形成、或多或少被吸收、然后再形成的历程为基础。而产业循环的不同阶段吸收着过剩人口，并成为它再生产的最活跃的因子之一。（《资本论》，第一卷，第 646—647 页）

扩大再生产和简单再生产的根本差异在于，后者中的资产阶级及其食客消费了全部的剩余价值，而在前者中，部分剩余价值将从其所有者的个人消费中取出，目的不是储备，而是为了增加流动资本，即资本化。为了令其成为可能，新增加的资本也必须为它即将到来的活动提供物质前提。在这里，社会总产品的具体结构变得重要。当马克思在探讨个体资本的积累时，就已经在第一卷中写道：

"年度生产首先必须提供所有这些物体（使用价值），以补充那些在一年内被消耗掉的资本的物质成分。扣除掉这些，剩下的就是剩余价值赖以存在的净产品或剩余产品。那这些剩余产品是由什么组成的呢？仅仅是那些用以满足资产阶级的需求与渴望，那些因此而加入资产阶级消费基金的物品吗？如果是这样，剩余价值就会被榨干，就只会发生简单再生产——为了积累，必须将一部分剩余价值转化为资本。但除非借助于奇迹，能转化为资本的，只有那些能被用于劳动过程的物品（即生产资料）和劳动者能据以维持生存的物品（即生活资料）。因此，必须有一部分年度剩余劳动被用于生产额外的生产与生活资料，超过那些需要被补偿的垫付资本的数量。总之，剩余价值之所以能被转化为资本，是因为剩余产品的价值中已经包含了新资本的物质成分。"①

但是，仅有额外的生产资料和额外的专用于工人的消费品还不够，要想使扩大再生产真正发生，还需要增加额外的劳动。现在，马克思在最后一个条件中发现了特别的阻碍：

"资本主义的生产机制已经通过把工人阶级转化为一个依赖工

① 《资本论》，第一卷，第593—594页。

资的阶级而对此预先做出安排，而且这个阶级的平常工资不仅能够维持它的生计，还能够满足它的增长。是资本必须将工人阶级每年以各个年龄层的劳动者形态所提供的额外劳动力，纳入包含在年产物中的剩余生产资料，也就完成了剩余价值向资本的转变。”①

这是马克思为总资本的积累问题所提供的第一个解决方案。在《资本论》的第一卷讨论过这一问题之后，马克思又在该著作的第二卷的结尾处回顾了这一问题，在总结性的第二十一章专门探讨了总资本的积累与扩大再生产问题。

让我们更严密地考察马克思对积累的图式阐述。在我们早已熟悉的简单再生产图式模型的基础上，他设计了一个扩大再生产图式。如果我们对这二者进行比较，就会无比清晰地发现二者之间的区别。

假设一个社会的年度总产品以价值量 9,000（指百万的工作小时，或资本主义货币形式下的一个任意选择的货币量）来表示，总产品应被分配如下：

Ⅰ. 4,000c+1,000v+1,000s=6,000

Ⅱ. 2,000s+　500v+　500s=3,000

合计 9,000

部类Ⅰ代表生产资料，部类Ⅱ代表消费品。粗略地看一下这些数字的比例关系，就可以发现在这种情况下只有简单再生产成为可能。部类Ⅰ所制造的生产资料等于这两个部类所实际使用的生产资料之和。如果这些仅仅被更新，生产就只会在其以前的规模上被

① 《资本论》，第一卷，第 594 页。

重复；而部类Ⅱ的总产品等于这两个部类的工资与剩余价值之和。这表明消费品只允许雇用像以前所雇用的那样多数量的工人，而且全部剩余价值都同样地用于消费品，即资产阶级的个人消费。

现在让我们把同样的9,000总产品放入下列等式：

Ⅰ. $4{,}000c+1{,}000v+1{,}000s=6{,}000$

Ⅱ. $1{,}500c+\ \ 750v+\ \ 750s=\underline{3{,}000}$

合计 9,000

在这里，我们面临双重的比例失调：所创造的6,000生产资料——超过了社会所实际消耗的，即$4{,}000c+1{,}500c$，留下了500剩余。同样地，所生产的消费品(3,000)也少于工资支付总额(即$1{,}000v+750v$，工人的需求)加上所生产的剩余价值总量($1{,}000s+750s$)，这造成了500的不足。由于我们的前提不允许减少所雇用的工人的数量，结果必然是资产阶级不能消费其获得的全部剩余价值。这与资本主义基础上扩大再生产的两个物质先决条件完全一致：部分被占有的剩余价值并未被消费而是用于生产；更多的生产资料需要被生产，以确保资本化剩余价值用于再生产的实际扩张。

在考察简单再生产图式时，我们发现它的基本社会条件被包含在下列等式中：生产资料总额(部类Ⅰ的产品)必须等于两个部类的不变资本，而消费品(部类Ⅱ的产品)的总额却必须等于两个部类的可变资本与剩余价值之和。至于扩大再生产，我们则必须推论出一个恰好相反的双重比例。扩大再生产的一般前提是部类Ⅰ的产品必须在价值上大于两个部类的不变资本之和，而部类Ⅱ的产品则必须小于两个部类的可变资本与剩余价值之和。

但这还不可能完成对扩大再生产的分析，不如说它只把我们带到了这一问题的门口。推导出图式的比例关系之后，我们现在必须探究的是它们深层次的运动：流通的循环与再生产的持续。正如简单再生产可以被比作一个不变的圆圈，无数次地被重复，而扩大再生产，用西斯蒙第的话说，就像一个环路日益增大的螺旋。让我们来考察一下这个螺旋的环路。由这一联系所提出的第一个基本问题是：在我们现在已知的条件下，积累实际是如何在两个部类中进行的，即资本家是如何资本化他们的部分剩余价值，同时为扩大再生产取得必要的物质前提。

马克思用以下方式阐述了这个问题：

让我们假设部类Ⅰ的剩余价值的一半被积累下来。然后，资本家将 500 用于他们的消费，而使用另外的 500 增加他们的资本。如我们所知，为了开始运作，这一新增的 500 资本必须被划分为不变资本与可变资本。假设原有资本中的 4∶1 的比率保持不变，部类Ⅰ中的资本家将会如此划分这一新增的 500 资本：他们将用 400 购买新的生产资料，用 100 来购买新的劳动。这不会出现什么困难，因为我们知道部类Ⅰ已经生产了剩余的 500 生产资料。但可变资本相应地增加 100 单位的货币是不够的，因为新增的劳动力必须找到适当数量的消费品，而这些消费品只能由部类Ⅱ提供。现在两大部类之前的流通是转移了。以前，在简单再生产条件下，部类Ⅰ为它自己的工人取得 1,000 消费品，而现在它必须为它的新工人获得另外的 100。部类Ⅰ因此从事如下的扩大再生产：

$$4{,}400c+1{,}100v$$

轮到部类Ⅱ时，在它出售了价值 100 的这些消费品后，它就能够从部类Ⅰ获得相同数量的增加的生产资料。事实上，部类Ⅰ正好有100的剩余产品留下来，这些产品现在就流入部类Ⅱ，使得后者能够同样拓展自己的再生产。但是在这里，只有增加的生产资料也没多大用，为了让它们运转起来，还必须增加另外的劳动力。再假设以前的资本结构保持不变，不变资本与可变资本的比率是2:1，那么就需要增加50的劳动来加工这些增加的100生产资料。但新增的劳动需要相当于他们工资额的消费品的增加，而这些消费品实际是由部类Ⅱ自己提供的。因此这个部类除了生产提供给部类Ⅰ工人的增加的100消费品和它自己工人的消费品外，还需要另外生产50的消费品作为它的总产品的一部分。所以，部类Ⅱ以1,600*c*+800*v*的速度开始扩大再生产。

现在，部类Ⅰ的总产品(6,000)已经被完全吸收了。5,500必须用于两个部类更新旧的或消耗完的生产资料，剩下的500则用于扩大再生产：部类Ⅰ 400，部类Ⅱ 100。至于部类Ⅱ的总产品(3,000)，1,900已被用于两个部类新增的劳动力，剩下的1,100消费品则用作资本家的个人消费，即他们的剩余价值的消费。500被消费于部类Ⅰ，600被消费于部类Ⅱ。在部类Ⅱ的700的剩余价值中，只有150被资本化(100被用于生产资料，50被用于工资)。

扩大再生产现在能够按照自己的方向运行了。如果我们保持100%的剥削率，像原有资本的情况一样，在下一周期将得到如下结果：

Ⅰ. 4,400*c*+4,400*v*+1,100*s*=6,600

Ⅱ. 1,600*c*+　800*v*+　800*s*=<u>3,200</u>

合计 9,800

社会的总产品已经从9,000增加至9,800，部类Ⅰ的剩余价值从1,000上升到1,100，部类Ⅱ从750增加到800。资本主义生产扩张的目的，剩余价值生产的增加就实现了。同时，社会产品总额的物质构成，以生产资料(6,600)而言，超出了实际需要量(4,400+1,600)，出现了一个600的剩余。而在消费品方面，与以前所支付的工资(1,100*v*+800*v*)和已创造的剩余价值(1,100*s*+800*s*)之和相比，则又出现了一笔短缺。因此，我们又有了不是为资本家的个人消费，而是为新的生产扩张而使用部分剩余价值的物质可能性与必要性。

于是，第二次的生产扩张与剩余价值生产的增长以数学上的精确，理所当然地出现于第一次之后。资本的积累一旦开始，便会超越自身，自动地向前越走越远。这个循环变成一个越绕越大的螺旋，像是被一个数学方式所伪装的自然法则强迫一样。假设在以后的年度内总有一半的剩余价值被资本化，且资本的构成和剥削率保持不变，那么资本的再生产将会导致如下进展：

第二年	Ⅰ.	4,840*c*+1,210*v*+1,210*s*=7,260
	Ⅱ.	1,760*c*+ 880*v*+ 880*s*=3,520
		合计 10,780
第三年	Ⅰ.	5,234*c*+1,331*v*+1,331*s*=7,986
	Ⅱ.	1,936*c*+ 968*v*+ 968*s*=3,872
		合计 11,858
第四年	Ⅰ.	5,856*c*+1,464*v*+1,464*s*=8,784
	Ⅱ.	2,129*c*+1,065*v*+1,065*s*=4,259
		合计 13,043

第五年　Ⅰ. 6,442c+1,610v+1,610s=9,662

Ⅱ. 2,342c+1,712v+1,712s=4,686

合计 14,348

因此，五年的积累后，可以发现社会总产品由9,000增加到14,348；社会总资本由7,250 (5,500c+1750v) 增加到11,566 (8,784c+2,782v)；剩余价值从1,500 (1,100s+500s) 增加到2,529 (1,464s+1,065s)，而供个人消费的剩余价值，在积累开始时是1,500，在最后一年却增加到了1,690 (732+958)。[①] 然后，资本家阶级增加了资本化的数量，实行了更大的节制，但却能过上更好的生活。社会在物质层面变得更加富庶，生产资料更充足，消费品更丰裕，而且在资本主义条件下，也因其生产了更多的剩余价值而同样变得更加富足。社会产品全部都在社会中流通，部分用于扩大再生产，部分用于消费。资本主义积累的需求对应着社会总产品的物质结构。马克思在《资本论》第一卷所说的是正确的：增加的剩余价值可以被添加入资本，因为社会剩余产品从一开始就是以生产资料的物质形态出现在世界上，这种形态是一种除了在生产过程就无法被利用的形态。同时，再生产严格地遵循着流通规律扩大：两个生产部类对于增加的生产资料和消费品的相互供应按照等价交换进行。在一个商品交换的进程中，一个部类的积累正是另一个部类积累的条件，并使其可能发生。复杂的积累问题由此转化为一个极度简洁的图表进程。只要我们遵守这个简单原则，我们就可以无穷尽地继续上述等式链：部类Ⅰ的不变资本的某种增加总是要求着它的

① 《资本论》，第二卷，第586—601页。

可变资本的某种增加，而这事先规定了部类Ⅱ的增加程度，随着部类Ⅱ的增加，又必须同时配合以可变资本的相应增加。最后，总产品中究竟有多少留作资本家阶级的个人消费，取决于两个部类中的可变资本的增加程度。这个增加程度还表明留作资本家个人消费的消费品数量正好等于两个部类中未被资本化的那部分剩余价值。

根据我们已经论证的几条简易原则，积累的这一图表的发展将无限制地持续下去。但我们现在应该小心，以免我们只是从简单推演出的正确无误的加减法练习中得出这些令人惊异的结果，我们还必须进一步思考：是否仅仅因为数学等式易写于纸上，积累就没有冲突地无限继续下去呢？

换言之，现在已经到了寻求积累的具体社会条件的时刻。

第七章　马克思扩大再生产的图式分析

第一次再生产的扩大给出如下结果：

Ⅰ. 4,400c+1,100v+1,100s=6,600

Ⅱ. 1,600c+ 800v+ 800s=3,200

合计 9,800

这已清楚显示两个部类之间的相互依赖性——但它是一种特殊的依赖。在这里，积累起源于部类Ⅰ，而部类Ⅱ只是跟随。因此，单纯是部类Ⅰ决定了积累的规模。为了让积累运作，马克思在这里令部类Ⅰ资本化其一半的剩余价值；而部类Ⅱ资本化的数量，仅为确保部类Ⅰ的生产和积累进行所必需的数量。他让部类Ⅱ的资本家消费 600s，而部类Ⅰ的资本家却只消费 500s，尽管部类Ⅰ的资本家占有两倍的价值以及更多的剩余价值。在第二年，他假设部类Ⅰ的资本家又资本化其一半的剩余价值，而部类Ⅱ的资本家这次可资本化的数量则多于上一年——简化为正好与第一部类的需求数量一致。现在，留给部类Ⅱ的资本家的消费是 500s——比上一年要少。不管怎么看，这都是一个相当奇怪的积累结果。现在，马克思如此描述这一过程：

"于是让部类Ⅰ以同样的比率继续积累，因而就有 550s 作为收入被花掉，55s 被积累。如果是那样的话，1,100 Ⅰ v 首先被

1,100 Ⅰ c 所替换，550 Ⅰ s 则必须被实现为部类Ⅱ中的同等数量的商品，合计为 1,650 Ⅰ（v+s），但部类Ⅱ中将被替换的不变资本数量只有 1,600，剩下的 50 必须从 800 Ⅱ s 中得到补充。抛开货币层面的事情，我们就有了这样的一个交易结果：

"Ⅰ. 4,400c + 550s（要被资本化的）；还有以部类Ⅱ的商品所实现的，为部类Ⅰ中的资本家和工人所提供的消费基金 1,650(v+s)。

"Ⅱ. 1,650c + 825v + 725s。

"在部类Ⅰ中，550s 必须被资本化。如果前面的比例保持不变，这一数量中的 440 构成不变资本，110 用于可变资本。而这 110 最终必须从 725 Ⅱ s 中取出，也就是说，这一价值 110 的消费物品是由部类Ⅰ中的工人，而非部类Ⅱ中的资本家所消费掉了，以致后者将他们所不能消费的 110s 转化为资本。这就在 725 Ⅱ s 中留下了 615 Ⅱ s。但如果部类Ⅱ因此而将 110 转化为增加的不变资本，那就还需要增加 55 的可变资本，这又必须从它的剩余价值中取出。从 615 Ⅱ s 中扣除掉这一数额，我们就会发现只余下 560 Ⅱ s 用于部类Ⅱ中的资本家的消费，在所有现实的和潜在的转变被完成后，我们得到下列资本价值：

Ⅰ.（4,400c+440c）+（1,100v+110v）=4,840c+1,210v=6,050

Ⅱ.（1,600c+50c+110c）+（800v+25v+55v）=

1,760c+ 880v=2,640

合计 8,690"[①]

这里详尽引用了原文，是因为它非常清晰地展示了马克思如何

① 《资本论》，第二卷，第 598—599 页。

以部类Ⅱ为代价来让部类Ⅰ的积累发生。在接下来的时间里，生活资料部类的资本家依然受到不公正的待遇。按照同样的规则，马克思让他们在第三年积累 264*s*——这一数量要比前两年的多；在第四个年头，他们被允许积累 290*s*，消费 678*s*；在第五个年头，他们则积累 320*s*，消费 745*s*。马克思甚至说："如果事情正常进行，部类Ⅱ的积累速度应比部类Ⅰ更快，因为部类Ⅰ中必须被转换为Ⅱ *c* 商品的部分（*v*+*s*），将因其可以被单独交换而比Ⅱ *c* 增长得更快。"[①]

但我们所引用的数字不能展示部类Ⅱ的较快速的积累，实际展示的是它的波动。在这里，规则似乎如下：马克思通过扩大部类Ⅰ的生产基础而令积累持续。部类Ⅱ中的积累只表现为部类Ⅰ的积累的条件和结果：首先，吸收对方的剩余生产资料；其次，为它新增加的劳动提供必要的消费品剩余。部类Ⅰ全程保持主动，而部类Ⅰ则只是一个被动的追随者。因此，部类Ⅱ的资本家所被允许的积累，只能与满足部类Ⅰ的积累所需要的数量一样；他们所做的消费，则不能少于满足部类Ⅰ的积累所需要的数量。虽然部类Ⅰ的剩余价值每次都是一半被资本化，另一半用于消费，它的资本家在生产和消费方面因而有着一个规则的增长；但在部类Ⅱ中，这一双重过程却采用了下列不规则的路线：

	被资本化	被消费
第一年	150	600
第二年	240	660
第三年	254	626

① 《资本论》，第二卷，第 599 页。

第四年	290	678
第五年	320	745

在这里，明显没有规则供积累和消费遵循；二者都完全从属于部类Ⅰ的积累需要。

不用说，在每个等式中，用于图式的绝对数字是随意选择的，但这并不损害它们的科学价值。这些数量之间的关系才是最重要的，因为它们被用来表达严谨的论证关系。那些规定部类Ⅰ中的积累关系的精确逻辑规则，似乎是以构筑部类Ⅱ的相同关系的任何原则为代价获得的。这种情况需要对分析所揭示的内在联系予以修正。

但是，这一缺陷也有可能来自不恰当的例证选择。马克思本人也不满意上述图式，即刻给出了第二个例子以阐明积累的运动，在这个例子中，各等式的数字按下列规则运行：

Ⅰ. $5{,}000c+1{,}000v+1{,}000s=7{,}000$

Ⅱ. $1{,}430c+\ 285v+\ 2{,}85s=\underline{2{,}000}$

合计 9,000

与前面的例子相比，两个部类的资本在这里都有着同样的结构，即不变资本与可变资本的比例都是 5∶1。这里已经假设资本主义生产以及相应的社会劳动生产率都是显著提高的——生产规模的极大初步扩张，这一切因素的发展最终导致工人阶级中出现了相对冗余的过剩人口。我们不再像第一个例子那样，在简单再生产向扩大再生产转化的起始阶段导入扩大再生产——那么做无非是为了抽象理论。这一次，我们将直接进入一个积累过程，该积累过程正处于一个确定且相当先进的发展阶段。设定这些条件，是完全合法的，而且它们并不会歪曲那些我们用以计算再生产螺旋的单个环路的原则。在这里，马克思仍以部类Ⅰ的剩余价值的一半被资本化为起点。

“现在假设部类Ⅰ的资本家消费了一半的剩余价值，还是500，并积累了另一半。如果是那样的话，(1,000v + 500s)Ⅰ或1,500必须被转换为成1,500 Ⅱ c。由于Ⅱ c的数量只有1,430，因而必须从剩余价值那里拿走70。从285s中扣除这一数额，还留下215 Ⅱ s，这样，我们就有：

“Ⅰ. 5,000c+500s（将要被资本化）+1,500（v+s）是为资本家和工人的消费设置的基金。

“Ⅱ. 1,430c+70s（将要被资本化）+285v+215s。由于有70 Ⅱ s将被直接并入Ⅱ c，需要70 : 5或14的可变资本以令这一增加的不变资本运动。而这14必须从215s中扣除，这样就只有201留存，我们就有：

Ⅱ.（1,430c）+ 70 c+（285v + 14v）+ 201s。”①

经过这些初步的安排，现在可以开始进行资本化。进展如下：

在部类Ⅰ，已被资本化的500s被分割为六分之五（417c）和六分之一（83v）。这些83v从Ⅱ s中取得了相同的数量，以用于购买不变资本单位和由此获得Ⅱ c。Ⅱ c增加了83，就必然要求Ⅱ v增加17（即83的五分之一）。在完成了这一周转后，我们于是得出：

Ⅰ.（5,000c+417s）+（1,000v+83s）v= 5,417c+1,083v=6,500

Ⅱ.（1,500c+ 82s）+（ 299v+17s） = 1,538c+ 316v=1,899

① 《资本论》，第二卷，第600—601页。

合计 8,399

部类Ⅰ的资本已经从 6,000 增加到 6,500，即增长了十二分之一；部类Ⅱ的资本则从 1,715 增加到 1,899，即增长了九分之一多。

在下一年年底，这一基础上的再生产结果是：

Ⅰ. 5,417*c*+1,083*v*+1,083*s*=7,583

Ⅱ. 1,583*c*+　316*v* +　316*s*=2,215

合计 9,798

如果在积累的持续中保持这一相同比率，则第二年年底的结果如下：

Ⅰ. 5,869*c*+1,173*v*+1,173*s*=8,215

Ⅱ. 1,715*c*+　342*v*+　342*s*=2,399

合计 10,614

在第三年年底：

Ⅰ. 6,358*c*+1,271*v*+1,271*s*=8,900

Ⅱ. 1,858*c*+　371*v*+　371*s*=2,600

合计 11,500

在三年的过程中，社会总资本已经从Ⅰ.6,000+Ⅱ.1,715 增加到Ⅰ.7,629+Ⅱ.2,229= 9,858，总产品从 9,000 增加到 11,500。

与第一个例子显著不同的是，在这里两个部类的积累的进展统一。从第二年起，这两个部类都把自己的剩余价值一半资本化一半消费。这样，在第一个例子中，似乎是应由错误的数字选择对它的任意表现负责。但我们必须对此进行检查，以确认不只是因为正确数字选择下的数学运算致使本次积累顺利进行。

在第一和第二个例子中，我们总是不断地被一个看似普遍的积累规律所打动：要使任何积累成为可能，部类Ⅱ必须永远以精准的数量扩大它的不变资本，该数量则等于部类Ⅰ所增加的(a)用于消费的剩余价值部分，以及(b)它的可变资本。如果我们以第一年为例来做说明，则部类Ⅱ的不变资本必须有70的增加。为什么呢？因为这一资本以前只有1,430。

但如果部类Ⅰ的资本家希望积累他们一半的剩余价值(1,000)并且消费掉另一半，他们则需要为自己和自己的工人提供1,500单位的消费品，而这些消费品只能以交换他们自己的产品——生产资料的方式从部类Ⅱ获得。由于部类Ⅱ早已满足了相当于自己不变资本(1,430)的生产资料需求，这种交换就只有在部类Ⅱ决定增加70的不变资本时，才成为可能。这也就意味着，它必须扩大自己的生产——而它只能通过资本化自己剩余价值的相应部分来实现。如果部类Ⅱ的剩余价值为285，其中的70则必须被加入它的不变资本。由此可知，部类Ⅱ生产扩大的第一步，同时也是部类Ⅰ的资本家所增加的消费的条件和结果。但我们还得继续向前看。迄今为止，部类Ⅰ的资本家只能将他们剩余价值的一半(500)用于个人消费。为了资本化另一半，他们必须以至少保持以前的结构比例的方式重新分配这500*s*，即他们必须增加417的不变资本，增加83的可变资本。第一次运作表现得毫无困难：属于部类Ⅰ的资本家的500剩余价值，被包含在他们自己的产品，即生产资料的自然形态中，并且适合直接进入生产过程。部类Ⅰ因而就能够以适当数量的自己产品去扩大它自己的不变资本。但剩下的83，只有在为新雇用的工人提供了一定数量的消费品后，才能被用作可变资本。在这里又一次显示，部类Ⅰ的积累依赖于部类Ⅱ：部类Ⅰ必须为它的工

人从部类Ⅱ处取得比以前多83的消费品。由于这也只能通过商品交换成为可能，部类Ⅰ的需求只有在部类Ⅱ准备去接收部类Ⅰ的产品，83的生产资料时，才能得到满足。因为部类Ⅱ除了能在生产过程中使用生产资料以外，对生产资料别无他用，所以不仅有可能，而且有必要的是，部类Ⅱ自己必须恰好增加83的不变资本，而这正是现在将被用于资本化并从该部类的可消费剩余价值中取出的部分。这样，部类Ⅰ的可变资本的增加，令部类Ⅱ的扩大再生产的第二步成为必要。现在，已经具备了部类Ⅰ的积累的所有物质前提，可以进行扩大再生产了。但部类Ⅱ到目前为止只增加了两次不变资本。这些增加的结果是，如果最新取得的生产资料确实要被使用，那么劳动力的数量也必须相应地增加。保持以前的比率不变，新的153的不变资本需要新的31的可变资本。这意味着必须把同等数量的剩余价值转化为资本。因此，部类Ⅱ的剩余价值(285)在扣除了不变资本的两次增长数额(70 + 83)以及相应的可变资本的增长数额(31)，也就是总计184的数额以后，只为它的资本家留下了101的个人消费基金。在积累的第二年，同样的运作导致部类Ⅱ的剩余价值被分配为158用于资本化，158用于资本家的个人消费；第三年的数字则相应地变成172和170。

我们之所以如此密切地研究这一过程，一步步地追寻它，是因为它清楚地显示了部类Ⅱ的积累完全由部类Ⅰ的积累所决定和控制。虽然这一依赖性不再表现为剩余价值分配的任意变化，如同在马克思的第一个例子中那样，但它并不能消除这一事实本身，即便剩余价值现在总是在这两个部类中被整齐地一分为二，一半用于资本化，一半用于个人消费。虽然从数字来看，这两个部类的资本家是无差别的，但很明显，部类Ⅰ掌握了主动权并积极推进着整个积累过程的实现，而部类Ⅱ则只是一个被动的附属品。这一依赖性也体现在下列确切的规则上：积累必须在两个部类同时推进，而只有在生活资料部类的不变资本的增加数额，等于生产资料部类的资本家在他们的可变资本与个人消费基金方面的增加数额时，这一情况才会发生。不管我们在它的具体应用中选择了什么样的数字，这个等式（Ⅱc的增加＝Ⅰv的增加＋Ⅰs的增加）[①]都是马克思积累图式的数学基石。但现在我们必须来看一看，资本主义的积累是否确实符合这一严格的规则。

让我们首先回到简单再生产。马克思的图式被记为：

Ⅰ. 4,000c+1,000v+1,000s=6,000　生产资料

Ⅱ. 2,000c+　500v+　500s=3,000　消费资料

9,000　总产出

在这里，我们也建立了几个构成简单再生产基础的等式，它们是：

（a）部类Ⅰ的产品在价值上等于两个部类的不变资本之和。

（b）部类Ⅱ的不变资本等于部类Ⅰ的可变资本与剩余价值之和——（a）的必然结果。

（c）部类Ⅱ的产品等于两个部类的可变资本与剩余价值之和——（a）和（b）的必然结果。

这些等式符合资本主义商品生产的条件（但在简单再生产的有限水平上）。例如，等式（b）是基于下列事实的商品生产的结果，即

① 剩余消费。

每个部类的企业家都只能通过等价物交换获得对方的产品。部类Ⅰ中的可变资本与剩余价值都代表着该部类对消费品的需求，部类Ⅱ必须供应产品以满足这一需求，但消费品只能通过交换部类Ⅰ中的产品，即生产资料的等价部分而获得。如果不在生产过程中被用作不变资本，这些等价物，在其自然形态下对于部类Ⅱ是无用的，它们决定着部类Ⅱ中必须存在多少不变资本。如果不能坚持这一比例，例如，如果部类Ⅱ中的不变资本（作为一个价值数量）大于Ⅰ $(v+s)$，那么它就不能被完全地转化为生产资料，因为部类Ⅰ对消费品的需求将会太少；如果不变资本（Ⅱ）小于Ⅰ $(v+s)$，要么是原来数量的劳动力无法被这一部类雇用，要么是资本家不能消费他们的全部剩余价值。在所有这些情形下，简单再生产的前提都遭到破坏。

但这些等式，并不仅是一个数学上的练习，也不只是商品生产制度的结果。为了让我们理解这个事实，这里有一种简单的方法。让我们想象一下，我们有的不是一个资本主义的生产方式，而是一个社会主义的生产方式，即一个计划社会，在这里社会分工取代了交换。这个社会也会把它的劳动力划分为生产资料的生产者与消费资料的生产者。让我们进一步假设，劳动力的技术发展令三分之二的社会劳动被用于生产资料的制造，三分之一的社会劳动被用于消费品的制造。假定这些条件下，1,500单位（以每天、每月或每年为基础计算）足以维持整个社会的劳动人口，按照我们的前提，其中的1,000被用于社会主义的部类Ⅰ（制造生产资料），500被用于社会主义的部类Ⅱ（生产消费品），从上一劳动周期开始一年内所要消耗的生产资料为3,000。不过，这种劳动计划对于该社会而言并不合适，因为需要非常多的劳动以维持它那些不参加物质生产的成员：儿童、老人和病人、公务员、艺术家和科学家。此外，每个社会都需要一定的储备以应对不时之需，作为防御自然灾害的保护措施。假设维持所有的非工人与建立储备所需要的劳动和同样数量的生产资料，恰好等于维持工人自己的生存所需要的劳动和生产资料，那么根据以往所假设的数字，我们可以得到下列一个被管制的生产图式：

Ⅰ. $4{,}000c+1{,}000v+1{,}000s=6{,}000$　生产资料

Ⅱ. $2{,}000c + 500v + 500s=3{,}000$　消费资料

在这里，c 代表着以社会劳动时间所体现的被耗用的物质生产资料；v 代表着维持工人自己所需要的社会劳动时间；s 则代表着维持那些非工人和建立储备所需要的社会劳动时间。

如果我们检查这一图式的比例关系，就会得到以下结果：这里既没有商品生产，也没有交换，实际只有社会劳动分工。部类Ⅰ的产品以必要的数量被分配给部类Ⅱ的工人，而部类Ⅱ的产品则被分配给每个人，两个部类的所有工人与非工人，以及准备金；所有这一切结果不是等价交换的结果，而是一个社会机构计划和控制整个过程的结果——因为现有的要求必须得到满足，生产只是为了满足社会需求，而没有其他目的。

但所有这些并不会损害等式的有效性。部类Ⅰ的产品必须等于Ⅰc + Ⅱc：这只意味着部类Ⅰ必须每年更新所有的生产资料，而这些生产资料是社会在一年的劳动中所消耗的。部类Ⅱ的产品必须等于Ⅰ$(v+s)$+ Ⅱ$(v+s)$之和：这意味着社会每年生产的消费品数量必须等于它的所有成员所需要的数量与一定数量的准备金

之和，而不管这些成员是工人还是非工人。对一个计划经济而言，这个图式的比例是自然和必要的，就如对一个无政府和商品交换基础上的资本主义经济一样。这就证明了这个图式具有客观的社会有效性，即便因为它仅仅涉及简单再生产，对于资本主义经济或计划经济几乎只具有理论上的意义，只能在极为罕见的情况下才能得到实际应用。

现在必须对扩大再生产的图式进行同样仔细的观察。我们的检测以马克思的第二个例子为基础，让我们再设想一个社会主义社会。从一个被管制的社会的视角来看，我们当然必须从部类Ⅱ，而非部类Ⅰ开始。假设这个社会发展迅速，将出现它的社会成员，不管是工人还是非工人，对生活资料的需求日益增长的结果。这种需求的增长是如此迅速，以至于需要一个不断增长的劳动量——暂不考虑劳动生产率的进步——来生产消费品。以包含于其中的社会劳动来看，所需要的消费品数量逐年递增，假定为 2,000 : 2,215 : 2,399 : 2,600，以此类推。让我们再假设，技术条件需要生产资料数量的日益增长，以生产越来越多的生活用品；又同样以社会劳动来计算，这些消费品的数量也将逐年递增为 7,000 : 7,583 : 8,215 : 8,900，以此类推。为了实现这一扩大生产，我们还应有按以下比例增长的每年所完成的劳动：2,570 : 2,798 : 3,030 : 3,284。[这些数字符合Ⅰ $(v+s)$+ Ⅱ $(v+s)$ 的各自数量]最后，每年所完成的劳动必须被这样分配，一半总是用于维持工人自己，四分之一用于维持非工人，最后的四分之一则用于下一年度的扩大再生产。因此我们得到了马克思运用于社会主义社会的扩大再生产的第二个图式的比例关系。事实上，如果要

在任何一个社会扩大再生产，即便是在一个计划社会，有三个条件必不可少：(1)社会可任意支配的劳动力数量的日益增长；(2)在每个劳动周期，社会的当前需求无须占用全部的社会劳动时间，从而使得部分时间可用于为未来和它日益增长的需求制造生活资料；(3)必须逐年生产数量充足且日益增加的生产资料——没有这一点，生产将不能在增长的规模上被扩大。在所有这些要点上，马克思的扩大再生产图式都具有客观有效性，经过适当修改后，对一个计划社会也是如此。

还需要检验的是它对资本主义经济的有效性。在这里，我们首先必须问：积累的起点是什么？这就是我们用以考察两个生产部类的积累过程的相互依赖性的方法。毫无疑问，在资本主义条件下，只要部类Ⅱ的积累取决于可用的生产资料的增加，它就必须依赖于部类Ⅰ。相反，部类Ⅰ的积累则依赖于相应的消费品数量的增加，这些消费品可供其新增的劳动力使用。但并不能因此而断言，只要满足这两个条件，两个部类的积累就必定会像马克思的图式所展示的那样，年复一年地自动进行。我们所列举的这些积累条件，都不是那些没有它们积累就无法进行的条件。两个部类可能都有积累的愿望，但在一个资本主义的商品生产经济中，仅有积累的愿望和积累的技术前提是不够的，还需要其他的条件来确保积累的切实发生和生产的扩大，那就是有效的商品需求也必须增长。在马克思的图式中，构成一个规模不断扩大的再生产基础的持续性增长需求来自哪里呢？

它不可能来自于部类Ⅰ与部类Ⅱ的资本家们——这可以立即肯定，它不能产生于他们的个人消费。相反，积累的实质正是资本家

克制自己不去消费他们的一部分剩余价值，反而用它来生产供别人使用的物品，而这部分剩余价值是不断增加的——至少就绝对数字而言。的确，资本家阶级的个人消费会伴随积累而增长，甚至所消费的总价值也会有所增加；但尽管如此，仍然只有一部分剩余价值被资本家所消费。这确实是积累的基础：资本家避免消费掉他们全部的剩余价值。但留下的剩余价值，即被积累的那部分是什么呢？它注定给谁使用呢？根据马克思的图式，部类Ⅰ掌握有主动权：这一过程始于生产资料的生产。那么，谁需要这些额外的生产资料呢？图式的回答是，部类Ⅱ需要它们以生产更多的消费资料。那么，谁又需要这些额外的消费品呢？当然是部类Ⅰ——图式如此回答，因为它现在雇用了更多的工人。显然我们是在兜圈子。从资本主义的观点来看，仅仅为了维持更多的工人而去生产更多的消费品是荒谬的，同样荒谬的是，仅仅为了保持工人所占有的剩余而去制造更多的生产资料。不可否认，就资本家个人而言，只要这个工人付得起钱，他就和另一个资本家或其他人一样，是一个好的消费者，即他的商品的购买者。每个资本家都在他的商品价格中实现他的剩余价值，不管他是把它卖给一个工人，还是其他的购买者。但从整个资本家阶级的观点来看，这就是不正确的。工人阶级一般从资本家阶级那里取得的不过是社会产品分配的一个确定部分，恰好是可变资本部分。因此，工人购买消费品，只是向资本家阶级归还他们所取得的工资，即他们所分配的可变资本。他们不能多归还一丝一毫；如果他们想要储蓄，以使自己成为独立的小企业家，那就可能归还得更少，不过这只是例外。

剩余价值的一部分是以消费品的形式被资本家阶级本身所消

费的，而用来交换这些东西的货币也将留在资本家的口袋里。但谁能买包含在另一部分，即剩余价值的资本化部分的产品呢？部分是资本家他们自己——这个图式回答，他们为了扩大生产需要新的生产资料，部分是新的工人，他们将被需要于加工这些新的生产资料。但这意味着得先有一个资本主义扩大再生产的动机；如果新的工人被用来加工新的生产资料，那么就必须有一个新的需求需要将要制造出来的产品。

也许，答案是人口的自然增长创造了这个不断增长的需求。事实上，人口及其需要的增长对我们检验社会主义社会假设中的扩大再生产提供了一个起点。在那里，由于生产的唯一目的就是满足需要，社会的需要因此成为一个适当的基础。但在资本主义社会，情况就不同了。当我们在谈论人口增长时，我们所讨论的是哪一种人呢？根据马克思的图式，这里只存在两个阶级：资本家和工人。前者的自然增长已经从被消费的那部分剩余价值中得到满足，因为那部分剩余价值的绝对数量是增长的。无论如何，不能由资本家消费剩余的部分，因为全部剩余价值的资本家消费也就意味着对简单再生产的回归。这就留给了工人，他们的阶级也就因此而不断地自然增长。但资本主义经济对于这个增长本身并不感兴趣，尽管这个增长是日益增长的需求的起点。

用于Ⅰv和Ⅱv的消费品生产，本身并不是目的，除非它在那么一个社会里，它的经济制度是为工人及其需要的满足而形成的。在资本主义制度下，部类Ⅱ并不只是为了维持部类Ⅰ和部类Ⅱ的工人而大量生产消费资料。恰恰相反，部类Ⅰ和部类Ⅱ中的部分工人之所以能在各种情况下自我维持，是因为在既有的供求条件下，他们的劳动力是有用的。这就意味着资本主义生产的起点不是一个给定数量的工人和他们的要求，而是那些自身都在不断变动的事实，即资本家预期利润的“因变量”。因此，问题是工人阶级的自然增长是否也会引起超越可变资本的不断增长的有效需求。这是完全不可能的。我们的图式中，工人阶级的唯一货币来源就是可变资本，因此必须为工人阶级的自然增长预先提供可变资本。不管怎样，要么是老一代必须挣到足够的钱养活他们的子女——他们的子女因此不能算作新增的消费者；如果做不到这一点，下一代，即年轻的工人，就必须为自己获得工资和必需的生活资料而参与劳动——在这种情况下，新的劳动一代已经被包括在所雇用的工人数目中了。在这一点上，无法用人口的自然增长来解释马克思图式中的积累过程。

但是，等一下！即使在资本主义统治下，社会也不是只有资本家和工人。除了这两个阶级以外，还有许多其他的人：地主，受薪雇员，医生、律师、艺术家和科学家等自由职业者，还有教会和它的服务人员、僧侣，最后还有国家与它的官员和军队。严格地说，所有这些人口阶层都既不能被算作资本家，也不能被算作工人阶级。但社会必须养活和支持他们。也许就是他们，这些资本家和工资劳动者以外的阶层，用他们的需求引起扩大再生产。但这种表面上的答案经不住仔细推敲。地主作为地租，即部分剩余价值的消费者，很明显地应被列入资本家阶级；因为我们在这里关注的是没有分割的、原始状态的剩余价值，所以他们的消费已经被纳入资本家阶级的消费。自由职业者在大多数情况下是直接或间接地从资本家阶级那里获得他们的财富，即社会产品的分配部分，这是资本家阶级在用自己的零碎剩余价值酬劳他们。这同样适用于僧侣阶层，区别只在于它的成员还部分地从工人，即工资中获得自己的购买力。最后，国家与它的官员和军队的维持由税费负担，而税费自己则来自对剩余价值或工资的征收。在马克思的图式范围内，一个社会实际只有两种收入来源：劳动者的工资和剩余价值。因此，我们所提到的所有资本家和工人以外的阶层，都只能被作为这两种收入的联合消费者。马克思本人拒绝任何把这些“第三者”当真的建议。

“所有不直接参与再生产的社会成员，无论劳动与否，都能够在每年的商品生产中获得他们的份额，也就是他们的消费物品……只来自那些直接参与生产的阶级，即生产性劳动者、工业资本家和地产所有者。就此而言，他们的收入实质派生于工资（生产性劳动者的工资）、利润和地租，与那些原始的收入来源相比，则表现为间接的派生收入。但是，在另一个方面，这些间接派生收入的接受者们，又是通过他们的社会功能来获得这些，例如作为一个国王、祭司、教授、妓女、士兵等的社会功能，他们可以把这些功能视为其收入的原始来源。”①

对于作为购买者的利息和地租的消费者，马克思说：“现在，如果商品剩余价值中被工业资本家以地租或利息的形式让渡给剩余价值中的其他股东的部分，最终不能以商品销售的方式转化为货币，那就会终止对地租和利息的支付，而地主或利息收取者就不能再继续发挥救星作用，通过支出自己的收益而将每年再生产的部分内容转化为货币。这种情形也适用于下面这些人的支出，他们就是

① 《资本论》，第二卷，第429页。

所谓的非生产性劳动者、国家官员、医生、律师，以及其他以‘公众’角色服务于经济学者，作为他们解释令人费解事物的托词的人。”[①]

由于我们无法在资本主义社会内部找到那些包含剩余价值积累部分的商品的购买者，那就只有一个办法：对外贸易。但把对外贸易作为不能在再生产过程中找到任何适当位置的商品的倾销之地的做法，也遭到了很多反对。求助对外贸易其实是在回避问题：在分析中所隐含的困难只是简单地从一个国家转移——完全没有解决——到了另一个国家。如果再生产过程的分析实际指向的不是任何单一资本主义国家，而是资本主义世界市场，那就不可能存在对外贸易，所有的国家都是“国内”的。这一点在马克思的《资本论》的第一卷谈及积累时提出：

“在这里，我们不考虑出口贸易，通过它一个国家可以把奢侈物品转化为生产资料或生活资料，反之亦然。为了确保我们的研究对象的完整，不受各种琐碎事件的干扰，我们必须把整个世界视为一个国家，并且假设资本主义生产已经在各地确立，主导着各个工业部门。”[②]

如果我们从另一个层面考虑这件事，就又出现了同样的困难。在马克思的积累图式中，我们假定用于积累的那部分社会剩余价值一开始就以一种自然形态存在，而这种自然形态要求它被作为资本转化。

“总之，剩余价值是可转换为资本的，只因为剩余产品，即它的

① 《资本论》，第二卷，第 531—532 页。

② 《资本论》，第一卷，第 594 页，注释 1。

价值就是剩余价值，已经包含了新资本的要素。”[①]

我们图式中的数字为：

Ⅰ. $5{,}000c+1{,}000v+1{,}000s=7{,}000$　生产资料

Ⅱ. $1{,}430c+\ 285v+\ 285s=2{,}000$　消费资料

在这里，570 的剩余价值可以被资本化，因为从一开始它就由生产资料组成。相对于这一数量的生产资料，还有额外的 114 的消费品，因此总共有 684 可以被资本化。但在这里，这个一方面被假定为简单地将生产资料转变成不变资本，另一方面又把相应数量的消费品转变成可变资本的过程，是与资本主义商品生产的结构相矛盾的。不管剩余价值的自然形态如何，都不可能以积累为目的被直接转移到生产地点。它必须先被实现，必须被转变为现金。[②]

在部类Ⅰ的剩余价值中，有 500 适合于资本化，但在它们首次被实现之前，不可能发生这种转化。在它被添加到生产资本之前，剩余价值必须抛掉自己的自然形态，并采取纯价值形态。这既适用于每个个体资本，也适用于社会“总体资本”，因为资本主义生产的基本条件就是剩余价值必须被实现为纯价值形态。因此，从社会整体的角度看再生产：

“我们不能追随蒲鲁东（Proudhon）从资产阶级那里抄袭来的观念，认为如果把资本主义生产方式作为一个整体来考察，它就会失去自己特殊的历史和经济特征。完全不是这样，在这里，我们要

① 《资本论》，第一卷，第 594 页。

② 这里我们不考虑一些产品例子，这些产品可以不经任何交换部分地进入生产过程，如矿井中的煤。在整个资本主义生产中，这样的情况很稀少。（参见马克思：《剩余价值学说史》，第二卷，第二部分，第 255 页）

研究的是总资产。”[①]

因此，在为了积累重新成为剩余产品之前，剩余价值必须先摆脱它的剩余产品形态；不管采用哪种方式，它必须首先经历货币阶段。所以，部类Ⅰ和部类Ⅱ的剩余产品必须被购买——被谁买呢？根据上文分析，为了实现两个部类的剩余价值，必须在部类Ⅰ和部类Ⅱ之外存在有效需求，这样才能使剩余产品变成现金。即使这样，我们也才只到达剩余价值变为货币的阶段。如果这一被实现的剩余价值，又再次在扩大再生产过程，在积累中被使用，就必须为将来预期一个更大的需求，一个同样来自两个部类之外的需求。因此，或是对剩余产品的需求，必须每年根据被积累剩余价值的增长率而增长，或是反之亦然，即积累只能在部类Ⅰ和部类Ⅱ的外部需求的增长范围内进行。

① 《资本论》，第二卷，第 503 页。

第八章　马克思解决这一困难的尝试

我们发现，尽管完全抽离货币流通可以令积累过程在扩大再生产图式中显得顺畅和简单，但它自身也有重大缺陷。在简单再生产的分析中，这种做法很有意义，因为在简单再生产中，消费就是生产的全部意义。在那里，货币只能短暂地在各种消费群体中起调节社会产品分配的作用——资本更新的代理人。但在积累的过程中，货币形态有一个重要功能：它不再只是一个商品流通的媒介——在这里，它开始成为资本自身的一个特点，资本流通的一个要素。即便剩余价值的转移对于真正的再生产并非必要，它也是资本积累的经济必要条件。在从生产向再生产的转变中，剩余产品经历了两种变化：首先它抛弃了自己的使用形态；然后再采取一种适合于积累的自然形态。这里的问题不是不同的生产周期都以年为单位计算，按照月份计算也是可以的。在这一点上，部类Ⅰ和部类Ⅱ的剩余价值的单个部分的连续转变，甚至可在一段时间内交错进行。这里的年系列并不等于时间单位，而只是代表着经济转变的顺序。真正重要的是，如果积累是为了保持它的资本主义特点，那不管它延续的时间长短，顺序必须得到遵守。这又把我们带回到那个老问题：剩余价值的积累是如何、被谁来实现的呢？

马克思也充分意识到他那个表面无懈可击的积累图式并没有

恰当地处理这一点，他自己也不断地从不同视角来研究这个问题。他说：

“在卷一中已经展示了积累如何在个体资本家中进行。通过商品资本向货币的转化，包含剩余价值的剩余产品也货币化了。资本家再把货币化的剩余价值转化为他的生产资本的自然要素的增加。在下一个生产周期，增加的资本会提供一个增加的产品。但个体资本的变化，也必须作为一个整体体现在社会的年度再生产中，就像我们在一个简单规模的再生产中所看到的那样，固定资本的贬值部分连续沉淀为货币，被积累为货币储藏，也会让自己在年度的再生产中表现出来。”

通过聚焦于剩余价值必须在被积累之前经过货币阶段这一事实，马克思从这一观点考察了积累机制。[①]

“例如，资本家 A 在一年或连续几年内卖出了若干数量的他自己所生产的商品，因而将商品中承载剩余价值的那部分，即剩余产品，或者说他自己所生产的剩余价值依次转化为货币，逐渐积累，并因而给他自己带来了新的可能的货币资本。因为它的可转化能力和注定要被转化为生产资本要素，它就是潜在货币资本。但实际上，他只是简单积累了一个货币储藏，那些还不是一种真实的生产要素。他的活动现在只是从流通中拿走流通货币。当然，并非不可能的是，在被投入流通之前，那些被他所拿走的流通货币只是它自己，某些货币储藏的组成部分。”[②]

① 《资本论》，第二卷，第 571 页。

② 同上书，第 572 页。

“货币从流通过程被抽走，然后通过没有后继购买的商品销售被积累为货币储藏。如果这样的行为被视为普遍发生的，那么就无法解释购买者来自哪里，因为在那种情境下每个人都为了货币储藏而去销售，没有人愿意购买。由于每个个体资本家都可能在积累过程中，必须设想到这种状况。

“如果我们认为流通过程直线发生于年度再生产的各个部门——这可能不正确，因为它包含着几个例外的相互回溯运动——那我们将从只买不卖的黄金（或白银）的生产者开始，然后假设所有其他人都要向他出售。在那种情况下，代表着当年全部剩余价值的所有社会剩余产品都会流转到他的手上，所有的其他资本家都将在他的剩余产品中分配他们自己相应的份额，这自然包括货币，即作为他的剩余价值的自然形态的黄金。由于黄金生产者的产品中必须用来补偿他的流动资本的部分，已经被使用和处理了；以黄金形态的黄金生产者的剩余价值，将因此而成为唯一的现金，这也是所有的其他资本家为了把他们的年度剩余产品转化为黄金而必须获取的材料。黄金的价值数量必须等于社会的全部年度剩余价值。这个假设很荒谬，它没有解决任何问题，只解释了同一时期普遍货币储藏的可能性。它并没有让再生产本身前进一小步，除了关于黄金生产者的部分。

“在我们解决这表面上的困难之前，我们必须区分……”[①]

实现剩余价值的障碍，尽管被马克思称为“表面困难”，但却对《资本论》第二卷中的整体的深层次讨论非常重要，重要到必须集

① 《资本论》，第二卷，第573—574页。

中精力解决它。作为第一次尝试，马克思提出了货币储藏的解决方式，认为它将因流通过程中不同个体不变资本的分离，而必然被形成于资本主义生产制度。由于不同的资本投资有不同的生命周期，一个工厂的各个部分在被更新前总会有一个间隔，在任何时候我们都可以发现某个个体资本家在忙着更新他的工厂时，另一个资本家却在用自己的商品销售所产生的收益设立准备金，以便某天他有足够的钱来更新自己的固定资本。

“例如，让 A 销售代表着 $400c+100v+100s$ 的 600 给 B，而 B 可能代表着不止一个的购买者。A 销售 600 商品获得 600 货币，其中的 100 是他从流通中拿出的剩余价值并储藏为一定形式的货币。但这里的 100 货币只是剩余产品的货币形态，而剩余产品中包含着 100 的价值。”①

为了在完全无干扰的情况下理解这一问题，马克思在这里假设整个剩余价值都将被资本化，为此他忽视了那部分被用于资本家个人消费的剩余价值；此外，A′、A″和 A‴，与 B′、B″和 B‴一样，在这里都属于部类Ⅰ。

“货币储藏的组成不是生产，也不是生产的增量。资本家的行为只是从流通中拿走通过他的剩余产品销售所获得的 100，以持有和储藏这一数额。这种行为也不仅在 A 的这一方被实施，还在流通周围存在的无数被其他资本家称为 A′、A″、A‴……的点上。但 A 实现了一个货币储藏的形成，仅就他的剩余产品而言，他是一个卖者，而非买者。因此，他的剩余产品——他的可转化为货币的剩余

① 《资本论》，第二卷，第 375 页。

价值的承受者——的连续生产，是他形成自己的货币储藏的前提。在我们现在只处理部类Ⅰ的流通的情况下，剩余产品的自然形态，以及部类Ⅰ的总产品中的部分产品的自然形态，就是部类Ⅰ不变资本要素的自然形态，也就是说它属于生产资料的范畴。现在，我们将要审视处在B、B′、B″等购买者手中的它，是由什么构成的，有着什么样的功能。

"必须特别关注这一点，即A虽然从流通中拿走了货币并储藏它，另一方面却在没有拿走其他商品作为回报的同时把商品投入流通。资本家B、B′、B″等因而就可以在流通中，只投入货币和取走商品。在现在这种情况下，这些商品就会依据他们的自然形态和目的，成为B、B′等的不变资本的固定或者流动要素。"[1]

关于这整个过程并没有什么新东西。因为它能够单独解释一个社会如何在资本主义再生产条件下更新不变资本，马克思已经在简单再生产中详细描述了它。至于这个过程如何解决我们在分析扩大再生产时不断遭遇的问题，还并不清楚。困难在于：为了积累，部分剩余价值并没有被资本家消费，而是被添加入资本以扩大生产，引出了这些新增产品的购买者问题。资本家不愿意消费它，而工人却没有能力消费它，因为在任何情况下工人的全部消费都在可用的可变资本范围内。那么，对被积累的剩余价值的需求来自哪里？或者，马克思将这么问：支付所积累的剩余价值的货币来自哪里呢？

如果，以与个体资本家在不同时间逐渐更新不变资本相伴随的

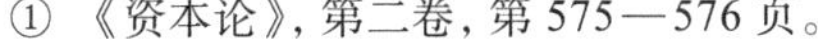

① 《资本论》，第二卷，第575—576页。

货币储藏过程为答案，这两者之间的联系依然模糊不清。只要B、B′、B″等为了更新他们实际已用完的不变资本，而从他们的同行A、A′、A″处购买生产资料，那就没有超越简单再生产的范围，整个事情也无助于我们的问题的解决。而一旦B、B′、B″购买的生产资料为了积累而用于他们的不变资本的增加，就会有一些新的问题需要关注。首先，也是最重要的，即B′从哪里得到现金去购买A′的新增产品？他们能够获得现金的唯一方法是销售他们自己的剩余产品。在他们为了扩大自己的企业而能够获得新的生产资料之前，也就是在他们作为将被积累的剩余产品的购买者出现之前，他们必须先处理掉自己的剩余产品——总之，B、B′、B″等必须自己曾经是卖主，但是谁本来应该购买他们的剩余产品呢？很明显，这个困难只是从A′转移到了B′，但并没有得到解决。

在分析的某个阶段，好像有一个时候真的在最后找到了一个解答。在一个短暂的偏离之后，马克思又以下列论述回到了他的考察主线：

“在现在这种情况下，这一剩余产品起初由用于生产生产资料的生产资料构成。直到它到达B、B′、B″等手中（部类Ⅰ），才成为一个新增的不变资本。但在它被出售之前，甚至在货币储藏的积累者，即资本家A、A′、A″（部类Ⅰ）的手中时就实际已经是了。如果我们只考虑部类Ⅰ部分的再生产价值的规模，那我们就还在简单再生产的范围内移动，因为既没有额外的资本被启动，以生产这一实质增加的资本（即剩余产品），也没有任何更多的被使用的剩余劳动，多于以简单再生产为基础所使用的剩余劳动。这里的区别只在于所使用的剩余劳动的形态，在于它的特殊的有用服务的具体性质。它是被支出在部类Ⅰ *c* 的生产资料上，而不是部类Ⅱ *c* 的生产资料上，是用于生产资料的生产资料，而不是消费物品的生产资料。在简单再生产情况下，曾经假设全部剩余价值将被作为收入花费在部类Ⅱ的商品中，因此，它只包括那些以自然形态补偿部类Ⅱ *c* 的不变资本的生产资料。为了发生从简单向扩大再生产的转变，部类Ⅰ的生产就必须要少为部类Ⅱ的不变资本提供要素，多为部类Ⅰ提供……如果只从价值规模的角度考虑，可以说扩大再生产的物质基础已经在简单再生产中被生产出来。这只是一个为生产资料的生产而支出部类Ⅰ的工人阶级的剩余劳动的问题，即部类Ⅰ实际增加的资本的生产问题。由 A、A′、A″方面通过自己连续的商品销售所生产的实质增加的货币资本，它的形成并没有什么资本主义的货币支出，在这里不过是由部类Ⅰ所制造的新增的生产资料的货币形态。”①

基于这个解释，困难好像在我们接触时就化为乌有了。积累根本不需要新的货币来源。在这之前，当资本家他们消费自己的剩余价值时，他们就不得不在手中拥有一个相应的货币储备，对简单再生产的分析已经证明资本家阶级必须把实现他们的剩余价值所需要的货币放入到流通中。现在，资本家阶级，或者不如说 B、B′、B″不再购买消费品，而是购买相等数量的生产资料以扩大他们的生产。这样，同样价值的货币就被积累在其他资本家群体，即 A、A′、A″等的手中。

“这一货币储藏……绝不代表着贵金属财富的增加，而仅仅代

① 《资本论》，第二卷，第 579—581 页。

表以前流通的货币的功能改变。刚才它还充当着流通工具，现在已经是一个货币储藏，是正在形成中的实质增加的货币资本。”[①]

一切就是这样！虽然摆脱这一困难的办法只在一种条件下对我们开放，但这个条件并不难寻找：马克思在这里所指的是在最初萌芽状态、即将出现的积累，当它开始逐渐发展于简单再生产。就价值的数量而言，生产却还没有扩大，它只是被重新安排以便它的物质要素可以用不同的方式被组合。毫不奇怪，这一货币来源看起来也是很恰当的，但却只能适用于一个特定的时刻，即从简单再生产向扩大再生产转变的时期——总之，就是一个与现实无关只能在构想中被意识到的时刻。一旦积累已经在一段时间内被建立，当增加的价值数量在每一个生产周期被投入到市场，这些新增价值的购买者就必然会成为一个问题。在这一点上，被提出的解决方案失败了。就此而言，它一直就是一个表面化的，而非真正的问题解决方案。经过更贴近的探察，在一个看似它为我们扫清道路的瞬间，它让我们失望了。因为如果我们仅仅要在积累刚从简单再生产出现的那一刻考察它，它所要求的基础条件不过是资本家阶层的消费的减少。一旦我们发现使用已经在手的流通手段去进行扩大再生产的方法时，就会看到先前的消费者以同样的速度溜走了。那么，什么是扩大再生产的好处？谁有能力向 B、B′、B″购买这些产品的增量呢？而且只有 B、B′、B″他们自己不花那笔需要向 A、A′、A″购买新的生产资料的货币才能生产出来这些产品。

我们发现，那个解决方案只不过是一个错觉——困难仍然存

① 《资本论》，第二卷，第 581 页。

在。马克思自己也立刻重提B、B′、B″从哪里获得货币购买A、A′、A″的剩余产品的问题。

“就B、B′、B″等(部类Ⅰ)所生产的产品再次以它们的自然形态进入他们自己的过程而言，不用说，他们自己的剩余产品的一个相应部分会直接转变为(没有任何流通的干预)他们的生产资本并成为新增的不变资本的要素。同样他们并没有帮助把A、A′、A″等的(部类Ⅰ)任何剩余产品转化为货币。暂且不论这些，货币是从哪里来呢？我们知道他们像A、A′、A″一样通过销售各自的剩余产品来形成自己的货币储藏。现在他们已经到达了这点，他们所积累的实质货币资本的储藏，即将有效地发挥自己作为新增货币资本的作用。但这只是转了一个圈，问题依然存在：变量B′(部类Ⅰ)从流通和积累中抽取的货币究竟来自哪里？”①

马克思的迅速回答又看似出奇得简单：“现在，我们已经从简单再生产的分析中得知，为了能够处理他们的剩余产品，部类Ⅰ和部类Ⅱ的资本家的手中必须有一定数量的现金。如果是那样，只用于收益对消费物品支出的货币，将会与他们为了处理自己的商品而预付的货币一样，流回到资本家的手中。在这里，同样的货币再次出现，但却具有不同的功能。A′和B′为了把他们的剩余产品转化为实质增加的资本，会交替地相互供应货币，并且交替地把新形成的货币资本作为购买手段投入流通。”②

这是对简单再生产的又一次回归。当然，资本家A和资本家

① 《资本论》，第二卷，第583—584页。

② 同上书，第584页。

B 在一点点地不断积累着货币储藏，以便能够不时更新他们的不变(固定)资本，这样做是十分正确的，而且通过这种方式，他们实际也在帮助其他人实现自己的产品。但是这个积累的资金储藏并不是从天而降的，它是固定资本被不断地分期转移到产品的自然沉淀(在价值方面)，而这些产品再逐一于销售过程得到实现。由于它本身的性质，被积累起来的货币储藏只能充当旧资本的更新，不可能有足够的数量来进一步购买额外的不变资本。这就意味着我们依然在简单再生产的范围内。但原来用于资本家个人消费的部分流通手段，现在可以被转化为资本。它们成了额外货币的新来源吗？但若这一点是真的，我们就必须回到那个只在理论上存在的唯一且短暂的时刻——从简单再生产向扩大再生产转变的时期。一超越这个时刻，积累就不能前进——我们实际仍在转圈子。

因此，资本家的货币储藏不能成为摆脱我们的这一困难的办法。得出这样一个结论并不奇怪，因为这样的困难描述本身就具有误导性。导致积累问题的，不是货币的来源，而是被资本化的剩余价值所生产的多余物品的需求的来源；不是货币流通过程中的技术障碍，而是涉及社会总资本再生产的经济问题。先不说那个曾经吸引了马克思全部注意的问题，即 B′、B 等(部类Ⅰ)从哪里获得资金去 A、A′等(部类Ⅰ)那里购买额外的生产资料，成功的积累将必然面对一个更加严峻的问题：B′、B 等现在可以把他们新增的剩余产品卖给谁？马克思最后让他们相互出售产品：

“不同的 B、B′、B″等(部类Ⅰ)，他们的实质新资本开始发挥积极的作用，可能被迫向对方购买或出售他们的产品(他们的部分剩余产品)。如果是那样，他们为剩余产品流通所预付的货币，就会在一般条件下按照同样的比例，即他们为了各自的商品流通而预付的比例，回到不同的 B 手里。”①

“如果是那样”——问题还是没有得到解决，毕竟 B、B′、B″还没有仅仅为了购买对方新增的产品，即生产资料，而减少自己的消费和扩大自己的生产。顺带说一句，即便如此，也只在一个非常有限的范围内有可能。马克思假设在部类Ⅰ本身存在一定程度的劳动分工：A 为生产资料而生产生产资料，B 的生产资料则用于生产消费物品。这等于是说，虽然 A、A′等的产品永远无须离开部类Ⅰ，但 B′、B 等的产品则因其自然形态而一开始就注定为部类Ⅱ服务。由此可知，B′、B 的已有积累必然会引导我们到部类Ⅰ与部类Ⅱ的流通上。因此，马克思的分析证实，如果部类Ⅰ要积累，那么最终消费资料的部类必须增加其对生产资料的直接或间接需求，因此，我们应该从部类Ⅱ及其他资本家那里找寻部类Ⅰ多生产的产品的购买者。

果然，马克思对这个问题的第二次研究始于这里：部类Ⅱ的资本家对新增的生产资料的需求。这个需求不可避免地反映出不变资本Ⅱ *c* 正处于扩张的过程，而这才是困难真正变艰巨的地方：

“现在假设 A（部类Ⅰ）通过把他的剩余产品出售给部类Ⅱ的资本家 B，而将他的剩余产品转化为黄金，这只要通过 A（Ⅰ）部分向 B（Ⅱ）销售生产资料就可以实现，而不需要一个后继的消费资料购买，也就是说仅仅通过 A 这边的单方销售就可以实现。现在我们知道Ⅱ *c* 不能够转变为生产性的不变资本的自然形态，除非，不

① 《资本论》，第二卷，第 585 页。

仅Ⅰ v，而且至少是Ⅰ s 的一部分，被用于交换部分的Ⅱ c，而Ⅱ c 存在为消费物品的自然形态。但现在，A 通过这种交换不可能实现并拿走从Ⅱ c 所获得的流通中的货币，而不是把它花在Ⅱ c 的消费物品上，已经把自己的Ⅰ s 变成了黄金，这样在 A 的部分确实有新增的实质货币资本的形成，但在另一方面，在以商品资本形态被 B(Ⅱ) 所拥有的不变资本中，有一部分同等的价值已不能把自己转变为自然的生产性不变资本。换句话说，就是 B(Ⅱ) 的一部分商品已经变得无法出售，而且如果他希望把自己的所有不变资本都转化为生产形态，那部分商品就必须被出售。就此而言，这将会出现一个生产过剩，阻碍再生产——甚至规模不变的再生产。"①

部类Ⅰ通过把它新增的产品出售给部类Ⅱ以进行积累的努力遇到了一个意外的结果：部类Ⅱ的资本家的赤字，已经严重到了阻碍原有规模基础上的简单再生产的程度。

在接触到这个关键点后，马克思试图用仔细和详尽的阐述来揭示这一问题的根源：

"让我们更近距离地观察部类Ⅱ的积累。就Ⅱ c 来说，第一个困难就与简单再生产有关，也就是部类Ⅱ的商品资本要素向其不变资本的自然形态的转化。让我们使用以前的等式。用 $(1,000v+1,000m)$ Ⅰ交换 2,000 Ⅱ c。现在，如果部类Ⅰ的剩余产品的一半，或 $500s$，被重新并入部类Ⅰ作为不变资本。那么，被留在部类Ⅰ的这一部分，就不能替代Ⅱ c 的任何部分。它没有被转化为消费物品，而是被作为部类Ⅰ自己的额外的生产资料……它不能同

① 《资本论》，第二卷，第 586—587 页。

时在部类Ⅰ和部类Ⅱ承担这一功能，资本家不能把他的剩余产品价值支出在消费物品上，同时又通过把它并入自己的生产资本而生产性地消费这一剩余产品。这样，可以与 2,000 Ⅱ c 交换的，就只有 1,500，即（1,000v+500s）Ⅰ，而不是 2,000 Ⅰ（v+s）；还有 500 Ⅰ c 不能由他的商品形态再转化为部类Ⅱ的生产资本。”①

如今，几乎所有人都意识到这个困难是真实的，但我们却还没有朝着它的解决方案前行一步。顺便说一下，这是马克思必须忏悔的地方，因为他为了阐明积累问题，一直不明智地依赖早期的过分简化来确定积累的大前提；他是在积累的初期，即它虚弱的婴儿期，而非强大的发展阶段提出积累前提，并且针对的是一个虚构的从简单再生产到扩大再生产转变的时刻。只要是部类Ⅰ的积累问题，这个虚构至少还有一些道理。因为部类Ⅰ的资本家没有使用他们过去用来消费的部分，从而有一笔新的货币储藏在手，并用这笔钱开始进行资本化。但是到了部类Ⅱ，同样的虚构却遭遇了诸多的问题。部类Ⅰ的资本家的“节制”在这里却是痛苦的消费者损失，因为生产大体是按照这些消费者的预期需求来计算的。既然我们曾经探求过部类Ⅱ的资本家是否可能成为部类Ⅰ的积累所增加产品的梦寐以求的购买者，而他们自己现在正处于痛苦的困境——因为不知道如何处置他们自己销售不出去的产品，甚至看似会减少对我们的帮助，我们就不能对这一事实视而不见，那就是让一个资本家集团以牺牲另一个资本家集团为代价进行积累的尝试，注定会涉及更激烈的矛盾。

①《资本论》，第二卷，第 590—591 页。

紧接着马克思提到另一个解决困难的办法，但他又立即把它作为一个托词而拒绝了。作为部类Ⅰ的积累结果，可以把部类Ⅱ中无法市场化的剩余价值当作社会将在下一年的进程中所需要的商品储备。马克思以他常有的透彻对这一解释予以了反驳：

“(1)……这一储备的形成和它的必要性，适用于一切资本家，部类Ⅰ与部类Ⅱ的资本家都一样。若根据他们的能力把他们视为商品销售者，区别也只在于他们所销售的商品不同。部类Ⅱ的商品的储备，意味着前面已经有了部类Ⅰ的商品储备。如果我们忽视一方的储备，也就必须如此对待另一方。但即便我们把它计入两方，问题也绝不会有所改变。(2)正如今年在部类Ⅱ这边以下一年度的商品储备结束，但在来年也必须在部类Ⅱ这边以一个来自去年的商品储备开始。我们必须在年度再生产分析中，把它还原为抽象的形态在两边都把它删去。我们通过让今年拥有它的全部产品，包括为下一年所持有的储备，而将从去年转移来的商品储备拿走，因此我们实际是把一个平均年度的总产品作为分析对象予以处理。(3)必须被克服的困难无法在简单再生产的分析中体现的单一情况证实，这一具体现象只是因为部类Ⅰ的各种要素基于再生产的不同组合，若没有这种组合，规模扩大的再生产根本无法发生。”①

最后一句话需要引起注意，因为它同样损害了马克思自己在早期所做的尝试，在那个尝试中，他希望以属于简单再生产的契机，即资本家手中的固定资本逐渐周转所形成的货币储藏来解决这一特别的积累困难，这个说法以前曾被用于解释部类Ⅰ的积累。

① 《资本论》，第二卷，第590—591页。

然后马克思继续以图式的形式来分析扩大再生产。但他一旦开始分析他的图式，同样的困难就以略有不同的外形重新出现。假设部类Ⅱ的资本家必须让他们的140*s*转化为不变资本，以使其他人的积累成为可能，马克思问道：

“所以，部类Ⅱ必须用现金购买140*s*，却又不能通过一个随后的商品销售，即把他的商品销售给部类Ⅰ而收回这些货币，而且只要再生产的规模扩大，这个过程就会永远在每一个新的年度生产中被重复。那么，部类Ⅱ为此要从哪里获得货币呢？”①

接下来，马克思尝试了多种途径以找到这个来源。首先，部类Ⅱ的资本家对可变资本的支出遭到了严密的探察。是的，它以货币的形式存在，但它的正当功能是购买劳动力，它不能被拿走，并用于购买新增的生产资料。

“这样不断地反复从起点出发，又回到起点，相对货币在这个循环中的运动，资本家的钱袋并没有任何的增加，那么，这就不是一个货币积累的来源。”②

马克思接着考虑了所有能想到的办法，但它们显然都只是对这一问题的回避。

“但是！”他说道，“这里就没有一点点获利的机会吗？”

他想到资本家是否能通过把工人的工资压缩到正常的平均水平以下，而设法节省一点可变资本，从而为积累找到一个新的货币来源。当然，他只要动动手指头，就可以反驳这个观点：

① 《资本论》，第二卷，第593页。

② 同上书，第594页。

“但我们不应忘记，实际支付的工资（由它在正常情况下决定可变资本的数量）并不依赖于资本家的仁慈，而是在一定条件下必须支付的。作为额外货币来源的这一方法就被排除了。”①

他甚至探求有什么隐蔽的办法可用来“节省”可变资本，例如实物工资制、欺骗手段等，最后只得评论说：“这个方法，正好就是第一个方法，只是被掩饰和绕道而行了。因此，作为一个现存问题的解释，它必须被同样地拒绝。”②

因此，所有为了积累的目的，而让可变资本产生新的货币来源的努力都没有得到回报：“总之，没有解决这一问题的 376 Ⅱ v，我们无法完成任何事情。”③

下一步，马克思转向了部类Ⅱ的资本家为保持他们自己的消费流通而持有的现金储备，并调查这一部分货币是否有未因资本化目的而被转移的。但他也承认这“是更不可能的”。

“在这里，相同部类的资本家都是面对面共存的，大量地购买着和出售着他们的消费物品。这些交易所需要的货币仅仅充当着流通工具，并且必须在正常的进程中根据他们在流通中的预付程度流回当事人的手中，以便一次又一次地运行于相同的轨道。”④

接下来的尝试，就像所预料的那样，属于马克思无情驳斥的“托词”类的东西：企图说明部类Ⅱ的资本家集团能够通过欺骗同一部类的其他资本家的方式，即在相互出售消费物品的过程中，形成货

① 《资本论》，第二卷，第 594 页。

② 同上书，第 595 页。

③ 同上。

④ 同上。

币资本。这种微不足道的观点，根本不值得我们浪费任何时间。

接下来有一个比较清醒的建议："或者，体现为生活必需品的Ⅱ c 的某一部分，可以被直接转化为部类Ⅱ的可变资本。"①

对于这一点如何帮助我们克服困难、促进积累前进，还并不是很清晰。一方面，如果我们没有额外的不变资本提供给部类Ⅱ，而事实上部类Ⅱ正是在寻找这一资本，那么新增的可变资本在部类Ⅱ的形成就没有什么意义；另一方面，我们现在所关心的是看看能否在部类Ⅱ中找到一个货币来源以用于向部类Ⅰ购买新增的生产资料，至于部类Ⅱ在生产过程中如何以这个或那个方式处理自己新增的产品问题，则不在我们的关注范围。再者，是否有这样的含义，即有关的消费品将在部类Ⅱ的生产过程中不经过货币的媒介而"直接"被使用，从而使同样数量的货币可以从可变资本转移到积累？如果是，我们不能接受这样的方式。在正常的资本主义生产条件下，用消费品直接作为工人的报酬的方法是被排斥的，因为资本主义的奠基石之一就是可变资本的货币形态化，即工人作为商品的购买者与消费品的生产者之间的独立交易。马克思也在另一场合强调了这一点：

"我们知道实际的可变资本包括劳动力，因此增加的可变资本也必须包括这些。并不是部类Ⅰ的资本家为了他的工人而购买部类Ⅱ供应的生活必需品，或者为了这一目的而积累它们，与部类Ⅱ交易的是劳动者他们自己。"②

---

① 《资本论》，第二卷，第596页。

② 同上书，第601页。

这对部类Ⅱ的资本家，也就像对部类Ⅰ的资本家一样，是适用的，因此这也免去了马克思最后的努力。

最后，马克思要我们参考《资本论》第二卷第二十一章的最后部分，也就是恩格斯称为"结束语"的那一部分。在这里，我们找到了简短的说明：

"部类Ⅱ的原始货币来源，是部类Ⅰ的黄金生产者用以交换Ⅱ *c* 部分的 $v+s$。只有在黄金生产者积累剩余价值或把它转化为部类Ⅰ的生产资料时，换句话说，就是他要扩大他的生产时，他的 $v+s$ 才能置身于部类Ⅱ之外。另一方面，只要黄金生产者自己所做的黄金积累最终引起生产的扩张，黄金生产中的部分剩余价值，它们没有被作为收益而花掉，就会作为黄金生产者新增的可变资本加入到部类Ⅱ，促进部类Ⅱ的新的货币储藏的积累，并给它新的工具，让它可以借助这些工具直接向部类Ⅰ购买而无须再销售。"①

在解释积累的所有可设想的尝试都失败后，在从 A Ⅰ到 B Ⅰ再从 B Ⅰ到 A Ⅱ的四处追逐后，我们最后不得不转而依靠黄金生产者，对他的求助曾在马克思的分析之初被认为是"荒唐"的。再生产过程的分析以及《资本论》的第二卷，最后以始终没有给我们的困难提供一个长期寻求的解决方案而结束。

① 《资本论》，第二卷，第 610 页。

第九章　流通过程视角下的困难

在我们看来，马克思分析的缺陷在于错误地把问题单纯地表述为“货币来源”，而真正的问题在于有效需求，即对所制造商品的使用，而不是支付它们的货币来源。对于货币作为一种流通工具：当我们把再生产过程视为一个整体来考察的时候，必须假设资本主义社会总是要以它的流通过程所需要的数量来处理货币或其替代物。必须要解释的是，是真实的经济需求产生了巨大的社会交换行为。但资本主义的剩余价值在被积累之前，必须要经历货币阶段；我们要记得这一点，因为它很重要；抛开货币从哪儿来的困惑不谈，我们仍然必须为经济需求寻找剩余产品。正如马克思自己在另一段话中所说：

“一边的货币若能唤起另一边的扩大再生产，是因为即便没有货币，再生产的可能性也存在。货币本身并不是真正的再生产的一个要素。”[1]

在另一个场合，马克思确实展示了“货币来源”问题是一个完全对积累问题毫无价值的表述。

事实上，他曾在以前对流通过程的考察中遭遇了这个困难。在

① 《资本论》，第二卷，第 572 页。

继续处理简单再生产时，他曾经就剩余价值的流通，提出疑问：

“但在商品资本转变成生产资本之前，或在它包含的剩余价值被消费之前，它一定要被资本化。那么，用于这一目标的货币来自哪里呢？乍看上去，这个问题很难，到目前为止，图克(Tooke)没有，其他人也没有解答这个问题。”[①]

然后，他非常坚定地探求这个问题的根源：“假设以货币资本方式预付500镑的流通资本，不管它的周转期如何，现在代表社会的总资本，也就是资产阶级的总资本，假设剩余价值是100镑，那么，整个资产阶级怎样才能在只不断对流通投入500镑时，不断地从流通中取出600镑呢？”[②]

要提醒的是，所有一切针对的都是简单再生产，也就是所有的剩余价值都被用于资本家的个人消费。因此，从一开始这个问题就应该以一种更准确的方式被表达出来：除了在流通中投入500镑作为固定资本和可变资本之外，资本家如何确保自己获得达100镑剩余价值的消费品呢？即刻就很明显的是，那500镑的资本总是被用于购买生产资料和支付工人工资，不能同时支付资本家个人消费的费用。那么，新增的货币来自哪里呢？资本家实现他们自己的剩余价值所需要的100镑来自哪里呢？而且，所有可能逃避这一问题的理论设想都被马克思断然否决了：

“不应该用似是而非的托词来试图回避这个困难。

“例如，说到不变的流动资本，很明显，所有对它的投资并不

① 《资本论》，第二卷，第380—381页。

② 同上书，第381页。

是同时发生的。资本家A出售商品以使自己预付的资本取得货币形态，而另一边的买家B的可用货币资本则取得了它的生产资料形态，而这些生产资料是A刚刚生产的。同样的行为，把B的流动不变资本恢复成生产形态，即把它从货币转换成生产资料和劳动力。在每个简单的C—M购买中，都有同样数量的货币在这个双边过程发挥作用。当A把他的货币转化为生产资料，他是从C处购买，而C又以这个货币来支付B等等。因此，需要解释这个行为。

“我们已经在商品流通中谈到(《资本论》第二卷的第三章)，与流通货币的数量相关的法则，并没有被生产过程的资本主义特点所改变。

“因此，当我们说将以货币形态预付的社会流动资本是500镑，我们就已经说明了这一事实，一方面是同时预付的金额，另一方却因它轮流地充当不同的生产资本的货币基金而推动了超过500镑的生产资本的运作。那么，这种解释方法假定货币是存在的，但正是这种存在需要解释。

“还可以进一步说，资本家A生产的物品，被资本家B单独地、非生产性地消费了。于是，B的货币就货币化了A的资本商品，因而就有同样的数额服务于B的剩余价值的货币化与A的流动不变资本的货币化。但若是这样，问题的解决方案仍可以被更直接地呈现，问题是：B从哪里得到货币来支付他的收益？他自己又如何货币化他的产品的剩余部分？

“它也可能被解答为，A不断预付给他的工人的流动可变资本部分，也不断地通过流通流回到他的手中，其中只有一个交替部分屡屡与工资支付联系在一起。但在支出与回流之间，会消耗一定的时间；与此同时，用于工资支付的货币，除了其他用途外，也可能用于剩余价值的货币化。但我们知道，首先，时间越长，货币的供应就要越多，资本家 A 必须不断地持有货币作为备用。其次，工人会支出货币，用它来购买商品，并因而货币化那些包含于商品中的剩余价值。在这一点上，无须近一步洞察这个问题，就足以说明整个资本家阶级的消费以及那些依赖于他们的非生产性人员的消费，都与工人阶级的消费步调一致；因此，随着货币被工人阶级投入流通，资本家也必须同时投入货币，以便作为收益支出他们的剩余价值，货币必须因此而从流通中拿走。这样的解释只是减少了所需要货币的数量，但并没有去除它。

"最后还可能有人说，当第一次投资于固定资本，大量的货币被不断地投入流通，但这些货币一直要到若干年后，才能由把它投入流通的人收回。这一金额足够剩余价值的货币化吗？对此，答案是：即便不是被那个将它投入流通的人，也会被其他人作为固定资本使用，这本身就意味着 500 镑的金额（包括为所需要的准备金形成货币储藏）。此外，已经假设这笔为产品购买所支出的货币用作固定资本，包含于其中的剩余价值也已经被支付，那么问题恰恰还是：用于这一目的的货币来自哪里。"①

顺便说一句，这部分的最后一句话特别值得一提。在这里，马克思明确地否定了借助为周期性更新固定资本所形成的货币储藏来解释剩余价值的实现的企图，即便是在简单大生产情形下。后来，为了在更为艰难的积累条件下实现剩余价值，他不止一次地试

① 《资本论》，第二卷，第 381—383 页。

图证实这种解释，这种被他作为“似是而非的托词”而抛弃的解释。

接下来的解决方法有个很令人迷惑的声音：“大体的回答已经给出：当价值1,000镑的x倍的大量商品必须流通，不管这批商品是否包含任何剩余价值，是否在资本主义条件下被生产，它完全不改变这次流通所需要的货币数量。换句话说，问题本身就不存在。所有的其他条件都已经给定，例如货币流通的速度等，为了流通价值1,000镑的x倍的商品，所需要的确定的货币数额，与这些商品的直接生产者分享的价值多少无关。只要这里存在什么问题，那它就一定与这个基本问题一致：即某个国家的商品流通所需要的全部货币来自哪里?”[1]

这方面的争论很充分。对于一国内一定数量的商品流通所需要的货币来源这个基本问题的回答也将告诉我们，剩余价值的流通所需要的货币来自何方。从货币流通的视角而言，并不存在将包含在这些商品中的主要价值划分为固定资本、可变资本和剩余价值——在这方面，它是完全没有意义的。但这仅仅是从货币流通或一个简单的商品流通的视角来说问题不存在，而在整个社会再生产的层面，它的确又很现实。当然，不应该把它放入那个把我们带回简单商品流通的误导性形式，在那里，它是没有意义的。相应地，我们也不该问，实现剩余价值所需要的货币来自哪里？但是，这一剩余价值的消费者在哪里？无疑是那些为了把这些货币投入流通而必须持有这些货币的人。因此，尽管马克思自己刚刚否定了这个问题，但他又一再回到这个问题：

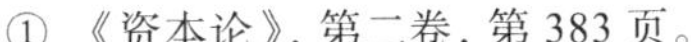

① 《资本论》，第二卷，第383页。

“现在只有两个出发点：资本家和工人。所有第三种阶级的人都必须是要么因为服务而获得这两个阶级的货币，要么是地租、利息等形态的剩余价值的共有者，无须任何等价服务就能取得货币。剩余价值并不总是呆在工业资本家的口袋里，必须由他分享给其他人，这个事实与现在的问题并没有关系。问题是如何保持他的剩余价值，而不是在他已经获得货币后如何进行分配。对于现在的情况，资本家不妨被视为他的剩余价值的唯一所有者。至于工人，已经说过他们只是第二出发点，资本家才是被工人投入流通的货币的最早的出发点。当工人在使用它支付生活资料时，作为可变资本被第一次预付的货币正在经历它的第二次流通。

“这样，资产阶级仍是资本流通的唯一出发点。如果他们需要400镑支付生产资料，100镑支付劳动力，就要在流通中投入500镑。但包含于产品中的剩余价值，有着一个100%的剩余价值率，等于100镑。当他们只是不断地在流通中投入500镑时，又如何持续地从流通中拿走600镑呢？无中不能生有。整个资产阶级也无法从流通中拿走以前就不曾在里面的东西。”①

马克思还推翻了另外一个可能被视为对这个问题有效的办法，即一个更快速的货币周转可以令少量货币流通大量价值。当然，这种计策并不会有用，因为已经通过把商品总量与一定数量的英镑相等同，而将流通中的货币周转率考虑在内。但到最后，我们好像看见了一个合适的方案：

“确实，第一眼看上去就显得很荒谬。是资本家阶级自己把货

① 《资本论》，第二卷，第384—385页。

币投入流通用于实现包含在商品中的剩余价值。但是，请注意，它不是作为预付货币，也不是作为资本被投入流通，资本家阶级是把它用作个人消费。货币不是被他们所预付的，尽管他们是它的流通的出发点。”①

这个清楚且全面的解释最好地证明了问题不是想象的，而是十分现实的。它提供了一个解决方法，但不是通过揭示一个新的以实现剩余价值的“货币来源”，而是通过指出这一剩余价值的最后消费者。在马克思的假设中，我们依然还在简单再生产的范围内，也就是说，资本家阶级把他们所有的剩余价值都用于个人消费。既然资本家是剩余价值的消费者，他们就必然地拥有货币以占有消费物品，也就是剩余价值的自然形态；这不是一个悖论，而是一个常理。交换的循环行为，是下列事实的必然结果：即个体资本家不能立即消费他们的剩余价值，相应地，也不能立即消费单个的剩余产品，例如就像奴隶劳工的主人一样。通常，剩余产品的自然物质形态倾向于排斥这种用法。但资本家的总体剩余价值一般都被包括在社会总产品中——只要是在简单再生产条件下，表现为相应数量的供资本家阶级使用的消费品，就像可变资本的总额在消费品数量中有一个相应的等额用于工人阶级一样，就像所有个体资本家的不变资本合计在一起表现为同等数量的物质生产资料一样。为了用非消费性的个人剩余价值交换相应数量的消费品，则必须有双向的商品交换行为：首先是个人剩余产品的销售，然后是社会剩余产品中的消费品购买。这两种行为只发生在资本家阶级的成员之间，即个体

① 《资本论》，第二卷，第 385 页。

资本家之间，因而意味着他们的代理人——货币，一般只是在一个资本家与另一个资本家之间换手，并没有从整个资本家阶级中转移出去。由于简单再生产必然意味着等价物的交换，同一数量的货币就能年复一年地用于剩余价值的流通；但过度的热情会激发进一步的质疑：从一开始就协调资本家自己的消费的货币来自哪里？这个问题可以被精简为一个更普遍的问题：货币资本最初是如何到达资本家手中的？而那些货币资本，他们除了用于生产投资，还总是保留一部分用于个人消费。但若以这种方式提出来，这个问题就属于所谓的“原始积累”章节，即资本的历史起源，超出了流通过程和再生产过程的分析框架。

因此，只要我们停留在简单再生产的范围内，事实就是清楚而明确的。在这里，问题通过它们自己的前提被解决了；事实上，这一方案恰好被简单再生产概念所预料，而简单再生产确实以全部剩余价值都被资本家阶级消费为基础。这也意味着必须由后者来购买它，也就是说，个体资本家必须相互购买。

“现在情况下，”马克思自己说，“我们已经假设，资本家投入流通直到第一次剩余价值回流给他的货币总额，正好等于他将要生产和货币化的剩余价值。就个体资本家而言，这明显是一个随意的假设；但在简单再生产假设下，对整个资本家阶级而言，它却必须是正确的。它与假设所表达的一致，即剩余价值是被非生产性地消费的，但也只能如此，剩余价值并不是原始股本的任何部分”。[①]

但资本主义基础上的简单再生产，根本就是经济理论中的一个

① 《资本论》，第二卷，第 387 页。

虚量：不多也不少的合法性，完全像数学上的“-1”一样不可避免。更糟的是，它根本无法对现实生活中的剩余价值的实现问题提供任何帮助，换言之，也就是无法对扩大再生产或积累提供任何帮助。马克思自己在进一步发展他的分析时，第二次这么说。

如果有了积累，也就是部分剩余价值未消费但却资本化，那实现剩余价值的货币来自哪里呢？马克思的第一次回答如下：

“首先，为了新增的生产资本的作用所需要的额外货币资本，将由被资本家作为货币资本，而不是收益的货币形态投入流通所实现的剩余价值提供。货币一直在资本家的手中；只是用途不同。”[①]

我们对再生产过程的考察已经让我们熟悉这一解释，也同样熟悉它的缺陷，这个答案依赖于从简单再生产到积累的初次转变时刻。资本家只有在昨天消费完他们的全部剩余价值之后，手里才会有适当数量的货币用于流通。今天他们决定“节省”部分剩余价值并把它投资于生产而不是挥霍掉它。假设制造的是物质生产资料，而不是奢侈品，他们只需要把自己的部分私人货币投入不同的用途。但从简单再生产到扩大再生产的转变，是一个不亚于资本简单再生产本身的理论虚构。基于这个原因，马克思接着说：

“现在，由于生产资本的增加，它的产品，即商品的增加数量也被投入流通。只要这些商品的价值等于生产它们所消耗的生产资本的价值，它的流通所需要的额外的货币部分，就会与增加的商品一起被投入流通。这些额外的货币数量已恰好作为额外的货币资本得到预付，因而再通过资本的周转流回到资本家的手中。我们

① 《资本论》，第二卷，第 397 页。

以前遇到的那个问题，在这里再次出现。通过额外的货币，才能实现如今被包含在商品形态中的额外剩余价值。那么，这些额外的货币来自哪里呢?"①

问题不能被表达得更确切了。但接下来的不是答案，而是令人惊奇的结论：

"回答通常是一样的。商品价格的总额已经增加了，不是因为给定数量的商品价格增加了，也不是因为现在流通的商品数量比以前增加了，而是因为这个增加一直没有被价格的下降所抵消。必须取得这些价值更大、数量更多的商品的流通所需要的额外的货币，要么通过流通货币数量的更大经济——不管它是来自平衡支付手段等，还是其他加速货币流通的措施，要么通过货币从储藏形态到流通中介形态的转变。"②

所有的一切都指向一种阐述，它沿着这样的路线：在发展和增长的积累条件下，资本主义再生产将更多数量的商品价值倾销至市场。为了把这些价值持续增长的商品投入流通，需要更多数量的货币。这一增长的货币数量必须在某个或其他地方被找到。毫无疑问，就现状而言，它是可信的和正确的；但我们的问题并没有得到解决，它只是被主观愿望所摆脱。

不是这样，就是那样。而且鉴于在积累条件下，我们把资本主义经济的总体社会产品简单地看作一个有着一定价值的商品的混合物，一个没有区别的商品集合与它的整体价值的单纯增长；那么，

---

① 《资本论》，第二卷，第 397 页。

② 同上书，第 397—398 页。

我们需要说明的是，这一整体价值的流通需要相应的货币数量，而且随着整体价值的增加，货币的数量也必须增加，除非这一价值增长被交易的加速和节约抵消了。最后的问题——所有的货币最初来自哪里，就被马克思的处方回答了：来自金矿。当然，这是看待简单商品流通的一种方式。但如果是那样的话，就不需要涉及如固定资本、可变资本或剩余价值概念，它们不存在于简单商品流通，从根本上属于资本流通和社会再生产；也不需要依次探讨简单再生产与扩大再生产条件下实现社会剩余价值的货币来源。在简单商品流通层面，这类困惑是没有意义和内容的。但是，一旦这些问题被提出，一旦为资本流通和社会再生产的研究设定了方向，就不能再诉求简单商品流通的范围，因为它那里根本不存在这样的问题，因而也就不存在这一问题的答案。在那里是不可能寻找到答案的，然后再得意洋洋地说这个问题早已得到了解决，而实际是这个问题根本不存在。

这段时间，看来马克思是在从一个错误的方向处理这个问题。寻找实现剩余价值所需要的货币来源，并不是一个明智的目标。问题应该是需求来自哪里，即为剩余价值找到有效的需求。如果问题一开始就以这种方式被提出，就根本不需要用如此冗长的迂回来证明它是否能被解决。在简单再生产的基础上，事情非常简单：既然全部的剩余价值都被资本家所消费，那么他们自己就是购买者，就为社会剩余价值提供了所有需求，由此类推，他们也必须为剩余价值的流通持有必要的现金。但是，按照现状来看，明显在积累条件下，也就是部分剩余价值资本化的条件下，根据假设，资本家自己不能购买全部的剩余价值，他们绝不可能实现全部的剩余价值。确实，如果资本化的剩余价值将被完全实现，它的实现所需要的充足货币就必须是现成的，但这些货币完全不可能来自资本家阶级自己的腰包。正因为假设了积累，资本家不可能自己购买自己的剩余价值，即便在理论上，他们是有钱可以这么做。那还有谁能为包含资本化的剩余价值的商品提供需求呢？

"根据我们的假设——资本主义生产的普遍和排他性统治，除了这个阶级（资本家阶级），就只有工人阶级。工人阶级所购买的一切，等于他们的薪水总额，等于整个资本家阶级所预付的可变资本的总额。"①

这样，工人甚至比资本家阶级更缺少能力去实现资本化的剩余价值。如果资本家还能取回他们已经积累和预付的资本，就必须有人来购买它；可是，我们不能考虑资本家和工人以外的购买者。"在这种情况下，整个资本家阶级如何积累货币呢？"②

在社会仅有的两个阶级之外实现剩余价值，看似不可或缺，也看似毫无可能。资本的积累已经陷入了一个恶性循环。无论如何，《资本论》的第二卷并没有给出解决办法。

如果我们现在问，马克思的《资本论》为什么没有提供资本的积累这一重要问题的解决办法，我们就首先必须记住第二卷不是一个已完成的全稿，而只是一个中途停止的手稿。

特别是它的最后章节的外形，更是证明了它们的笔记性质，这些笔记只是用来厘清作者自己的思路，而不是为了启示读者所准备

① 《资本论》，第二卷，第401页。

② 同上。

的最后结论。这个事实已被那个最了解情况的人充分证实，他就是恩格斯（Friedrich Engels），他编辑了第二卷。在第二卷的序言中，他详细描述了初步研究的条件和马克思留下的手稿，这些手稿构成了这一卷的基础：

“只要列举一下马克思所留下的作为第二卷基础的手稿，就可以证明，在公布他的伟大经济学发现以前，马克思在全力完善它们时的无与伦比的觉悟和严格的自我批评精神。正是这种自我批评精神，使他的论述很少能够在形式和内容上都适应他由于不断进行新的研究而日益扩大的眼界。

“这个材料……包括以下几部分：首先是《政治经济学批判》手稿，包括1472页四开纸，23个部分，写于1861年8月到1863年6月。这是1859年以同一书名在柏林出版的第一册的续篇……这个手稿虽然很有价值，但并不能用于当前第二卷的出版。

“按照时间的顺序，接下去是第三卷的手稿。

“其后，即第一卷出版之后，有供第二卷用的一组对开纸手稿，共四份，由马克思自己做了Ⅰ—Ⅳ的编号。第Ⅰ稿(150页)大概写于1865年或1867年，这是现在这样编排的第二卷的最早的一个独立的但多少带有片段性质的修订稿。这个手稿在这里也没有什么可以利用的。第Ⅲ稿一部分是引文和马克思札记本的提示的汇编，它们大部分与第二卷的第一篇有关；一部分是经过修订的个别论点，特别是对亚当·斯密关于固定资本和流动资本以及关于利润来源的见解的批判；此外，还有属于第三卷范围的关于剩余价值率和利润率关系的讨论；这些提示并没有提供多少新东西；用于第二卷和第三卷的经过加工的部分，由于有了后来的修订稿，大部分也只好弃置不用。第Ⅳ稿是第二卷第一篇和第二篇前几章的已经可以付印的修订稿，这部分已经在适当的地方采用了。这个手稿虽然比第Ⅱ稿写得早，但因为形式上比较完整，所以可以在本卷适当的地方很好地加以利用，我只要把第Ⅱ稿的一些内容补充进去就行了。最后的这份手稿，是第二卷的唯一相当完整的修订稿，稿上注明的日期是 1870 年。我下面马上就要提到的供最后修订时参考的笔记说得很清楚：'必须以第二个修订稿为基础。'

"1870 年以后又有一个间歇期，这主要是由马克思的病情造成的。他照例使用这个时间进行各种研究。他研究了农学、美国的特别是俄国的土地关系、货币市场和银行业，最后还有自然科学，如地质学和生理学。独立的数学研究也成了这一时期的许多札记本的内容。1877 年年初，马克思已经康复到可以再次进行原来的工作。他对上述四份手稿做出提示和笔记，并以此作为重新修订第二卷的基础。这一卷的开头部分用的是第Ⅴ稿（对开纸 56 页）。这部分手稿包括开头四章，还没有怎么加工，一些要点被放在正文下面的注释中加以阐述。材料与其说经过精心挑选，还不如说只是搜集在一起。但是，这份手稿是对第一篇的最重要部分的最后的完整的论述。整理这些部分以付印的初次尝试，见于第Ⅵ稿（写于 1877 年 10 月以后和 1878 年 7 月以前），有 17 页四开纸，包括第一章的大部分内容。第二次也就是最后一次尝试，是于 1878 年 7 月 2 日写成的第Ⅶ稿，包含 7 页对开纸。

"这时，马克思看来已经认识到，如果他的健康状况没有根本好转，他就决不能令自己满意地完成第二卷和第三卷。第Ⅴ—Ⅷ稿已经如此频繁地留下了他与折磨人的疾病进行顽强斗争的痕迹。

第一篇最难的部分已经在第Ⅴ稿得到解决；第一篇其余的部分和整个第二篇（第十七章除外），除了第十七章以外，都没有什么重大的理论困难；但是讨论社会资本的再生产和流通的第三篇，看似非常需要修改。必须指出来的是，第Ⅱ稿在首次论述再生产时，没有考虑到起媒介作用的流通，那是后来在处理同一问题时才考虑到流通。马克思打算去掉这一部分，以其已经扩大的眼界重新再写。这样就产生了第Ⅷ稿，只有70页的四开纸；但只要对照一下在印刷时删去了第Ⅱ稿插入部分的第三篇，就可以知道，马克思在这个篇幅内压缩进了多少东西。

“第Ⅷ稿也只是对问题的初步考察；它的首要课题，是确定并阐述那些不曾在第Ⅱ稿中提出的新观点，至于那些没有什么新东西可说的观点，就被忽略了。与第三篇多少有关的第二篇的第十七章的重要部分，又在这里被研究和扩充。逻辑的联系常常中断；有些地方的论述不够完整，特别是结尾部分的论述完全是片段的。但马克思要说的话，都在这里以这种或那种方式说了出来。

“这就是第二卷的材料。马克思逝世前不久曾对他的女儿埃莉诺（Eleanor）说，希望我能根据这些材料‘做出一点东西’来。”[①]

我们不能，但我们钦佩恩格斯试图从这些材料里“做出”这些“东西”来。就我们现在的问题而言，恩格斯的这一详细描述清楚地指出组成第二卷的三篇，只有第一篇“关于货币和商品资本的流通”和第二篇“流通的原因和货币的周转”，在马克思的手稿中，构成第二卷中写好可以付印的内容，讨论总资本再生产的第三篇，不

① 《资本论》，第二卷，第8页及其后。

过是马克思自己所认为的“非常需要修改”的片段的集合。但这部分的最后，即“关于积累和扩大再生产”的第二十一章，在当前环境下至关重要，也是本书最不完整的部分，它包括所有出版的35页，却在分析的中间停止了。

除了无关的环境以外，我们还将指出有重大影响的另外一点。正如我们看到的，马克思对社会再生产过程的研究始于亚当·斯密的分析；除了其他原因外，亚当·斯密的分析因为所有商品的价格都由 $v+s$ 组成这一教条而走向失败。对这个教条的论辩主导着马克思对再生产过程的全部分析。他投入了自己的全部精力去证明社会的总资本不仅必须按照不同收益来源的总额去服务消费，还必须服务于不变资本的更新。由于这样分析论证的最纯粹的理论框架是通过简单再生产，而不是扩大再生产给出的，马克思倾向于主要从一个与积累相反的观点，从全部剩余价值都被资本家消费的假设来认识再生产。这些论辩对他的分析的影响的严重程度，可以在他于工作进程中屡次返回，从多种不同角度攻击亚当·斯密的行为中得到证明。因此在第一卷中，已经有下列页码被用于这一目的：第一卷第七篇第二十四章的第588—602页；第二卷的第417—456页、第473页、第504—508页以及第554页。

马克思在第三卷又开始讨论总的再生产问题，但他从一开始又再次卷入斯密所设置的问题，他投入了第四十九章的全部和第五十章的大部分去讨论这个问题（第968—992页、第992—1022页）。最后，在《剩余价值学说史》中，我们再次发现他反对斯密教条的详细论辩：在第一卷的164—253页、第92页、第95页、第126页和第二卷第二部分的第262页。马克思再三强调，他认为不变资本自社会总产品的替换是再生产最困难也是最重要的问题。[①] 这样，另一个问题，也就是积累的问题，即为资本化而实现剩余价值的问题，被退入到背景，以至于马克思最后也很少谈及它。

这个问题对资本主义经济如此重要，毫不奇怪庸俗经济学者们会再三研究它。在经济理论历史上，会一再出现力图解决资本主义经济的这个重要问题，解决资本积累在实践中的可能性问题的尝试。现在，我们就要来看看那些在马克思前后致力于解决这一问题的历史性尝试。

① 参见《资本论》，第二卷，第 430、522 与 529 页的例子。

第二篇

问题的历史阐述

第一回合

西斯蒙第、马尔萨斯
对萨伊、李嘉图、麦卡洛克

第十章　西斯蒙第的再生产理论

在英国最初的1815和1818—1819年危机的直接影响下，资产阶级经济学者第一次对资本主义秩序的神圣性产生了重大怀疑，即使这些危机产生于外部环境，而那些外部环境看上去也只是暂时的。产生这些危机的部分原因在于，拿破仑对欧洲大陆的封锁，在一段时间内隔断了英国与它的欧洲市场，却促进了一些欧洲大陆国家的国内工业的巨大发展；其他原因在于，由于长时间的战争，欧洲大陆的资源枯竭导致在封锁取消后对英国产品的需求低于预期。这些早期的危机足以向当代世界揭示这一所有社会秩序中最好的一个险恶面。市场饱和，商店里充斥着无人能购买的商品，频繁的破产——另一方面却是劳苦大众的极度贫困。这是第一次，所有的这些都赤裸裸地出现在那些曾经宣扬资产阶级自由主义的美好和谐福音，并以各种音调来歌颂它的理论家们的眼中。当时所有的交易报告、期刊和旅行者笔记都在述说英国商人遭受的损失。在意大利、德国、俄罗斯和巴西，英国人在以25%至33.3%的损失处理他们的商品库存。1818年，好望角的民众在抱怨所有的商店都充斥着欧洲的商品，尽管它们的卖价比欧洲的都低，却依然卖不出去；从加尔各答传来了相似的抱怨。所有的货物都从国外返回了英国。在美国，当时的一个旅行者描述道："从这个广阔而繁荣的陆地的

一端到另一端，没有一个城镇和村庄陈列待售的商品不是极大地超出了购买者的收入，虽然卖主试着用长期信贷、各种支付服务、分期付款和接受实物偿付来吸引顾客。”

同时，英国正在响起它的工人的绝望抗议。1820年的《爱丁堡评论》[①]引用了一个诺丁汉织袜工人的演说，这个演说包含下列陈述：

“一天工作14到16个小时后，我们一周只能挣四到七先令来养活我们的妻子和家人；我们还要说，我们已经用面包和水、土豆和盐代替了一个英国人的餐桌上过去常堆放着的健康食物，但在一天的繁重劳动后，我们只能多次睡觉，只能把我们还没吃饭的孩子放到床上，不让他们饥饿地哭闹。我们最郑重地声明，在过去的十八个月里，我们几乎不知道什么是不饿的感觉。”[②]

然后，英国的欧文（Owen）和法国的西斯蒙第几乎同时发声，对资本主义社会做出重要控诉。作为一位头脑清晰的英国人和先进工业国家的市民，欧文担当起一个巨大社会改革的发言人的职

---

① 一个伦敦前议会成员于1820年所写的一篇有关《限制外国商业的危害结果调查》的文章的评论（参见《爱丁堡评论》，第66卷，第331页）。这是一篇有趣的自由贸易倾向的文章，下面是从中摘取的文字，它以最阴暗的色彩描绘了英国工人的普遍处境。它给出了如下事实：“大不列颠的工业阶级……突然从富裕和繁荣陷入了极度的贫困与悲惨。在上届国会的一次辩论中，谈到了格拉斯哥和它附近的织工的工资问题，最高的时候，平均一周约为25或27先令；到了1816年，减少到10先令；而在1819年，就只有5或6先令这样可怜的微薄收入。他们的经济收入从那以后就再也没有增长过。”根据相同的证据，在兰开夏，织工每周的直接工资是6至12先令，每周每天都要工作15个小时，而半饿半饱的儿童每天工作12至16个小时，一周才能挣到2或3先令。约克夏的贫困可能更严重。对于诺丁汉织袜工人所做的演说，作者说他自己亲自调查了情况，并且得出工人的声称“丝毫没有夸张”的结论。

② 《爱丁堡评论》，第66卷，第334页。

责，而那个小资产阶级的瑞士人则在清理对现存社会秩序和古典经济学的不完美指责时，有点迷失了自我。但通过这样做，西斯蒙第给了资产阶级经济学一个比欧文还要难对付的麻烦，而欧文则直接对着无产阶级施行各种丰富的实践活动。

西斯蒙第详细地解释了他的来自英国的社会批评动力，特别是英国最初的危机。在他的第二版《政治经济学新原理》[①]中——这本书的第一版在1819年出版，八年后第二版面世，他写道：

“正是在英国，我完成了新版本的准备工作。英国产生了最著名的政治经济学的学者；此时此刻，这个科学还在被人们以巨大的热情培养着。普遍的竞争或总要生产更多更便宜商品的努力，早已成为英国的一种制度，一种被我批评为危险的制度。这种制度已使工业生产取得了巨大的进步，但它也不时让厂商陷入可怕的困境。正是这些财富的剧烈震动的存在，让我认为自己应该回顾我的推理，并把它们和事实进行比较。对英国的研究已经证实了我在《政治经济学新原理》一书中的观点。在这个令人惊讶的并将要有一个伟大的实验为世界其他地区提供指导的国度里，我看到生产在增长，而快乐却在减少。这个国家的民众，并不亚于哲学家，他们似乎忘了财富的增长并不是政治经济学的目的，而是实现所有人幸福的手段。我在每个阶层中找寻这种幸福，但我在哪里也找不到。上流的英国贵族确实已经达到了一种超越全世界其他国家所能看到的富有和奢华程度，但是它自己却并不享受这种以其他阶层为代价所获取的财富；安全感是匮乏的，每个家庭的大部分人经历的都是

① 巴黎，1827年。

贫困而非富裕……在这些有头衔和没有头衔的贵族之下，我看到商业占据着重要的地位。它的企业遍布整个世界，它的代理人勇敢地面对极地的寒冰和赤道的炎热，当它的领导人在交易所会面的时候，每个人都可能处理成千上万的财富。与此同时，在伦敦的街道以及英国其他大城市的街道上，商店里陈列着足够全世界消费的商品。可是，财富给了英国商人应有的幸福吗？没有：没有一个国家是如此频繁地发生破产，没有一个地方拥有如此巨大的财富，数量多到足以依靠它们自身提供的公债来维持一个帝国或共和国，而又可以用这种方式迅速地推翻它们。所有人都在抱怨商业的稀缺、困难和无利可图。在几年的间隔内，一个可怕的危机第二次毁灭了部分银行，在所有的英国制造厂中都蔓延着颓废。同时，另一场危机毁灭了农民，零售们也受到影响。然而，尽管商业的范围广阔，它却已经不再需要年轻人，而这些人要创造自己的财富；每个职位都有人了，这在社会的上层与下层一样；越来越多的人在徒劳地干着得不到报酬的工作。那么，这种物质进步还令每个人都瞩目的国家富裕倾向于对穷人有利吗？没有。现在，英国人都极度缺乏舒适，缺乏对未来的安全感。这里不再有自耕农，他们都已经被迫成为日工。在城市里，已经很少再有工匠或独立的小作坊主，只存在制造商。那些从这个制度得到了雇用承诺的体力劳动者，也不知道有着这样一个位置意味着什么；他得到的只有薪水，而且因为这些薪水不能满足四时所需，他几乎每年都不得不去申请济贫税的救济。这个富裕的国家发现，卖掉它所拥有的金银，不使用硬币，完全依靠纸币流通是一种更经济的做法，于是它自愿让自己失去了硬币所有优点中最有价值的一点：价值的稳定性。地方银行钞票的持有者们

每天都在经历因频繁的、在某种程度上盛行的银行家破产而造成损失的风险；如果一次侵略或改革动摇了国家银行的信用，那么整个国家在个人财富方面就会遭受剧烈的冲击。英国发现放弃那些需要大量手工劳动的耕种方式更经济，于是就放逐了半数生活在乡村的耕种者；它发现用蒸汽机取代工人更经济，于是就解雇了……城里的体力劳动者，而让位给了动力织机的织工们正在饥饿中沉沦；它发现把所有工人的工资减少到只让他们维持生存的最低可能的工资更经济，而这些工人却只会成为暴民，他们不惧怕因家庭成员的增加而陷入更深的痛苦。它发现用土豆喂养爱尔兰人并且让他们穿破旧衣服更经济，现在每条邮船上都带来了大量的爱尔兰人，这些被派送到各个工作岗位的爱尔兰人的工作报酬低于英国人。这些巨大财富的积累结果是什么？除了让每一个阶层都分享忧虑、贫困和完全毁灭的危险外，它们还会产生哪些影响呢？英国不正是为了物而忘记人，牺牲目的以成全手段的吗？”[①]

在写作之前，这面被资本主义社会支撑了近百年的镜子，在各种道德良知中都是清晰和可理解的。西斯蒙第准确地指出了资产阶级经济的每个痛处：小作坊的灭亡，乡村人口的外流，中产阶级的无产阶级化，工人的贫困化，工人被机器所取代，失业，信用体系的危险，社会对立，生存的不安全，危机和混乱。他的严厉且强烈的质疑击打出一个特别刺耳且与自满的乐观主义以及庸俗经济学所鼓吹的空洞的和谐崇拜不相协调的音调。庸俗经济学主要因英国的麦卡洛克和法国的萨伊而在这两个国家变得流行。很容易

① 西斯蒙第：《政治经济学新原理》，第二版前言。

想象，下面这段话将产生多么深刻而痛苦的影响：

“只有在以另一个人的劳动去购买时，才会存在奢侈；只有那些不得不劳动，以求得到生活必需品而非装饰品的人，才会努力且不知疲倦地工作。”①

“虽然增强人类能力的机器的发明，对人类来说是一件好事，但它会因为我们在使用其收益时的不公正分配，变成穷人的灾难。”②

“如果没有掠夺他所雇用的工人，劳工的雇主就不会获得什么受益；他之所以能够获得收益，不是因为他的企业生产的比消费的多，而是因为他不会支付所有的成本，因为他不曾根据劳工的工作，给予同等的报酬。这样的工业是一种社会罪恶，因为它使那些从事工作的人变成赤贫，而那些监管它的人则获得一般的资本利润。”③

“在那些分享国民收入的人中，有一个团体每年都借助新劳动取得新权力，而另一个团体则凭借先前的努力取得永远的权力，这种先前的努力令其一年的劳动更具优势。”④

“应用力学中的每个新发现都会大量减少劳动人口，这是无法阻止的。这种危险正在不断地被暴露，而社会对此束手无策。”⑤

“毫无疑问，这样的一个时代将会来到，我们的子孙谴责我们是野蛮人，因为我们让工人阶级没有保障，正如我们已经把那些将

① 西斯蒙第：《政治经济学新原理》（第二版），第一卷，第 79 页。

② 同上书，序言，第 15 页。

③ 同上书，第 92 页。

④ 同上书，第 111—112 页。

⑤ 同上书，第 335 页。

同样的阶级变为奴隶的民族斥责为野蛮人一样，我们的子孙也会这么做。”①

西斯蒙第的批评正好触及了问题的根源；对他来说，不可能有什么妥协和借口，把他所揭露的资本主义富裕的黑暗面粉饰为过渡时期的暂时缺陷。他用下面这个对萨伊的反驳总结了他的调查：

“七年来，我已经指出了这个社会有机体的弊端，而且它也已经持续地增长了七年。我不能把这样持久的痛苦仅仅视为总是与改变相伴随的摩擦。回顾收入的起源，我相信我已经表明，我们所经历的这一弊病是我们组织中的缺陷的结果，我已经表明它们不可能结束。”②

在西斯蒙第看来，由资本主义生产所决定的资本主义生产与收入分配之间的不均衡，是所有罪恶的来源。他从这一点进入了我们目前所关注的积累问题。

他对古典经济学的批评主线是：资本主义生产被鼓励无限制地扩张，丝毫不关注消费；而消费则取决于收入。

“事实上，所有的现代经济学者都已经承认，公共的财富只会是私人财富的集合，它有着自己的起源，它的增加、分配与毁坏的方式都与每个个体财富一样。他们都非常清楚地知道，在私人财富中，需要考虑的最重要的因素是收入，消费或支出都必须依靠收入来调节，否则资本就会遭受损害。但是在公共财富中，由于一个人的资本成为了另一个人的收入，在决定什么是资本、什么是收入方

① 西斯蒙第：《政治经济学新原理》，第二卷，第435页。

② 同上书，第463页。

面，经济学者们都非常迷惑，因此他们发现如果在计算中完全不考虑后者，事情将会变得比较简单。通过忽略一个必须被决定的要素，萨伊和李嘉图得出了这样的结论，即消费是一种无限制的力量，或至少除了生产没有其他限制条件的力量；而实际上消费是由收入限制的……他们宣布，无论生产多么丰富，它总会找到消费者，并且他们鼓励生产者在市场上制造供过于求，可正是此时的供过于求引起了文明社会的贫困；他们应该预先警告生产者，告诉生产者只能把那些拥有收入的消费者计算在内。”①

因此，西斯蒙第以收入理论作为自己观点的基础。什么是收入？什么是资本？他对这之间的区别给予了最大的关注，这个区别也被他称为“政治经济学最抽象和困难的问题”，他的《政治经济学新原理》的第二卷第四章就致力于解决这个问题。像往常一样，西斯蒙第的研究始于鲁滨逊·克鲁索（Robinson Crusoe）。对于这样一个人而言，资本与收入的区别依然是“迷乱”的；只有在社会中，这一区别才成为“必要”。但在社会中，这样的区别也非常困难，这主要是因为那个大家都已经熟悉的资产阶级经济神话，即“一个人的资本成了另一个人的收入”，反之亦然。亚当·斯密应该对这一混乱表述负责，它后来被萨伊提升成公理，以作为他的思维惰性和表面性的正当理由。西斯蒙第也忠诚地接受了它。

“资本和收入的本质总是被认知所混淆；我们知道，对一个人而言的收入，却成为另一个人的资本；同一物品在手把手传递的时候，也是连续地取得各种不同的名称；当价值开始从一个已被消费

① 西斯蒙第：《政治经济学新原理》，第一卷，序言，第13页。

的物体上分离时，就如同一个抽象的数量，这个数量被一个人支出却被另一个人交换；对一个人是连着物品本身一起消亡，对另一个人则是获得更新并在流通时间长期持续。”[①]

在满是希望的序言之后，西斯蒙第一头扎进了这个困难的问题并宣称：所有的财富都是劳动的产品；收入是财富的一部分，因此也必须有着相同的起源。但对三种收入的识别却是“惯例性的”，它们分别称作地租、利润和工资，来自“土地、被积累的资本和劳动”这三种根源。对于第一个命题，他显然走错了道路。作为一个社会的财富，即有用物体、使用价值的集合，财富并不仅仅是劳动的产品，还是供应原材料和提供工具支持人类劳动的人的自然产品。另一方面，收入是一个价值概念。它表明了一个人或许多人可以处置的部分社会财富或社会总产品的数量。看到西斯蒙第坚持认为社会收入是社会财富的一部分，我们可以假设他通过社会收入明白了真实的年度消费基金。这样，社会财富中没有被消费的剩余部分就是社会的资本。因此，我们至少可以获得一个社会基础上的资本与收入间区别的模糊轮廓。但正是在下一时刻，西斯蒙第又接受了三种收入之间的“惯例性”区别，即只有一种纯粹来源于“所积累的资本”，其他的两种“土地”或“劳动”都是与资本相结合。这样，资本的概念即刻再次变得模糊。不过，让我们来看看对于泄露社会基础裂痕的这三种收入来源，西斯蒙第到底说了些什么。他以一定的劳动生产率的发展为出发点，这是对的。

“由于人类借以征服自然力量的工业和科学共同进步，每个工

① 西斯蒙第：《政治经济学新原理》，第一卷，第 84 页。

人都可以在一天内生产出更多，远远超过他所需要消费的产品。”[①]

于是，西斯蒙第马上强调劳动生产率是剥削的历史基础的一个必要条件。但是，他又继续以一种典型的资产阶级经济学的方式解释剥削的真实起源：“即便是他的劳动创造了财富，但如果他是被召唤来享受它，那么这种财富只会让他越来越不适应劳动。此外，财富也很少保留在那些必须通过双手的劳动来生存的人的手中。”[②]

因此，他使得剥削与阶级对立成了生产的必要支柱，这与李嘉图和马尔萨斯的追随者十分一致。但是现在，他触及了剥削的真实原因，那就是劳动力与生产资料的分离。

“作为一个规则，工人不可能把土地据为己有；但土地拥有一种生产能力，这种生产能力只有在人类劳动而且人类所使用时发挥作用。被实施了劳动的土地的主人，保留着他的土地所参与的劳动成果的一部分，作为他的土地的这一生产能力所提供的收益的报酬。”

这被称为地租。他进一步说：“在我们的文明状态中，工人在找到一个购买者之前，已经不能再把用于他的消费的充足的商品基金称为他自己的，足够用来生活，虽然他在完成他所承诺的劳动。他不再拥有通常来自很远地方的原材料，而这些原材料是他必须施加勤劳的东西。他占有更少的精密且价格昂贵的机器，这些机器可以促进他的工作并使生产率无限提升。而占有他的消费品、他的原材料和他的机器的富人则不需要亲自工作，因为通过为工人提供所

① 西斯蒙第：《政治经济学新原理》，第一卷，第 85 页。

② 同上书，第 86 页。

有的这一切，在某种意义上，他成了工人的劳动的主人。作为他交给工人处置的各种利益的回报，他完全占有了工人劳动成果的最大部分。”[①]

这就是资本利润。当财富被地主和资本家拿走两次以后，所剩下的部分就是劳动者的工资，即工人的收入。西斯蒙第补充道：“他可以消费它而不用再生产。”[②]

这样，西斯蒙第就把非再生产作为了收入的划分标准，以区分资本与工资以及资本与地租。但在这方面，他只有地租和资本利润的消费部分是对的；至于社会产品中以工资形式消费的部分，它肯定会再生产自己；它成了工资劳动者的劳动力，对于劳动者而言，它是一件商品，他可以把它一次次地带去市场并依赖它的销售而生存；对于社会，它是可变资本的物质形态，只要不曾发生损失，就必须反复地再现于一年的总体再生产中。

到目前为止，没有什么问题。至今，我们只了解到两个事实：劳动生产率允许工人被那些自己不亲自劳动的人剥削，而且由于工人与生产资料的分离，剥削成为收入分配的真实基础。但我们依然不知道什么是资本，什么是收入。西斯蒙第像往常一样从鲁滨逊·克鲁索开始，继续阐释这一观点：

“在个体的眼中，所有的财富都只是为需要时所预备的物资储备。即使这样，他也早已把这种物资储备分为两类……一类是他认为必须放在手边直接或几乎直接使用的，另一类则是直到他要从事

① 西斯蒙第：《政治经济学新原理》，第一卷，第86—87页。

② 同上书，第87页。

新的生产时才需要供他使用的。由此，他的谷物中有一部分必须用作食物直到下一次收获，另一部分则留作播种，以在来年孕育果实。社会的形成与交换的引入使得种子几乎无限增加，而种子则是所积累财富的可繁殖部分，也就是被称为资本的东西。"①

所有这些，最好被称为废话。在使用种子的类比中，西斯蒙第把生产资料与资本相等同；因为两个原因，他这么做是错误的。第一，生产资料本身不是资本，只有在非常明确的历史条件下才可能成为资本；第二，资本的概念不只包括生产资料。在资本主义社会——连同西斯蒙第忽略了的所有条件，生产资料只是资本的一个部分，是不变资本。

在这里，由于试图在资本概念与社会再生产的物质方面建立联系，西斯蒙第显然失去了自己的线索。早先，由于他关注了个体资本家，他便把工人的生活资料与生产资料一样列为资本的组成部分——从个体资本的再生产的物质方面来看，这又是一个错误。然而，当他试图聚焦社会再生产的物质基础，并且着手对消费品和生产资料做出正确区分的时候，资本的概念却消失在了他的手中。

可西斯蒙第清楚地知道，生产资料并不是生产和剥削的唯一必备条件；确实，他有着正确的直觉，剥削关系的核心正是与活劳动进行交换的事实。由于刚刚把资本简化为不变资本，他现在立即把它完全地简化为可变资本：

"当农民已经把所有他打算到来年收获时才会用的谷物储存起来，他将会给剩余的谷物找到一个好用途：他将用他所剩下的谷物

① 西斯蒙第：《政治经济学新原理》，第一卷，第 87—88 页。

去养活那些要为他工作的人，为他耕种土地、纺线和编织羊毛……通过这一过程，农民把他的一部分收入转变成了资本；事实上，这也正是新资本的形成方式……在他所收获的谷物中，扣除他必须在工作中吃的，以及必须用于播种以维持相同剥削水平的，剩下的则是他可以随意赠送、挥霍和消费也不会变穷的财富；它是收入，可一旦他用它来养活生产者，交换劳动或者交换来自他的手工劳动者、他的织布工、他的矿工的劳动成果时，它就是一个可以增加但不会消亡的永恒价值；它就是资本。"①

在这里，鱼龙混杂，良莠不齐。尽管不变资本被奇怪地简化为流动资本，但它依然被需要以维持原有规模的生产，而固定资本的再生产则完全被忽视了。对于再生产的扩大，对于积累而言，流动资本明显也是多余的，因为剩余价值所有被资本化的部分都变成了新的工人的工资，而这些没有生产资料的工人显然在空中工作。西斯蒙第在其他地方，更加清晰地表达了同一观点：

"当富人为了增加资本而减少收入时，他是因此在给穷人好处，因为他自己把年产物分享了出来；他会把他称为收入的部分，保持为自己的消费；把他称为资本的部分，交给穷人以为他产生一个收益。"②

但与此同时，西斯蒙第也给予"利润制造的秘密"和资本的起源以适当的重视。剩余价值产生于资本与劳动的交换，即产生于可变资本，而资本来源于剩余价值的积累。

① 西斯蒙第：《政治经济学新原理》，第一卷，第 88—89 页。

② 同上书，第 108—109 页。

不过，有了这些，我们依然还没有对资本和收入的区分做出重大进展。现在，西斯蒙第试图根据社会总产品的相应部分来展示生产和收入的不同要素。

“工人的雇主，也就像农场主一样，不会把他们所有的生产性财富都用来播种，他会把其中的一部分用在可以使工作更容易和更有效率的房屋、工厂和工具上，就像农场主的一部分财富会被用于让土地更肥沃这一永恒的工作一样。因此，我们可以看到各种不同的财富是如何相继形成，并变得不同。社会所积累的一部分财富，被每个占有它的人通过缓慢的消费用于提升劳动收益，用自然的隐蔽力量来完成人的工作，这就是所谓的固定资本，包括垦荒、灌溉、工厂、贸易工具和每种类型的机械设备。财富的第二个部分永远被用于即时消费，以不停地在它所完成的工作中实现它自己的再生产，改变它的形态，但它的价值不变。这部分内容被称为流动资本，包括种子、用于制造的原材料和工资。最后，财富的第三个部分变得与第二个部分可区分了：它是一种价值，已完成的工作的这种价值超出了为生产它而做的各种预付，这个部分叫作资本收入，而且永远被消费，没有再生产。”①

在费力尝试过根据固定资本、流动资本和剩余价值等不可比较的种类划分总体社会生产后，西斯蒙第很快就表现出明显的迹象，即当他谈到固定资本时，他指的却是流动资本；当他谈到流动资本时，他指的则是可变资本。虽然固定资本被“间接”地消费，流动

① 西斯蒙第：《政治经济学新原理》，第一卷，第93—94页。

资本“逐渐成为工人的工资形态的消费基金”[1]，但“所有被生产的一切”都永远是为了人类的消费。这样，我们就稍稍接近把社会产品划分为不变资本(生产资料)、可变资本(工人的生活资料)和剩余价值(资本家的生活资料)。但迄今为止，西斯蒙第对于他自己所说的这一“根本性”主题的解释并不是那么富有启示性。不管怎样，除了亚当·斯密的“重大思想”以外，我们在这种迷惑的混乱中看不到任何其他进展。

西斯蒙第自己也感觉到了这一点；他感叹着“这种财富运动实在是太抽象了，需要如此巨大的注意力来正确地把握它”，准备用“所有方法中最简单的方法”来阐述这个问题。于是，我们再次把眼光集中在鲁滨逊·克鲁索身上，而与此同时，鲁滨逊已经变得有家庭和成为殖民政策的先驱：

“在一个遥远的位于沙漠边境的殖民地里，有一个孤独的农夫，他在这一年收获了100袋谷物，而那里并没有销售它们的市场；无论如何，这些谷物必须在一年内被消费掉，否则它就会对这个农夫没有任何价值；而这个农民和他的家庭只能吃掉其中的30袋，这将是他的花费，也就是他的收入所交换来的东西；无论如何，对于任何人而言，它都不会被再生产。之后，他需要一些工人，利用这些工人来砍伐树木，排干积水，让部分沙漠适于耕种。这些工人会吃掉另外的30袋谷物，这将是他们的支出，他们能够以他们的收入，即他们的劳动为代价来承担这些消费；对于农夫而言，这就是一个交换：他必须把他的30袋谷物转化为固定资本。最后，他还剩下

① 西斯蒙第:《政治经济学新原理》，第一卷，第95页。

40袋；他会在那年用它们播种，而不像前年那样只用20袋去播种；这就是他的流动资本，他已经让它翻倍了。于是，这100袋谷物都会被消费掉，但是其中只有70袋是他真实的投资，并会随着巨大的增长而再现，有些会再现于下一年的收获，还有一些则再现于之后历年的所有收获。正是我们刚刚假设的农夫的隔离，让我们对这样的一次运行所面临的限制有了更好的理解。如果在那一年，他只为他收获的100袋谷物中的60袋找到了消费者，那会有谁来吃那些因他下一年的播种增加而生产的200袋谷物呢？你可能会说，他的家庭会扩大。这是毫无疑问的。但人类的繁殖决不会像食物一样增长得那么快。如果我们的农夫每年都有可用的人手来重复这一假设的过程，那么，他的谷物收获每年都会翻倍，而他的家庭最多在25年翻一倍。"[①]

虽然这个例子很幼稚，但终于清晰地呈现了关键的问题：已经资本化的剩余价值的购买者在哪里呢？虽然资本积累可以无限地增多社会生产，但社会的消费会怎样呢？社会消费取决于各种各样的收入。西斯蒙第已经在他的《政治经济学新原理》的"国民收入在各个市民阶层的分配"这章，解释了这个重要的问题，他试图重新描述社会产品的组成部分。

"在这方面，国民收入仅由两部分组成，再无其他部分；一部分存在于年度生产中……是来源于财富的利润。第二部分来源于生活的劳动能力。这一次，我们把财富理解为土地的占有和资本，

① 西斯蒙第：《政治经济学新原理》，第一卷，第95—96页。

把利润理解为所有者获得的净收入和资本家的利润。”

因此，所有的生产资料都作为“财富”与国民收入相分离，而且这种收入被划分为剩余价值和劳动力，或者更准确地说，是劳动力的等价物——可变资本。尽管这依然很模糊，但就是我们对不变资本、可变资本和剩余价值的划分。而被西斯蒙第理解为年度社会总产品的国民收入，却很快就蒸发了：

“类似地，年度生产或者某国在一年的进程的所有劳动成果，由两部分组成：一部分是我们刚刚讨论过的来源于财富的利润；另一部分是劳动的能力，它被假设为等于相交换的那部分财富或者工人的生活用品。”[①]

于是，社会总产品根据价值被分解为两部分：可变资本和剩余价值——不变资本却消失了。这样，我们就得到了斯密的教条：商品价格被分解为 $v+s$（或是由 $v+s$ 构成）——换句话说，总产品只包括工人和资本家的消费品。

西斯蒙第接着讨论总产品的实现问题。一方面，一个社会的收入总额包括工资、资本利润和地租，并因而被表示为 $v+s$；另一方面，根据价值，社会总产品被同样地划分为 $v+s$，“以使国民收入和年度生产相互平衡（并且以相同的数量出现）”，因此它们必须在价值上相等。

“年度生产必须在当年被完全消费，而其中的部分由工人消费，工人用劳动来与之交换，并把它们转化为资本再生产出来；还有一

① 西斯蒙第：《政治经济学新原理》，第一卷，第 105 页。

部分则由资本家消费，资本家用自己的收入来交换它们，并使它们消失。全部的年度收入将永远与全部的年度生产相交换。”①

以此为基础，西斯蒙第在他的《政治经济学新原理》的第二卷的第六章“生产和消费的交互决定”中，最终提出了下列清晰的再生产法则：“过去一年的收入必须支付今年的生产。”②

如果这是真的，怎么还可能存在资本的积累？如果总产品必须完全被工人和资本家消费，那我们就还明显停留在简单再生产的限制内，对于积累问题也就没有解决办法。事实上，西斯蒙第的理论意味着对积累可能性的否定。既然社会总需求包括支付给工人的工资总额和资本家先前的消费，如果再生产扩大了，将由谁来购买那些剩余产品呢？在此方面，西斯蒙第如下辩称积累在客观上的不可能：

“归根结底，一直都是我们在用今年的全部生产去交换上一年的全部生产。此外，如果生产逐渐增多，因它同时改善了未来的条件，交换则势必每年都遭受一点损失。”③

换句话说，当总产品被实现后，积累就不得不每年都生产一些无法出售的剩余产品。但西斯蒙第害怕得出这样的最终结论，而选择了一条“中间路线”，令一个有点模糊的托词成为必要：“如果这一损失并不严重，甚至分派得当，那么，每个人都会忍受它而不抱怨自己的收入。这就形成了国民经济，而且这一系列的小牺牲，反

① 西斯蒙第：《政治经济学新原理》，第一卷，第 105—106 页。

② 同上书，第 113、120 页。

③ 同上书，第 121 页。

而会带来资本和共同财富的增长。”①

但如果积累是无情的，这一残留的剩余就成了公共灾难，危机就会产生。于是，一个小资产阶级的花招就成了西斯蒙第的解决办法，即抑制积累。他一直反对古典学派所倡导的生产动力的无限发展和生产的无限扩张；他的所有工作都是在警告充分放纵积累的欲望所导致的致命后果。

西斯蒙第的阐述表明他不能从整体上理解再生产过程。除了从社会的观点来区分资本和收入种类的不成功尝试以外，他的再生产理论也因继承了亚当·斯密的根本错误而受损，而斯密的根本错误在于认为：个人消费会吸收全部年产物，不会留下任何价值部分以更新社会的不变资本，而且积累只包括资本化的剩余价值向可变资本的转变。如果西斯蒙第后来的批评者们，例如俄国的马克思主义者伊林（Ilyin）②，认为指出西斯蒙第在总产品分析中的根本错误就可以把他的整个积累理论看作是不充分的和没有意义的，就可以随意地把他的积累理论抹杀，那么这只能说明他们自己对西斯蒙第真正关心的问题，对他的最终问题感觉迟钝。后来，马克思的分析第一次展示了亚当·斯密的粗陋错误，他的分析非常好地证明了只注意不变资本在总产品中的等价物，是远不能解决积累问题的。这一点在西斯蒙第理论的真实发展中，得到了更为鲜明的印证，他的这些观点令他陷入了与古典学派的倡导者和普及传播者，与李嘉图、萨伊、麦卡洛克等人的激烈论战中。冲突的双方分别代表着两

① 西斯蒙第：《政治经济学新原理》，第一卷，第121页。

② 弗拉基米尔·伊里奇（列宁）：《经济学研究与论文集》，圣彼得堡，1899年。

种截然对立的观点：西斯蒙第认为积累绝无可能，另一方则主张积累无限可能。西斯蒙第和他的对手一样，在阐释再生产时忽视了不变资本，尤其是萨伊，他相信亚当·斯密的总产品等于 $v+s$ 这一混乱概念是无懈可击的教条，会永远得到保存。

依靠马克思我们知道了，除了工人和资本家的消费品（$v+s$），总产品也必须包含用于更新的生产资料；因此，积累也不仅仅包括可变资本的扩大，还包括不变资本的扩大。如同这一被充分论证的有趣的形势变化，上述认知还不足以解决积累问题。之后我们将会看到，对于再生产过程中的不变资本份额的强调，令积累理论产生了新的谬误。现在，我们已经完全可以公开地说，对斯密总资本再生产错误的顺从，与其说是西斯蒙第的一个独特弱点，还不如说是关于积累问题所引发的第一次论战的共同背景。不仅这一领域的科学研究在迂回发展，就像大的建筑物在没有确定基础之前就开始建筑高楼；这种冲突也只会导致资产阶级经济学表现出更为复杂的积累问题，甚至连简单再生产的基本问题都无法解决。无论如何，西斯蒙第对积累的批判无疑给资产阶级经济学创设了一个难题——尽管他的推理明显是无力和笨拙的，但他的对手却仍然不能胜过他。

第十一章　麦卡洛克与西斯蒙第

西斯蒙第对资本在欧洲的残酷统治所发出的有力警告，引起了三方的激烈反对，它们分别是英国的李嘉图学派、法国的萨伊，即亚当·斯密的庸俗普及者，以及圣西门学派。虽然英国的欧文深刻地意识到了工业化制度的黑暗面，特别是危机的黑暗面，在很多方面与西斯蒙第的观点完全一致，而另一位伟大的欧洲人，圣西门(St. Simon)，他曾经强调过拥抱世界的大工业扩张理念和无限制地发掘人类劳动的生产能力，他的学派因西斯蒙第的警告而烦恼。但在这里，我们感兴趣的是西斯蒙第与李嘉图学派之间的争论，这些争论产生了非常丰富的理论成果。1819 年 10 月，也就是在西斯蒙第的《政治经济学新原理》出版后不久，麦卡洛克以李嘉图的名字，看似也得到了李嘉图个人的同意，在《爱丁堡评论》上发表了一篇辩驳性的文章以反对西斯蒙第。①

① 这篇发表于《爱丁堡评论》的论文真正直接反对的是欧文，它用了 24 页篇幅尖锐攻击欧文的四篇论文，这四篇论文分别是：(1)《新社会观或人的性格的形成论》；(2)《工业制度的影响考察》；(3)《致美国和欧洲各国政府的工人阶级请愿书》；(4)《三本宣传手册与贫民雇佣的公共程序思考》。这里的“匿名者”试图用详细的证据说明欧文的改良思想完全没有触及英国无产阶级贫困的真实原因，在“匿名者”看来，真实原因是：荒地开垦的转型(李嘉图的地租理论)、谷物法和高赋税在同时压迫着农民和工厂主。于是，自由贸易和自由放任政策就成了他的全部。假设积累是无限制的，生产的所有增长都会为它自己带来需求的增长。欧文被指责为对萨伊和詹姆斯·穆勒(James

1820年，西斯蒙第在罗西（Rossi）的《德法年鉴》中以一篇名为“消费能力真的会伴随生产能力而增加吗？一个研究”的文章进行了回击。[①]

在这次回击中，西斯蒙第[②]自己表示他的论辩产生于商业危机的影响：“我们两人都在探寻事实的真相，这是当前条件下最重要的事情；它也可以被看作经济学的基础。普遍的苦难已经明显出现在贸易中，出现在工业界，当然还出现在很多国家，甚至出现在农业中。这样漫长与特别的痛苦已经给无数家庭带去不幸，不安与依赖感则充斥每个人的心头，直到它威胁社会秩序的基础。对于造成这样骚乱的苦难，已有两种不同的解释。有些人说我们已经生产得太多，另外一些人却说我们生产得还不够；前者说：“这里不会有任何的均衡、和平与繁荣，直到我们消费完所有滞销于市场的剩余商品，直到我们在未来能根据购买者的需求组织生产。”后者则说：“只要我们付出双倍的努力去积累和生产，就会出现一个新的均衡点；不要相信市场存在过剩，那是错的。我们只有一半的仓库是满的，让我们把另一半也填满吧！这些新财富的相互交易会重振我们的

Mill）一无所知——“欧文先生的推论和计划都表明他自己完全不了解生产和财富分配的规则。”——这位作者从欧文谈到西斯蒙第，并且提出了下列论点：“他（欧文）认为，当竞争没有任何人为管制的约束，工业也以其自然形态任意发展，机器的使用使几种财富物品供过于求，并通过商品过剩让工人阶级失业。这种我们认为是根本错误的观点，却被著名的西斯蒙第在他的《政治经济学新原理》中强烈支持。在此我们必须恳请各位读者的原宥，请让我们指出这种观点的错误，并证明必要的消费能力将伴随着生产能力的每次增长而增长。”（《爱丁堡评论》，1819年10月，第470页）

① 虽然我们无法找到罗西的《年鉴》，但那篇文章整体被收录入西斯蒙第的《政治经济学新原理》的第二版。

② 在写作时，西斯蒙第并不知道《爱丁堡评论》中的匿名作者的身份。

商业。”①

西斯蒙第以这种无比透彻的方式，明确和强调了这一论战的真实症结。麦卡洛克的整个立场实际支持或包含着这样的观点，即交换其实是商品之间的交换，因此每个商品不仅代表供给，还代表着需求。于是就有了如下的论述：

“需求和供给是真正相关和可转变的术语。一种商品的供给构成了另一种商品的需求。因此，当一定数量的制造品被用于交换一定的农产品，而且这些制造品的生产成本等于农产品的价值时，就会出现对一定数量的农产品的需求；反过来，只有当需要同样费用的农产品作为制造品的等价物出现时，才会有对制造品的需求。”②

李嘉图学派的策略很明白，即他们选择忽视货币的流通，假装商品直接被商品所购买和支付。我们因此被突然从高度发达的资本主义生产条件，转移到一个今天仍在中非流行的原始的物物交换阶段。由于货币只发挥着部分代理人的功能，在商品的简单流通中，这个戏法尚还有一点真实成分存在。但是，正因为代理人的介入，才分离了流通中的两个交易行为，销售和购买，并使它们在时间和地点上相互独立。这就是为什么进一步的购买无须紧跟着一件物品的销售；其次，销售和购买也绝不会限于同一个人；事实上，只有在一些罕见和例外的情况下，销售与购买才会由同一个人执行。但麦卡洛克却以购买者与销售者、农业与制造业的对立，形成了一个没有基础的假设。这些范畴，作为全部交换范畴的广泛性，掩盖了产生无数私人交易行为的社会分工的真实划分，而在这些私

① 西斯蒙第：《政治经济学新原理》，第二卷，第376—378页。

② 麦卡洛克：《爱丁堡评论》，第470页。

人交易行为中，两个商品的销售和购买极少是同一件事情。总的说来，麦卡洛克简化的商品交换概念，直接将商品转化为货币并假装商品能被直接交换，令货币的经济意义，即货币的历史面貌变得不被理解。

可惜西斯蒙第的回答非常笨拙。为了说明麦卡洛克对商品交换的解释不适合资本主义生产，他以莱比锡书市为例。①

“在莱比锡书市中，书商来自德国各地，每个书商都有着四至五本自家的著作，每本著作的数量都在480到600册之间；这些书都是用于和其他人交换，每位书商最后会带着2,400册书回去，正如他带了2,400册书来一样，但这些书最后却是完全不同的，他带去的只有4种，而带回家的却有200种。对于李嘉图的信徒而言，这就是需求和生产之间的相关与可转化；一个人向另一方购买，一方向另一方支付，一方是另一方的结果。但对于我们而言，书商和公众的需求与消费甚至还没开始。因为一本很差的书即便已经在莱比锡换手，但依然会卖不出去（这是西斯蒙第的一个严重错误），它会一直杂乱地堆在书商的货架上，没有一个人想要它，或者人人都已经有了一本。在莱比锡所交换的那些书，只有在书商们找到了那个不仅想要它而且愿意做出牺牲将它从流通中收回的那个人时，才算实现了销售。他们只有这样，才构成了有效需求。”②

① 顺便说一句，作为资本主义世界的缩影，西斯蒙第的莱比锡书市在55年后又在尤金·杜林（Eugen Duehring）的“体系”中重现。恩格斯在他对杜林这位不幸的“全能的天才”的强大批判中，以此说明杜林试图以想象的莱比锡书市阐明真正的工业危机，就犹如用一个茶杯里的水花来形容大海里的风浪一样，展示了他自己的“地道德国文人”面目。但正如恩格斯所披露的很多例证一样，杜林这位伟大的思想家根本是在偷偷地借鉴别人的东西。

② 西斯蒙第：《政治经济学新原理》，第二卷，第381—382页。

尽管这个例子非常简单，但也清晰地展示了西斯蒙第并没有被他的反对者引入歧途，他知道自己在说什么。

之后麦卡洛克试着从抽象的商品交换转向具体的社会条件中。“为了说明的缘故，假设一个农场主为 100 位工人预付了衣食，而这些工人能为他生产 200 人的食品；同时也有一位制造商为 100 位工人预付了衣食，而这些工人能为他生产 200 人的衣物。然后这位农场主在扣除了自己工人的食品以外，还有 100 个人的食品可以处理；而制造商在扣除了自己工人的衣物以外，还可以将 100 人的衣物带去市场。在这种情况下，这两种物品会相互交换，食品的供给构成了衣物的需求，而衣物的供给也构成了食品的需求。”[1]

在这个假设中我们比较钦佩的是，阐述者颠倒一切真实关系的设想的荒谬，及其以前提假设为论证结果的无耻态度。为了证明永远有可能产生对各种物品的无尽需求，麦卡洛克为他的例子选择了两种属于每个人都有着最为基本和迫切需要的商品：食品和衣物。为了证明商品可以在任何时间被交换，且无须考虑社会的需要，他为自己的例子选择了两种从一开始就在数量上与这些要求高度吻合，且对于社会而言不存在剩余的产品。虽然他把社会需要的这一数量称为过剩——即按照生产者对自己产品的个人需要进行测量，结果必然是可以极好地证明：任何数量的商品“剩余”都可以与其他商品的相应“剩余”进行交换。最后，为了证明私人生产的不同商品也可以被交换，尽管这些商品的数量、生产成本和社会意义必然存在差异，他为他的例子选择了在数量、生产成本和一般的社会

① 麦卡洛克：《爱丁堡评论》，第 470 页。

必要性上从一开始就恰好相同的商品。总之，为了证明在一个没有计划的私人经济中不可能发生危机，麦卡洛克想象出一个有计划的、被严格管控的无任何过剩的生产。

但精明的麦卡洛克的主要笑话还在别的地方。在争论中的问题是积累问题。西斯蒙第被下列问题所困扰，而他又以这个问题令李嘉图及其追随者苦恼：如果部分的剩余价值可以被资本化，即用于扩大超过社会收入的生产，而不是被资本家私人消费，那么我们到哪里去寻找剩余商品的购买者呢？什么将成为被资本化的剩余价值？谁会来购买那些隐藏着被资本化剩余价值的商品呢？这是西斯蒙第的问题。而李嘉图学派的追随者、该学派在伦敦大学的首席官方代表、当时英国自由党的部长以及伦敦市的权威，伟大的麦卡洛克先生却通过建构一个无论如何都不会有剩余价值产生的例子来回应。他的"资本家们"以慈善的名义在农业和工业中辛苦劳作，全部的社会产品包括"剩余"部分都只能满足为了工资的工人们的需求，而"农场主"和"制造商"无须衣食只负责生产和交换。

现在，理应对此不耐烦的西斯蒙第宣称："我们一找出是什么构成了超过工人消费的剩余产品，就不会从构成劳动的适当利润和雇主的合理份额的剩余上抽身离去。"[①]

麦卡洛克的唯一反应就是把他的愚蠢观点乘以一千。他要求读者假设有"1,000 个农场主"和"1,000 名制造商"，他们中的每个都坦诚无私，勤勉努力。然后，交换的过程如所预期的那样进展顺利。最后，他把劳动生产率提高为两倍，因为"有更多娴熟的工人

① 西斯蒙第：《政治经济学新原理》，第二卷，第 384 页。

和机器被用于生产，因此1,000名农民中的每个人，都通过为100位工人预付衣食，获得了供应200人的寻常食品以及在生产成本上等同于食品的糖、葡萄、烟草等”，而每位制造商也通过相似的程序，获得了所有工人先前的衣物数量之外的“丝带、麻布、花边，它们在生产成本和可交换的价值上等于衣物”。[①] 在完全颠倒了时间顺序之后，就变成了首先是私人财产以工资劳动存在，再就是其后的劳动生产率水平决定剥削的可能，现在他假设劳动生产率在各个领域都以同样的速度发展，各个工业部门的剩余产品恰好包含同样的价值，并恰好在同样数量的人之间以分配。当这些各式各样的剩余产品都在与另一个进行交换时，交换进展顺利并完全满足了每个人的需要又有什么奇怪呢？麦卡洛克的荒谬之一还在于，他使得过去以空气为生、光着身子施展自己专业才能的资本家，现在只以糖、烟草和酒为生，只以丝带、麻布和花边来装扮自己。

但最可笑的还是他为了逃避真正的问题，而完全改变态度。对于资本家的剩余问题，即这些剩余没有被用于资本家的个人消费而是用于扩大生产，麦卡洛克一方面通过忽略所有的剩余价值的生产，另一方面通过使用所有的剩余价值生产奢侈品来处理。那么，谁是购买者，他为这些新的奢侈品提供预付了吗？资本家明显是；由于麦卡洛克的模型里只有工人，所以农场主和制造商被排除在外。于是，所有的剩余价值都被用于满足资本家个人需要的消费，也就是发生了简单再生产。对于麦卡洛克，资本主义剩余价值的问题的答案是，要么忽略所有的剩余价值，要么在剩余价值产生时，

① 麦卡洛克:《爱丁堡评论》，第471页。

就假设简单再生产以替代积累。他使用了一个诡计来假装他仍然在讨论扩大再生产，正如他以前假装要解决“剩余”一样，即他首先提出一个不可能的资本主义生产种类，而这种生产没有任何剩余价值，然后劝说读者相信，后来出现的剩余价值构成了生产的扩大。

西斯蒙第并不满意这些苏格兰把戏。他过去而且现在都在持续地压制麦卡洛克，证明他“显然很荒谬”；但是现在，西斯蒙第自己都对所讨论问题的关键点产生了困惑。对于他的对手的上述夸夸其谈，他早就应该冷静地回答：先生，基于您思想上的变幻，您在回避这个问题。我一直在问，如果资本家不是把剩余产品滥用掉，而是利用它们来进行积累，也就是扩大再生产，谁会来购买这些剩余产品呢？而您的回答是：噢，是的，他们会扩大自己的奢侈品的生产，这是当然的，他们会自己消费掉这些奢侈品。可这种回答就像是在变戏法，因为只要资本家把剩余价值花在奢侈品上，他们就是在消费剩余价值——根本没有积累。我的问题是关于积累的可能性，而不是资本家的个人奢侈品的消费的可能性。如果您知道，就请明白地回答这个问题；否则，您就去玩您的酒和烟草；或者走开，我根本不在乎。

但西斯蒙第不是继续对这位庸俗论者施压，而是突然用情感和社会良知来进行教化。他呼喊道：“谁的需求？谁的满意？是雇主的，还是乡村或城市的工人？根据这个新概念（即麦卡洛克的观点），是有剩余产品，它们是从劳动那里获得的收益，但是，谁又能得到它？”[①] 然后以下列充满激情的文字给出自己的答案：“但我们

① 西斯蒙第：《政治经济学新原理》，第二卷，第394—395页。

了解得很清楚，商业的历史也已经完全地告诉了我们，工人并没有从日益增加的产品和劳动中获益，他的工资没有增加一点。李嘉图自己以前也说过，除非你想让社会财富停止增长，否则就不应该这样。不幸的经历还告诉我们，事实正好相反，工资几乎永远因这一增长而缩水。那么，财富积累本身又在哪里让人感知它的公共利益呢？我们的作者假设有 1,000 个农场主获利，就会有 100,000 名工人在辛勤劳作；有 1,000 名制造商变富，就会有 100,000 名工匠在服从他们的指挥。不管积累能带来多少好处，但轻浮的奢侈品享乐只有一个国家的百分之一的人口能感受。这一享受了整个工人阶级所生产的全部剩余产品的百分之一，对于一个因机器和资本的进展而无阻碍增长的生产而言，是否合适呢？在这个作者的假设下，国家的产品每次都会翻倍地增长，那么农场主和工厂主则必须 100 倍地增加他们的消费；如果是诸多机器的发明令当前的国家财富比以往增长了 100 倍——只计算生产成本，那么每个雇主今天所要消费的，就足以养活 10,000 名工人。”①

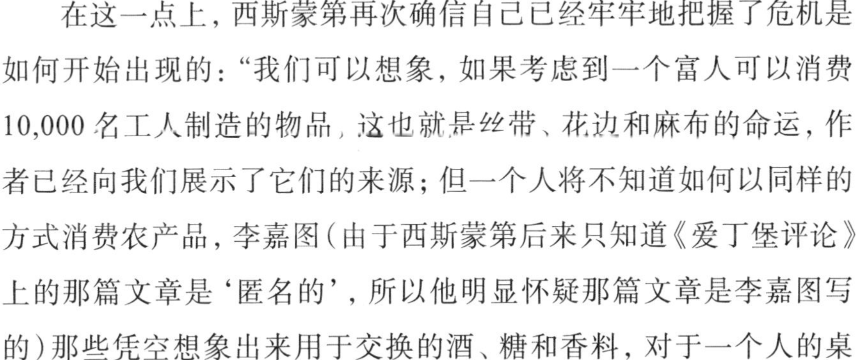

在这一点上，西斯蒙第再次确信自己已经牢牢地把握了危机是如何开始出现的：“我们可以想象，如果考虑到一个富人可以消费 10,000 名工人制造的物品，这也就是丝带、花边和麻布的命运，作者已经向我们展示了它们的来源；但一个人将不知道如何以同样的方式消费农产品，李嘉图（由于西斯蒙第后来只知道《爱丁堡评论》上的那篇文章是‘匿名的’，所以他明显怀疑那篇文章是李嘉图写的）那些凭空想象出来用于交换的酒、糖和香料，对于一个人的桌

① 西斯蒙第：《政治经济学新原理》，第二卷，第 396—397 页。

子而言实在是太多。而他们不会出售这些东西，否则农业和工业产品之间的严格比例，显然也是作者整个体系的基础，将无法维持。"[1]

我们看到，西斯蒙第就这样掉进了麦卡洛克的圈套。他不是放弃回答那个以奢侈品生产替代积累的问题，而是跟着对手步入了这个领域，却没有注意到立足的基础已经发生了改变。在此，他发现了两个可用于批判的理由。首先，他对麦卡洛克让资本家而不是工人从剩余价值中获益，有一个道德上的反对，并且误入了资本主义制度下的分配问题的辩论。但经过这一离题，他又以下面的陈述突然回归最初的问题：资本家消费了所有以奢侈品形态存在的剩余价值。即便如此，是否有人可伴随着劳动生产率的进步所带来的剩余价值的增加而迅速、无限地提升自己的消费？在第二个例子中，西斯蒙第自己放弃了自己的问题。他没有意识到是除了工人和资本家之外的消费者的匮乏导致了资本主义积累的困难，因为资本家的消费能力的生理限制而在简单再生产中发现了障碍。由于资本家对奢侈品的吸收能力跟不上劳动生产率的提高，即跟不上剩余价值的增长，因而就必然会产生危机和生产过剩。我们以前曾在《政治经济学新原理》中看到过这样的思想线索——由此可知西斯蒙第自己对于这个问题也一直在犯迷糊。可这也并不奇怪，因为一个人只有在完全把握了简单再生产的问题后，才能真正地理解整个积累的问题，而我们已经看到西斯蒙第在这方面出了多少错误。

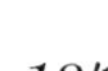

尽管如此，西斯蒙第在与古典学派的继承者的首次交锋中，证明了自己并未败北；相反，他最终击败了对手。如果说西斯蒙第完

---

① 西斯蒙第：《政治经济学新原理》，第二卷，第 397—398 页。

全与亚当·斯密的教条保持一致，误解了社会再生产的最基本原理，忽略了不变资本，可在这方面，他至少不比他的对手更差。对于麦卡洛克，根本就不存在不变资本，他的农场主和制造商只为工人预付了衣物和食品，而他们之间的衣物和食品就构成了社会总产品。尽管两个人所犯的基本错误一样，但西斯蒙第比麦卡洛克略胜一筹的地方在于，他直觉地意识到了资本主义生产方式中的矛盾。最后，李嘉图们无法回答西斯蒙第所怀疑的剩余价值实现的可能性问题。面对那些自以为是的和谐论的传播者和辩护者，面对那些否认有“任何超出需求的剩余生产、任何市场饱和、任何苦难”的人，西斯蒙第抛出了诺丁汉无产阶级痛苦的哭泣；他证明了机器的引入必须会创造“极其充沛的人口”；特别在最后，西斯蒙第还强调了资本主义世界市场的一般倾向与内在矛盾。这一切，都显示出西斯蒙第的分析更为透彻深入。麦卡洛克直接否认了一般生产过剩的可能，对于每一个局部的生产过剩，他都有独特的妙招应对：

“有人可能会反对，商品需求的增长原则上应与其供给的增长速度保持一致，但这并不能说明因过度交易带来的商品供过于求和滞销。我们的答案非常简单——商品的供过于求不过是某一特定种类的商品供给的增加，未能与其他商品供给的相应增长匹配，而这些商品本应是它们的等价物。当我们的 1,000 位农场主和 1,000 名制造商正在交换他们各自的剩余商品，相互地为对方提供市场时，如果有 1,000 位新的资本家要加入他们的社会，各自雇用 100 名工人进行耕种，这里即刻就会出现一个农业生产上的供大于求……因为在这种情况下，原应购买农产品的制造业物品的供给，并没有出现同步的增长，但如果我们让一半的新资本家成为制造商，这样加工物品形态的等价物就会被制造出来，以对应另一半资本家所生产的新产品：均衡就会被恢复，1,500位农场主和1,500名制造商就可以像之前的1,000位农场主和1,000名制造商一样便利地交换他们各自的产品。”①

以自己目击的真实变革，西斯蒙第回答了这个在一团混沌中“极其简单”地冒出来的滑稽论述：“野蛮的国家也可能这样被开发，政治革命、财政制度的变革以及和平，一起把货船驶向落后的农业国家的港口，而它们运去的几乎等于这些国家的全部农业收成。最近俄罗斯在黑海沿岸的领土扩张，埃及政府系统的变革以及巴巴里地区对海盗的打击，都突然把敖德萨(Odessa)、亚历山大港(Alexandria)和突尼斯的谷仓倾卸到了意大利的港口，市场上出现的谷物数量之多，已经令海岸沿线的农场主的交易大大受损。同样，欧洲的其他地区也因一个类似的变革而不安全，这个变革由在密西西比河两岸的广袤新土地上进行同样的开垦而引起，这片土地所生产的全部农产品都用于出口。如果不是食品的价格对于出口而言太过昂贵，但至少木材和其他农产品比较易于运输，即便是新荷兰地区的影响，有一天也会成为毁灭英国工业的根源。”②

对于南欧这样的农业危机，麦卡洛克会有什么样的建议呢？前面已经谈到他的建议，即一半的新农场主应该进入制造业。于是西斯蒙第反驳道：“这样的建议并不能真正地适用于克里米亚(Crimea)的鞑靼人或埃及的农夫。”他补充道：“在海外或新荷兰地

① 麦卡洛克：《爱丁堡评论》，第471—472页。

② 西斯蒙第：《政治经济学新原理》，第二卷，第400—401页。

区建立新的产业的时机尚未成熟。”①

西斯蒙第敏锐地认识到海外地区的工业化只是一个时间问题，同时他也意识到世界市场的扩大并不会带来问题的解决之道，反而会加大问题的难度，产生更严重的危机。他对资本扩张倾向的预测是竞争将会更加激烈，生产本身的秩序愈加混乱。确实，在他把资本主义的生产趋势准确地描述为突破市场的所有限制的地方，他就指出了危机产生的根源。在对麦卡洛克的答复最后，他说道：“有人一再声称均衡会自动生成，工作会再次开始，然而每个单一的需求每次都会提供一个超越贸易真正需要的动力，而这种新的活动必然被快速地伴以一个更加痛苦的市场饱和。”②

对于这样一个深刻把握资本运动真正矛盾的见解，说着言不由衷的和谐，带着1,000位装饰着缎带大跳乡村舞的农场主和1,000名酗酒的制造商的伦敦大学委员会的庸俗论者，是无法找到有意义的答案的。

① 西斯蒙第：《政治经济学新原理》，第二卷，第401页。

② 同上书，第405—406页。

第十二章　李嘉图与西斯蒙第

对于西斯蒙第的理论辩驳，麦卡洛克的回应明显没有将问题解决到李嘉图满意的程度。不像被马克思称为精明的“苏格兰大骗子”的麦卡洛克，李嘉图确实想发现真相并始终保留着一个伟大思想家的真诚和谦逊。[①] 西斯蒙第与李嘉图及其学生之间的论战给李嘉图留下了深刻的印象，这可以从李嘉图对机器影响问题所采取的修正方法中得到证实，而机器影响问题正是西斯蒙第以资本主义的邪恶面貌来攻击古典学派的和谐论、获得自己永恒功绩的关键所在。李嘉图的追随者们曾经发展出这样的教条，即机器永远能创造出与其所替代的活劳动一样多甚至更多的工资劳动机会。这种所谓的补偿理论，遭到了西斯蒙第在“论劳动分工与机器”[②] 这一章节以及另一个明显冠以“机器创造剩余人口”[③] 这样标题的章节中的严厉抨击，这两个章节都出于1819年出版的《政治经济学新原理》，

① 1819年他入选国会就是一个典型的例子，当时他已经因自己的经济学著作而享有盛誉，在给一个朋友的信中，李嘉图写道：“你将看到我已经成为议会下院的一员。我担心我在这儿毫无用处。我已经有两次试着做演讲，但都进行得非常尴尬，我是没有希望克服那种被自己的声音吓到的那种恐慌了。”（《李嘉图致麦卡洛克的信》，纽约，1895年，第23—24页）这样的感受对于夸夸其谈的麦卡洛克而言是无法体会的。

② 西斯蒙第：《政治经济学新原理》，第四卷，第七章。

③ 同上书，第七卷，第七章。

比李嘉图的主要著作晚了两年。在 1821 年，也就是麦卡洛克–西斯蒙第之争后，李嘉图在他的第三版《政治经济学及赋税原理》中插入了一个新的章节，在这里他坦率地承认了自己的错误并且说是在西斯蒙第的压力之下："工人阶级认为机器的使用经常损害他们的利益。这个观点不是建立在偏见和错误上，而是符合政治经济学的正确原理的。"①

他和西斯蒙第一样，不得不捍卫自己以免被怀疑为反对技术进步，但他不是非常坚决而是以逃避的方式妥协地声称邪恶只是逐渐出现的："为了阐明这个原理，我一直假设被改进的机器是突然被发现并得到广泛使用的；但事实是这些发现都是渐进的，它们不是运作于资本实际使用过程中的转移，而是用于决定资本是被储蓄还是积累。"②

而危机和积累问题也都一直在困扰着李嘉图。在 1823 年，他生命中的最后一年，为了能与西斯蒙第面对面地讨论这个问题，他在日内瓦住了几天。这些讨论结果被记入西斯蒙第的《论消费和生产的平衡》一文，出版在 1824 年 5 月的《百科杂志》中。③

在李嘉图的《政治经济学及赋税原理》中，他已经在关键点上

① 李嘉图：《政治经济学及赋税原理》（第三版，伦敦，1821 年），第 474 页。

② 同上书，第 478 页。

③ 这篇文章《论消费和生产的平衡》被收录入西斯蒙第的《政治经济学新原理》第二版，第二卷，第 408 页。西斯蒙第告诉了我们这次讨论的情况："李嘉图先生的离世，不仅让他的朋友和家人深感哀恸，也给所有被他的才华启迪、被他的豪情鼓舞的人们带去巨大的悲伤。在他生命的最后一年，他曾经在日内瓦停留了几天，我们在一起开了两三次会讨论我们之间存在分歧的根本问题。就这次讨论，他表现出了与众不同的文雅、真诚以及对真理的热爱，他的门徒都不曾听到过他如此清晰的分析，尽管他们可能已经习惯了他在教室里要求抽象思考的努力。"

完全接受了萨伊陈旧的生产与消费关系的和谐理论。在第二十一章中，他宣称："而萨伊先生极为令人满意地展示了，因为需求只被生产所限制，所以在一个国家中不存在任何资本没有被使用。除非为了消费或出售，没有人会生产；除非有购买其他商品的打算，而这些商品可能直接对他有用或对未来的生产有用，他也不会出售。因此，他必然成为自己物品的消费者，或他人物品的购买者和消费者。"①

对于李嘉图的这一观点，西斯蒙第在自己的《政治经济学新原理》中提出了强有力的挑战，他们之间的争端也总体取决于这一点。李嘉图不能再否认那些曾经而不是现在发生于英国和其他一些国家的危机，双方争论的问题是如何解释它们。从他们的争论伊始，西斯蒙第和李嘉图就都赞同把对外贸易问题排除在外这一极其清晰和确切的问题表述方法。西斯蒙第掌握了对外贸易对资本主义生产及其扩张需求的重要性和必要性。在这一点上，他与李嘉图这些自由贸易者是一致的，而且他关于资本的扩张主义需求的辩证观远远胜过那些自由贸易者。他完全承认，工业"将被日益引导着向外国市场寻找销路，而它在当地又会被更大的革命所威胁"。②正如我们所看到的，他预言了欧洲工业在海外国家的竞争危险加剧，这可是1820年间最值得推崇的成就，揭示了西斯蒙第对资本主义世界经济关系的深刻理解。但即便如此，西斯蒙第也只是把对外贸易看作唯一的解救手段，他其实还远远没有意识到剩余价值的实现

① 李嘉图：《政治经济学及赋税原理》，第339页。

② 西斯蒙第：《政治经济学新原理》，第二卷，第424页。

问题，即积累问题，尽管后来有些评论家将此归功于他。相反，西斯蒙第在第一卷的第六章就明确表示[①]：为了让这些预测有更大的确定性和简化这些问题，迄今为止我们已经完全从对外贸易中抽离出来，并且假定了一个孤立的国家；这个孤立的国家就是人类社会本身，凡是适用于一个没有对外贸易的国家的，也适用于人类。

换句话说，即考虑到整个世界市场是一个完全按照资本主义方式生产的社会，西斯蒙第的问题所依据的前提，与他之后的马克思一样；而且这也是他与李嘉图一致的一个基础。“从这一困扰我们的问题出发，我们每个人都排除了这样一种情况，即一个国家销售给国外的多于它需要在国外购买的，也就是为它日益增长的国内生产掌控了一个持续增长的外部市场。在任何情况下，我们都不能决定战争或政治机遇能否为一个国家带来新的消费者——需要证明的是一个国家可否只通过增加自己的生产，为自己创造这些新的消费者。”[②]

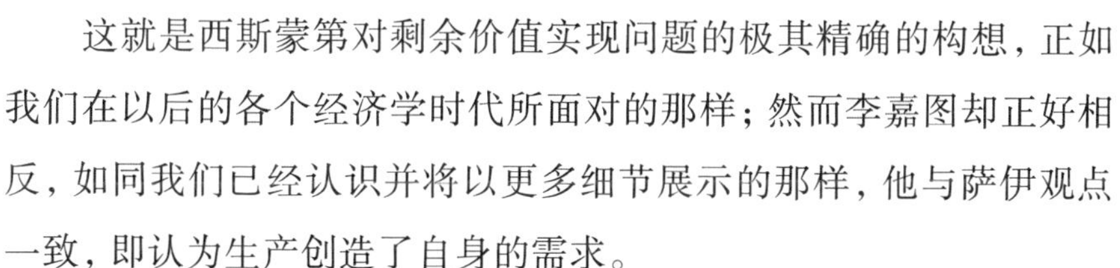

这就是西斯蒙第对剩余价值实现问题的极其精确的构想，正如我们在以后的各个经济学时代所面对的那样；然而李嘉图却正好相反，如同我们已经认识并将以更多细节展示的那样，他与萨伊观点一致，即认为生产创造了自身的需求。

在与西斯蒙第的论战中，李嘉图的论点表述如下：“假设有100名工人生产了1,000袋谷物，100名织工生产了1,000码的毛呢。让我们并不考虑其他对人有用的产品和它们之间的所有中介，只考

① 西斯蒙第：《政治经济学新原理》，第一卷，第六章“论商人的财富依存于收入的增加”，第115页。

② 西斯蒙第：《政治经济学新原理》，第二卷，第412页。

虑他们独自存在于这个世界。他们将用1,000码毛呢与1,000袋谷物进行交换。假设因为工业的持续进步，劳动生产率提高了十分之一，同样的人会用1,100码毛呢与1,100袋谷物进行交换，每个人都会得到更好的衣物和食品；新的进步将会使他们用1,200码毛呢交换1,200袋谷物，依此类推。产品的增加永远只是让那些生产者得到更多的享受。”①

必须遗憾地说，伟大的李嘉图的推理水平，甚至低于苏格兰大骗子麦卡洛克。我们又一次被邀请来目睹码和袋之间的和谐且优雅的乡村舞——这一需要被证实的比例，再一次被视为理所当然。而且，这一问题的所有相关前提都被简单排除。真正的问题——你可以回想起，论战的主题是这样一个问题：如果资本家生产出更多的产品，这些产品超过了其自身的需要和他们的工人的消费，形成了剩余产品，那么谁来购买和消费这些剩余产品呢？也就是说，他们资本化他们的部分剩余价值，用于扩大生产、增加他们的资本，谁会来购买这些新增加的产品呢？李嘉图的回答完全忽视了资本的增加。他所描绘的各个生产阶段的图景都只有劳动生产率的逐步提高。按照他的假设，同样数量的工人首先生产1,000袋谷物和1,000码毛呢，然后是1,100袋谷物和1,100码毛呢，再就是1,200袋谷物和1,200码毛呢，以此类推，沿着一条优美的曲线逐步上升。两边如行军般统一前进，甚至连用来交换的对象的数目都是一致的，这样的景象很令人乏味，而且在这个模型的任何地方都不曾提到资本的扩张。在这里，我们没有扩大再生产，只有一个使用价值

① 西斯蒙第：《政治经济学新原理》，第二卷，第416页。

的数量变大的简单再生产，而社会总产品的价值没有任何增长。既然只有价值的数量，而不是使用价值的数量与交换行为相关，而且在这个例子中，价值的数量保持不变，由此可见，李嘉图没有做任何实际的改进，尽管他看似在分析生产的发展扩大。最后，他完全无视再生产的相关范畴。尽管麦卡洛克一开始让资本家的生产没有任何剩余价值并且生活在空气中，但他至少意识到了工人的存在，提供食物供他们消费；而李嘉图甚至没有提到过工人，对他而言，根本不存在可变资本与剩余价值之间的区别。除了这一主要缺失，他还像他的门徒一样，在一些小的方面也有遗漏，例如他没有注意到不变资本。他希望解决剩余价值的实现和资本扩大的问题，却在一定数量的相互交换的商品之外，没有假定其他任何东西。

西斯蒙第没有看出场地已经完全被改变的事实，还依然忠实地想把他著名的客人与对手从幻想中带回现实，来分析他们之间的无形矛盾，他哀怨地说，这些假设“就像德国的形而上学，完全抽离了时空”。[①] 他把李嘉图的假设转嫁到了“社会中的真实组织，有着这样的无产工人，他们的工资因竞争而保持不变，而且一旦他们的工作不再被雇主需要，就会被立即解雇”，西斯蒙第敏锐且谦虚地说：“我们的异议跟这种社会组织相关。”[②]

他揭露了很多资本主义条件下，与劳动生产率的进步密切相关的困难和冲突，并从社会的角度展示了李嘉图所假设的劳动技术的改变将导致下列两种结果之一：或是相对于劳动生产率的提高，一

① 西斯蒙第：《政治经济学新原理》，第二卷，第 424 页。

② 同上书，第 417 页。

定数量的工人不得不被解雇，这样一方面会有剩余产品，另一方面却出现失业和痛苦——这正是当今社会的真实写照；或是剩余产品将用于维持一些工人的生存，而这些工人来自新的生产领域，即奢侈品的生产。在这里，西斯蒙第毋庸置疑地证明了自己的优胜：他突然回忆起固定资本的存在，并对英国古典学派发起正面的攻击。

“为了建立一个新的制造奢侈品的产业，也必须要有新的资本，机器必须被建造，原材料被购置，远处的商业必须被运作，因为富人很少满足于享用即刻就出现在面前的东西。那么，我们能在哪里找到这些新资本呢？而且这些资本可能比农业所需要的资本还要多得多……我们的奢侈品生产工人还远不能吃到雇工们生产的谷物，穿上普通工厂制造的衣服；他们还没有被变成工人，他们甚至都不能被出生，他们的贸易不存在，他们要加工的原料还没有从印度运来。所有要从他们那里分配面包的人，都只能徒劳地等待。”[①]

现在，西斯蒙第不仅在奢侈品的生产中，而且在农业生产中都开始考虑不变资本，并进一步针对李嘉图提出异议：“我们必须要抽离时间，如果我们假设一个农场主，因为一个机械或农业上的发明，他的工人的生产能力被提高了三倍，他也找到了充足的资本以将他的剥削率、他的农具、他的装备、他的牲畜、他的粮仓提高三倍，即将他的流动资本增加三倍，在等待他的收获的时候，这些流动资本就必须服务于他。”[②]

在这个意义上，西斯蒙第与古典学派的一个迷信决裂了，这个迷信是随着资本的扩张，所有新增的资本都只会用于工资，即可变

① 西斯蒙第：《政治经济学新原理》，第二卷，第425—426页。

② 同上书，第429页。

资本。他明确反对李嘉图的理论——但这并未防止他允许由这一理论所衍生的所有错误在三年后再次潜入他的第二版《政治经济学新原理》。在反对李嘉图轻率的和谐论中，西斯蒙第强调了两个决定性的要点：一方面，扩大再生产过程中的客观困难，在资本主义现实中的运作，绝不像它在李嘉图的荒谬假设中那样顺畅；另一方面，资本主义条件下所获得的任何社会劳动生产率的技术进步，都永远以工人阶级的牺牲为代价，即用他们的苦难换得。西斯蒙第还在第三个要点上展示了自己优于李嘉图的地方，即他具有辩证法的广阔视野，不同于李嘉图的迟钝狭隘思想，这种思想无法领悟资产阶级经济之外的任何社会形态。

"我们的眼睛，"他说道，"已经习惯了这一新的社会组织，这种广泛的竞争，堕化为富人与工人阶级之间的敌意，除了围绕在我们周边的覆灭，我们想象不出任何其他的存在模式。他们认为可以用以前的制度的罪恶来打击我，以证明我的荒谬。确实，低等阶级的制度安排已经接连出现了两三种；但这也没有什么好遗憾的，既然它们是在首先产生了一些福利后给人类带来了可怕的灾难，那么我们可以从中得出结论说我们现在已经进入了一个正确的制度吗？我们可以得出结论说，我们无法像对待奴隶制、采邑制、行会制那样发现工资劳动制度的根深蒂固的罪恶吗？毫无疑问，这样的一个时代将会来到，当我们的子孙谴责我们是野蛮人，因为我们让工人阶级没有保障，正如我们已经把那些将同样的阶级变为奴隶的民族斥责为野蛮人一样，我们的子孙也会这么做。"[①]

① 西斯蒙第：《政治经济学新原理》，第二卷，第434—435页。

西斯蒙第的陈述，概括了现代社会中的无产阶级与古罗马社会中的无产阶级所承担的角色差异，展现了他对历史关系的深刻洞察。在他与李嘉图的论战中，当分析到奴隶制与封建制的具体经济特征及其相关的历史意义时，当他最后强调资产阶级经济的主要普遍趋势是“令各种财产与各种劳动完全分离”时，他表现出了同样的洞察力。

西斯蒙第与古典学派之间的第二回合的论战，如同第一回合一样，没有给西斯蒙第的对手们带来任何荣光。[①]

① 而拥护萨伊-李嘉图的杜冈-巴拉诺夫斯基却告诉我们，关于西斯蒙第与李嘉图之间的论战（《英格兰的商业危机历史与理论研究》，第 176 页），是西斯蒙第被迫“承认他所攻击的理论是正确的，他的对手的一切都是必要的”；西斯蒙第自己“放弃了自己的理论，而这理论依然还有很多拥护者”；“这一论战的胜利属于李嘉图”。这种说法明显缺乏辨别力——说得婉转些，从未在一个严肃的有着科学要求的著作中，见过如此缺乏辨别力的表述。

第十三章　萨伊与西斯蒙第

西斯蒙第那篇发表在 1824 年 5 月的《百科杂志》上，反对李嘉图的文章，是对萨伊的最后一个挑战。当时，萨伊是公认的“经济科学的王子”，并被称为亚当·斯密学派在欧洲大陆的代表人、继承人和普及者。在他写给马尔萨斯的信中，就已经提出了一些反驳西斯蒙第的观点，并在同年七月的《百科杂志》上发表了一篇名为“消费与生产的平衡”的批驳论文。对于这篇论文，西斯蒙第发表了一篇简短的回复。这样，西斯蒙第论战的时间顺序，恰好与他所反对理论的产生顺序相反，因为首先是萨伊，把他天才般建立的生产与消费平衡理论传播给李嘉图，而李嘉图又把它传给麦卡洛克。事实上，早在 1803 年，萨伊就在他的《政治经济学概论》第一编的第十二章中，写出下列断然的陈述：“……产品总是被其他产品支付。如果一个国家拥有的某种物品过多，那么，销售它们的办法就是生产另一种物品。”[①]

在这里，我们又遇到了非常熟悉的魔术大法，这个魔术大法被

① “货币在双重交换中，仅仅完成了中介的任务。交换终结时，产品总是被其他产品支付。如果一个国家拥有的某种物品过多，那么，销售它们的办法就是生产另一种物品。”（萨伊：《政治经济学概论》，巴黎，1803 年，第一卷，第 154 页）

李嘉图学派和庸俗经济学派一同接受为和谐论的奠基石。[①]

基本上，西斯蒙第的主要著作就是对这个理论的持续论辩。在这个阶段，萨伊突然在《百科杂志》中完全改变了攻击的方向：

"……可能会有人反驳说，因为人类的智慧，因为他可以从自然和技术所提供的工具中获得利益，每个人类社会都能生产出一切适合于满足它的需要、增加它的娱乐的东西，它生产的数量要远远多于它自身的消费。但我要问，我们怎么可能知道一个国家被提供了一切，即便是在被列为繁荣的国家，依然有十分之七的人口缺乏大量被视为必需的物品……我要谈的不是一个富裕的家庭，而是一个中等家庭。我现在居住的乡村，是法国最富裕的地区之一，但在我走访的二十个家庭里，就有十九家只有粗糙的食物，没有任何有助于人的幸福的东西，也没有英国人称为舒适品的东西。"[②]

杰出的萨伊的厚颜无耻程度，真得令人敬佩。他以前维护的是，在资本主义经济中不可能有困难，不可能有过剩，不可能有危机和贫困；既然商品可以被相互买卖，我们只要继续生产越来越多的产品，一切都将美好无疵。在萨伊的手中，这一假设成了和谐论

① 这里再说一次，事实上，萨伊的唯一成就是把前人的观点用浮华和教条的形式表达了出来。正如伯格曼（Bergmann）在他的《危机理论》（斯图加特，1895 年）中指出的，在乔赛亚·塔克（Josiah Tucker, 1752）的著作中，杜尔哥（Turgot）对一个法国小册子的评注中，魁奈、杜蓬 (Dupont de Nemous) 等人的著作中，都包含着对生产与供给之间的自然平衡的完全相似甚至一样的观察。但"不幸的萨伊"，马克思曾经这样称呼他，作为和谐论的鼓吹者，谦逊地把他自己的著作与热力学原理、杠杆、斜面的发现相比较，要求把"市场理论"的伟大发现归功于自己。在他自己的《政治经济学概论》的第六版的前言和目录中（1841 年，第 51、616 页），他说："交换理论和销售理论，正如它在本书中所发展的，将改变世界政治。"同样的观点早就被阐述于詹姆斯·穆勒（James Mill）1808 年的《商业辩》，穆勒也被马克思称为真正的生产与需求的自然均衡理论之父。

② 萨伊在《百科杂志》中的文章，1824 年 7 月，第 23 卷，第 20 页。

的宗旨，而和谐论是庸俗经济学的典型代表，它引起了西斯蒙第的激烈反对，并被他证明为完全站不住脚。西斯蒙第还指出不是任何数量的商品都能被销售出去，在任何情况下，商品实现的界限都由社会收入，即 $v+s$ 设定。西斯蒙第说，因为工人的工资被压减到仅仅维持生存的水平，因为资本家阶级的消费能力也存在自然限制，生产的扩大则必然导致萧条、危机，甚至大多数民众的更严重贫困。萨伊对此的回击很是巧妙：如果您坚持认为生产过剩是可能的，那么，在我们的社会中怎么还有那么多人衣不蔽体、食不果腹、生活困苦呢？如果可以的话，请您解释这个矛盾的现象。萨伊本人的主张是通过适用物物交换体系来轻松摆脱货币流通，现在却指责他的批评者不仅从购买力，而且从社会的真正需要来讨论产品过剩，但西斯蒙第无疑早已摆脱了他的推理中的这一突出问题——“即使在一个社会里有很多人缺衣少食、身无栖处，但这个社会只能销售它所能购买的东西，正如我们已经看到的，它只能用它的收入去购买”。①

随后，萨伊承认了这一点，但又提出他的对手犯了一个新错误：“这样，一个国家所缺乏的就不是消费者而是购买力。西斯蒙第相信如果产品稀少，如果它们因此而更昂贵，它们的生产为工人取得更充裕的工资，购买力就会变大。”②

这就是萨伊如何试图用自己陈腐的思想方法，或者更准确地说，是用他惯用的套语来贬低西斯蒙第攻击资本主义系统的基础及

① 西斯蒙第：《政治经济学新原理》，第一卷，第 117 页。

② 萨伊：《政治经济学概论》，第 21 页。

其分配方式的理论。他讥讽西斯蒙第提出的“新原理”，把它们说成是要求“稀少”的产品和高昂的价格，并用一个被刻意赞美的巅峰期的资本主义积累典型来嘲笑它们。他说，如果生产变得越来越强大，劳动的数量就会增长，生产的规模也会扩大，而这个国家就会得到更好、更全面的供养，他极力颂扬工业发展处于顶点的国家的条件，以此反对中世纪的贫穷。他声称西斯蒙第的箴言会颠覆资本主义社会：“他为什么呼吁对那些可能强迫企业家对他所雇用的工人予以生活保证的法律进行调查呢？这样的调查将破坏企业精神。对于国民财富而言，光是担心当权者可能干预私人契约就是有害的和灾难性的。”①

西斯蒙第并没有被萨伊不分青红皂白的辩解转移了目标，他再一次转向基本问题的讨论：

“我确实从未像他辩称的那样否认过路易十四后，法国的人口增长了一倍，消费增加了三倍。我只是说，如果新增加的产品是被需要的，并能被购买和消费，那么产品的增加就是一件好事；但如果没有需要，而生产者的唯一愿望就是去吸引竞争工业产品的消费者，那它就是一件坏事。我力图证明的是，财富的不断增长是国家的自然进程，而这种增长应以各国对新产品的需求和支付手段为结果，但由于我们的制度和立法机构掠夺了工人阶级的一切财产和

① 萨伊：《政治经济学概论》，第 29 页。萨伊以下列激昂的结束语将西斯蒙第控诉为资产阶级社会的头号敌人：“这是对现代社会组织的反对，这种组织通过剥夺劳动者双手以外的所有财产，让他在面对不利的竞争时，缺乏任何保障。什么！社会剥夺劳动者是因为它要确保每一种企业家都可以自由地处置自己的资本，或者说是他的资产！我再重复一遍：没有什么比传播对财产的使用施加管制的观点更危险的了，因为双手和能力……也是财产。”（《政治经济学概论》）

安全保证，造成了与需求和购买力无关的混乱劳动，从而加剧了贫困。”[1]

他以邀请和谐论的传教士们反思下列情况而结束了辩论：虽然一个国家可能是富裕的，但大众的贫穷与物质财富一样处在不断的增长中；生产一切的那个阶段正日益走向没有任何东西可以消费的境地。关于积累问题的第一回论战就在资本主义矛盾的不和谐乐章中结束了。

通过对第一次思想论战的大方向的总结，我们必须关注下列两点：

(1)尽管西斯蒙第的分析存在混乱，但他比李嘉图和他的追随者，以及自封为亚当·斯密衣钵的继承人要高明得多，这一点是非常清楚的。西斯蒙第能从再生产的角度来考察事物，竭尽全力地探求价值(资本和收入)和物质要素(生产资料和消费资料)的概念，以把握它们如何在整个社会生产过程中相互联系。在这一点上，他最接近亚当·斯密，两人的差异仅在于，在亚当·斯密看来不过是主观的和推理的矛盾，却被特意强调为西斯蒙第的分析的基调，而在西斯蒙第的分析中，资本的积累问题被视为关键点和主要困难。

因此，西斯蒙第做出了明显领先于亚当·斯密的进展，而李嘉图和他的门徒以及萨伊在整个辩论中还在用简单商品生产的概念考虑问题。他们只看到了公式 C—M—C(商品—货币—商品)，甚至将一切简化为物物交换，并相信这种无价值的理念可以解决再生产和积累过程中的所有具体问题。这甚至退后到连斯密都不如，对

① 西斯蒙第：《政治经济学新原理》，第二卷，第 462—463 页。

于如此短浅的见识，西斯蒙第具有决定性的优胜。作为一个社会批评家，西斯蒙第对资产阶级经济学范畴的了解，要远远多于那些坚决捍卫这一制度的人——正如后来的马克思，作为一个社会主义者，对于资本主义经济机制的具体差异的把握，要比所有的资产阶级经济学者更为深刻。如果西斯蒙第面对李嘉图的理论，大声惊呼："什么！是不是财富就是一切，而人微不足道？"[①] 这不仅展现出了他的小资产阶级式的脆弱的道德口吻——不同于李嘉图的严格的、古典主义的公正，也体现出了他的批判性洞察力，这种洞察力因为现存社会经济关系的社会敏感而变得更为深刻；还表现出了他对内在矛盾和困难的关注，这与李嘉图及其学派的僵硬、偏狭与抽象的看法形成对比。这一论战显示李嘉图正如亚当·斯密的追随者一样，对于西斯蒙第所提出的积累之谜，连理解都不成，更不要说去解决了。

(2)由于全部的讨论被岔开并集中于危机问题，因而也就不可能找到解决问题的线索。第一次危机的爆发自然可以主导这样的讨论，但同样自然的是，它也有效地阻碍了双方对这一点的认识：即危机并不构成积累问题，它不过是积累的独特现象，是资本主义再生产的同期性形态中的一个要素。因此，争论只会陷入双方各执一词的状况：一方从危机中推论出积累的不可能，另一方则从物物交换中推论出危机的不可能。资本主义之后的发展证明这两种结论都是错误的。

可是，西斯蒙第的批评给资本支配下的经济理论敲响了第一次

① 西斯蒙第：《政治经济学新原理》，第二卷，第 331 页。

警钟；因为这个原因，它也具有了深远的历史意义。它也为不能解决自己所提出问题的古典经济学的分裂铺就了道路。虽然西斯蒙第对伴随资本主义的胜利而来的结果表示恐惧，但他绝对不是一个怀念前资本主义环境的保守者，即使他在比较父权时代与资本统治时期的农业和手工业的生产形态时，偶尔对前者予以赞美。他一再地并极其激烈地反对着这样的说法，例如在《百科杂志》与李嘉图的论战中：

“我已经听到一些喊叫，说我不肯接受农业和手工艺的改进，不肯接受人类所能取得的一切进步；说我宁愿处于野蛮状态，也不喜欢文明；说由于犁是一个工具，锄是一个更古老的工具，那么根据我的方法，人类无疑应该徒手耕地。

“我从没说过这样的话。我请求诸位允许我抗议所有强加于我的方法而我自己却从未做出的结论。攻击我的人和捍卫我的人都不曾真正地了解我，我的同盟者与我的反对者一样，多次让我蒙羞。”“我希望你们理解，我所反对的不是机器、新的发现和发明，不是文明，而是现代的社会体制，它剥夺了劳动者双手以外的所有财产，在残酷的竞价中不给他最起码的安全，使他陷入不利并注定成为牺牲品。”①

毫无疑问，西斯蒙第的批判的核心是无产阶级的利益，在表述如下意向时，他没有一丝虚假：

“我所寻找的方法，不过是让劳动的人获得劳动果实，让操作机器的人得到机器的利益。”②

① 西斯蒙第：《政治经济学新原理》，第二卷，第 432—433 页。

② 同上书，第 449 页。

当被要求更详细地解释其所希望的社会体制时，他确实闪烁其词，并承认他自己不能给出：

“至于应该做什么，这是一个非常困难的问题。我今天还不想讨论它。我希望能像让我自己一样，让那些经济学家们认识到他们的科学已经走上了一条错误的道路。但我不相信自己能为他们指出一条正确的道路；即便是要形成一个真实的社会体制的概念，都需要极端的努力——我的心智的极端；谁又有能力去认识一个根本就不存在的体制、去了解未来呢？况且我们现在也无法看到它。”[①]

一个人坦率地承认自己没有能力去展望一个超越资本主义的未来，并不是什么耻辱。当时是在1820年，正是资本主义刚刚开始在大工业中建立自己的统治地位，社会主义的思想还只可能存在于乌托邦形态的时候。由于西斯蒙第既不能超越资本主义而前进，又不能退回到前资本主义阶段，所以，他的批判的唯一进程就是走向小资产阶级的妥协。出于对充分发展资本主义及其生产力的可能性的怀疑，他觉得自己有必要提出一些抗议，请求积累的些许克制以及资本主义前进步伐的放缓。这也是其批判的保守一面。[②]

① 西斯蒙第：《政治经济学新原理》，第二卷，第448页。

② 马克思在叙述李嘉图学派的反对者及该学派瓦解的历史中，只简短地提到西斯蒙第，他说：“我把西斯蒙第排除在这一历史考察的范畴外，因为他的批判观点属于真正的资本运动（竞争和信用），我只有在完成这一论述后才会涉及。”（《剩余价值学说史》，第三卷，第52页）但之后，因为马尔萨斯，他又在一段话中整体上更加全面地谈到西斯蒙第：“西斯蒙第深刻地认识到了资本主义生产的内在矛盾；他感到一方面它的形态、它的生产条件，在刺激着财富和生产力的不受束缚的发展；另一方面，这些条件又都是相关的；它们之间的矛盾，如使用价值与交换价值、商品与货币、销售和购买、生产和消费、资本和工资劳动等，将伴随着生产力的巨大发展，呈现出日益加大的规模。特别是，他还感觉到了下列根本矛盾：即一方面是生产率和财富不受束缚地发展，同时包含在其中的商品又必须货币化，另一方面是大部分的生产者面临的必要生活资料的

限制，这是基础。因此，他并不像李嘉图那样把危机看成是偶然的，而是看成必然的，是内在矛盾在巨大规模与确定时期的爆发。他面临着这样的困境：国家是为了使生产力适合于生产关系而束缚生产力呢，还是为了使生产关系适合于生产力而束缚生产关系？他经常地求助于过去，并成了一个赞美往昔的人，希望通过相对资本调节所得，或相对生产调节分配等不同的方法控制冲突，却因不知道分配关系恰好从属于生产关系而完败。对于资产阶级生产的内在矛盾，他确实有着完美的勾画，但他真的不了解它们，因而也无法理解它们的瓦解过程；（确实，既然生产都还在形成中，他又怎么能看得到呢？——作者按）但他的观点实际以下列预兆为基础，即财富的新的占有形态必须与发展于资本主义生产的摇篮的生产力，与创造这一财富的物质资料和社会条件相适应；资产阶级的占有形态不过是暂时的、充满矛盾的，财富永远与其对立面共存，以其对立物展现自身。财富总是以贫困为前提，并只有在发展贫困的时候，发展自己。”

在《哲学的贫困》中，为了与蒲鲁东（Proudhon）相区别，马克思又在几个场合提到了西斯蒙第，但对于西斯蒙第本人仅有简短的描述：“像西斯蒙第那样既希望保存现在的社会基础，又希望回到均衡生产的人是保守的，由于为了保持一致，他们必将希望恢复前工业时代的所有其他条件。”（《哲学的贫困》，伦敦，1936 年，第 57 页）在《政治经济学批判》中也有两条注解提及西斯蒙第：一是把他列为法国资产阶级经济学中的最后的古典学者，与英国的李嘉图相比较；另一条则是谈到相较于李嘉图，西斯蒙第特别强调创造价值的劳动的社会属性的事实。最后，在《共产党宣言》里，将西斯蒙第称为小资产阶级学派的首脑。

第十四章　马尔萨斯

与西斯蒙第同时代的马尔萨斯也对李嘉图的部分学说进行了论辩。西斯蒙第在他的著作的第二版以及论战中，反复将马尔萨斯作为他这一边的权威。他在《百科杂志》上如此陈述了他反对李嘉图的斗争的共同目标：

"另一方面，如同我在欧洲大陆尽力做的，马尔萨斯先生也在英国坚称消费不是生产的必然结果，虽然人类的需要和欲望确实没有边界，但也只能在与其相伴随的交换手段的范围内通过消费得到满足。我们相信，只创造交换的手段以使之在那些有着欲望和需要的人之间流通，是不够的；这样的情况经常出现，即社会上的交换手段增加了，但对劳动的需求或者说工资却减少了，以至于一部分人的欲望和需要没有得到满足，消费也随之下降。最后，我们认为社会繁荣的明确标志不是财富生产的增长而是劳动需求的增长，或提供越来越多的工资以补偿劳动者。虽然李嘉图和萨伊也不否认劳动需求的增长是繁荣的一个象征，但仍然坚持劳动需求的增长必然来自生产的增长。至于我和马尔萨斯先生，我们都认为这两种增长来自相互独立的原因，这些原因有时甚至是相互对立的。根据我们的观点，如果对劳动的需求不是先于生产并决定生产，市场就会泛滥，新的生产从而成为崩溃而非享乐的根源。”[①]

这些言论显示了西斯蒙第与马尔萨斯之间的广泛协议与兄弟情谊，至少在反对李嘉图及其学派时如此。马克思认为马尔萨斯出版于1820年的《政治经济学原理》是直接对西斯蒙第前一年出版的《政治经济学新原理》的剽窃，但在我们关注的很多问题上，西斯蒙第和马尔萨斯又经常发生争执。

对于资本主义生产，西斯蒙第持批判的态度，他尖锐地攻击它，甚至想否定它，而马尔萨斯则是它的捍卫者。但这并不意味着马尔萨斯像萨伊和麦卡洛克所做的那样，否认资本主义生产的内在矛盾。相反，他毫不留情地将这些矛盾提高到自然规律的地位，并宣称它们是绝对神圣的。西斯蒙第的指导性观点是工人的利益，尽管相当地笼统和模糊，他还是表现出了对有利于无产阶级的彻底的分配改革的向往。而马尔萨斯则为资本主义剥削的寄生者、依靠地租和动用公共财富为生的那个阶层提供了思想意识，并主张把剩余价值中尽可能多的部分分配给这些“非生产性的消费者”。西斯蒙第的基本方法主要是伦理，是社会改良家的方法。在改进古典学说时，他提出反对意见并强调“消费是积累的唯一目的”，要求有限制的积累。相反，马尔萨斯则公然宣称积累是生产的唯一目标，并主张资本家无限制的积累，且以他们的寄生者的无限制消费作为补充和保证。最后，西斯蒙第从社会的角度出发，对再生产过程以及资本与收入之间的关系进行了批判性的分析；而马尔萨斯对李嘉图的反对，开始于一个荒谬的价值理论，并从这个价值理论中推导出一

① 西斯蒙第：《政治经济学新原理》，第二卷，第409页。

个同样荒谬的剩余价值理论，试图把资本主义的利润解释为扣除了商品价值的价格的附加部分。[①]

马尔萨斯在他的《政治经济学定义》的第六章中，详细地批判了把供给与需求相等同的假设。[②] 詹姆斯·穆勒在他的《政治经济学纲要》一书中宣称：

"当我们说供给与需求相互协调时，必然地意味着什么呢？那就是：一定数量的劳动所生产的产品，可以与相同数量的劳动所生产的产品交换。如果这一命题得到了承认，那其他的一切就清楚了。因此，如果一双鞋子和一顶帽子都由相同数量的劳动生产而得，只要用一双鞋子交换一顶帽子，供给与需求就是相互协调的。如果跟帽子相比，鞋子的价值下降了，同样，如果跟鞋子相比，帽子的价值上升了，这就直接意味着相比于帽子，更多的鞋子被带去了市场；于是鞋子就比预期的多。为什么会这样呢？因为一定数量的劳动的产品不能与同样数量的劳动的产品相交换。由于同样的理由，帽子的数量会低于预期，是因为一定数量的劳动所生产的帽子，可以交换到超过相同数量的劳动所生产的鞋子。"[③]

对于这样陈旧的同义异语，马尔萨斯从两个方面梳理了论据。他首先把穆勒的注意力吸引到其论点没有建构稳固的基础这一事实。他说，实际上，即便帽子和鞋子的交换比例不变，这两者的数量针对需求而言都太多了。这将导致二者都以低于生产成本加合

① 参见马克思：《剩余价值学说史》，第三卷，第1—29页，对马尔萨斯的价值和利润理论进行了详细的分析。

② 此书献给詹姆斯·穆勒，出版于1827年。

③ 詹姆斯·穆勒：《政治经济学纲要》（第三版，伦敦，1826年），第239—240页。

理利润的价格出售。

马尔萨斯问道："当鞋子和帽子都如此丰富，谁都不能在满足它们的持续供给的条件下进行交换，在这种情况下，我们能说帽子的供给适合帽子的需求，或者鞋子的供给适合鞋子的需求吗？"①

换句话说，马尔萨斯以一般生产过剩的可能性质问穆勒："……当它们与生产成本相比时……很明显……它们可能同时上升或下降。"②

其次，马尔萨斯反对穆勒、李嘉图及其同伴所惯用的模式化的物物交换假设："一个啤酒花藤的种植者带了一百袋啤酒花藤去韦希尔（Weyhill）的交易会，他不会考虑什么帽子和鞋子的供给，正如他不会关心太阳上的黑点一样。那么，他在思考什么呢？他想用他的啤酒花藤交换什么呢？穆勒先生好像认为，如果说他想得到货币，就会显得对政治经济学很无知一样。但尽管可能会获得非常无知的名声，我也会毫不犹豫地、确定地说他真正想要的就是货币。"③

除此之外，马尔萨斯满足于描述这样的机器，通过它过多的供给就可以把价格降低到生产成本以下，从而自动造成对生产的约束；反之亦然。

"但是在事物的自然进程中，这种纠正过剩或不足的倾向并不能……证明这些邪恶从来没有存在过。"④

很显然，尽管马尔萨斯在危机问题上持相反的意见，但在思考

① 马尔萨斯：《政治经济学定义》（伦敦，1827年），第51页。

② 同上书，第64页。

③ 同上书，第53—54页。

④ 同上书，第62—63页。

时依然沿袭着与李嘉图、穆勒和麦卡洛克相同的路线。对于他而言，也可以把一切事情简化为物物交换。在这里，引起西斯蒙第全部注意的社会再生产过程及其宏大的范畴和相互关系，被完全忽略了。

虽然在基本方法上存在很多矛盾，但在西斯蒙第和马尔萨斯的批判之间，也有几个共同点：(1) 与萨伊和李嘉图的门徒相反，他们两人都否认预先假设生产与消费的平衡；(2) 他们两人都主张部分与普遍危机均有可能发生。

但他们的共同点也就到此为止。如果说西斯蒙第认为危机的产生原因在于低水平的工资和资本家有限的消费能力，马尔萨斯则把低水平工资的事实转变为一个人口运动的自然规律；至于资本家的有限消费能力，他则以寄生者对剩余价值的消费为替代，如地主乡绅和僧侣对于财富和奢侈品有着无限的消费能力。“贪婪的教会是神圣的。”

为了弥补资本主义的积累，把它从危险的境地解救出来，马尔萨斯和西斯蒙第都在寻找一类只买不卖的消费者。但西斯蒙第希望通过这些消费者把扣除了工人和资本家消费的社会剩余产品消耗掉，也就是把剩余价值资本化的部分消耗掉；马尔萨斯则希望他们成为一般的利润“生产者”。既然食利阶层和受国家供养者主要是从资本家那里获得购买力，至于他们如何以增长的价格购买商品来帮助资本家占有利润，这始终是马尔萨斯的一个秘密。由于这些重大的差异，马尔萨斯和西斯蒙第之间的联盟并不深入。如果说马尔萨斯像马克思所说的那样，把西斯蒙第的“新原理”歪曲为一幅马尔萨斯人口论的漫画，那么西斯蒙第也不过是强调两人之间的共同点，并引用马尔萨斯的话来支持自己，给后者对李嘉图的批判加上了一些西斯蒙第式的特点。有时，西斯蒙第无疑是真正屈服于马尔萨斯的影响；例如，他接受了后者鲁莽的以国家消费为帮助积累的紧急措施的理论，从而陷入了与自己原来的假设相矛盾的境地。

总之，马尔萨斯既没有对再生产问题做出原创性的贡献，也没有充分理解它。在他与李嘉图的追随者的争论中，他仍然适用的是简单的商品流通的概念，正如李嘉图的追随者在与西斯蒙第辩论时一样。他与李嘉图学派的争论启动了寄生者对剩余价值的“非生产性消费”问题，但这并不是关于资本主义再生产的社会基础的争论。一旦揭露了马尔萨斯的利润理论中的荒唐错误，他的理论体系就全部坍塌了。西斯蒙第的批判依然是有效的，可即便我们接受了李嘉图的价值理论及其相应的结果，西斯蒙第的问题仍然没有得到解决。

第二回合

洛贝尔图斯与冯・基尔希曼

第十五章　冯·基尔希曼的再生产理论

关于积累问题的第二回合的理论论战也是由时事引起的。如果说英国的第一次危机及伴随而来的工人阶级的苦难激起了西斯蒙第对古典学派的反对，大约在二十五年后，革命的工人运动又为洛贝尔图斯对资本主义生产的批判提供了动机。里昂的丝织工人起义和英国的宪章运动与第一次危机所引起的阴暗幽灵相比有着极大的不同，资产阶级的耳朵里已经响起对所有社会形态中最美妙的那一个的批判。洛贝尔图斯的第一个社会经济作品，可能是为19世纪30年代后期的《奥格斯堡(Augsburger)广讯报》所写的但并未被那家报纸刊发的一篇文章，这篇文章有着一个很值得注意的标题——“工人阶级的需求”，它是这样开头的：

“工人阶级要求什么呢？其他人能阻止工人阶级取得它们吗？工人阶级所要求的，将会成为现代文明的坟墓吗？思维缜密的人早就发现终有一日历史会迫切地提出这一问题。现在，街上的人们已经从宪章会议和伯明翰的话剧中知道了这个问题。”

在19世纪40年代，法国的革命思潮正处于最蓬勃的发展中，其表现形式就是出现了许多秘密团体和蒲鲁东(Proudhon)、布朗基(Blanqui)、卡贝(Cabet)、路易·布朗(Louis Blamc)等人的追随者所成立的社会主义流派。二月革命和六月的“劳动权利”宣言导致了资本主义社会的两个世界之间的第一次正面冲突的发生，这是资本主义内在矛盾的划时代的爆发。至于在第二次论战中可用的其他考察数据，即这些矛盾的可见形式——危机，要比19世纪20年代初的更为全面。洛贝尔图斯和冯·基尔希曼之间的争论是在1837年、1839年、1847年的危机，甚至1857年的第一次世界危机的直接影响下发生的，而洛贝尔图斯的著作，那本名为《商业危机与地主的抵押问题》的有趣小册子的写作时间是1858年。因此，出现在洛贝尔图斯眼前的资本主义社会的内在矛盾已经完全不适应英国古典学者以及他们在英国和欧洲大陆的庸俗流派所持有的和谐理论，也完全不同于西斯蒙第发出警告之声的时代的任何批判。

顺便说一句，在洛贝尔图斯最早的作品中有一个对西斯蒙第话语的引用，由此可知，这位前辈的批判直接影响了洛贝尔图斯。因此，洛贝尔图斯比较熟悉的是法国同时代的作品对古典学派的抨击，但对为数更多的英国文献却知之较少。德国的教授们曾创造了所谓的在"社会主义的创建"上洛贝尔图斯比马克思"领先"的神话，但相关的支持证据较为薄弱。迪尔（Diehl）教授在《政治学手册》中写了一篇关于洛贝尔图斯的文章，他说："洛贝尔图斯必须被视为德国的科学社会主义的真正创始人，因为他早已在自己1839至1842年的作品中，在马克思和拉萨尔（Lassalle）之前，提出了全面的社会主义体系，批判了亚当·斯密的理论，为社会改革提供了新的理论基础和建议。"

这一段敬畏上帝的、虔诚的公道话出现在1901年的第二版，除此之外，恩格斯、考茨基（Kautsky）和梅林（Mehring）也写了很多东西来粉碎这个学术神话。当然，不管这一神话的反面证据是多么的有力，在所有博学的德国经济学者们看来，唯一正确且必要的事情就是从革命的无政府主义者马克思那里夺去“优先”的荣誉转给有着君主主义的、普鲁士的、民族主义学说的洛贝尔图斯，而洛贝尔图斯就是那个相信自现在起五百年后才能实现共产主义，但在目前应该支持稳定的百分之两百的剥削率的人。不过，我们感兴趣的是洛贝尔图斯分析的另一面。还是那个迪尔教授在继续赞美洛贝尔图斯：“洛贝尔图斯不仅是社会主义的先驱，还对整个政治经济学的发展做出了巨大的启发和推动，尤其是在经济理论方面，他对古典经济学的批判，提出的收入分配新理论，以及资本的逻辑范畴与历史范畴的区别，等等，都是该领域的重要贡献。”

在这里，我们将要看看洛贝尔图斯之后的成就，特别是所谓的“等等”。

一开头是洛贝尔图斯写于 1842 年的《关于我们的政治经济状况的认识》这本关键性的著作，冯·基尔希曼答复以两篇发表于《民主主义新闻》的文章——“论地租的社会面貌”和“物物交换的社会”，洛贝尔图斯再挡之以 1850 年的《社会问题书笺》。于是，这场争论就进入了马尔萨斯、西斯蒙第与萨伊、李嘉图、麦卡洛克在三十年前为他们之间的异见而斗争的同一理论战场。在自己早期的作品中，洛贝尔图斯表达了这样的想法，即在劳动生产率不断增加的现代社会，劳动的工资却在国民生产总值中的份额日益缩小。他认为这是一个开创性的思想，于是从那时起直到三十年后离世，他所做的不过是反复重申这一想法并以各种形式予以表达。在他看来，这个“下降的工资份额”就是现代社会的所有罪恶之源，特别是贫困与危机的根源，而贫困与危机被他合称为“我们时代的社会问题”。

冯·基尔希曼却不同意这一解释，他把贫困追溯为地租上升的影响，而危机则追溯为市场的缺乏；对于后者，他特别说：“大部分的社会弊端不是源于生产的缺陷，而是因为缺乏产品市场……一个国家生产得越多，满足各种需要的手段越多，也就越有产生贫困和匮乏的危险。”这里也包括劳动问题，因为“声名狼藉的劳动权利最终可归结为市场问题”。冯·基尔希曼总结道：“我们看到，社会问题几乎等于市场问题，一旦市场得到保证，即使深受诟病的竞争的弊端也会消灭，只单独保留它的优势。提供物美价廉的商品的竞争精神也将保留下来，但只因市场不足而产生的你死我活的争夺却没有了。”

洛贝尔图斯和冯·基尔希曼之间的观念差异非常明显。洛贝尔图斯认为罪恶的根源在于国民生产总值的分配存在错误，而冯·基尔希曼则认为是资本主义生产的市场限制。尽管在冯·基尔希曼的论述中存在很多混乱，特别是他对资本主义竞争内容——对更物美价廉商品的值得赞美的竞争精神——的理想主义愿景，以及他把“声名狼藉的劳动权利”视为市场问题的观点，但在一定程度上，他对资本主义生产的痛处的理解，例如市场的有限性，要比执着于分配问题的洛贝尔图斯更多。因此，现在是冯·基尔希曼把最早由西斯蒙第提出的问题列入议事日程。但是，冯·基尔希曼并不赞同西斯蒙第对这一问题的说明和解决，他宁愿站在西斯蒙第的对手那一边。他不仅接受了李嘉图的地租理论和亚当·斯密的“商品的价格只由资本的利息和劳动的工资两部分组成”的教条(冯·基尔希曼把剩余价值转化成“资本的利息”),还同意萨伊和李嘉图的理论,即产品只能用其他的产品购买以及生产本身创造自己的需求,因此如果一方看起来生产得过多,就只意味着另一方的生产不足。我们可以看到,冯·基尔希曼忠实地步入了古典学者的后尘,虽然以某些“德国版本”的形式。一开始,他讨论的是萨伊的生产与需求之间的自然平衡定律“依然没有反映现实的全貌”,他补充道:

“商业中还有更多的隐藏规律阻止这一假定的秩序以完全纯粹的形态出现。如果我们要解释现在的市场泛滥问题,就必须揭示这些规律,而这些规律的揭示也可以为我们指出避免这一重大罪恶的道路。我们相信在现代的社会制度中,存在着三种关系,是它们引起了确实的萨伊定律与现实之间的矛盾。”

这三种关系是:(1)“产品的分配极不平等”——这里,如我们所见,冯·基尔希曼有些接近西斯蒙第的观点;(2)由大自然为人类劳动所进行的生产设置的困难;(3)商业作为生产与消费中介的缺陷。抛开萨伊定律的最后两个障碍,我们现在只考察冯·基尔希曼所说的第一点。

他解释说:“第一个关系可以被更简化为,劳动的工资太低因而引起了衰退。那些知道商品的价格只由资本的利息和劳动的工资两部分组成的人,可能会觉得这个说法令人吃惊;如果劳动的工资低,产品的价格也就同样会低;如果一方高了,另一方也就会高。”

我们可以看到冯·基尔希曼以最具误导性的形态接受了斯密的教条:价格并不能被分解为劳动的工资和剩余价值,而是由它们作为单纯的总和组成——这是亚当·斯密最偏离自己的劳动价值理论的观点。

“因此，工资和价格是直接相关的，两者相互平衡。为了降低工资，从而使英国的制造业主能够以更为低廉的商品价格在世界市场上取代所有其他的竞争者，英国就取消了谷物法、肉类以及其他食物及饮料上的关税。但是，这只在一定程度上有效，它并不影响产品在工人和资本家之间的分配比例。这两者之间过于不平等的分配，是萨伊定律之所以在现实生活中无法实现的基本和首要原因。”

对于这一点，冯·基尔希曼给出了一个详细的例证。理所当然地，他用古典方法把我们带到了一个虚构的孤立社会，作为一个不可抗拒的政治经济学的实验对象。他要我们设想有一个地方叫欧尔特(Ort)，那里不多不少住着903个居民，其中有三个企业家，每个企业家有300个工人，欧尔特可以通过自己的三个部门的生产满足所有的需要：第一个部门生产衣服，第二个部门生产食物、照明设备、燃料和原材料，第三个部门生产住宅、家具和工具。在每个生产部门，“资本和原材料”都由企业家提供，工人的报酬是这么安排的：工人得到年产物的一半作为工资，企业家保留另一半作为“资本的利息和企业的利润”。每个企业的生产都刚好满足903个居民的所有需要。因此，欧尔特有着“满足总体幸福感的所有必要条件”，于是每个人都在勤劳、勇敢地进行工作。但好景不长，愉悦和幸福变成了悲惨与战栗，在冯·基尔希曼的那块乐土上发生了天崩地裂般的意外：具有一切现代特征的工业和商业危机爆发了。虽然只生产了900个工人所必需的衣服、食物和住房，但三个企业家的仓库里却充满了衣服和原材料，所建造的房屋也无人居住；他们

抱怨需求的匮乏，而工人则抱怨自己的需要没有得到完全的满足。出了什么问题呢？是不是像萨伊和李嘉图所说的，一种产品过多而一种过少？冯·基尔希曼回答道：不是。在欧尔特，均衡数量中的每样东西都是有用的，刚好满足社区的全部需要。那么，是什么扰乱了一切？为什么会发生危机？障碍只是由分配造成——但这必须要用冯·基尔希曼自己的语言表述：

“顺畅的交换之所以不能发生，障碍完全和纯粹在于这些产品的分配。这些产品没有公平地在所有人之间进行分配，企业家为自己保留了一半的产品作为利息和利润，而只把另外一半给工人。显然，衣服部门的工人只能以自己产品的一半去交换那些已经被生产出来的食物、住宅等产品的一半；而企业家也无法消耗掉另一半，因为工人们没有任何更多的产品用于交换。企业家也不知道如何处理自己的存货，而工人们也不知道如何解决自己的缺衣少食问题。”

我们应该加一句，对于冯·基尔希曼的解释，读者也不知道该怎么办。他的例子是如此地幼稚，以至于每前进一步都带来更深的迷惑。

首先，似乎没有任何理由，也看不出有何用意，冯·基尔希曼想出这一把生产分为三个部门的做法。如果以李嘉图和麦卡洛克通常所用的佃农和工业家的相似例子作为对照，那大概是受了仿古的重农学派的社会再生产概念的影响，李嘉图也曾经采用过这个概念，尽管他自己的价值理论因与重农学派的观点相对立而使这个概念失去了意义，也尽管亚当·斯密已经在考察社会再生产过程的真实物质基础时，做了一个良好的开端。我们已经看到，直到马克思划时代地将社会区分为生产资料和消费资料这两大生产性部类，经济理论中一直保持着以农业和工业的划分作为再生产基础的传统。但是，冯·基尔希曼的三部门划分法，根本没有任何实际意义。把工具、家具、原材料和食物混在一起，而衣服却作为一个独立的部门，这种极端武断的划分方法显然没有涉及任何再生产的物质考虑。这样划分，还不如把食物、衣服和住房列为一个部门，第二个是药物，第三个是牙刷呢！毫无疑问，冯·基尔希曼主要关心的是劳动分工，因此在交换行为中，尽可能地假设数量几乎相等的产品。但由于在那里所分配的不是产品的价值而是数量，即大部分的使用价值，那么这一讨论所涉及的交换问题在冯·基尔希曼的例子中就根本没有任何意义。在冯·基尔希曼所虚构的有趣的欧尔特，产品首先是被分配，只有在分配完成后，才会是普遍的交换，而正如我们所知道的，在资本主义生产的坚实基础上，是交换带动了产品的分配，并充当它的代理人。此外，在冯·基尔希曼的分配体系中，最奇怪的事情是："正如我们所知道的"，产品的价格，即社会的总产品的价格，由 $v+s$ 构成，只有工资和资本的利息——因此，所有的产品都必须完全地在工人和企业家之间进行分配；但不幸的是，冯·基尔希曼依稀记起生产还需要原材料和工具之类的东西。于是，他就偷偷地在欧尔特的食物中塞进原材料，在家具中塞进工具。但现在问题出来了：在一般的分配进程中，谁将得到那些无法消化的东西呢？是作为工资给了工人，还是作为企业的利润给了资本家？二者可能都不会欢迎这些东西吧！在如此愚蠢的前提下，发生了演出明星的变化：工人与企业家之间的交换。资本主义生产中的基本交换行为，即工人和资本家之间的交换，被冯·基尔希曼从活劳动与资本之间的交换转变成了产品的交换。不是第一个行为，即以劳动能力交换可变资本，而是第二个行为，即从可变资本所取得的工资的实现，被放置到了整个机器的中心，资本主义社会的全部商品交换就被这样简化成了劳动工资的实现问题。而最妙的就在于工人和企业家之间的交换，一切经济生活的支柱，经过仔细检查后却化为乌有了——它根本就没有发生。因为只有当所有的工人都领到了他们的一半产品形态的实物工资后，交换才有可能只在工人之间发生，每个工人将只保留自己的三分之一的工资，包括而且只能是衣服、食物或家具中的一种，视他们的具体情况而定，剩下的则用于去实现其他两个部门的等量产品。企业家则根本不加入这一过程；他们三个正因为自己的剩余价值而陷入困境：社会所生产的一半的衣服、家具和食物；他们不知道该如何处理这些东西。在冯·基尔希曼所创造的灾难中，即使产品被最慷慨地分配也无济于事。相反，社会产品中分配给工人的数量越多，他们与企业家之间的交易甚至会更少，因为所有发生于工人之间的交换规模将增大。于是，企业家手中的剩余产品就缩小了，但这并不是因为剩余产品的交换得到了推进，只是因为剩余价值本身减少了。现在就像从前一样，工人和企业家之间的社会产品交换依然是不可能的。在这里必须承认，在这个如此狭小的空间里塞进了这么多幼稚、荒唐的经济学，已经超过了一个普鲁士检察官所能容忍的限度——而冯·基尔希曼也是一个检察官，虽然他有着两次遭受训诫惩罚的光荣记录。尽管如此，在经历了这些没有什么希望的准备工作后，冯·基尔希曼还是顺利地触及了问题的根源。他承认自己把剩余产品假设为具体的使用形态，是剩余价值之所以得不到有效使用的原因。作为一个补救，他现在让企业家把作为剩余价值而占有的社会劳动

的一半用来生产奢侈品，而不是普通商品。由于“奢侈品的本质是使消费者相比于一般商品的消费，耗用更多的资本和劳动力”，这三个企业家就可以设法以花边、时髦的马车等类似的东西，由自己消费掉社会所完成的所有劳动的一半的份额。现在，就没有什么卖不掉的东西，危机就可以愉快地避免了，生产过剩再也不可能发生；资本家和工人都感到安全。带来所有这些好处并使生产和消费重建平衡的冯·基尔希曼的灵丹妙药是什么呢？是奢侈品。换句话说，那些不知道如何处理他们无法实现的剩余价值的资本家，被这位亲爱的同伴建议为——吃掉它！事实上，奢侈品是资本主义社会一个广为人知的古老发明，可即便生产奢侈品，危机还是周期性发生。这是为什么呢？冯·基尔希曼告诉我们：“答案只能是：现实生活中的市场呆滞完全可归结为还没有足够的奢侈品，或者换句话说，是资本家，即那些有能力消费的人，还是消费得太少。”

但是，资本家的这种被误导的节制源于一种坏习惯，而这种坏习惯是政治经济学家们不明智地鼓励起来的，即为“生产性消费”而储蓄的欲望。也就是说，危机由积累造成。这是冯·基尔希曼的基本命题，他又用了一个感人的简单例子来证明，他说：“让我们假定一种被经济学家誉为比较良好的状况，在这种状况下，企业家说：我们不要把每一分收入都用在豪华和奢侈的东西上，而是要生产性地再投资它们。这又意味着什么呢？那不外乎是在一个由三个企业家将他们未消费的收入储蓄起来并投资的资本水平上，创办各种生产企业以生产新的商品，而这种商品的销售又可以产生利息（冯·基尔希曼指的是利润）。因此，这三个企业家决定只消费一百个工人的产品，也就是说，大大地削减了他们的奢侈品，而把剩下的 350 个工人的劳动力和资本一起用于创办新的生产企业。现在的问题是这些资金将被用于哪些种类的生产企业呢?”

既然根据冯·基尔希曼的假设,不变资本没有得到再生产,而全部社会产品就是全部的消费品,因此,“这三个企业家只能在制造普通商品的企业和制造奢侈品的企业中做选择”。

可这样,这三个企业家将面对的是已经熟悉的困境:如果他们生产“普通商品”,危机就会发生,因为工人缺乏购买这些新增的生活资料的手段,他们已经用自己产品价值的一半买过了;如果生产奢侈品,他们就只能自己消费这些东西。不会再有其他的可能性。即使是对外贸易,也无法改变这种两难的状况,因为对外贸易只能“增加在国内市场的商品种类”或提高生产率。

“因此,这些外国商品要是和普通商品一样——资本家不想买,而缺乏手段的工人又买不起;如果它们是奢侈品,工人就更没有能力买,而资本家又因为要储蓄,也不买这些东西。”

不管这一争论是多么的落后,但非常完美和清楚地显示了冯·基尔希曼的基本概念及其全部经济理论的可怕之处:在一个只有工人和资本家的社会中,积累将不可能存在。因此,冯·基尔希曼坦率地敌视积累、“储蓄”、剩余价值的“生产性消费”,并强烈地攻击被古典经济学所倡导的这些错误。他的信念是随着劳动生产率的提高增加奢侈品的消费,以此作为防范危机的具体办法。我们可以看到,如果说冯·基尔希曼在他的理论假设中怪诞地模仿了李嘉图和萨伊,其最后的结论就是一幅西斯蒙第的漫画。但如果我们要领会洛贝尔图斯的批判的意义和整个争论的结果,就有必要十分清楚地把握冯·基尔希曼的方法。

第十六章 洛贝尔图斯对古典学派的批判

洛贝尔图斯比冯·基尔希曼挖掘得更深。他在社会制度的基础上寻找罪恶的根源，并对当时占据主流的自由贸易学派发起了激烈的攻击——不是反对他已经完全接受的无限制的商品流通体系或自由贸易，而是反对曼彻斯特学派在经济的社会关系内部的自由放任主义学说。那时，在古典经济学的风雨飘摇期之后，“和谐论”的无原则辩解体系已经完全占据优势，并在巴师夏(M. Frédéric Bastiat)那里找到了最完美的表述，巴师夏是一位有名的暴发户和所有门外汉的偶像，不久各种各样的舒尔茨(Schultzcs)，即德国版的法国和谐预言的模仿者，开始活跃并变得司空见惯。洛贝尔图斯的指责目标是那些没有节操的“自由贸易的贩卖者”。他在第一封《社会问题书笺》[①]中，惊呼道：

“有六分之五的人口因为他们低微的收入，不仅被剥夺了文明社会的大部分好处，还处在最可怕的真正的灾难爆发的不变危险之下，有时他们会死于这些灾难。虽然他们是所有社会财富的创造者，他们从早到晚地劳动，甚至还要持续到深夜——但是这些努

① 1880 年写给冯·基尔希曼。

力并不能改变他们的命运，他们无法提高自己的收入，甚至连一点稀少的空闲时间都要失去，那些空闲时间原本是他们留着用于提高心智的。曾经，所有的这些痛苦被看成是文明进步的必要，但现在，一系列最伟大的发现和发明已经上百倍地增加了人类的劳动力，改变这些冷酷状况的新前景突然出现了。结果是相比于人口，一个国家的财富和资产正在以不断增长的速度发展。我想问：如果这一增长能够给这些财富的新旧创造者带来一些好处，是不是一个更自然或者更公正的要求呢？他们的收入能增加吗，或者工作时间可以缩短吗，他们中能有更多的人加入幸运者的阶层，被赋予收获劳动果实的权利吗？但是，国家的经济，或者最好说是国民经济却只获得了相反的结果。伴随着国家财富的增长，工人阶级的贫穷也在增长，甚至需要特殊的立法以防止他们的工作时间变得更长；最后，工人阶级的数量膨胀到与其他阶级的人口不成比例。可这还不够！劳动效率的百倍提高，依然无力缓解六分之五人口的痛苦，甚至还会因为社会是一个整体而威胁到其余的六分之一人口。

“什么矛盾特别存在于经济领域！什么矛盾普遍存在于社会领域！社会财富在增长，但这一增长却伴随着贫困的增长。生产资料的创造能力是增加了，可结果却是它们被废弃了。社会环境要求把工人阶级的物质地位提高到他们的政治地位的水平，而经济环境却回答以进一步降低他们的地位。社会需要财富的无限制增长，当代的生产领导者却必须创设约束以阻止贫困。和谐只存在于一个层面：与环境一样不公正的是，社会的权威部门倾向于避开正确的地方去寻找罪恶的根源。这种自负，不仅在绝大多数情况下成了教授和学者的礼服，还导致了对工人的指责，说是他们自身的恶习导致了贫困。各种强大因素对工人所犯下的罪恶，却被归咎为工人的懒惰和不知足，当这样的自私自利都无法否认工人的无辜时，一个“贫困必要性”的教条就被精心设计了出来。他们不断地劝告工人仅仅去工作和祈祷，要工人牢记节制和经济的责任，还通过强制储蓄制度最大化地侵害工人的权利，增加工人的苦难。他们没有看到，盲目的商业力量把对工作的祈祷变成了强制失业的诅咒……禁欲是不可能的或者残忍的，最后，尽管道德受到推崇，它却永远无用，正如一位诗人所说，他们偷偷喝酒却公开赞美喝水。”[①]

在西斯蒙第和欧文的三十年后，在英国社会主义者抨击李嘉图的门徒二十年后，最后但并非最不重要的是，在《共产党宣言》发表后，这种勇敢的言辞本身并没有开创什么新天地。现在，最重要的是这一控诉的理论基础。在这里，洛贝尔图斯提出了一个完整的体系，该体系可以简化为下列简单的陈述。

由于经济中的许多规律按照自己的意志运行，历史所创造的高水平的劳动生产率以及积极的法律制度，也就是私有财产权制度，一系列不公正的和不道德的现象出现了：

(1)用交换价值替代了“正常的”“构成”价值，铸造的货币也因而取代了确实符合货币概念的合适的“纸”或“劳动”货币。第一个原则是所有的经济物品都是劳动的产物，或者如我们所说，只有劳动是创造性的。可这句话并不等于产品的价值必须等于劳动成本，换句话说，现在以劳动为标准来测量价值。真相毋宁是“这

① 洛贝尔图斯：《洛贝尔图斯-亚格措夫博士书笺与社会政治论文集》（柏林，1899年），第三卷，第172—174、184页。

还没有成为事实，只是政治经济学上的一个想法”。[①]

“如果价值是由产品上所消耗的劳动构成，我们可以想象这样一种货币，它就像一张从公众账簿上撕下的单页，或者写在最无用的材料或一块破布上的收据，每个人都可以用它来接收自己已生产的价值，可以把它作为一种票据用以实现今后分配的国民产值的相等份额……但是，不管因为一些原因或其他，有或没有可能去建立这种价值，货币依然必须尽可能多地保留它应有的清算价值；用先天就具有价值的商品，如金银来制作货币，它就代表了同样价值的保证或抵押。”[②]“只要存在资本主义的商品生产，一切就是颠倒的：不再有构成价值，因为只能有交换价值”，[③]而且“由于价值不能被构成，货币也不是纯粹的货币，它不能完全符合它的概念”。[④]在一个公平的交换中，产品的交换价值必须等于生产它们所需要的劳动数量，一个产品的交换也永远意味着相同数量的劳动的交换。但即使假设每个人都刚好生产出了另一个人所需要的那些使用价值，仍然“由于我们在这里考虑的是人类的洞察力和意志，必须首先对用于交换的产品所包含的劳动数量进行正确的计算、调整和分配，必须有一个符合所有事实的规律”。[⑤]

众所周知，洛贝尔图斯在“构成价值”的发现上，大力强调自

① 洛贝尔图斯:《洛贝尔图斯-亚格措夫博士书笺与社会政治论文集》(柏林，1899年)，第二卷，第104页。

② 洛贝尔图斯:《洛贝尔图斯-亚格措夫博士书笺与社会政治论文集》(柏林，1899年)，第二卷，第99页。

③ 同上书，第173页。

④ 同上书，第176页。

⑤ 洛贝尔图斯:《洛贝尔图斯-亚格措夫博士书笺与社会政治论文集》(柏林，1899年)，第二卷，第65页。

已比蒲鲁东领先，我们很乐意承认这一点。马克思在他所写的《哲学的贫困》以及恩格斯为它所做的序言中，已经全面地证明了这个“概念”仅仅是一个幻觉，尽管仍用于理论，但在实践中却先于洛贝尔图斯的时代被埋葬在英格兰，它不过是李嘉图的价值理论的乌托邦式的歪曲。因此，我们不需要再研究这种“用玩具喇叭吹奏未来音乐”的把戏。

（2）“交换经济”导致了劳动“退化”为一种商品，劳动工资是作为一个支出项目（工作的成本）而不是国民产值的固定利率的代表而被决定的。通过一个大胆的历史跳跃，洛贝尔图斯间接地从奴隶制得出自己的工资规律，并注意到了资本主义商品生产给剥削率强加的具体特点不过是欺骗的谎言，对此，他从道德的观点予以强烈批评。

“只要生产者自己仍然是那些不生产的人的财产，只要奴隶制依然存在，就只有‘主人’的利益单方面决定这一份额（工人的）数量。随着生产者获得了个人的全部解放，除此之外别无其他，双方都同意事先约定工资。在现代术语中，工资是一个‘契约自由合同’的对象，也就是竞争的对象。因此，劳动自然也像它的产品一样受到同样的交换规律的调节：劳动本身获得交换价值，工资的多少取决于需求和供给的影响。”

在颠倒了一切并从竞争中得到了劳动的交换价值以后，现在，洛贝尔图斯直接从劳动的交换价值中得到了劳动的价值。

“在交换价值的规律下，劳动，就像所生产的物品一样有了‘成本价值’，而这种‘成本价值’对它的交换价值，即劳动工资的数量，发挥着一定的磁性效应。对于‘维持’其后代的劳动所必需的特定数量的支付，也就是令劳动得以在其后代身上继续，就是所谓的‘最低生活费’。”

但在洛贝尔图斯看来，这并不是一个客观经济规律的表述，而只是一个道德谴责的对象。他把古典学派的“劳动的价值不超过其应得的工资”的理论视为一种讽刺，并决定揭露造成这一“粗俗和不道德”结论的“一连串谎言”。[①]

“依据‘必要的生存’来估算劳动的工资，就像对待许多要修理的机器一样，这是一个可耻的建议。既然作为所有商品源头的劳动的自身，已经成为一种商品交换，讨论它的‘自然价格’、它的‘成本’就不是一件体面的事情，正如我们在讨论它的产品的自然的价格和成本时，把这一自然的价格和成本计入物品的数量，作为吸引劳动持续流入市场的必需。”

但劳动力的商品特点和相应的价值决定，不过是自由贸易学派的恶意曲解。作为一个优秀的普鲁士人，洛贝尔图斯把资本主义的商品生产作为一个整体置于被告席上，指控它们阻止了宪法的获取，而并没有像英国的李嘉图的门徒那样指出劳动的价值与确定劳动所创造的价值之间的内在矛盾与冲突。

他说：“那些经济学者的二元概念真是愚蠢到无法用语言表达，他们从工人的法律地位，要求工人参与决定社会的命运；又从经济学的视角，让这些相同的工人被视为纯粹的商品。”[②]

现在就是要找出工人为什么愿意忍受这样愚蠢且明显的不公

① 洛贝尔图斯：《洛贝尔图斯-亚格措夫博士书笺与社会政治论文集》，第二卷，第182—184页。

② 同上。

平的原因——例如赫尔曼（Hermann）对李嘉图的价值理论的反对，洛贝尔图斯的回答是：

“除了同意这些规定以外，自由后的工人又能做什么呢？想象一下他们的处境：当他们获得了自由，却衣不蔽体或衣衫褴褛，除了自己的劳动力，他们一无所有。而且，奴隶制和农奴制的废除，不过是撤销了主人喂养和照顾他们需要的法律或道德义务；但这些需要依然存在，他们依然要生活。而他们的劳动力又如何让他们活下去呢？他们能够只为了自己的生存而去抢夺一些现存的社会资本吗？社会的资本已经在其他人手中，‘法律’机构不会容忍这样的行为。那么，这些工人应该做些什么呢？摆在他们面前的，只有这样的选择：推翻社会的法律或在大致与以前相同的条件下，回到他们的前主人，即土地和资本的所有者那里，接受以前像工资一样施舍给他们以令其存活的东西。”[①]

这是人类的幸运，这位普鲁士人说工人们已经足够“明智”到不去推翻文明，而是宁愿听从他们的“前主人”的“卑鄙要求”。这就是资本主义工资制度的起源，工资规律的起源，作为“奴隶制的一种”，工资规律是因部分资本家滥用权力与无产阶级不稳定的地位和温顺默许所导致的——如果我们打算相信被马克思定义为“抄袭”的洛贝尔图斯的高度原创性的阐述。鉴于英国的社会主义者和其他社会批判家对工资制度的分析远没有如此的粗陋和落后，洛贝尔图斯所声称的“优先”，在这一特殊的价值理论上确实没有挑战。奇怪的是，洛贝尔图斯对工资制度的起源和经济规律所表示的道德

① 洛贝尔图斯：《洛贝尔图斯-亚格措夫博士书笺与社会政治论文集》，第二卷，第72页。

谴责，并没有导致消除这一可恶的不公正的要求，“这愚蠢到无法用语言表达的二元论”。“远离它！”他经常使他的追随者们安心，这些咆哮并不意味着什么非常严肃的事情——他并不是凶猛的狮子，只是一个温暖的木匠。事实上，工资的道德理论只有在得到进一步的结论时才成为必要：

(3)既然“交换价值规律”决定工资，劳动生产率的提高必然带来工人在产品中的份额的日益下降。在这里，我们到达了洛贝尔图斯系统中的阿基米德支点。这一“下降的工资率”是他最重要的“创造性”发现，从他的第一部关于社会问题的作品（大概在1839年）到他去世，他一直在喋喋不休地强调这个发现，并“宣传”这完全是他自己的发现。尽管如此，这个概念却只是李嘉图的价值理论的一个简单推论，马克思在其所发表的《资本论》中，认为这一概念隐含于主导资产阶级经济学的工资基金理论。不过，洛贝尔图斯相信这一发现让他成了经济学中的伽利略，并把他的“下降的工资率”看作对资本主义经济的每个邪恶与矛盾的解释。最重要的是，他从下降的工资率中得出贫困现象，而在他看来，贫困现象与危机一起构成了社会问题。这也引起了同时代的那些“意欲关联马克思”的人的注意，事实上不是马克思而是以非常粗浅方式建立整个渐进贫困理论的洛贝尔图斯，更贴近他们的内心；而且，与马克思不同的是，他不是把这个问题仅作为一个症状，而是作为整个社会问题的中心点。例如，可以比较他在写给冯·基尔希曼的第一封《社会问题书笺》中关于工人阶级的绝对贫困问题的争论。此外，“下降的工资率”还必须用于解释社会问题的其他基本现象——危机。为此，洛贝尔图斯研究了消费与生产的平衡问题，接触到了西斯蒙第

和李嘉图学派曾为之斗争的所有相关联的争议问题。

洛贝尔图斯在危机方面的知识自然比西斯蒙第的相关知识更基于物质证据。在第一封《社会问题书笺》中，他详细描述了发生于1818—1819年、1825年、1837—1839年和1847年的四次危机。由于他的观察跨越了更长的时间，所以总体而言，洛贝尔图斯对于危机的本质特征，有着比他的前辈们更深入的了解。早在1850年，他就明确地阐述了危机的周期性特征，即危机发生的时间间隔日益缩短，同时危害却越来越严重：

“一次又一次地，相比于财富的增长，这些危机已经变得越来越可怕，吞噬着越来越多的受害者。虽然1818—1819年的危机已经引起了商业的恐慌和经济学界的富有启示性的疑虑，但相比于1825—1826年的危机来说，意义不大。1825—1826年的这一危机对于英国的资本资产所造成的伤害，令英国最著名的经济学家都在怀疑能否得到完全恢复，但与1836—1837年的危机相比，则黯然失色。1839—1840年和1846—1847年的危机甚至造成了比以往历次更大的破坏。”——“然而，根据最近的经验，危机发生的时间间隔日益缩短。在第一次与第三次危机之间有18年，在第二次和第四次之间有14年，而在第三次和第五次之间仅有12年的间隔。已经有越来越多的迹象表明一个新的灾难迫在眉睫，尽管1848年的事件确实延缓了这一灾难。”①

洛贝尔图斯注意到生产的极度繁荣和工业技术的巨大进步总是预示着危机。“任何一个（危机）都跟随在一个突出的工业繁荣期

① 洛贝尔图斯：《洛贝尔图斯-亚格措夫博士书笺与社会政治论文集》，第三卷，第110—111页。

之后。”[①]

根据历史上的危机，他指出：“它们都发生在生产力的巨大增长之后。”[②]洛贝尔图斯反对庸俗的观点，那种观点仅把危机视为货币和信用体系的干扰；他批判了皮尔（Peel）的整个货币立法是一个判断的错误，并在他的文章《商业危机与地主的抵押问题》中详细辩论了这个观点。在那里他做出了如下评论：“如果我们打算把商业危机仅仅视为货币、银行或者信用体系的危机，我们是在欺骗自己。那只是它们第一次出现时的外部表象。”[③]

对于对外贸易在危机中所发挥的作用，洛贝尔图斯表现出了异常敏锐的认识。就像西斯蒙第一样，他陈述了资本主义生产扩张的必要性，但同时也强调了周期性危机的规模将注定增长的事实。

他说：“对外贸易与萧条的关系，就像慈善与贫穷一样。他们最终只能彼此相互促进。”[④]此外，“避免危机再次爆发的唯一可能方法，就是适用扩大国外市场这一双刃剑。对于这种扩张的强烈冲动，在很大程度上就像一个多病的器官所引起的病态刺激一样。由于国内市场的一个因素——生产率在不断提高，而另一因素——绝大多数人口的购买力却保持不变，商业就必须努力在外国市场创造同样无限制的购买力数量”。[⑤]这样，就可在一定程度上安抚刺激，

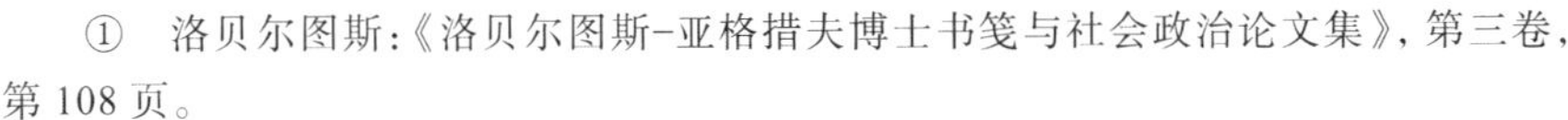

① 洛贝尔图斯：《洛贝尔图斯-亚格措夫博士书笺与社会政治论文集》，第三卷，第108页。

② 洛贝尔图斯：《洛贝尔图斯-亚格措夫博士书笺与社会政治论文集》，第一卷，第62页。

③ 洛贝尔图斯：《洛贝尔图斯-亚格措夫博士书笺与社会政治论文集》，第四卷，第226页。

④ 参见《关于我们的政治经济状况的认识》，第二部分，第1页。

⑤ 参见《商业危机与地主的抵押问题》，第三卷，第186页。

以使一个新的灾难至少不会马上爆发。每个外国市场的开辟都以相同的方式延缓了社会问题；落后国家的殖民地化也具有相似的作用：欧洲在一个从来都没有市场的地方为自己培养了一个新市场。不过，这样的药物在本质上只是缓和病情。只要这个新的市场被供应了，问题就会回到它原来的状态——两个要素之间的冲突：有限的购买力和无限的生产力。在小的市场被回避的新侵袭，只会在更大范围以更暴力的事件重现。由于地球是有限的，而新市场的所得总有一天会枯竭，问题再也不能被简单拖延的那一天就会到来。早晚有一天，得找到一个明确的解决方案。[①]

① 关于这一点，很有趣的是，尽管洛贝尔图斯为工人阶级的不幸命运发出了道德上的咆哮，但在实践中他却以今天所谓的“泛德国人”的方式，表现为一个头脑极其清醒和现实的资本主义殖民政策的预言家。在上述引用的注释中，他写道：“我们来简单看一下打开亚洲的重要性，特别是中国和日本，世界上最富有的市场，以及维持英国在印度的统治的重要性。这将缓解社会问题。”（这位被剥削者的雄辩的复仇者，巧妙地揭示了这些谋求暴利的剥削者如何尽可能地继续他们“愚蠢而罪恶的错误”，他们“罪名昭著的不公正”）“对于这一问题的解决，现在既缺乏智慧，也缺乏无私和道德的办法。”（洛贝尔图斯的豁达的放弃真是无与匹敌）“公认地，经济上的利益不能成为武力干预的合法理由，但现代的自然法和国际法必须严格地适用于世界上所有的国家而不管它们的文明状态，也是完全不切实际的。”（与莫里哀的《伪君子》中的答尔丢夫(Dorine)的话——“上天的确维护某些满足，但其中还要将就一些”，一样让人无法抗拒）“我们的国际法是从基督教伦理的文明中发展出来的，既然所有的法律都以互惠为基础，它只能为相同文明的国家间的关系提供标准。如果它的实施超出了这些限度，它就不是自然法和国际法，而是情感；印度的暴行应该帮助我们矫正这一点。欧洲的基督徒应该坚持希腊人和罗马人的精神，把世界上的其他人都看作野蛮人。年轻的欧洲民族应该重拾改变世界历史的魄力，这种魄力曾经驱使古人在全球各国传播他们的民族文明。他们应该为了世界历史用统一行动去征服亚洲。这种共同的目标和行动，将会促进最大的社会进步、欧洲和平的坚实基础、军队的削减、亚洲以古罗马的形式被殖民地化——总之，社会生活的各种利益的真正团结。”当基督伦理的文明完成了诸如对中国的鸦片战争、印度暴行——也就是英国人血腥镇压印度的反抗的暴行——这样光荣的开发时，在所有这些更为非凡的事情依次到来时，资本主义殖民化扩张的幻想激励着这个被剥削

洛贝尔图斯也认识到资本主义私营企业的无政府特点易于产生危机，但这仅是形成危机的诸多因素中的一个，而且只是某种特殊危机的来源，并不是普遍危机的真正来源。例如，对于冯·基尔希曼的欧尔特的危机，他说："我认为这种衰退不会发生于现实生活。今天的市场很大，那里有无数的需要和各种生产部门，生产力非常大，而商业数据是模糊的和误导人的，个体企业家不知道其他企业正在生产多少，于是很容易高估某种商品的需要并在市场库存过剩。"

洛贝尔图斯坦率地说，这些危机的唯一补救措施就是当代财产关系的"完全逆转"或实行计划经济，将所有的生产资料集中于"一个单独的社会权威手中"。可为了让困惑的读者安心，他又很快补充道，对于是否会真正出现这种状态，他保留自己的判断——"但这是阻止这种衰退的唯一可能的办法"。因此，他明确认为在现代生产方式中，无政府状态只产生一种具体的危机和部分的危机

着和被压迫着的预言家几乎开始富有诗意的翱翔。在1950年他的第二封《社会问题书笺》中，洛贝尔图斯表达了这样一种认识，即社会缺乏必要的"道德决心"以解决社会问题，也就是改变财富的分配方式，历史将被迫"使用革命的辫子来反对它"。然而在八年后，这位坚定的普鲁士人却选择了对殖民地国家的原住民挥舞基督伦理的殖民政策的鞭子。当然，这可能就是人们对于"德国科学社会主义的创始人"的期待，而这个创始人还是军国主义的热情支持者，至于"削减军队"不过是他口头上迸发的诗人的放纵罢了。在他的《理解社会问题》一文中，他解释说，"整个国家的税负将永远被引至底层，有时以提高工资商品的价格的形式，有时以降低货币工资的形式"。在这一点上，他从"国家费用的层面"来考虑征兵，解释为"对于工人阶级，与其说是税收，还不如说是对他们几年内的全部收入的没收"。随即，他又补充道："为了避免误会，我得指出我是我们现在的军事制度的坚定支持者(即普鲁士的反革命军事制度)——虽然它对于工人阶级而言可能是压迫性的，而且要求有产阶级做出巨大的财产牺牲。"这听起来就更不像是狮子的咆哮了！

表现。

洛贝尔图斯轻蔑地拒绝了萨伊-李嘉图的消费与生产的自然均衡原理；就像西斯蒙第一样，他强调一切都取决于社会购买力，也依赖于收入分配。尽管如此，他并不赞同西斯蒙第的危机理论，并尖锐地反对由此得出的结论。如果西斯蒙第把未考虑收入的限制的无限生产扩张视为万恶之源，并提倡限制生产，那么，洛贝尔图斯则与之完全相反，他拥护生产、财富和生产力的最强有力的与无限的扩张，并相信这是社会必要。无论谁拒绝了社会财富，也就同时拒绝了它的力量、进步以及与进步相伴随的美德；无论谁阻碍了财富的增长，也就同时阻碍了所有的社会进步。知识、决心和能力的任何增长都被认为与财富的增长密切相关。[①] 根据这个观点，洛贝尔图斯强烈支持证券发行所，把它视为促使公司快速且无限制扩张的不可或缺的基础。他写于1859年的关于抵押问题的文章和关于《普鲁士财政危机》[②] 的著作都致力于这一请求。他甚至毫不客气地攻击西斯蒙第式的警告，并像往常一样首先从他特有的乌托邦式伦理谈起。

他侃侃而谈道："企业家在本质上是经济的公务员。通过财产制度，他们被完全托付以国家的生产资料。如果他们把这些生产资料投入生产并在这一过程尽心竭力，不过是尽到了自己的义务，因为资本的存在完全是为了生产——让我再重复一遍。"他进一步用事实论据说："或者让他们（企业家）持续地并从一开始就以比所获

① 《洛贝尔图斯-亚格措夫博士书笺与社会政治论文集》，第三卷，第82页。

② 出版于1845年。

得的生产资料更少的生产力来工作，把急性发作的痛苦变成慢性的过程？他们是要用期限上的持久性来支付灾难危害的弱化吗？即使我们愚蠢地给他们提出这个建议，他们也不会接受。世界上的企业家将如何认识超出市场健康范围的限制呢？他们在互相不认识的情况下从事生产，他们在地球上最遥远的角落为数百英里之外的市场生产，他们用如此巨大的力量来生产，以至于一个月的生产就可能已经超越极限。这样分散又是这样强大的生产，如何才能可信地预先估计到什么数量是充足的？那些能够帮助他们的组织，例如今天的统计局又在哪里呢？更糟糕的是，价格本身的上升和下降只能说明市场状况，但并不是预言市场温度的晴雨表，而更像是一个记载它的温度计。如果价格下跌，就说明边界已经被突破，灾难已经与我们在一起。"①

这些显然针对西斯蒙第的攻击，显示了两个对手之间的根本差异。如果恩格斯那时在他的《反杜林论》中宣称是西斯蒙第首先解释了危机源于消费不足，而洛贝尔图斯借用了他的这一观点，那么，他并不是完全准确的。洛贝尔图斯与西斯蒙第的全部共同点在于他们都反对古典学派，都把危机普遍解释为收入分配的结果。就是在这一点上，洛贝尔图斯有着他自己独到的见解：生产过剩不是由工人阶级的低水平收入所导致，也不是像西斯蒙第所说的那样由资本家的有限的消费能力所导致，而是完全因为下列事实：随着劳动生产率的日益增长，就价值而言，工人的收入在产品中所占的份额越来越少。洛贝尔图斯竭力使对手认识到，不是工人份额的绝对数

① 《洛贝尔图斯-亚格措夫博士书笺与社会政治论文集》，第四卷，第231页。

量太少导致了危机。

在给冯·基尔希曼的信中，他写道："想象一下，这些份额如此之小，那些获得它们的人只能勉强糊口。只要你为它们在国民产值中设定一个比例，你将拥有一个不变的'价值容器'吸纳日益增长的内容，工人阶级也同样越来越繁荣……现在反过来设想，你可以随你的喜欢让工人阶级获得尽可能大的份额，但让它在国民产值中成为一个越来越小的部分，而国民产值则伴随着日益增长的生产率发展。那么，假设它没有被缩小到今天如此微薄的数量，这个份额将依然可以保护工人免于过度的贫困，因为它所代表的产品数量还是比它在今天的数量大得多，可一旦这个份额开始下降，就会有不满的情绪蔓延，最终形成一个商业危机，对于这个商业危机，不应该谴责资本家，因为当他们在根据这些份额的大小确定生产规模时，只是在履行自己的职责。"

这就是为什么说导致危机的真正原因是"下降的工资率"，只有通过法律措施确保工人份额的稳定性及其在国民产值中的不变比例才能克服危机。如果我们要公正地评价这一奇特想法的经济含义，还需要好好地了解它。

第十七章 洛贝尔图斯的再生产分析

首先，工人份额的减少注定直接引发生产过剩和商业危机，这意味着什么呢？洛贝尔图斯的这个观点，只有在下列情况下才有意义，即“国民产值”由两个部分——工人的份额与资本家的份额——组成，也就是 $v+s$，并且两者可以相互交换。这或多或少就是他在一些场合想说的话，例如在他的第一封《社会问题书笺》中写道：

“工人阶级的贫困令他们的收入无法为增加的产品提供销售机会。从企业家的观点来看，新增的产品数量降低了总产品的价值，以至于阻碍生产按照以前的规模进行，使工人最好也不过是处在他们已经习惯的困境，尽管，倘若这些新增加的部分可以让工人购买使用，这不仅可以改善他们的命运，还能通过增加资本家所保留部分的价值而起到平衡的作用（也能使后者将他们的企业保持在同样的水平）。”①

掌握在工人手里并且能够增加企业家所保留部分价值的“平衡物”，在这个语境中就是需求。再一次，我们幸运地回到了熟悉的冯·基尔希曼的欧尔特，在那里工人和资本家用他们的收入交换剩余产品，在那里危机源于可变资本小而剩余价值大。这个奇特的观

① 《洛贝尔图斯-亚格措夫博士书笺与社会政治论文集》，第三卷，第 176 页。

点在上文已经讨论过。但洛贝尔图斯在其他场合还提出了一个有些差异的概念。在他的第四封《社会问题书笺》中，将其理论解释为：由工人阶级的份额所显示、资产阶级的份额所引起的持续的需求关系变动，必定造成生产与消费之间的长期不平衡。

“如果企业家们竭力将其份额保持在限度之内，但对于社会中的绝大多数人来说，他们的份额一直处于不断的下降中，即工人的份额在逐渐地、不知不觉地以不可抗拒的力量减少，会怎样？——如果这些阶级持续减少的份额等于其生产率增加的程度，会怎样？”“资本家必然依据现有份额的数量组织生产以获取财富，但他们的生产总是超出这个数量（先前份额的），因而总是存在不满足的情况，最终导致贸易的停滞，这难道不是事实吗？”[①]

根据这种情况，危机的解释应该如下：国民产值包括一定数量的供工人使用的“普通商品”，如冯·基尔希曼所说的，以及一定数量的供资本家使用的高级商品。工资代表着前者的数量，而总体剩余价值则代表后者的数量。如果资本家在此基础上组织他们的生产，与此同时生产率也在不断提高，那么比例失衡现象即刻就会出现。因为，工人们今天的份额已经不再比昨天的多，而是少了。如果对于“普通商品”的需求，假设说，以往占国民产值的七分之六，今天却只有七分之五，而提供了七分之六的“普通商品”的企业家们就会痛苦地突然发现他们过度生产了七分之一。现在，这种经验让他们变聪明了，他们试图只以国民生产总值的七分之五来组织明天的“普通商品”的生产，可由于国民产值中用于工资的份额还在

① 《洛贝尔图斯-亚格措夫博士书笺与社会政治论文集》，第一卷，第 53、57 页。

降低，明天的工资份额必然只有七分之四，以此类推，企业家们因而又会面临新的失望。

在这个独特的理论中，有几点令我们感到惊奇。如果我们的商业危机完全是由工人的“工资率”，即可变资本所代表的国民生产总值中的一个持续减少的部分所引起的，那么这条不幸的规律本身就带着治疗其所造成的灾难的药方，因为若存在过度生产，它在总产品中的份额将越来越小。洛贝尔图斯喜欢使用“压倒性的多数”、消费者中的“大量人口”这样的措辞，但需求并不是由人头数而是由这些人所代表的相关价值构成。如果相信洛贝尔图斯的话，这个价值在总产品中的份额将越来越微不足道。因此，危机就被建立在了一个日益缩小的经济基础之上，但需要进一步了解的是，尽管如此，普遍的且越来越严重的危机究竟如何得以继续发生，就像洛贝尔图斯所充分意识到的那样。工人阶级所失去的那部分购买力应该被资产阶级获得；如果 v 减少了，就必须增加 s 予以弥补。在这个简单的计划中，社会整体的购买力不变，正如洛贝尔图斯所详细阐述的：“我十分清楚从工人那里拿走的份额最终扩大了‘食利者’的部分（地租和剩余价值被用作同义词——作者按），从整体和长远来看，社会购买力保持不变，但就市场上的产品而言，危机总是在这一增长被察觉之前就已经存在了。”①

总之，问题至多是存在“太多的”“普通商品”，而供资本家使用的高级商品却“太少”。不知不觉地，洛贝尔图斯就迂回曲折地接受了他曾那么热情辩驳的萨伊-李嘉图理论，该理论认为一方的

① 《洛贝尔图斯-亚格措夫博士书笺与社会政治论文集》，第一卷，第206页。

生产过剩总是与另一方的生产不足相对应。由于这两部分份额的比例总是朝着有利于资本家的方向变动，因此可以预期我们的商业危机基本将越来越出现周期性生产不足的特点，而非生产过剩的特点！这种逻辑练习已经让人腻烦了，这一切的结果就是洛贝尔图斯从价值的角度认为国民产值仅由两部分组成，即 s 和 v，因而与他曾经奋力斗争的古典学派的观点和传统完全一致，甚至还加入了他自己的资本家消费了所有剩余价值的观点。这就是为什么他不加修饰地重复自己的话语，如在第四封《社会问题书笺》中写道：

"相应地，我们必须把导致一般地租分为本来的地租与资本的地租的原因提取出来，以找出区分一般地租（剩余价值）的潜在的基本原则，以及将劳动产品划分为工资和地租的基本原则。"[①] 以及在第三封书笺中提到的："让我重申一次，地租、资本利润以及劳动的工资都是收入。通过这种方式，地主、资本家和工人得以生存，或者满足他们直接的人类需要。因此，他们必须为了这一目标而以合适的物品形态获得自己的收入。"[②]

对于资本主义经济的曲解，再没有比这个更粗劣的了；毫无疑问，洛贝尔图斯确实有充分的理由索要"优先权"——不完全是优先于马克思，而是优先于所有的著名的经济学家。为了让读者丝毫不怀疑他这一彻底混乱的说法，他在同一封信中继续将资本家的剩余价值列为与古代奴隶主的收入同一水平的经济范畴：

"第一种形态（奴隶制的）与最原始的自然经济相伴随：从工

① 《洛贝尔图斯-亚格措夫博士书笺与社会政治论文集》，第一卷，第 19 页。
② 《洛贝尔图斯-亚格措夫博士书笺与社会政治论文集》，第二卷，第 110 页。

人或者奴隶的收入中被扣留并构成主人或所有者财产的劳动产品部分，将会完整地归属于拥有土地、资本、工人以及劳动产品的人；在地租与资本利润之间甚至不存在概念上的区别。第二种形态包含了最复杂的货币经济：从如今被解放了的工人的收入中扣留，并归属于各自的土地和资本所有者的那部分劳动产品，将分别在原材料与制成品的所有者之间做进一步的划分；前一种形态的单一地租将被划分为地租和资本利润，并相应地予以区别对待。”[①]

洛贝尔图斯把从工人“收入”中所扣留的剩余价值的分割，视为奴隶制的剥削和现代资本主义的剥削之间最显著的差异。这并不是在劳动与资本之间对新近所创造的价值进行分配的具体历史形态，而是在不同的受益人之间对剩余价值进行分配，这种与生产过程无关的分配形态却是资本主义生产模式的决定性事实。在所有其他方面，资本主义的剩余价值依然与奴隶主的古老的“单一地租”一样，是一笔用于剥削者个人消费的私人基金！

但洛贝尔图斯在别的地方，又陷入了矛盾，他突然想到了不变资本及其在再生产过程中更新的必要性。于是，他不再将总产品分为 v 和 s，而是将它分为 c、v 和 s。在他的第三封《社会问题书笺》中，他对奴隶经济的再生产形式进行了论述：

“由于奴隶主会注意到部分奴隶的劳动被用于维持甚至改善耕地、牲畜群、农具和生产工具，用现代术语来说就是存在一个‘资本替换’，部分的国民经济产品将被直接用于维护地产，而不需要

① 《洛贝尔图斯-亚格措夫博士书笺与社会政治论文集》，第二卷，第 144 页。

任何交换或交换价值作为中介。"[①] 在转到资本主义再生产话题时，他继续写道："如今，就价值而言，劳动产品的一部分被用于或预定于维护资产，用于'资本替换'，而另一部分则作为工人的货币工资用以维持他们的生存；土地、资本以及劳动产品的所有者保留最后剩余的作为他们的收入或地租。"[②]

这就是一个关于不变资本、可变资本以及剩余价值三分法的明确表述。他在第三封《社会问题书笺》中，再次用同样精确的语言阐述了自己的这一"新"理论的特点："依据这个理论，在充足的劳动生产率条件下，产品在进行资本替换后留作工资的那部分内容，将作为工资和地租，以土地和资本的所有权为基础，在工人和所有者之间进行分配。"[③]

现在看来洛贝尔图斯对于总体产品价值的分析明显领先于古典学派；稍后连亚当·斯密的"教条"也被公然地批评，令人惊讶的是，洛贝尔图斯的各位博学的崇拜者，瓦格纳(Wagner)、狄策尔(Dietzel)、迪尔这批人，在如此重要的经济理论节点上，竟然没有为他们的宠儿争取压倒马克思的"优先权"。事实上，在这一方面，就像一般的价值理论一样，洛贝尔图斯的优先性也是值得怀疑的。假若他有时看似获得了正确的见解，但很快就会被证明是一个误解或至少是个错误的方法。他对亚当·斯密教条的批评，典型地印证了他无法解决自己暗自摸索的国民产值三分法。他在文献中写道：

① 《洛贝尔图斯-亚格措夫博士书笺与社会政治论文集》，第二卷，第146页。

② 同上书，第155页。

③ 同上书，第223页。

“我们知道，自亚当·斯密以后，所有的经济学家都将产品的价值划分为劳动的工资、地租以及资本利润，因而把不同阶级的收入，特别是不同项目的地租收入作为产品的一部分，这并不是一个新的观点。但经济学家们马上就出现了错误。他们中的所有人，甚至连李嘉图学派的也没有例外，都出现了错误，这些错误是：首先，不承认总产品，即制成品，也就是整个国民产值是工人、地主、资本家共同享有的一个实体，而把未制成品部分视为在三者间分享的一种类型，把制成品部分视为只在两者间分享的另一种类型。按照这些理论，未制成品和制成品两者都成了不同的项目收入。其次，他们——尽管西斯蒙第和李嘉图没有犯这个特殊的错误——把没有物质帮助，例如没有土地，劳动无法生产产品的自然现象视为一种经济现象，并把今天所理解的，劳动分工需要资本这样的社会事实当作一个基本的论据。因此，他们建立了一个虚构的基本经济关系，并根据这个经济关系决定不同类型的所有者的份额，由于社会上存在不同的土地、资本和劳动的所有者，因此，地租是由土地所有者将土地租用于生产而产生的，资本利润是资本家出于同样目的使用资本而产生的，最后工资产生于劳动的贡献。萨伊学派十分巧妙地阐述了这一错误论点，甚至还虚构了与各种所有者的产品份额相一致的土地、资本、劳动的生产服务概念，以便作为生产服务的结果来解释这些份额。再次，他们最终陷入一方面从产品的价值中得出劳动工资和各种地租，另一方面又反过来认为产品价值来源于劳动工资与各种地租的愚蠢之举，于是一方依赖于另一方，反之亦然。当这些作者中的某些人试图用两个连续的章节来解释‘地租对于产品价格的影响’以及‘产品价格对于地租的影响’时，这种荒

谬是显而易见的。”[①]

虽然这些精彩的批判性评论——最后一个尤为出彩，确实在一定程度上先于马克思在《资本论》的第二卷就此所做的批评——洛贝尔图斯平静地接受了古典学派及其庸俗的追随者们所犯的根本错误：他们都完全忽视了需要用来替换社会的不变资本的那部分总产品的价值。这就使他更易于保持与“下降的工资率”的奇特战斗。

在资本主义生产形态下，社会总产品的价值被分为三个部分：第一部分相当于不变资本的价值，第二部分相当于工资总额，即可变资本，第三部分等于资产阶级的总体剩余价值。在这个结构中，相对而言，相当于可变资本的那部分一直在下降，之所以如此有两个方面的原因。首先，在 $c+v+s$ 中，c 与（$v+s$）的关系总是在不断变化，变化的方向是 c 的相对增加与 $v+s$ 的相对减少。这是一个人类劳动效率递增的简单规律，适用于所有经济进步的社会，并独立于它们的历史形态，一个只能够说明活劳动越来越有可能在更短的时间内，将更多的生产资料转化为使用对象的公式。如果（$v+s$）作为一个整体在减少，那么 v 作为它的组成部分，必然会相对于产品的总价值而减少。反对这一点并试图阻止这种减少，就无异于跟不断增长的劳动生产率的一般影响做斗争。而且，在（$v+s$）中，同样存在着一个方向性的变化，该变化就是 v 的相对减少与 s 的相对增加，也就是说，在新近创造的价值中，只有越来越少的部分被用于工资，而更多的部分被分配为剩余价值。这就是资本主义特有的劳动生产率递增的公式，在资本主义的生产条件下，与一般的规律一

① 《洛贝尔图斯-亚格措夫博士书笺与社会政治论文集》，第二卷，第 226 页。

样有效。用国家的力量去阻止 v 相对于 s 的减少，将意味着劳动力这个基本商品被排斥在为所有商品降低生产成本的进步之外；意味着这种商品无法获得技术进步的经济影响。不仅如此，“下降的工资率”只是剩余价值率上升的另一种表达，而剩余价值率的上升则是阻止利润率下降的最有力和有效的手段，因此它代表着资本主义一般生产的原动力，特别是这个生产系统内的技术进步的原动力。通过立法手段废除“下降的工资率”，就等于消除了资本主义社会存在的理由，并对它的整个系统施以严重的打击。让我们面对这样的事实：个体资本家，就像作为一个整体的资本主义社会，并不知道产品价值由社会必要劳动的总和构成，这确实超出了他的了解。资本家所理解的价值是一种派生形式，经过竞争的颠倒变成生产成本。虽然产品价值实际被分解为它的组成部分 c、v 和 s 的价值，但在资本家的心中，却把 c 视为 v 和 s 的总和；而且，这些还以扭曲和次要的形式出现在他的面前：(1) 他的固定资本的磨损；(2) 他预付的流动资本，包括工人的工资；(3) 当前的利润，即他的整个资本的平均利润率。那么，如何通过洛贝尔图斯所设想的那种法律，迫使资本家在面对产品的总价值时，保持一个“固定的工资比例”？这就完全像是通过法律规定刚好将产品总价格的三分之一，不多也不少，用于支付每个商品制造所使用的原材料。显然，洛贝尔图斯很为自己的高见骄傲，并把它视为一个新的阿基米德式的发现，是根治资本主义生产的一切弊端的特效药，但从资本主义生产模式的所有方面来看，这完全是一派胡言。它不过是源于以洛贝尔图斯独特的语言所表述的混乱的价值理论：“如今，在一个资本主义社会，产品必须具有交换价值，就像它在古代经济中必须具有使用价值一

样。”[①] 在古代社会，人们必须吃面包和肉以维持生存，但今天的我们只要知道面包和肉的价格就已经满足了。从洛贝尔图斯对“固定工资比例”的偏执中可得出的最明显推论就是，他完全不具备理解资本主义积累的能力。

前面的引文已经显示洛贝尔图斯只考虑了简单商品生产，这与他的资本主义生产的目的就是为满足人类需要而制造消费物品的错误观点相一致。他经常提到“资本替换”，提到使资本家“在原有规模上继续经营企业”的必要，但他的主要观点却正好与资本的积累相反。固定剩余价值比例、防止它的增长，就等于使资本积累瘫痪。西斯蒙第和冯·基尔希曼都认识到生产与消费的平衡问题实际是积累的问题，也就是扩大的资本主义再生产问题。他们俩都将再生产平衡中的干扰因素归结为积累趋势，都否定积累的可能性，唯一的区别就在于，一方主张以减缓生产力为补救，另一方却赞成多使用生产力生产奢侈品，并把所有的剩余价值都用于消费。在这方面，洛贝尔图斯也一意孤行。其他人都试着去理解资本积累的事实并取得了或多或少的成果，但洛贝尔图斯却要反对这个概念。“自亚当·斯密以来，经济学家们都相继附和着这个原理，并使它成为一个普遍而绝对的真理，即资本只能从节约和积累中产生。”[②]

洛贝尔图斯竭力反对这个“欺骗性的判断”。他用超过60页的篇幅详细地辩解：(a)不是节约而是劳动构成了资本的来源；(b)经济学家对“节约”的“错觉”来自于他们离谱的观点，资本本身具有

① 《洛贝尔图斯-亚格措夫博士书笺与社会政治论文集》，第二卷，第156页。
② 《洛贝尔图斯-亚格措夫博士书笺与社会政治论文集》，第一卷，第40页。

生产性；(c) 这个错觉最终源于另一个错误，即资本是资本。

冯·基尔希曼非常清楚什么是资本家“节约”的底线。他精妙地论述为：“每个人都知道，资本的积累不仅是准备金的囤积，或在主人的金库里白白堆积金属和货币。那些想节约的人之所以进行节约，是为了让自己的节约能够被自己或其他机构作为资本重新使用，以产生收入。但只有在这些资本被用于能够产生所需要利息的新企业时，才有可能取得收入。对于这些节约，一个人可能用于建造一条船，另一个人盖了谷仓，第三个人开垦了一块荒地，第四个人预订了一台新的纺丝机，第五个人则为了扩大他的制鞋企业，购买更多的皮革和雇用更多的劳动力，等等。被节约的资本只有在以这样的方式被使用时，才能产生利息（也就是利润），而后者是所有‘节约’的最终目的。”[①]

冯·基尔希曼虽有些笨拙，但整体却很准确地描述什么是真正的剩余价值资本化，即资本积累的过程，它构成了节约的全部意义，被“自亚当·斯密以来”的古典经济学家们本能地提倡。考虑到冯·基尔希曼像西斯蒙第一样，把积累视为危机的直接形成原因，因此，他对节约和积累的反对倒是与他的上述观点完全一致。在这里，洛贝尔图斯则更“彻底”。从李嘉图的价值理论中，他学习到劳动是所有价值的来源，因而也是资本的来源；可他完全被这个初步的认知所蒙蔽，不了解资本主义生产和资本运动的所有复杂性。既然资本产生于劳动，那么资本的积累，即“节约”和剩余价值的资本化都成了无稽之谈。

① 《洛贝尔图斯-亚格措夫博士书笺与社会政治论文集》，第二卷，第 25 页。

如我们所预见的，为了解开“自亚当·斯密以来的经济学家们”所造成的一系列错综复杂的谬误，洛贝尔图斯采用了“孤独的农夫”的例子，通过对这个不幸的人的冗长解剖来证明他所需要的一切。在这里，他当然已经发现“资本”，也就是“自亚当·斯密以来的经济学家们”用以从知识之树攫取资本理论之果的著名的“原始木棍”。“节约能够产生这一‘木棍’吗”，这是他的疑问。既然每个正常人都理解，“节约”不能产生任何“木棍”，鲁滨逊·克鲁索必须用木头来制作它，那我们就已经证明了“节约”理论是完全错误的。不久，这个“孤独的农夫”就要用木棍从树上击落一个果子，而这个果子就是他的“收入”。

“如果资本是收入的来源，那么这一关系就已经得到了这些最基本和最原始事件的证明。如果说木棒构成了收入的来源或者构成了被击落果子所包含的部分收入的来源，这样的说法对吗？是否违背事实和概念呢？我们能不能把全部或部分收入的产生原因归结为木棒？我们可以把它，全部或部分地视为木棒的产品吗？”[①]

当然不能。因为果子是生长它的树的产品，而不是把它击落的木棒的产品。洛贝尔图斯已经证明如果所有的“自亚当·斯密以来的经济学家们”都坚持收入来源于资本，那么他们就犯了一个严重的错误。在以鲁滨逊·克鲁索的“经济”为例清晰地阐述了所有的基本经济概念后，他把因此而获取的知识推广到了一个“没有资本或土地所有权”的虚拟社会，也就是共产主义占有方式的社会，然后再推广到一个具有“资本和土地所有权”的社会，即现代社会；

① 《洛贝尔图斯-亚格措夫博士书笺与社会政治论文集》，第一卷，第 250 页。

但是请看——所有鲁滨逊·克鲁索的经济规律都可以逐条地适用于这两种社会形态。洛贝尔图斯在这里设计了一个完全符合他的乌托邦式空想的资本和收入理论。由于他发现鲁滨逊·克鲁索的"资本"是纯粹而简单的生产资料，他就把资本主义经济中的资本与生产资料相等同。在他的挥手之间，减少的资本就变成了不变资本，他以公正和道德的名义反对把工资，即工人的生活资料，也视为资本。他激烈地驳斥可变资本的概念，认为它是每个灾难的原因。他难过地说："只要经济学家们注意到我说的话，只要他们毫无偏见地检查一下他们与我谁是对的。这是当前系统中关于资本的所有错误的焦点，是在理论与实践上不公正对待工人阶级的最终来源。"①

因为"正义"要求，构成工人的实际工资的物品不应被算入资本的一部分，而应属于收入的范畴。尽管洛贝尔图斯非常清楚资本家必须把他预付的工资视为他的资本，就像其他被列入直接生产资料的部分一样，但在他看来，这仅适用于个体资本家。一旦这成为社会总产品的问题，即整体再生产的问题时，他便宣称资本主义的生产范畴是一个幻觉，一个恶意的谎言和一个"错误"。"资本本身（完全是所谓的）、组成资本的项目、国家角度的资本，是完全不同

① 《洛贝尔图斯-亚格措夫博士书笺与社会政治论文集》，第一卷，第 295 页。洛贝尔图斯在其一生中不停重申他早在 1842 年的《关于我们的政治经济状况的认识》一书中所揭示的观点。"但在目前的条件下，我们要考虑的不仅是物品生产成本中的劳动工资，还有地租和资本利润。因此，我们必须仔细地批驳这个观点，这个观点有两个基础：(a) 对资本的错误认识，把工资跟材料和工具一样算作资本的一部分，但工资实际与地租和利润处在同一水平；(b) 混淆了商品的生产成本和企业家的预付或企业的经营成本。"（《关于我们的政治经济状况的认识》，1842 年，第 14 页）

于私人资本、资本资产、资本财产，以及‘资本’在现代用语中通常所代表的一切。”[①]

个体资本家可按照资本主义的方式从事生产，但社会作为一个整体必须像鲁宾逊·克鲁索一样，作为一个集体所有者使用共产主义的生产方式。

“现在多少有部分国民生产总值在生产的各个阶段被私人占有，但这些人不必被算作真正的生产者，而真正的生产者经常作为少数所有者的仆人去制造这一国民生产总值，却并不享有自己产品的所有权，从一般的和国家的角度来看，这些不存在什么区别。”

整个社会内部关系的一些特点无疑产生于：(1)“交换”作为中介的制度，和(2)产品分配之间的不平等。

“但所有这些结果并不影响国民生产的运动和国民产值的形成，它们现在和从前一样，总是保持同样的状态（在共产主义状况下也是如此）；从国家的观点来看，这些结果也不在任何方面改变迄今已形成的资本和收入之间的区别。”

如同斯密和许多其他人一样，西斯蒙第辛苦地努力着，想从资本主义生产的矛盾中解决资本和收入的概念问题，而洛贝尔图斯则采用更简单的方法，并对资本主义生产为社会整体所确定的具体形态进行抽象概括，他直接把生产资料称为“资本”，把消费品称为“收

---

① 《洛贝尔图斯-亚格措夫博士书笺与社会政治论文集》，第一卷，第 304 页。正如已经在《关于我们的政治经济状况的认识》中所说：“我们必须把狭义的或本来意义上的资本与广义的资本相区别。前者包括工具和材料的实际储备量，后者包括在如今的劳动分工下，企业经营所必需的资金。前者是生产中绝对必要的资本，后者则是迫于当今条件具有的相对必要性。因此只有前者才是严格的本来意义上的资本；只是它才完全符合国民资本的概念。”

入”，然后却停留在了这里。

“土地和资本的所有权只对相互交往的个人有着基本影响。如果以国家作为单位，所有权施加于个人的影响就完全消失了。”①

我们看到，一旦洛贝尔图斯接触到真正的问题，即资本主义的总产品及其运动时，他就对生产的历史特殊性表现出乌托邦式的愚笨态度。马克思对蒲鲁东的评价——“谈到整个社会时，他就假装这个社会不再是资本主义的”，正好也适合洛贝尔图斯。洛贝尔图斯的情况再次说明了马克思之前的每一位经济学家，他们试图把劳动过程的具体方面与根据价值考察一切事务的资本主义的生产观点相协调，对个体资本与社会资本的运动形态进行调节，他们的探索是如何一筹莫展的。这样的努力就像钟摆一样，从一个极端滑向另一个极端：例如萨伊和麦卡洛克的见解浅薄，只承认个体资本的概念；而蒲鲁东和洛贝尔图斯的乌托邦式方法，又让他们只看到劳动过程的概念。只有马克思深入分析的内容展现出了它真正的光辉。他的简单再生产图式通过对所有和谐或矛盾观点的收集，阐释了全部问题，并将令人绝望的无数巨著的晦涩表述分解为惊人简单的两行数字。

基于这些资本和收入观点，显然不能理解资本主义的占有问题。事实上，洛贝尔图斯直接为资本主义的占有打上“抢劫”的烙印，并在它如此公然侵犯的财产权利的法庭上向它发起控诉。

“工人的这一人身自由，应该在法律上包含劳动产品的价值的所有权，但在实践中却迫于土地和资本所有权的压力，导致工人在

① 《洛贝尔图斯-亚格措夫博士书笺与社会政治论文集》，第一卷，第 292 页。

欺诈下放弃产权要求；可所有者并不承认这个严重且普遍的错误，好像他们本能地惧怕历史将按照自己的无情且不可改变的逻辑发展。”①

洛贝尔图斯的“这一理论因而详细且确切地证明了，那些赞美今天的所有权关系，同时又不能以劳动之外的东西为所有权基础的人，将完全背离自己的原则。它证明了今天的财产关系实际建立在普遍破坏这一原则的基础上；证明了当前社会所积聚的巨大个人财富是掠夺积累的结果，从远古时代起，这一掠夺就随着每个新增工人而在社会持续上升”。②

既然剩余价值被贴上了“抢劫”的标签，日益增加的剩余价值率就必然成为“当前经济结构中的一个重大错误”。布里索（Brissot）粗鲁且带有革命声音的悖论——“财产即是盗窃”——曾经成为蒲鲁东第一本小册子的出发点，但洛贝尔图斯的观点却是另一回事，他认为资本是财产上的盗窃行为。只需与马克思关于所有权法则转化为资本主义占有法则的章节——这是马克思在《资本论》的第一卷中运用历史辩证法的杰作——放在一起进行比较，就可以让洛贝尔图斯的“优先”不攻自破了。在“财产的权利”方面，洛贝尔图斯对资本主义的占有进行了大肆的攻击，这让他无法看出资本是剩余价值的来源，就像他以前对于“节约”的连篇累牍的谴责令其无法看到剩余价值是资本的来源一样。这样，他就处在比冯·基尔希曼更糟糕的位置，缺乏理解资本主义积累的所有能力。

① 《洛贝尔图斯-亚格措夫博士书笺与社会政治论文集》，第二卷，第136页。

② 同上书，第225页。

这意味着洛贝尔图斯希望无限制的扩大生产而不要“节约”，也就是说，没有资本主义的积累！他希望生产力无限增长，同时又有一个法律固定的剩余价值率。总之，他表明自己完全无法把握他所希望改良的资本主义生产的真正基础，也不能理解他所激烈抨击的古典经济学的最重要结论。

因此，在我们的预料中，迪尔教授应该就洛贝尔图斯的“新收入理论”及其对资本的逻辑范畴与历史范畴的区分（与个体资本相区别的所谓的真正资本），宣称他是经济理论的先驱；阿道夫·瓦格纳（Adolf Wagner）教授把洛贝尔图斯称为“经济社会主义的李嘉图”，这只证明他自己并不了解李嘉图、洛贝尔图斯和社会主义。莱克西斯（Lexis）甚至断言洛贝尔图斯至少在抽象思维的能力上与他的“英国对手”旗鼓相当，而在“揭示现象中的根本关系的技术”、在“富有想象力的活力”，最重要的是在他的“经济生活的伦理方法”上，远比他的对手高明。不过，除了对李嘉图的地租理论进行批判以外，洛贝尔图斯在经济理论的真正成就还包括：他不时会指出剩余价值与利润之间的显著区别，把剩余价值作为一个整体来看待并有意识地将其与其局部表现相区分，批判了斯密的商品价值分析的教条，精确地阐述了危机的周期性特征与表现——所有这些旨在超越斯密、李嘉图和萨伊的研究，尽管本身有希望，但却因混乱的基本概念而注定走向失败，这些都超出了洛贝尔图斯的官方崇拜者的认识。正如弗朗茨·梅林（Franz Mehring）所指出的，洛贝尔图斯的命运奇特，同样一帮人把他在经济学上的所谓实力捧上天，却对他在政治领域的真正功绩予以斥责。在这里，我们暂且不管他在经济与政治成就方面的差异；在经济理论领域，他的崇拜者为他以空

想家的无望热情在不毛之地的开垦建立了一个宏伟的纪念碑，而在平凡的苗圃上，他曾播种下一些精良的种子，这些种子却在苗圃里被杂草抑制、被人遗忘。[①]

我们不能说积累的问题在整体上已经通过洛贝尔图斯这个普鲁士人的努力，取得了超越第一次争论的巨大进展。如果在此期间的和谐经济理论从李嘉图的水平下降到了巴师夏-舒尔泽（Bastiat-

① 顺便说一下，在他去世后出版他的遗著的编辑们给他举行了最坏的纪念仪式。这些博学的绅士，各位先生，如瓦格纳、科扎克（Kozak）等人，在他的遗著的前言中，就像一群站在前厅的态度恶劣的粗鄙仆人，公然为个人的琐碎积怨和嫉妒争执不休，互相辱骂。他们甚至不顾社会礼仪，在确定各人所发现的手稿的日期方面相互干扰。举例说明，梅林注意到洛贝尔图斯被发现的最早的手稿不是像瓦格纳教授所断言的那样出版于 1837 年，而是最早发表在 1839 年，因为手稿的开篇就指出与宪章运动有关的历史事件，作为一个经济学的教授理应知道宪章运动发生在 1839 年。在瓦格纳教授对洛贝尔图斯的介绍中，他的炫耀、他喋喋不休地唠叨"对他的时间要求太多"，让我们感到厌烦。不管怎样，瓦格纳只会跟他的有学问的同事展开讨论，并超出一般人的理解水平；对于梅林在专家面前的完美纠正，他就像一个大人物一样，沉默着不予理会。迪尔教授同样沉默地在《国家学手册》中把日期从 1837 年改为 1839 年，却没有说明他这么做是在何时受了何人的教导。

最后由普特卡默尔（Puttkamer）和穆尔布莱西（Muehlbrecht）（1899）修改为"受欢迎的"和"新的和廉价的"版本。有几位意见不同的编者对此进行了合作，但他们在这个版本的序言中依然继续争吵。在这个版本中，瓦格纳以前的第二卷变成了第一卷，但是瓦格纳在绪论中仍然将第二卷作为第一卷。第一封《社会问题书笺》被放在了第三卷，第二封和第三封被收入第二卷，第四封则被放在第一卷。《社会问题书笺》《争论》《关于我们的政治经济状况的认识》的次序……年代和逻辑的顺序，发行和写作的日期都令人绝望地被混淆在一起，所造成的混乱比多次火山爆发后形成的地层重叠还让人难以区分。可能是出于对瓦格纳教授的尊敬，洛贝尔图斯最早手稿的日期仍被定于 1837 年——这是在 1899 年，虽然梅林已经在 1894 年做出了纠正。如果我们把这与梅林和考茨基（Kautsky）编辑的马克思的文学遗产进行比较，我们看到的显然是非常表面的事情，但却折射出了深层的联系：一方面是对有阶级意识的无产阶级权威的科学遗产的谨慎态度；另一方面则是资产阶级的官方专家胡乱处理个人遗产，而这个人还在对他们自己有利的神话中，被视为一流的天才。各应得其所有，各宜得其所应得——这不就是洛贝尔图斯的座右铭吗？

Schultze）的水平，那么社会批评也就相应地从西斯蒙第后退到洛贝尔图斯。西斯蒙第在1819年的评论已经成为一个历史事件，但洛贝尔图斯的改良思想，即便在第一次出现时就是一个可耻的倒退——在其后的重申中更是如此。

在西斯蒙第与萨伊、李嘉图的争论中，一方证明积累因危机而变得不可能，因此对生产力的充分发展提出警告；另一方则证明危机是不可能的，并倡导积累的无限发展。尽管他们都从错误的前提展开辩论，但各自的逻辑是一致的。

冯·基尔希曼和洛贝尔图斯都从、也注定都从危机的事实出发。在这里，总资本的扩大再生产问题，积累的问题，完全等同于危机的问题，并在寻求危机解决对策的尝试中偏离了主题，虽然半个世纪的历史经验已经清楚表明，周期性重现的危机是资本主义再生产的必要形态。现在，争论的一方把由资本家消费掉所有的剩余价值，也就是抑制积累作为对策；另一方则要通过立法手段稳定剩余价值率，这也是在做同样的事情，即完全放弃积累。洛贝尔图斯这种特殊的想法源自他的狂热和明确的信念，即可以在没有资本积累的情况下，实现生产力和财富的资本主义无限扩张。当资本主义生产发展到足以使马克思做出他的基本分析的程度时，资产阶级经济学对于解决再生产问题的最后尝试却退化到了荒谬与幼稚的乌托邦主义。

第三回合

司徒卢威、布尔加科夫、杜冈-巴拉诺夫斯基与沃龙佐夫、尼古拉-逊

第十八章　问题的新版本

关于资本主义积累的第三次论战，发生在一个完全不同于前两次的历史环境中。它发生在从 19 世纪 80 年代初期到 90 年代中期的一段时间，地点是俄国。资本主义的发展在西欧已经成熟。斯密和李嘉图在资产主义经济萌芽期所持的乐观的古典学派观点早已消逝……庸俗的孟彻斯特和谐理论中的乐观的利己主义，也在 70 年代的世界性崩溃的毁灭性影响和 60 年代后所有资本主义国家都爆发的激烈阶级斗争的打击下陷入沉寂。即使是用社会改良主义来修补和谐，虽曾自 80 年代初期，尤其是在德国盛极一时，但也很快就结束了，只留下宿醉后的痛苦。针对社会民主党的十二年的特别立法实验，带来的不过是痛苦的幻灭，并最终撕下和谐的面纱，暴露出赤裸裸现实中的残酷的资本主义矛盾。从那时起，只有在上升的工人阶级及其理论家的阵营中，才有可能出现乐观主义。无可否认，这种乐观主义不是关于自然或人为建立的资本主义经济的平衡，或资本主义的永恒持续，而是一种信念，这种信念认为资本主义通过极大地促进生产力的发展，也由于其固有的矛盾，将会为面向新的经济和社会形态的社会历史进步提供良好的土壤。资本主义初期的消极、令人沮丧的趋势，当时仅被西斯蒙第发现，直到 19 世纪 40 和 50 年代后才被洛贝尔图斯所观察，已被一种欢欣鼓舞的

趋势所抵消，即工人们为取得支配地位而在他们的工会运动和通过政治行动所进行的充满希望和胜利的斗争。

西欧的背景就是如此。但在当时的俄国，情况确实不一样。这里的70年代和80年代在各个方面都表现为过渡期，一个充满着痛苦的内部危机时期。在高保护关税时期的培育下，大的工业只在那时才真正开始入门。特别是1877年在西部边疆设立的黄金关税，是一个专制政府促进资本主义发展的新政策的特殊里程碑。在各种国家补贴、担保、保险和政府订单的刺激下，资本的“原始积累”在俄国极为蓬勃地发展着。它所赚取的利润，对于西方世界而言简直是一个传奇；但俄国当时的内部环境却毫无吸引力和希望。在平原上，财政和货币体系的剥削压力令农村经济衰落和解体，造成了恶劣的环境、周期性的饥荒和农民起义；在城市里，工厂里的无产者无论是在社会上还是精神上，都还没有团结在一起变成现代化的工人阶级；他们中的大部分仍然与农业联系紧密，并保持半农村的状态，特别是在莫斯科-弗拉基米尔——俄国纺织工业最重要的中心——的大型工业区。相应地，原始的剥削形式引起了原始的反抗方式。直到80年代初期，莫斯科地区自发的工厂起义与打砸机器为沙皇帝国早期的工厂立法的萌芽提供了动力。

如果俄国公共生活的经济方面显示出过渡期残酷的不和谐，其精神生活上也同样出现了危机。作为俄国社会主义本土形态的“民粹主义”，以俄国农业制度的特殊性为理论基础，也随着恐怖主义的“民意党”——即它的极端革命倡导者的失败，在政治上宣告终结。另一方面，乔治·普列汉诺夫（George Plekhanov）的早期作品，这些作品为马克思主义思想在俄国的传播铺平了道路，仅发表在

1883年和1885年，大约在十年里都没有产生什么影响。在80年代至90年代之间，俄国人的精神生活，特别是具有反抗倾向的社会主义知识分子的精神生活，被“本土”的“民粹主义”残余和马克思主义理论的任意因素的特殊混合体所支配。这一混合体最显著的特点就是对资本主义在俄国发展的可能性持怀疑态度。

在很早的时候，俄国的知识界就专注于思考俄国是否应该效法西欧，走上资本主义发展道路的问题。起初，他们只注意到西方资本主义的暗淡面，对传统的家长制生产方式和广大人民群众的繁荣和安稳生活的破坏作用。相反，俄国农村土地的公社所有制，即著名的农村公社似乎提供了一条通往社会主义乐土的捷径，直接领导着俄国走向更高级的社会发展道路，且不必经过西欧所经历的资本主义阶段及伴随而来的痛苦。如果抛开这一幸运且例外的境地，即这一独特的历史机遇，通过国家的帮助把资本主义生产强行移植到俄国，是不是正确的呢？如果破坏农村的财产和生产制度，为无产阶级化和劳苦大众的贫困不安生活打开大门，是不是正确的呢？

自从农奴制改革以来，甚至更早，从赫尔岑（Hertzen）特别是车尔尼雪夫斯基（Chernishevski）开始，俄国的知识界就一直集中于这个根本问题。概括地说，这是一个完全独特的“民粹主义”的世界观。从斯拉夫派公然的反动学说到恐怖党的革命理论在俄国建立，这种思想倾向在俄国产生了大量的著作。一方面，它鼓励通过对俄国生活中的经济形态、“国民产值”与特点、农村公社实践下的农业、农民的家庭工业、合作社、农民的精神生活、教派以及类似的现象的分别调查，收集大量的材料；另一方面，逐渐兴起一种特殊的纯文学，它以艺术的形式反映着社会环境中的矛盾、新旧道路的斗争，而这种新旧道路的斗争所带来的困难问题困扰着人们的心灵。最后，在 70 年代和 80 年代，从同一根源还产生了一种特别令人窒息的历史哲学，它的支持者包括彼得・拉甫罗夫（Peter Lavrow）、尼古拉・米哈伊洛夫斯基（Nicolai Mikhailovski）、加列耶夫（Kareyev）教授和沃龙佐夫（V. Vorontsov）。它是“社会学中的主观方法”，认为“批判性思维”是社会发展中的决定性因素，或者更准确地说，是试图使一个潦倒的知识分子成为历史进步的推动者。

在这里，我们只对这个广阔且影响广泛的领域的一个方面感兴趣，即：对于资本主义发展机遇的不同意见之间的斗争，甚至在这个范围内，我们感兴趣的只是那些以资本主义生产方式的社会条件的总体反映为基础的意见，因为后者在俄国 80 年代和 90 年代的文学争议中发挥了重大的作用。

争议的问题始于俄国的资本主义和它的前途，但又必然会导向对整个资本主义发展的深层次问题的探讨。在这个争论中，西方的案例和经验是重要的例证。

在随后的讨论中，一个事实对于这一讨论的理论内容起了决定性的作用；不仅是马克思在《资本论》第一卷中对资本主义生产的分析，成为受过教育的俄国人的共同财产，而且他的第二卷和其中对资本再生产的整体分析也已在 1885 年出版。这就给讨论带来了一个新的根本转折点。危机问题无法再遮蔽问题的真正症结：第一次，争论纯粹地集中于整体性的资本再生产，也就是积累。分析也不再陷于漫无目的摸索收入、个人资本和总资本概念的境地。马克思的社会再生产图式已经为之提供了一个坚实的立足点。最后，问题也不再是放任与社会改革之间的争论，而是两种类型的社会主义之间的争论。小资产阶级和俄国社会主义者中的有些糊涂的民粹主义者，虽然经常把马克思引为权威，但其沿袭的主要还是西斯蒙第的观点以及洛贝尔图斯的部分观点，他们对资本主义发展的可能性持有怀疑态度；另一方面，俄国的马克思主义学派则持乐观态度。这样，该阶段的环境已经彻底发生改变。

“民粹主义”运动有两个先驱，一个是沃龙佐夫，主要以笔名维维（V. V.，他的名字的首字母缩写）闻名于俄国，是一个奇怪的家伙；他的经济学完全混乱，根本不值得作为一个理论专家被严肃对待。另一个则是尼古拉-逊（Nikoylaon，即丹尼尔逊，Danielson）[①]，他博闻强识，对马克思非常熟悉。他编辑了《资本论》第一卷的俄译本，还是马克思和恩格斯的私人朋友，并与他们俩都保持着热情的信件往来（这些信件于1908年以俄文出版）。但沃龙佐夫对19世纪80年代的俄国知识分子的公共舆论影响深远，俄国的马克思主义者首先要与他进行斗争。在学习了西欧的知识与历史经验后，俄国新一代的马克思主义者联合乔治·普列汉诺夫，就我们的问题——资本主义发展的总体前景问题，共同反对90年代怀疑论中的上述两个代表人物。在这些人中，有加布吕科夫（Kablukov）教授、马努伊洛夫（Manuilov）教授、伊萨耶夫（Issayev）教授、斯科夫尔佐夫（Skvortsov）教授、弗拉基米尔·伊林（Vladimir Ilyin）、彼得·司徒卢威、布尔加科夫以及杜冈-巴拉诺夫斯基教授。但在我们进一步的调查过程中，将只限于介绍最后的三个人，因为他们

① 即尼古拉·弗兰策维奇·丹尼尔逊，尼古拉-逊是他的笔名。——译者注

中的每一位都对我们所关注的理论问题有着或多或少的批判。这次智慧的交锋，有些部分特别精彩，令90年代的社会主义知识分子沉迷其中，最终以马克思学派的轻松取胜告终，并正式宣告着马克思主义作为一种经济历史理论已渗透俄国思想界。“合法”马克思主义那时已公开占领了俄国的大学、评论、经济作品的市场——但这样的地位也带来了诸多的不利。十年后，当无产阶级的革命起义在大街上展示关于资本主义发展的乐观主义的黑暗面时，在马克思主义乐观者的七大代表中，除了一个例外，其他的都没有留在无产阶级的阵营中。

第十九章 沃龙佐夫及其“过剩论”

俄国的民粹主义代表都认为，资本主义在俄国没有未来，这个信念给他们带来了资本主义的再生产问题。沃龙佐夫用他的笔名写下了一系列文章发表在《爱国回忆录》以及其他期刊上，旨在就此问题阐述自己的理论，这些文章于1882年被汇编为《俄国资本主义的命运》一书出版。他以《市场供给中的商品过剩》[①]《军国主义和资本主义》[②]《我们的走向》[③]《经济理论纲要》[④]等作品进一步探讨这个问题。沃龙佐夫对俄国资本主义发展的态度并不容易确定。他既不同意纯粹的斯拉夫理论，该理论从俄国经济结构的“特殊性”和俄国人独有的“民族性格”中推导出资本主义对于俄国是背道而驰的、毁灭性的；也不赞同马克思主义者把资本主义的发展视为不可避免的历史阶段，视为俄国社会取得社会进步所必须清除的障碍。沃龙佐夫自己仅仅声称，谴责和赞美资本主义都是同样的无用，因为资本主义在俄国没有根基，所以就是不可能的，也是没有未来的；俄国缺乏资本主义发展的必要条件，如果政府试图人为地

① 《爱国回忆录》中的一篇文章，1883年5月。

② 《俄国思想评论》中的一篇文章，1889年9月。

③ 出版于1893年。

④ 出版于1895年。

推动它，不过是白费心机；应该省下这些努力并避免因此造成的巨大牺牲。但若我们更贴近地考察他的理论，就会发现他的理念也不是那样的坚定。因为，如果我们注意到这样一个事实，即资本主义并不只意味着资本财富的积累，还有小生产者沦落到无产阶级的水平、劳动者的生活缺乏保障、周期性的危机爆发，那么沃龙佐夫无论如何也不会否认俄国存在这些现象。相反，他在《俄国资本主义的命运》一书中明确表示："当我在争论资本主义作为一种生产形态出现于俄国的可能性时，并不打算就其成为国民资源的利用形态或程度的未来完全肯定自己的意见。"

因此，沃龙佐夫只是认为资本主义在俄国不可能达到西方那样的成熟度，但也同意在俄国的条件下，可以预期直接生产者与生产资料的分离。沃龙佐夫进一步表明：他根本不怀疑在各个生产部门发展资本主义生产方式的充分可能，甚至允许俄国向国外市场输出资本主义。在《市场供给中的商品过剩》一文中，他确实说道，"在一些工业部门，资本主义生产的发展速度很快"。[①]（当然，这是就俄国意义而言的——作者按）

"最有可能的是，俄国如同其他任何国家一样，享有某些天然的优势，可以令它在外国市场成为某些种类商品的供应者。资本也极有可能通过这一点获得利润，并进入相关的生产部门。也就是说，国民（国际）劳动分工将使我们的资本家易于在某些部门获得稳固地位。但这并不是关键。我们要谈的不仅是资本在这个国家的工业组织中的偶然参与，而是能否为俄国的全部生产建立一个资

① 沃龙佐夫：《爱国回忆录》，第五卷，《当代调查》，第 4 页。

本主义的基础。”[①]

从这种形式看，沃龙佐夫的怀疑论与我们开始所预想的完全不一样。他怀疑的是资本主义的生产方式能否主导俄国的全部生产，但迄今为止，资本主义还没有在世界任何国家完成这一壮举，即使在英国也没有。这样一个对资本主义未来的广泛怀疑，乍看之下似乎具有国际视野；而这实际意味着沃龙佐夫的理论在这里对资本主义的性质和必要条件做了一个非常全面的反映；它以对整个社会资本再生产过程的一般理论研究为基础。对于资本主义生产方式和市场问题之间的具体关系，沃龙佐夫给出了下列清晰的阐释：

“国民（国际）劳动分工，参与国际贸易的各国的所有产业部门的分配，是完全独立于资本主义的。由此产生的市场，由国家间这样的劳动分工所导致的不同国家的产品需求，在本质上与资本主义生产方式所需要的市场完全不同……资本主义工业产品是为了另一个目的出现在市场，所有国家的需求是否得到满足的问题与它们无关，企业家也没有必要接受另一种可供消费的物质产品作为替代。它们的主要目的是实现自身所包含的剩余价值。那么，这个让资本家感兴趣的剩余价值是什么呢？从我们的角度来看，它是国内生产超过消费的剩余部分。每个工人的生产，都超过了他自己的消费，而所有这些剩余项目都积累在了少数人的手中，它们的主人会自己消费它们，为了这个目的用它们来交换种类最繁多的必需品和奢侈品。然而，不管这些所有者如何尽情地吃、喝和跳舞，也不可能把这些剩余价值全部挥霍掉，相当多的剩余会被留下，即使他们

① 沃龙佐夫：《爱国回忆录》，第五卷，《当代调查》，第10页。

不能用以交换其他产品，也必须对此进行处理。他们必须把它转换成金钱，要不然它就会变质。既然在国内没有人能接受资本家的这些剩余，就必须出口国外，这就是为什么国外市场对于走上资本主义道路的国家而言，是不可或缺的。"[①]

以上是直译，显示了沃龙佐夫的措辞的所有特点，以便让读者们感受这位伟大的俄国理论家的风格，与他共度极为愉快的时刻。

后来，在1895年，沃龙佐夫在他的《经济理论纲要》一书中总结了相同的观点，而这需要引起我们的注意。在这里，他对萨伊和李嘉图的观点持不同意见，还特别反对否认一般生产过剩可能性的约翰·斯图尔特·穆勒（John Stuart Mill）。在论证过程中，沃龙佐夫发现了一些前人不曾了解的事情：他揭露了古典学派关于危机问题所犯错误的根源。这个错误在于资产阶级经济学家所耽迷的荒谬的生产成本理论。毫无疑问，从生产成本的层面来看（根据沃龙佐夫同样独特的假设，生产成本不包括利润），利润和危机都是不可想象的、无法解释的。但我们只能通过作者自己的话语，来领会这一创造性的见解：

"根据资产阶级经济学家的学说，一种产品的价值决定于其生产所使用的劳动。可这些资产阶级经济学家，一旦给出这个价值决定论就立即忘了它，并且把他们随后对交换现象的解释建立在一个不同的理论基础上，在这个理论中，'生产成本'取代了劳动。于是，两个产品以双方的生产成本相等的数量进行相互交换。这样的交换观点，实际并不允许国内出现商品过剩。按照这种观点，一个

① 沃龙佐夫：《爱国回忆录》，第五卷，第14页。

工人每年劳动的任何产品，都代表着生产它所使用的材料，代表着它的生产过程所使用的工具，以及在生产期间为维持工人生活所提供的产品。它（可能指产品——作者按）出现在市场上，是为了改变其使用形态，使自己转化为其他对象，转化为工人所用的产品和工具更新所必需的价值。只要它被分解为各个组成部分，就会启动重组的过程，即生产过程，在这个过程中，上面所列举的所有价值都会被消耗掉，会出现替代它们的新产品，而这些新产品就是联结过去和未来消费的纽带。”

通过这一非常独特的证明社会再生产对于生产成本是一个连续过程的尝试，沃龙佐夫迅速地得出了下列结论：“像这样考虑到一个国家的产品总量，我们会发现，没有任何超过社会需求的商品过剩；因此，根据资产阶级经济学的价值理论，不可能存在没有销路的剩余。”

然而，通过十分专制粗暴地对待资产阶级的价值理论而把资本主义的利润从生产成本中排除后，沃龙佐夫却立即把这个缺陷当作一个伟大的发现：“但上述分析却揭示了之后流行的价值理论的另一个特点，即这一理论明显扼杀了资本主义的利润。”

之后的陈述却是异常地简单与质朴：“事实上，如果我用自己的生产成本为5卢布的产品，去交换另一个同等价值的产品，我收到的只够支付我的费用，但对于我来说，我什么也没得到。”

现在，沃龙佐夫真正发现了问题的根源：

“因此，根据资产阶级经济学家所持有的严格合乎逻辑的思想发展，可以证明市场上的商品过剩的命运与资本主义利润的命运是一样的。这种情况证实了下列结论，即这两种现象是相互依赖的，一个的存在以另一个为条件；的确，只要没有利润，就没有商品过剩……如果利润形成于国内，情况就会不一样。这样的利润原本就与生产无关，它不是一种通过技术和自然条件，而是通过外部的社会形态与生产相关联的现象。为了持续生产，需要……材料、工具和工人的生活资料，生产本身只消费相应的产品部分：为了构成利润的剩余，必须找到其他的消费者，但在永恒的工业生活结构中、在生产中，又不存在那样的剩余——即消费者不是有机地与生产相联系，而在一定程度上是偶然的。这样的消费者的必要数量，可能出现，也可能不出现，如果是后一种情况，就会在市场上出现商品过剩。"①

通过这样简单的说明，沃龙佐夫就把剩余产品变成了资本的发明，把资本家变成了"偶然的""与资本主义生产没有有机联系的"消费者，对此非常满意的沃龙佐夫现在转向了危机问题。沃龙佐夫声称在他的后期作品中"使用"了马克思的"合乎逻辑的"劳动价值理论，以该理论为基础，他把危机解释为剩余价值的直接结果：

"如果人口中的劳动者阶层消费了那些以劳动工资形态计入生产成本的部分，那么除了市场为扩张所需要的部分外，资本家就必须消灭掉剩余价值。如果资本家能够这么做，而且也做出了相应的行为，那么就不可能存在商品过剩；如果没有，那么生产过剩、工业危机、工人被从工厂解雇以及其他灾难就都会产生。"

根据沃龙佐夫的观点，人体组织缺乏足够的弹性，无法像剩余价值的增长那样快速地扩大消费能力，是造成所有灾难的最终原

① 沃龙佐夫：《经济理论纲要》（圣彼得堡，1895 年），第 157 页。

因。他一再将这一巧妙的想法表述如下：“资本主义工业组织的致命要害在于企业家没有能力消费掉自己全部的收入。”

在使用了马克思对李嘉图价值理论的“合乎逻辑”的修正后，沃龙佐夫却得出了西斯蒙第的危机理论，他以尽可能天然和简化的形式接受了西斯蒙第的理论。当然，他相信自己在复制西斯蒙第的理论时，采用了洛贝尔图斯的观点。他得意地宣称：“归纳的研究方法所得出的危机理论和贫困理论与洛贝尔图斯客观阐述的完全相同。”[1]

我们并不清楚沃龙佐夫用以与客观方法相比较的“归纳研究方法”是什么意思——既然所有的事情对于沃龙佐夫来说都是可能的，也许他把它理解为马克思理论。但经过这位创造性的俄国思想家的加工，洛贝尔图斯也不会毫无改进地出现。对于洛贝尔图斯的理论，沃龙佐夫只淘汰了根据总产品的价值稳定工资率的内容，但对洛贝尔图斯来说，这部分内容却是他整个体系的核心。根据沃龙佐夫的意见，洛贝尔图斯的这种危机应对措施不过是权宜之计，因为“上述现象（生产过剩、失业等）的直接成因不是工人阶级在国民收入中所取得的份额太少，而是资产阶级不可能消耗掉每年归属于他们的所有产品”。[2]

一驳斥完洛贝尔图斯的收入分配改革，沃龙佐夫就以他特有的“严格合乎逻辑”的连贯性，最终得出对资本主义未来命运的下列预测：“如果盛行于西欧的工业组织想要更深远的繁荣和兴盛，只

① 沃龙佐夫：《军国主义和资本主义》，《俄国思想》（1889 年），第九卷，第 78 页。

② 同上书，第 80 页。

有在这样的情况下才有可能，即采取一些方法消灭国民收入中归属资本家的份额里超出其消费能力的部分。这个问题的最简单解决办法就是适当改变总收入在参与生产的人中的分配。如果企业家在国民收入的所有增加中，只为他们自己拿走了足以满足其所有癖好的部分，而将剩余部分留给工人阶级，留给广大人民群众，那么资本主义制度将在很长的一段时间内得到保证。”[①]

于是在李嘉图、马克思、西斯蒙第和洛贝尔图斯等人的理论混杂中，又加入了一个发现，那就是只要资本家不再资本化他们的剩余价值，而是把剩余价值的相应部分免费赠送给工人阶级，那么资本主义生产中的生产过剩问题就会得到彻底的根治，资本主义生产也将永远保持“繁荣和昌盛”。在资本家还没有足够的理性接受沃龙佐夫的忠告之前，他们正在用其他的方法每年销毁自己的一部分剩余价值。在这些方法中，现代的军国主义就是适当的措施之一，但这取决于军国主义的账单由资本家的收入，而不是劳动群众的收入支付的程度——对于沃龙佐夫，可以靠颠倒黑白来实现。可对于资本主义而言，对外贸易成了一个首要的补救办法，而这又是俄国资本主义的一个痛点。作为最后一个赶到世界市场的餐桌边的国家，俄国资本主义在与老牌资本主义国家的竞争中遭遇了最坏的情况，因而在国外市场与最重要的生存条件方面都缺乏希望。俄国依然是“农民的国家”，一个“平民化”生产的国家。

沃龙佐夫在他的《市场供给中的商品过剩》一文中总结道：“如

① 沃龙佐夫：《军国主义和资本主义》，《俄国思想》(1889 年)，第九卷，第 83 页；参见《经济理论纲要》，第 196 页。

果一切都是正确的，那么资本主义只能在俄国发挥有限的作用。它必须放弃农业的发展方向，在工业领域的发展也不能给家庭工业造成太多的伤害，因为在我们的经济条件下，家庭工业对于大多数居民的福利是不可或缺的。如果读者评论说，资本主义不可能接受这样的妥协，我们的答案就是：资本主义的情况甚至会变得更糟。”

这样，沃龙佐夫最终退出了整件事情，减少了他自己对俄国经济发展未来命运的一切责任。

第二十章 尼古拉-逊

第二个民粹主义的批判理论家是尼古拉-逊，他在工作中展现了一种完全不同的经济学训练和知识。作为最了解俄国经济关系的专家之一，他于 1880 年发表在《斯洛沃》上的关于农业收入资本化的论文就吸引了人们的关注。十三年后，在 1891 年的俄国大饥荒的刺激下，他将自己的进一步研究写入《我国改革后期社会经济概论》一书。在这里，他以丰富的事实和数据详细阐述了资本主义在俄国是如何发展的，并基于这些证据进一步指出这些发展对于俄国人民来说，是一切灾难的根源，也是饥荒的源头。他对俄国资本主义命运的理解以一般资本主义生产发展的条件这个确切的理论为基础，而它也是我们现在所要讨论的理论。

由于市场对于资本主义的经济模式有着决定性的作用，因此每个资本主义国家都试图确保一个尽可能大的市场。首先，它自然依赖自己的国内市场，但若到了一定的发展水平，国内市场就不能再满足一个资本主义国家的需要，这是因为下列原因：社会劳动在一年内新近生产的一切都可被分为两部分——工人以工资形态获得的部分，以及被资本家占有的部分。第一部分所包含的生活资料可以从流通中被抽走，它在价值上只相当于全国所支付的工资，但资本主义经济明显倾向于越来越压低该部分的份额。压低的方法包括延长工作时间，增加劳动强度，通过技术改进增加产出以使女性和未成年人取代男性劳工，甚至在某些情况下取代所有的成年劳工。即便这些仍被雇用的工人的工资增长了，但其增长永远不能与上述变化为资本家所带来的节约相等。所有的结果是工人阶级作为买方在国内市场所发挥的作用越来越小。与此同时，还产生了更深层次的变化：资本主义生产逐渐取代了可以为农业人口提供额外劳动雇佣的贸易，这也就逐渐剥夺了农民的资源，以至于农村人口所能购买的工业产品越来越少。这也是国内市场持续收缩的深层次原因。至于资本家阶级，我们将看到他们也无法实现所有新近生产的产品，只是原因恰好相反。不管资本家阶级的需要有多大，他们都无法亲自消费掉全部的剩余产品。首先，这是因为一部分剩余产品需要被用来扩大生产、改进技术，对于个体企业家而言，这是在一个竞争社会维持生存的必要条件。其次，因为一个扩大的资本主义生产意味着那些生产生产资料的部门（如矿业、机械行业等）的扩张，而它们的产品从一开始就获得的是无法被个人消费的使用形态，只能作为资本发挥作用。第三，也是最后，由大量生产廉价商品所导致的较高的劳动生产率和资本积累，也在不断地推动着社会进行大量的商品生产，这些商品无法被少数资本家全部消费。

虽然一个资本家可以通过另一个资本家的剩余产品来实现自己的剩余价值，反之亦然，但这只能适用于一定部门的产品，适用于消费品。而资本主义生产的动机并不是满足私人需要，这可以从消费品的生产相对生产资料的生产逐步下降中得到进一步的显示。

“因此，我们将看到资本主义国家的总产品必然大大超过其所使用的全部工业人口的需要，就像每个单独的工厂的产品总是大大超过其工人和企业家的需要一样，这完全是因为该国是资本主义国家的事实，因为一个资本主义社会内部的资源分配不是以满足全体居民的真实需要为目的，而是以满足有效需求为目的。就像一位个体的工厂主，如果他的市场只限于满足自己和他的工人的需要，那么他一天也无法将自己作为一个资本家而维持下去，所以一个发达的资本主义国家也必然不能满足于国内市场。"

这样，资本主义的发展达到一定水平后，就趋向于为自己的前进设置障碍。从根本而言，这些障碍是因为涉及直接生产者与生产资料相分离的日益增长的劳动生产率，没有令社会整体受益，而是只惠及个体企业家；从这一过程所"释放"出来的大量的劳动力和劳动时间变得多余，这不仅仅是社会的损失，也成了社会的负担。只有在生产者与其生产资料相结合的"民粹主义"生产方式占据优势时，大多数人的真实需求才能得到较为充分的满足。但资本主义的目标，就是要占领这些生产领域，并在这一过程中摧毁导致自身繁荣的主要因素。例如，印度每十年或十一年就发生一次的周期性饥荒，就是英国的周期性工业危机产生的原因之一。任何走向资本主义发展道路的国家，迟早都会在这一生产方式中遭遇这些内在的矛盾。而且，一个国家发展资本主义事业的时间越晚，这些矛盾就会表现得越激烈，因为外部市场已经被老牌的竞争国家所控制，而一旦国内市场饱和，就找不到可以替代的市场了。

最终的结果是，资本主义的边界由其自身发展所导致的贫困的增长与缺乏购买力的冗余工人数量的增加而确定。上升的劳动生产率能够迅速满足社会上的一切有效需求，与之相对应的却是越来越多的劳动人民无力满足自己的最基本需要；一方面是大量的物品

无法实现销售，另一方面却是众多的民众缺乏生活必需品。

这就是尼古拉-逊的基本观点。[①] 我们可以看出，他了解马克思并对《资本论》的前两卷进行了很好的利用，但他的整体论证实际仍倾向于西斯蒙第。是资本主义自身导致了国内市场的萎缩，因为它使劳工阶层贫困。现代社会的每次灾难都可归结为“民粹主义”生产方式的毁灭，也就是小规模企业的毁灭。这是他的主要观点。尼古拉-逊甚至比西斯蒙第更公开地以颂扬小规模企业，这个获得福泽的唯一路径，作为他的批评要旨。[②] 资本主义的全部产品最终不可能在社会内部得以实现，只能求助于外部市场。尽管与沃龙佐夫的理论出发点完全不同，但尼古拉-逊还是得出了与沃龙佐夫一样的结论。应用到俄国，它就成了对资本主义持有怀疑态度的经济科学的基础。从一开始，资本主义在俄国的发展就无法通往国外市场，它所能展现的就是自己最坏的方面——使大多数民众变得贫穷。因此，在俄国推进资本主义是一个“致命的错误”。

在这一点上，尼古拉-逊就像《旧约全书》里的先知一样严厉谴责道：“没有保持数个世纪的传统，没有发展我们继承的直接生产者与其生产资料紧密联系这一古老原则，没有将西欧的科学成就充分应用到以农民拥有其生产资料为基础的生产形态上，没有集中他们的生产资料以提高生产率，没有受益于西欧的生产形态及其结构、强大的协作、劳动分工、机器等，没有发展农民土地所有权的基

① 参见《我国改革后期社会经济概论》，特别是第 202—205、338—341 页。

② 弗拉基米尔·伊里奇（列宁）已经在他的文章《论经济浪漫主义的特点》中，对俄国“民粹主义者”的立场与西斯蒙第观点之间的显著相似性给予了详细的论证。

本原则并将其应用于农民土地的耕作，没有让科学及其应用广泛地面向农民——所有的这一切都没有做，我们做的刚好相反。我们无法阻止资本主义生产形态的发展，尽管这些发展以对农民的掠夺为基础；相反，我们尽力促进整个经济生活的倾覆，而它导致了1891年的饥荒。”

虽然灾难是如此地在扩展，但现在迷途知返也为时不晚。相反，正如克里米亚战争后当时对亚历山大改革的迫切需要一样，俄国所面临的贫困与崩溃的威胁，也急需一场彻底的经济政策变革。

现在，尼古拉-逊所倡导的社会变革完全是一种不切实际的空想。考虑到这位俄国的民粹主义者是在距离西斯蒙第七十年后写下这些观点，因而他的态度要比西斯蒙第表现出更为显著的小资产阶级和保守的偏见，在他的观点中，古老的村社，即以土地的公有制为基础的农村社区，就是俄国从资本主义的洪灾中逃出生天的木筏；以一种尼古拉-逊所保密的方式，将现代大工业与科学技术的发现移植到村社，从而使其成为“社会主义化”的高级生产形态的基础。俄国没有其他的道路可以选择：不是从资本主义的发展道路上撤回，就是任其自身走向死亡和衰退。[①]

① 《我国改革后期社会经济概论》，第322页。恩格斯对俄国的情况做出了不同的评价。他不停地试图让尼古拉-逊认识到俄国不能避免高度的工业发展，俄国所遭受的痛苦不过是典型的资本主义矛盾。因此，他在1892年9月22日的信中写道：“故此，我认为现在的工业生产必然意味着使用蒸汽、电力、纺织机械的大工业，以及最终以机械方式生产机器的工业。从铁路被引进俄国的那一刻起，就必然要适用所有这些非常现代的生产资料。你们必须能够修理和矫正你们的机器、车厢、铁路等；但为了廉价地做这些事情，你们又必须处在一个能够在国内生产这些需要修理的东西的位置。一旦战争的技术成为一个工业部门（装甲巡洋舰、现代火炮、机关枪、子弹、无烟火药等），为了生产这些项目所必需的大工业也将成为你们的一个政治必需品。没有一个高度发

在对资本主义进行了毁灭性的批判之后，尼古拉-逊却以同样

展的金属工业，是无法生产出上述所有项目的；而除非所有其他生产部门，特别是纺织业也有着相应的发展，否则金属工业无法获得发展。”（《马克思、恩格斯致尼古拉-逊》，圣彼得堡，1908 年，第 75 页）在同一封信中，他又深入写道：“只要俄国工业单纯依赖国内市场，它就只能满足内部的需求，但内部需求的增长是缓慢的，在我看来，在俄国现在的生活条件下，内部需求甚至注定会减少，因为高度工业发展的不可避免的结果之一就是它以创造自己国内市场的同一过程来摧毁自己的国内市场：通过摧毁农民的家庭工业的基础。但若没有这样的一个家庭工业，农民就无法生存。作为农民，他们破产了，他们的购买力被降至最低，除非他们能够在新的生活条件下发展出新的根基，除非他们成为无产阶级，否则他们对于新兴的工厂和企业而言就只是一个非常微小的市场。

“资本主义生产是经济转变的一个阶段，充满着内部矛盾，而这些内部矛盾只有在资本主义生产发展到一定程度才会出现和发展。同时创造和毁灭一个市场的趋势则是这些矛盾中的一个。另一个则是接踵而来的绝境，与那些已经或多或少适应了外部世界市场竞争的国家相比，俄国这样缺乏外部市场的国家会更快出现绝境。前面的那些国家可以通过野心勃勃的商业政策工具，即强力开辟新市场，在这些看似绝境中找到若干解救方法。中国就是为英国的商业最新开发的一个市场，事实证明它对于暂时恢复繁荣是有效的。这也就是英国资本为什么如此坚持在中国修建铁路。但中国的铁路意味着对中国的小农经营及其家庭工业的整个基础的毁灭。在还没有发展出一个本国的大工业在一定程度上抵消这种灾难的情况下，亿万人民因此根本无法维持生存。结果导致了世界上从未见过的如此大规模的移民，在美国、亚洲和欧洲，都充斥着中国人。这些新的竞争者将在劳动市场以中国人满意的生活水平与美国、澳大利亚、欧洲的劳工展开竞争，而众所周知的是，中国人满意的生活水平也就是整个世界最低的生活水平。如果欧洲的整个生产制度到那时还没有发生变革，那么是时间开始这场变革了。”

虽然恩格斯以关注和极大的兴趣跟踪着俄国的发展，但他始终拒绝参加俄国的论战。在他写于 1894 年 11 月 24 日，也就是他去世前不久的一封信中，他如下表述自己的看法：“我的俄国朋友几乎每天、每星期都在轰炸我，要求我对那些不仅曲解而且错误引用我们作者（马克思）观点的俄国的著作和评论予以反击。我的朋友向我保证，我的干预将足以拨乱反正。但我一直且坚定地拒绝着所有这些提议，因为我没有能力参与一个在外国举行的，以一个我至少无法像比较熟悉的欧洲语言那样容易且自由阅读的语言，以我最多只能偶然看到的某些碎片文字展开的论辩；而且我也无法放下自己现实的、严肃的工作对它的各个阶段和细节进行足够系统的研究。在任何地方都有一些这样的人，当他们采取了某种立场之后，就毫无羞愧地为了自己的目的而对别人的思想进行曲解和做出各种狡猾的操纵；如果这样的事情要发生在我们的作者身上，我担心他们也不会友好待我，最终我将被迫参与这一论战，起初是为别人辩护，然后就是为自己辩护。”（第 90 页）

的、落伍的“民粹主义”的灵丹妙药结束，而这种灵丹妙药早在19世纪50年代就出现过，虽然在当时有更多的理由被誉为“俄国独特的”高级社会发展的保证，但恩格斯在发表于《人民的国家》上的《亡命者文献》(1875)中就把它的保守特性描述为没有生命的古老制度的残骸。恩格斯在当时写道：

“俄国在资产阶级路线上的进一步发展，将逐渐毁灭那里的公社所有制，而完全不需要俄国政府以‘皮鞭和刺刀’进行干预(像革命的民粹主义者所想象的那样)。在税收和高利贷的压力下，集体土地所有权已不再是一项特权，它已经变成了一种令人厌烦的束缚。农民经常带着或不带着家人逃离它，作为流浪的工人去寻找生计，而将土地留在了身后。我们看到，俄国的公社所有制早就已经度过了它的繁荣期，一切迹象都在表明它的衰退已经来临。”

在尼古拉-逊的主要作品被出版的十八年前，恩格斯就用这些话语击中了村社问题的目标。如果尼古拉-逊在这之后还有新的勇气再度唤出村社的幽灵，这将是一个拙劣的时代错误，因为大约在十年后，政府出面正式埋葬了农村公社。出于财政上的原因，这个专制政府在半个世纪的时间里，一直试图人为地保持乡村公社的运转，最后也不得不为了自己而被迫放弃这一徒劳无用的工作。农业问题很快就证明了陈腐的“民粹主义”的谬见如何落后于经济事件的实际进程，相反，也表明了被作为流产而哀悼和诅咒的俄国资本主义的发展是如何在电闪雷鸣中展示自己强大的生存和繁殖能力。再一次也是最后一次，形势的变化表明了在一个完全不同的历史环境下，以怀疑资本主义的发展能力为开始的社会批评，都必然被冷峻的逻辑导向保守的乌托邦主义——无论是在 1819 年的法国，还是在 1893 年的俄国。[①]

① 我们应该谈谈现存的“民粹主义”悲观论的捍卫者，特别是沃龙佐夫，不管俄国所发生的一切，而始终坚持他们的观点——这一点为他们的个性而非他们的智识增添了较多的荣誉。对于 1900 和 1902 年的危机，沃龙佐夫在 1902 年写道：“新马克思主义者教条主义式的观念很快就失去了对人们思想的影响力。个人主义者所取得的最新成就是短暂的，即便是他们的正式的提倡者，也对此有着明显的了解……在 20 世纪的第一个十年里，我们对俄国经济发展的认识回到了原来的观点，而这些观点是 19 世纪 70 年代的遗产。”[参见《政治经济学》，1902 年 10 月，引自阿·芬·耶诺塔耶夫斯基(A. Finn Yenotayevski)的《俄国现代经济，1890—1910》，圣彼得堡，1911 年，第 2 页]即便在今天，最后一个“民粹主义”的莫西干人，还在推论经济现实，而非自己理论的“短暂特性”。那么，巴列尔(Barrère)所说的“只有已经灭亡的东西才一去不复返”又有什么意义呢？

第二十一章　司徒卢威的“第三人”和“世界三大帝国”

我们现在来看一看俄国的马克思主义者对上述意见的批判。

1894 年，彼得·司徒卢威就以一篇名为《论俄国资本主义发展》的文章——后来以俄文出版为一本书，[①] 对尼古拉-逊的作品进行了详细的评价，并从各方面对“民粹主义”的理论进行了批判。但对于我们现在的问题，他却只限于反驳沃龙佐夫和尼古拉-逊，证明资本主义并没有导致国内市场的萎缩，反而是带来国内市场的扩张。毋庸置疑，尼古拉-逊犯了和西斯蒙第一样的错误。他们都只描述了资本主义对传统的小作坊生产形式的单一破坏过程，只看到由此导致的普遍福利的降低和居民中广泛社会阶层的贫困化，没有注意到这个过程的经济的一面，即农村地区的自然经济的消亡和商品经济的代入。这也就是说，通过将越来越多的以前独立的和生产者自足的部门吸纳入自己的范围，资本主义在不断地把以前从未买过它的商品的新阶层变成商品购买者。事实上，资本主义的发展进程正好与“民粹主义者”按照西斯蒙第的模型所描述的景象完全相反。资本主义根本没有毁灭国内市场，而是通过货币经济的普及创

① 司徒卢威：《俄国经济发展问题评述》。

建了它。

司徒卢威特别反驳了剩余价值不能在国内市场被实现的理论。他的观点如下：沃龙佐夫的理论基础是相信一个成熟的资本主义社会只由企业家和工人组成，而尼古拉-逊则将这一观念贯彻始终。当然从这一点来看，资本主义全部产品的实现似乎是不可思议的。沃龙佐夫的理论在指出下列事实时是正确的，即无论是资本家的消费，还是工人的消费，都无法实现剩余价值，因此必须假定有“第三人”的存在。[①] 那么，这样的“第三人”是否毫无疑问地存在于每个资本主义社会呢？沃龙佐夫和尼古拉-逊的观点完全是虚构的，“丝毫不能提高我们对于任何历史过程的理解”[②]。没有一个真实的资本主义社会，无论其发展程度有多高，是完全由资本家和工人构成的。

“即使在英国和威尔士，1000 个自足的居民中，有 543 人从事工业，172 人从事商业，140 人从事农业，81 人是临时雇佣劳工，62 人是公务员、自由职业者及其他。”

因此即使在英国，也有大量的“第三人”，正是他们的消费帮助实现了那些不曾被资本家所消费的剩余价值。至于“第三人的消费是否足以实现全部的剩余价值”，司徒卢威没有给出结论；无论如何，“相反的观点必须得到证明”[③]。他认为，对于俄国这样一个人口众多幅员辽阔的国家来说，这是不可能的。事实上，俄国处在一个能够放弃国外市场的幸运地位；在这方面，它享有与美国一

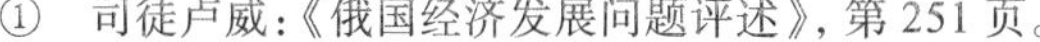

① 司徒卢威：《俄国经济发展问题评述》，第 251 页。

② 同上书，第 255 页。

③ 同上书，第 252 页。

样的特权——这是司徒卢威从瓦格纳、舍弗勒(Schaeffle)、施穆勒(Schmoller)等教授的知识宝库中提取的内容。“如果美国的例子可以代表一切，那么它就证明了在某些情况下，资本主义工业几乎能只以国内市场为基础，就达到一个非常高的发展水平。”①

美国在1882年工业出口数量的微小被用来支持司徒卢威作为一般原则所阐述的观点：“一个国家的领土越大，人口越多，其资本主义发展所需要的国外市场就越少。”由此他得出了与“民粹主义者”完全相反的观点，“(对于俄国而言)资本主义的发展有着一个比其他国家更为光明的前景”。

在商品生产的基础上，农业的持续发展必将创造一个足够大的市场来支持俄国工业资本主义的发展。随着这个国家的经济和文化进步，以及货币经济对自然经济的取代，这个市场将有能力无限扩张。“在这方面，俄国的资本主义将享有比其他国家更为有利的条件。”②

司徒卢威为新市场绘制了一幅详细的、多彩的图画，由于穿越西伯利亚的铁路，这些新市场就在西伯利亚、中亚、小亚细亚、波斯、

① 参见第260页。“毫无疑问，司徒卢威试图以美国的例证来反驳他所谓的悲观前景是荒谬的。他说，俄国可以像早期的美国一样克服最现代的资本主义的灾难性后果。但他忘了，美国从一开始就代表着一个崭新的资产阶级国家，它是由一群逃离欧洲封建制度、意图建立纯粹的资本主义社会的小资产阶级和农民所创建的。而在俄国，我们却有着原始的共产主义的基础，在某种程度上可以说是一个前文明时期的宗族社会，虽然它已经在瓦解中，但仍然还是资本主义革命(其实是一个社会革命)赖以发生和实现的物质基础。在美国，货币经济已经稳定运行了一个多世纪，而在俄国自然经济至今还在盛行。因此，俄国的这一革命将显然比美国的更残酷和剧烈，伴之以更尖锐的痛苦。”(恩格斯于1893年10月17日写给尼古拉-逊的信，《马克思、恩格斯致尼古拉-逊》，第85页)

② 司徒卢威：《俄国经济发展问题评述》，第284页。

巴尔干半岛被打通。但他先知般的狂热，令他没有看到这样一个事实，即他所谈论的不再是"无限扩张"的国内市场，而是具体的国外市场。在之后的时间里，他将大量精力投入政治，支持乐观的俄国资本主义及其自由主义的帝国主义扩张方案，当他还是一个马克思主义者时，就已经为这些方案设计了理论基础。

的确，司徒卢威的观点的要旨就是对资本主义生产扩张的无限能力的强烈信念，但这种乐观主义的经济基础相当脆弱。对于他视为积累支柱的"第三人"究竟意味着什么，他是有些保留的，但他对英国职业统计的参考表明在他心里，"第三人"指的是各种私人仆役、公共雇员和自由职业者，总之就是资产阶级经济学家在自己极为困惑时常爱使用的众所周知的"一般公众"。马克思说过，这个词语常用来说明经济学家所不能解释的事情。显然，如果我们以资本家和工人作为消费范畴，所谈的就不是作为个体的企业家，而是一个整体的资本家阶级，包括他们的食客——雇员、公务员、自由职业者，等等。就经济学而言，所有这些在任何资本主义社会都不缺乏的"第三人"，只要他们不同时是劳动工资的共同消费者，就大部分都是剩余价值的共同消费者。这些团体的购买力或来自无产阶级的工资，或来自剩余价值，或来自双方，但基本被视为剩余价值的共同消费者。因此他们的消费已经被计入了资本家阶级的消费，如果司徒卢威试图用障眼法把他们作为挽救颓势和帮助实现剩余价值的"第三人"重新介绍给资本家，那些精明的商人是不会上当的。他会立即发现这些一般公众，不过就是他的老熟人，寄生虫般的随员，这些人用他自己所提供的钱来购买他的商品。不，确实不行，司徒卢威的"第三人"根本不能解决问题。

司徒卢威关于国外市场及其对资本主义生产重要性的理论也同样站不住脚。在这里，他接受了“民粹主义者”的机械研究方法，这些“民粹主义者”在教授们的教科书的指导下，认为一个（欧洲的）资本主义国家首先将国内市场开发至极限，然后在国内市场将要或完全被耗尽时就只依靠国外市场。于是，追随着瓦格纳、舍弗勒、施穆勒的脚步，司徒卢威得出了一个荒谬的结论，即一个领土广阔和人口庞大的国家能够使资本主义生产成为一个“自给自足的整体”，并可以无限期地单纯依靠国内市场。① 实际上，资本主义的生产天生就是世界性的生产。完全不同于德国学者们所提出的书生气的教令，资本主义生产从一开始就准备为世界市场而生产。早在摧毁农民财产的过程和手工业与古老的家庭工业的衰退结束之前，英国资本主义生产中的各个先驱部门，诸如纺织、钢铁、煤炭工业，就已经在各个大洲和国家寻找市场。再者，如果冷静地建议德国的

① 其中的施穆勒教授清晰地揭示了德国教授们所发展的“三大帝国理论”（即大不列颠、俄国和美国）的保守面貌。在他的商业政策手册中，这位令人尊重的学者悲哀地反对着“新重商主义”，也就是三个主要恶棍的帝国主义阴谋。“为了更高的智力、道德、美学文明和社会进步”，他呼吁建立一支强大的德国海军和欧洲关税联盟，“由于世界经济的紧张，德国的首要义务就是为自己创建一支强大的海军，以便在需要的时候应付战争，以符合世界强国同盟的要求”。——但在后来，施穆勒教授又在别的地方说道，他并不想谴责这些世界强国再次走上大规模殖民扩张的道路。“德国不能也不应该像三大强国一样推行征服政策，但在必要时，它必须能够冲破北海的外国封锁，去保护自己的殖民地和巨大的商业；它必须能够为结成同盟的国家提供同样的保证。三方联盟（德国、奥匈帝国和意大利）的任务就是与法国合作，以便对世界三大强国的过度侵略政策施加一些保护其他国家所必需的约束，这些政策对所有小国构成了威胁；以确保在征服、殖民地获取、无节制的和单方面的关税保护、对所有弱小者的剥削和虐待上的克制。所有较高的智力、道德和美学文明以及社会进步的目标都取决于下列事实，即世界不会在20世纪遭受三大强国的瓜分，三大强国不应该建立残酷的新重商主义。”（《十九世纪欧洲商业政策的变迁》，《立法、行政与国民经济年鉴》，第24卷，第381页）

化学和电工行业不要再为五大洲工作，而是像一开始那样，只将自己局限在德国的国内市场，因为这个市场主要由国外供应，相对于德国的所有其他工业而言，还远没有枯竭，它们会对这样清醒的建议表示感谢吗？或者因为德国的进口统计明显证明，德国对机器工业部门的产品需求大量依靠国外供应来满足，就向德国机器工业解释它们不应再在国外市场冒险了吗？不，这个刻板的“国外贸易”概念根本不能帮助我们把握世界市场的复杂性以及它的无数衍生物和多样的劳动分工。到写作时，无论是在世界市场，还是在英国的本土市场，美国都已经成为英国的一个危险的竞争对手，就像在电工行业，不管是在世界市场，还是在德国本土市场，他们都击败了德国一样。美国工业的发展已经揭穿了司徒卢威推论的谬误，当它们被写在纸上时，就已经过时了。

司徒卢威还分享了俄国“民粹主义者”的一个粗陋观点，即他们在资本主义经济的国际联系及以社会分工、全球无数自然财富和生产条件为基础创造一个同质有机体的历史趋势中，只看到了商人对自己市场的卑鄙打算。此外，他接受了瓦格纳和施穆勒的“三帝国”构想（大不列颠、俄国、美国这三个自给自足的帝国），这个构想完全忽略了或人为地缩小了生活资料、原材料和辅助材料以及劳动力的无限制供应所具有的重要作用；就世界市场而言，这些供应对于资本主义工业的必要性正如完成品之于需求一样。单单英国棉花工业于 19 世纪在五大洲的蔓延历史，就是一个一般资本主义历史的缩影，它让教授们的幼稚主张成了笑话，而这些主张的唯一真实作用就是为关税保护制度提供了理论依据。

第二十二章　布尔加科夫及其对马克思的成功解读

作为“民粹主义”的第二位批判者，斯·布尔加科夫并不赞成司徒卢威的“第三人”观点，同样也反对将之视为资本积累的重要支柱。

他说：“马克思之前的大部分经济学家，都通过假设某种必要的‘第三人’作为突围者以解决棘手的问题，例如去消费剩余价值。扮演这一角色的，可以是穷奢极欲的地主（如马尔萨斯所主张的），或是挥霍无度的资本家，再或是军国主义及其他。没有这些特殊的中间人，就不会有对剩余价值的需求，市场就会陷入停滞，导致生产过剩和危机。”[①]

“于是，司徒卢威也假设资本主义生产的发展将在某些神奇的‘第三人’消费中找到自己最终的支柱。但若这些一般公众的根本特征是消费剩余价值，那又从哪里获得购买手段呢？”[②]

对于布尔加科夫来说，一开始他把整个问题集中在社会总产品

---

① 斯·布尔加科夫：《关于资本主义生产的市场：一个理论研究》（莫斯科，1897年），第15页。

② 同上书，第32页，脚注。

及其再生产的分析上，就像马克思在《资本论》的第二卷所做的那样。他非常清楚为了解决积累问题，自己必须从简单再生产入手，并充分了解它的运作状况。在这方面，他说，尤为重要的是，获得那些所生产的物品不是用于消费的生产部门的剩余价值和工资消费的清晰景象；其次，全面认识代表已经消耗的不变资本的那部分社会总产品的流通。他坚持认为这是一个全新的问题，在马克思提出来之前，经济学家们甚至还没有意识到它。“为了解决这个问题，马克思把所有资本主义方式生产的商品都划分为两个大的、存在根本性差异的范畴：生产资料的生产与消费品的生产。这种划分要比所有以前的市场理论争论更具有理论重要性。”①

我们可以看到，布尔加科夫是马克思理论的一个坦率和热情的支持者。因此，他的研究目的，正如他自己所说的，就是对资本主义不能没有外部市场而生存的学说进行批判。“为了这个目的，这位作者充分利用了马克思在《资本论》第二卷所做的关于社会再生产的最有价值的分析，但不知为何，这部分内容几乎还没有被应用于经济理论。虽然这一分析还不能被视为已全面完成，但我们认为即便以它目前的碎片形状也可以为市场问题的解决提供合适的基础，而它又与尼古拉-逊、沃龙佐夫及其他人所适用的并声称从马克思那里发现的内容完全不同。”②

布尔加科夫以下列阐述给出了他从马克思那里所推导出的解决方案：“在一定的条件下，资本主义可以只依靠内部市场而存在。

---

① 斯·布尔加科夫：《关于资本主义生产的市场：一个理论研究》（莫斯科，1897年），第27页。

② 同上书，第2—3页。

用外部市场来消化资本主义生产的剩余，并不是资本主义生产方式特有的内在必要性。根据上述社会再生产分析的研究，作者得出了这一结论。”

现在，我们都渴望听到布尔加科夫根据上述命题所提出的观点。

乍一看，它们的证明极其简单：布尔加科夫忠实地复制了马克思广为人知的简单再生产图式，增加了一些体现他的洞察力的注释。他还引用了马克思同样为人熟知的扩大再生产图式——这确实是我们一直渴望找寻的论证。

“基于我们已经说过的，现在要确定积累的本质并不难。为了扩大自己与部类Ⅱ的生产，生产资料部类Ⅰ必须生产必要的额外的生产资料。至于部类Ⅱ，也必须补充提供消费品以扩大两个部门的可变资本。抛开货币的流通不说，生产的扩大可归结为部类Ⅱ所需要的部类Ⅰ的额外产品与部类Ⅰ所需要的部类Ⅱ的额外产品之间的交换。”

布尔加科夫忠实地追随着马克思的推导，但迄今为止他还没有注意到自己的整个论点是空论。他相信这些数学公式解决了积累的问题。毫无疑问，我们可以很轻易地设想那些数字比例，正如他从马克思那里所复制的一样；如果是扩大再生产，这些公式也将适用。但布尔加科夫忽视了这一原则问题：如果按照他所考察的扩大机制，谁将因此而受益呢？就因为我们把积累的数学比例写在纸上，就可以解释问题了吗？几乎不可能，因为只要布尔加科夫宣布问题已经得到解决，并继续将货币的流通引入分析，他就会再次遇到问题：部类Ⅱ与部类Ⅰ将从哪里获得资金购买额外的产品呢？当我们研究马克思时，就会一再地发现他分析中的弱点——扩大再生产中的真实的消费者问题被歪曲为额外资金的来源问题。在这里，布尔加科夫相当盲目地遵循马克思的做法，接受了马克思对这一问题的令人误解的构想，没有注意到这种构想本身还是不确定的，虽然他也非常清楚"马克思本人并没有在用来编辑《资本论》第二卷的手稿中回答这个问题"。令人格外感兴趣的是，马克思的这位俄罗斯学生自己试图给出什么样的答案。

"下面的解决方案，"布尔加科夫说，"在我们看来，最符合马克思的整体学说：部类Ⅱ以货币形态为两个部类所提供的新的可变资本，应在部类Ⅱ的剩余价值中有着商品形态的等价物。关于简单再生产，我们已经看到，资本家本人必须将货币投入流通以实现自己的剩余价值，而这些货币最终会回到原来的每个资本家的口袋里。根据商品流通的一般规律，剩余价值流通所需要的货币数量等于包含剩余价值的商品价值除以货币周转的平均数额。同样的规则也在这里适用；部类Ⅱ的资本家必须为他们的剩余价值的流通配置一定数量的货币，因而必须拥有一定的货币储备。这些储备必须足以实现代表消费基金的那部分剩余价值，与将要作为资本积累的那部分剩余价值的流通"。

布尔加科夫还认为所需要的货币如何在一国内流通一定数量商品的问题是无关紧要的，不管其中的某些商品是否包含任何剩余价值。"但在回答国内货币来源这个一般问题上，我们的回答是货币来自黄金生产者的提供。"[①]

① 斯·布尔加科夫：《关于资本主义生产的市场：一个理论研究》，第 50，55 页。

如果一个国家基于“生产的扩张”需要更多的货币，那么将不得不相应地增加黄金的生产。因而在这里我们又看到：黄金生产者再次成了解围者，就像他曾经是马克思的解围者一样。事实上，布尔加科夫已经让对他的新方案寄予厚望的我们大大失望。他对这一问题的“解决方案”并没有超越马克思自己的分析。该方案可以被归结为下列三个极其简单的陈述：(1)问：我们需要多少钱以实现剩余价值的资本化？答：商品流通的一般规律需要多少就是多少。(2)问：资本家从哪里得到实现剩余价值资本化的货币？答：他们应该拥有它。(3)问：货币最初如何流入国内？答：它是由黄金生产者提供的。与其说这种极其简单的解释方式具有诱惑力，不如说它相当令人迷惑。

但我们不必费心去反驳这一令黄金生产者成为资本主义积累解围者的理论。布尔加科夫自己已经做得很好了。80页之后，即在他因某些神秘的原因卷入了对工资基金理论的冗长反驳后，他在另一个完全不同的背景下回归黄金生产者。在这里，他突然显示为敏锐地理解了这个问题：

“我们已经知道在其他的生产者之间，有一个黄金生产者。即使在简单再生产条件下，他一方面增加国内货币流通的绝对数量，另一方面不用出售商品就购买生产资料和消费品，只用他自己的产品，也就是一般的交换等价物，来支付他所购买的物品。黄金生产者或许现在就可以通过从部类Ⅱ购买所积累的全部剩余价值并用黄金予以支付来提供服务，这样部类Ⅱ就可以使用黄金从部类Ⅰ购买生产资料，并增加它所需要的可变资本以支付额外的劳动力，结果黄金生产者现在看似真正的外部市场。

“但这种假设是非常荒谬的。接受它，就意味着令社会生产的扩大依赖于黄金生产的增加。而这又意味着虚假的黄金生产的增加。如果黄金生产者必须为自己的工人从部类Ⅱ购买所有被积累的剩余价值，那么他自己的可变资本就必须逐时逐日地增长；而他的不变资本以及剩余价值也将按比例地增长，于是整个黄金生产就呈现出巨大的增量。不用把这一复杂的假设交给统计数据进行检验——在任何情况下这也几乎不可能，只要列举一个简单的事实就足以反驳这种假设：伴随着资本主义经济的发展，出现了信用制度的发展。信贷具有在流通中减少货币数量的倾向（当然这种减少只是相对的，不是绝对的）；对于交换经济的发展而言，这是一个必要的补充，否则它很快就会发现自己因缺乏铸币而被阻滞。我认为，我们无须就此给出数字认证明货币现在在交易行为中所发挥的作用已经很小。因此，这个假设直接就被证明与事实明显不符，而且一定被驳倒。”

好！真好！这真是太棒了！但布尔加科夫这样也“驳倒”了他自己以前对这一问题的解释，即靠谁、以什么样的方式来实现剩余价值的资本化。此外，在反驳自己的阐述方面，布尔加科夫不过是更为详细地解释了马克思用一个简单的词语——“荒谬”所表达的对黄金生产者消化掉社会全部剩余价值这一假设的评价。

诚然，布尔加科夫以及广泛讨论这一问题的一般的俄国马克思主义者必须在别的地方寻找新的解决方案。正如杜冈-巴拉诺夫斯基和伊林（列宁）一样，布尔加科夫着重指出持反对意见的怀疑者们在分析总产品的价值时，就积累的可能性犯了一个致命的错误。他们，特别是沃龙佐夫假设社会总产品主要由消费品构成，并都从资本主义生产确实以消费为目的这个错误的前提出发。正如马克思主义者现在所解释的，这是所有误解的根源——也是与剩余价值的实现相关的一切虚构的困难的根源，它们也令怀疑论者大伤脑筋。

“因为这个错误的概念，该学派制造了实际并不存在的困难。既然资本主义生产的正常条件意味着资本家的消费基金只是剩余价值的一部分，而且是较小的一部分，较大的部分已经被留出用于扩大生产，因此，该学派（民粹主义者）所设想的困难显然并不存在。”①

布尔加科夫对此异常冷漠，这种冷漠让他忽略了真正的问题。显然，他还没有明白最终受益者的问题，虽然在个人消费全部剩余价值的假设下是非常无关紧要的，但在扩大再生产的假设下，却会变得严重。

由于马克思的两个发现，所有这些“虚构的困难”都消失了，他的俄罗斯学生也孜孜不倦地引用这些发现来反驳自己的对手。第一个发现是，就价值而言，社会产品不是由 $v+s$，而是由 $c+v+s$ 构成。第二个发现是，c 与 v 在总额中的比率不断随资本主义生产的进步而增加，同时，剩余价值中被资本化的部分也相对于其被消费的部分而不断增长。在此基础上，布尔加科夫就资本主义社会的生产与消费之间的关系建立了一个完整的理论。由于这个理论总体上对俄国的马克思主义者，特别是对布尔加科夫有着非常重用的作用，我们肯定要更好地了解它。

“消费，”布尔加科夫说，“社会需要的满足，不过是资本流通

① 斯·布尔加科夫：《关于资本主义生产的市场：一个理论研究》，第 20 页。

的附带环节。生产的规模取决于资本的规模而非社会需求的数量。不单是生产的发展不伴随以消费的增长，二者还是相互对立的。资本主义的生产所知道的，不过是有效的消费，但只有那些能够取得剩余价值或劳动工资的人才是有效的消费者，他们的购买力严格地与他们的收入数额相符。但我们已经看到，不管绝对数量的增长，资本主义生产的基本演变规律倾向于减少可变资本与资本家的消费基金的相对规模。那么，我们就可以说，**生产的发展减少了消费**。[①] 因此，消费和生产的条件是冲突的。生产不能，也不会扩大到促进更多的消费。但扩张是资本主义生产的内在基本规律，并以严格命令的形式要求所有的个体资本家进行竞争。由于扩大生产本身就代表着新增产品的市场，这个矛盾因而是无足轻重的。“这种内在的矛盾可以通过边远生产领域的延伸得到解决。”[②]（布尔加科夫在这里引用了马克思的一句话，但他完全误解了它；后面我们将有机会再讨论它）“刚刚已经证实了如何使之成为可能”（指的是扩大再生产的图式分析）。“显然，较多的扩大份额被分配给了部类Ⅰ，也就是不变资本的生产，只有一个（相对）较小的部分，被分配给了生产直接消费商品的部类Ⅱ。两个部类之间的关系变化，足以很好地显示消费在资本主义社会所发挥的作用，也预示着我们应该指望在哪里找到资本主义商品最重要的需求。”[③]“即使在利润动机和危机的狭窄限度内，即使在中规中矩的道路上，资本主义生产总是能够无限扩张，不管甚至任凭消费的下降。俄国的文献经常指

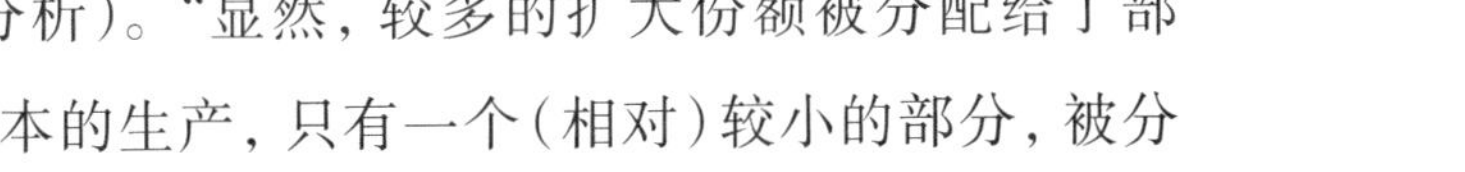

① 着重号由布尔加科夫所加。

② 《资本论》，第三卷，第387页。

③ 斯·布尔加科夫：《关于资本主义生产的市场：一个理论研究》，第161页。

出，由于消费的下降，资本主义的生产不可能在没有外部市场的情况下获得巨大的增长，但这是源于错误地估计了消费在资本主义社会所具有的作用，没有认识到资本主义生产的最终目的不是消费。资本主义的生产并非承蒙消费的增加而存在，而是因为边远生产领域的延伸，它实际构成了资本主义产品的市场。不赞同萨伊和李嘉图学派的肤浅和谐学说的马尔萨斯主义的研究者们，进行了一系列的研究，苦苦探索这一无望任务的解决方法：为在资本主义的生产方式中势必下降的消费找到增长方法。马克思是唯一一个分析其中真正关系的人：他证明了消费的增长致命地落后于生产的增长，即便有人创造出'第三人'，情况还是如此。因此，消费及其规模绝不应被视为生产扩大的直接边界。资本主义生产通过危机来纠正自己对真正生产目的的偏离，但它并不依赖消费。生产的扩大只依赖和受制于资本的规模。"①

布尔加科夫和杜冈-巴拉诺夫斯基在这里的理论直接归功于马克思。在俄国的马克思主义者看来，它基本是马克思学说的直接推论，并构成了马克思学说的有机组成部分。在另一个场合，布尔加科夫甚至更明确地声称，它就是对马克思的扩大再生产图式的忠实诠释。一旦一个国家接受了资本主义生产，它的内部运动将沿着下列路线发展：

"不变资本的生产将构成社会再生产的部类Ⅰ，从而在它的可变资本及其资本家的消费基金范围内提出对消费品的独立需求；而部类Ⅱ则开始对部类Ⅰ的产品有需求。这样就在资本主义生产的

① 斯·布尔加科夫：《关于资本主义生产的市场：一个理论研究》，第167页。

最初阶段形成了一个封闭的圆圈，其中的资本主义生产不依赖外部市场而是靠自给自足存在，并在某种程度上通过积累而自我发展。”①

俄国马克思主义者手中的这一理论，成了他们在市场问题上打击对手，即持怀疑态度的“民粹主义者”时，最喜欢使用的指控。如果我们以资本主义经济所有已知的事实，审视着它与每日实践之间令人惊叹的矛盾，就完全只能欣赏它的鲁莽；如果我们把一个命题的基础视为非常简单的混乱，而它却被如此欢欣鼓舞地誉为最纯粹的马克思主义者的福音，那我们对此也只能更为表示叹服。等我们讨论杜冈-巴拉诺夫斯基的学说时，还会有机会处理这个混乱。

根据自己对资本主义经济中消费与生产关系的误解，布尔加科夫还发展出一个完全错误的对外贸易理论。在上述的再生产画面中，根本就没有对外贸易的立足之地。如果资本主义从一开始就在每个国家形成了一个“封闭的圆圈”，就像小狗追逐自己的尾巴那样在一个完全的“自给自足”中，那么它自己就能为自己的产品创造一个没有边界的市场，就能够自我驱使走向日益扩张，然后每个如此的资本主义国家就必然成为一个封闭和自给自足的经济整体。只有在一种简单的情况下，对外贸易才看似合理，即通过国外进口来弥补因土壤和气候所导致的某些缺陷，也就是完全需要进口的原材料和食物。在完全推翻“民粹主义者”的命题的同时，布尔加科夫实际提出了资本主义国家之间的国际贸易理论，该理论把进口农产品放在首位，工业出口不过是提供必要的资金。

① 斯·布尔加科夫：《关于资本主义生产的市场：一个理论研究》，第210页。

在这里，看似国际的商品交易并非产生于生产方式的性质，而是起因于相关国家的自然条件。不管怎样，这一理论不是借用自马克思，而是来自德国的资产阶级经济专家。正如司徒卢威继承了瓦格纳、舍弗勒的三大帝国理论一样，布尔加科夫也接受了已故的李斯特（List）的学说，以“农业”和“农业与工业相混合”为基础对国家进行划分，或为了顺应时代而将其种类调整为“工业”和“工业与农业相混合”。大自然已经令第一类国家受困于原材料和食品的匮乏，从而使它依赖对外贸易；第二类国家则被慷慨地赠予了其所需要的一切，这里的对外贸易就没有什么意义了。第一类国家的原型是英国，第二类的则是美国。对于英国而言，对外贸易的中止意味着经济方面的致命打击，但对美国来说，不过是一个有着完全康复保证的暂时危机。

“那里的生产有能力以国内市场为基础进行无限制的扩张。”①

作为德国经济学中的陈旧残余，这个理论显然是丝毫没有理解资本主义国际经济中的相互关系。它所设想的现代国际贸易，可能适用于腓尼基人的时代。请听听比埃谢（Buecher）教授的驳斥：

“虽然自由主义的时代极大地促进了国际贸易，但并不能据此错误地推断国家经济的时代即将走向终结，国际经济时代将取而代之……就算我们在今天的欧洲看到很多小国在商品供应方面并不是相互独立的，在被迫进口大量的食品和奢侈品的同时，它们的工业生产率却超过了本国的需求并产生了一个永久的过剩，而这些过剩却只能在国外消费领域找到使用的需要。虽然工业生产的国家

① 斯·布尔加科夫：《关于资本主义生产的市场：一个理论研究》，第199页。

和那些生产原材料的国家同时并存、相互依赖，但这样的‘国际劳动分工’不应该被视为一个人类将达到更高发展阶段的迹象，这个阶段在世界经济的标签下，被认为是与……以前的阶段刚好相反。没有一个经济发展阶段曾在需要满足方面长期确保充分的自主权。其中的每个阶段都留下了若干必须依赖其他方法填补的缺口。另一方面，不管怎样，所谓的‘国际经济’至今尚未产生任何与国家经济有本质区别的现象，我们很怀疑这样的现象是否会在不久的将来出现。”①

对于布尔加科夫而言，无论如何这个概念产生了一个意想不到的结论：他的资本主义具有无限发展能力的理论只限于某些自然条

① K. 比埃谢：《国家经济的兴起》，第五版，第 147 页。松巴特（Sombart）教授的理论是这一领域的最新贡献。他认为，与其说我们正在走向国际经济，不如说正在越来越远离它。“我认为，相反地，相对于整体的经济而言，当前的商业关系与其说在文明国家之间形成了更紧密的关联，还不如说是更脆弱的关联。相比于一百或五十年前，个体经济是更加忽视而非更加重视世界市场。至少……国际关系在现代政治经济中的相对重要性在增长这样的假设是错误的。事实正好相反。”松巴特不屑地拒绝国际劳动分工不断发展的假设，以及因国内需求缺乏弹性而对外部市场的需要日益增长的假设。他自己坚信“单个的国民经济将发展成更加完美的小天地，对于每个工业部门而言，国内市场的重要性将逐步超越世界市场的重要性”（《19 世纪的德国经济》，第二版，1909 年，第 399—420 页）。对这一惊人发现的认可，取决于对这位教授的特殊概念的完全接受，由于某些原因，这个概念只把那些用自己需要之外的剩余农产品支付自己的进口，即“用土地”支付的国家视为“出口国”。在这个方案中，除了德国、英国和比利时不是以外，俄国、罗马尼亚、美国和阿根廷都是“出口国”。由于资本主义的发展迟早也会在俄国与美国为国内需求宣传农产品过剩，因此世界上的“出口国”显然就会变得越来越少——国际经济就会消失。松巴特的另一个发现是，伟大的资本主义的“非出口”国家将越来越多地通过出口资本获得利息形态的“免费”进口——但对于松巴特教授而言，资本出口与工业商品的出口一样，是完全没有考虑价值的。“随着时间的推移，我们将可能到达一个无须出口的进口地位。”（第 422 页）这可真是现代、耸人听闻和难能可贵啊！

件优越的国家。因为世界市场将在不久之后枯竭，资本主义在英国的命运已经被注定；而它在美国、印度和俄国则可以期待无限的发展，因为这些国家都是“自给自足”的。

除了这些明显的怪论外，布尔加科夫在对外贸易的讨论中也包含了一个基本的错误。从西斯蒙第到尼古拉–逊，这些怀疑论者都相信必须为了实现剩余价值的资本化而求助于外部市场，但布尔加科夫不同意，他主要进行了如下反驳：

“显然，这些专家都把外部市场视为一个‘无底洞’，永远可以消化一国内部所无法处理掉的剩余价值。”

于是，布尔加科夫得意地指出，对外贸易确实不是一个洞，更不是一个无底洞，它看来更像是一把双刃剑，因为出口总是与进口相关，两者通常是互相平衡的。因此，从一个国界被推出去的任何商品，将会以改变了的使用形态从另一个国界被收回来。“我们必须在一个给定的市场边界内，为已作为出口商品的等价物而进口的商品找到空间；但据推测，这是不可能的，因此，求助于外部需求只会产生新的困难。”①

在另一个场合，他说俄国的“民粹主义者”所寻找的实现剩余价值的出路，即国外市场，“比马尔萨斯、冯·基尔希曼和沃龙佐夫自己所发现的更为不利，当沃龙佐夫写作《军国主义和资本主义》时”。②

---

① 斯·布尔加科夫：《关于资本主义生产的市场：一个理论研究》，第 132 页。

② 同上书，第 236 页。弗·伊林（列宁）以同样的观点给出了非常坚定的表述：“浪漫主义者（他如何称呼怀疑论者）如下辩称：资本家不能消费掉剩余价值，因此，他们必须在国外解决掉它。我想问：资本家会免费把他们的产品送给外国人，或扔进大海

虽然布尔加科夫热切地复制着马克思的再生产图式，但他在这里完全没有显示出对真正问题的把握，而这正是从西斯蒙第到尼古拉-逊这些怀疑论者所苦苦探索的。他否认对外贸易解决了假装的困难，因为它再一次带回了已经在国内被处理掉的剩余价值，尽管以“改变了的形态”。为了与冯·基尔希曼以及沃龙佐夫的粗糙描述相一致，他于是相信问题在于毁灭一定数量的剩余价值，在于把这些剩余价值从地球上消除。他从来没有意识到，真正的问题在于实现剩余价值，商品的变形，实际也是剩余价值的“形态改变”。

因此，布尔加科夫在最后获得了与司徒卢威一样的目的，但所采用的路径却不相同。他宣称，资本主义积累的自给自足将消化掉它自己的产品，正如克罗诺斯会吃掉自己的孩子一样，并在没有外界帮助的情况下，更为强大地持续发展。现在，只需一步，马克思主义者就将退回到资产阶级经济学，而这凑巧由杜冈-巴拉诺夫斯基完成。

里吗？可能吗？如果他们出售它，也就意味着他们获得了等价物。如果他们出口某些商品，也就意味着他们进口其他人的商品。”（《经济研究和论文集》，第 2 页）事实上，他对于外部商业在资本主义生产中所发挥作用的解释，要比司徒卢威和布尔加科夫所做的更为准确。

第二十三章　杜冈-巴拉诺夫斯基及其“比例失衡”

我们把这位理论家留至最后，尽管他早在1894年就用俄文形成了自己的观点，也就是在司徒卢威与布尔加科夫之前，其中的原因部分是因为他用德语发表自己成熟理论的时间较晚，[①]同时也是因为他从马克思主义的批评家的前提中所得出的结论具有最深远的含义。

像布尔加科夫一样，杜冈-巴拉诺夫斯基也从马克思的社会再生产分析出发，这个分析指示着他到达了这个令人困惑的迷宫般的问题。布尔加科夫，作为马克思的热忱的门徒，只企图忠实地追随马克思，并把自己的结论归功于导师；而杜冈-巴拉诺夫斯基则相反，他把规律归于马克思，但认为马克思并不知道如何充分利用自己关于再生产过程的精妙阐述。杜冈-巴拉诺夫斯基从马克思的原理中所得出的最重要的一般结论，即他整个理论的中心点，与怀疑论者的假设正好相反，就是资本主义的积累不仅在资本主义的收入和消费形态下成为可能，实际还完全独立于这二者。他说，不是消费，而是生产本身形成了最好的市场。因此，生产和市场是相同的，

① 杜冈-巴拉诺夫斯基：《英国商业危机的理论和历史研究》与《马克思主义的理论基础》。

由于生产的扩张本身是无限的，因而市场也是无限的，有能力吸收它的产品。

他说：“所引用的图式将确切地证明一个基本原理，而这个原理尽管很简单，却极易招来反对，除非完全理解了这个过程。这个原理就是：资本主义生产为自己创造市场。只要有可能扩大社会生产，如果为此目标所准备的生产力是充足的，那么，社会生产的按比例分配也必然带来需求的相应增长，因为在这样的条件下，所有新生产的物品都代表着一个新近创造的用来取得其他物品的购买力。将社会资本的简单再生产与其在一个扩大规模上的再生产相比，我们将得出最重要的结论：即在资本主义经济中，商品的需求在某种意义上独立于社会消费的总量。就“常识”而言，它显得很荒谬，但在社会消费的数量整体下降而商品的总体社会需求增长时，它却是可能的。”①

他再进一步说：“从社会资本再生产过程的抽象分析中，我们形成了由于社会资本的按比例分配，没有什么社会产品会成为剩余的结论。”②

于是，杜冈-巴拉诺夫斯基对马克思的危机理论做了修正，他声称这个修正发展自西斯蒙第的“过度消费”。“马克思完全同意这个基本观点，即由于工人的贫困，也就是居民中绝大多数人的贫困，导致需求下降，从而令不断扩大的资本主义生产的产品不可能得到实现。但这个观念却肯定是错误的。我们已经看到资本主义生产

① 杜冈-巴拉诺夫斯基：《英国商业危机的理论和历史研究》，第 23 页。

② 同上书，第 34 页。

创造了它自己的市场——消费只是资本主义生产的环节之一。在一个有计划的社会生产中，如果生产的领导者知晓所有与需求相关的信息，并有权把劳动和资本从一个生产部门自由地转移到另一个部门，那么，不管社会消费水平是多么的低下，商品的供给都不会超过需求。”①

唯一周期性导致市场泛滥的情况在于扩大再生产中的比例失衡。因此，在这一假设下，杜冈-巴拉诺夫斯基将资本主义积累的进程描述如下：“如果生产是根据比例原则组织的，工人将……生产什么呢？显然，他们自己的生活资料和生产资料。那么目的何在呢？为了扩大第二年的生产。生产什么产品呢？又是工人的生产资料和生活资料——如此循环不止。”②

请注意，这样的问答游戏不是一种自我嘲弄，它是非常严肃的。“如果生产的扩大没有实际的边界，那么，我们就肯定可以假设市场的扩大同样没有边界，因为如果社会生产是按比例组织的，除了可使用的生产力外，市场的扩大也就没有什么限制。”③

既然生产这样创造自己的需求，资本主义国家的对外贸易也就被赋予了我们已经在布尔加科夫那里所看到的特殊的、机械的作用。例如，国外市场对英国是绝对必要的。“难道这不能证明资本主义生产创造了国内市场所不能容纳的剩余产品吗？说到这里，英国为什么需要一个外部市场？回答并不困难：因为英国的购买力大部分被用于购买外国商品。英国国内市场对外国商品的进口也使

① 杜冈-巴拉诺夫斯基：《英国商业危机的理论和历史研究》，第333页。

② 同上书，第191页。

③ 同上书，第231页，着重点是原著中就有的。

得向国外出口英国商品成为必要。既然英国无法不从国外进口商品，那么出口就成了这个国家的一个生存条件，因为如果没有出口，她就没有能力来支付它的进口。”①

在这里，农产品的进口再次被描绘为激励性的和决定性的因素，这与德国教授们的公式高度一致。

那么，杜冈-巴拉诺夫斯基用以支持他对积累问题的大胆解答、对危机问题和其他问题的新见解的总原则是什么呢？难以置信的，但也是无可辩驳的，杜冈-巴拉诺夫斯基的证据唯一地且完全地由马克思的扩大再生产图式构成，不多也不少。虽然杜冈-巴拉诺夫斯基一再相当自负地提到他自己的“社会资本再生产过程的抽象分析”，提到他的分析的“令人信服的逻辑”，但整个分析不过是一个换了一套数字的马克思扩大再生产图式的复制品。在杜冈-巴拉诺夫斯基的全部作品中，我们找不到其他任何论述的踪迹。诚然，在马克思的图式中，积累、生产、实现和交换都以钟表般的精确，流畅地运行着；无疑这种“积累”可以无休止地继续下去，只要够长，也就是说，只要墨水和纸张还没有用完。就是这个无害的有着数学等式的笔算练习，被杜冈-巴拉诺夫斯基十分严肃地视为真实事件进程的示范。

“我们所举出的图式必将确切地证明……”

在另一个场合，他以下列话语反驳坚信积累不可能存在的霍布森（Hobson）：“表示规模增大的社会资本再生产的第二图式，相当于霍布森所设想的资本积累情况。但这个图式会显示剩余产品的

① 杜冈-巴拉诺夫斯基：《英国商业危机的理论和历史研究》，第305页。

存在吗？远非如此。”[①]

因为“在这个图式中”不存在剩余产品，所以霍布森被驳倒了，问题解决了。

不可否认，杜冈-巴拉诺夫斯基也非常清楚地知道，在冷酷的现实中，事情不可能运转得如此顺利。在交换关系和周期性危机中，存在着持续的波动。但这些危机的发生，只是因为在扩大再生产中，没有保持适当的比例关系，也就是说，因为第二图式中的比例关系从一开始就没有得到遵守。如果这些比例关系被遵守了，就不会有危机，资本主义生产也会像纸上所展示的那样，在每一个细节都顺利进行。杜冈-巴拉诺夫斯基还持有这样的观点：如果我们把再生产过程视为一个连续的过程，就可以忽略危机。虽然“比例”可能随时遭到破坏，但平均看来，它总是会通过不同的偏离、每天的价格波动以及长期的周期性危机得到重建。总体而言，资本主义经济依然在强劲发展这个事实可以证明，该“比例”或多或少地得到了维持——否则，早在很久以前资本主义经济就在混乱与崩溃中走向终点了。如此，从长远来看，杜冈-巴拉诺夫斯基的“比例”就大体上得到了遵从，我们也就一定能得出现实符合“第二图式”的结论。因为这个图式可以无限地扩展下去，所以资本主义的积累也能无休止地进行下去。

在所有这些中，令人惊讶的不是杜冈-巴拉诺夫斯基的图式等于真实事件进程的结论——如同我们已经看到的，布尔加科夫也持有同样的信念；真正令人吃惊的是杜冈-巴拉诺夫斯基认为没有必

① 杜冈-巴拉诺夫斯基：《英国商业危机的理论和历史研究》，第 191 页。

要去探究这个图式是否正确，他没有去证明这个图式，而是把它纸上的数字演练看作是事物真实状态的证明。老实说，布尔加科夫也企图把马克思的图式导入资本主义经济和资本主义交换的真实具体关系中；他力图克服由此产生的困难，但没有成功；直到最后还专注于马克思的分析，虽然他自己也承认这种分析是不完全的、片面的。但杜冈–巴拉诺夫斯基不需要任何证明，他不大开动自己的脑筋：既然可以令人满意地得出算术总额，并且可以无限制地继续下去，那么对他来说，这就是资本主义积累也可以不受约束和阻碍地进行下去的证明——正如他自己也不曾想否认的那样，只要得到了上述“比例”，那个“比例”就必定将千方百计地维持下去。

但杜冈–巴拉诺夫斯基有一个间接的证据表明，这个图式和它的奇怪结果与现实相符，并忠实地反映现实。这个证据就是：资本主义的生产，完全符合马克思的图式，把人类消费置于生产之后，也就等于把前者视为手段而把后者视为其本身的目的，正如它把人类劳动，即“工人”，放在与机器相等的地位一样。

“技术进步体现在相比于活劳动，也就是工人自己，劳动工具，即机器的重要性的日益增加。生产资料在生产过程和商品市场所起的作用越来越大。与机器相比，工人越来越后退到背景的位置，由工人消费所产生的需求也因生产资料所产生的生产性消费而黯然失色。资本主义经济的全部活动呈现出一种靠自己存在的结构特点，在这个结构中，可以说人类的消费就表现为再生产过程和资本流通中的一个简单环节。”①

① 杜冈–巴拉诺夫斯基：《英国商业危机的理论和历史研究》，第 27 页。

杜冈-巴拉诺夫斯基认为这个发现已经被一个十分具体的现象证实为资本主义生产方式的基本规律，那个具体的现象就是：随着资本主义的发展进步，相对于部类Ⅱ，部类Ⅰ一直在持续地发展，并以部类Ⅱ为代价。如我们所知，是马克思本人确立了这个规律，并把它作为再生产图式表述的基础，虽然在后来的图式发展中，他为了简便起见而放弃了之后的修改。生产资料部类相较于消费资料部类的自动增长，就为杜冈-巴拉诺夫斯基的理论提供了唯一的客观证据：那就是，在资本主义社会，人类的消费变得越来越不重要，生产日益成为它自身的目的。这个命题构成了他整个理论结构的基础。

他宣称："在所有的工业国家，我们都面对着同样类型的发展——各个地方的国民经济的发展都遵从同样的规律。为现代工业提供生产资料的采矿工业越来越受到关注。英国可直接消费的制造品的出口的相对减少，也是支配资本主义发展的基本规律的一个表现。技术进步越是向前迈进，消费品较之于生产资料则越是退居其次。相对于生产资料的生产性消费，人类消费的作用在日益下降。"①

虽然这个"基本规律"就像他的其他"基本"规律一样，只要还具有什么意义，就都是从马克思那里现成搬来的，但巴拉诺夫斯基对此还不满足，还直接用马克思主义的福音向马克思本人布道。在像盲人一般的胡乱摸索中，马克思又发现了另一颗珍珠——巴拉诺夫斯基之所以愿意把这颗珍珠给马克思，是因为他还不知道如何利

① 杜冈-巴拉诺夫斯基：《英国商业危机的理论和历史研究》，第 58 页。

用它。需要一个杜冈-巴拉诺夫斯基知道如何将之应用于科学，在他的手中，这个新近发现的规律突然给资本主义经济的整体运行提供了一个新的视角。这个生产资料部类以消费资料部类为代价进行扩张的规律，清楚、简洁、确切、可衡量地揭示了资本主义社会越来越不重视人类的消费，并把人与生产资料相等同，因此马克思的下列两种观点都是完全错误的，一是认为只有人才能是剩余价值的创造者，机器不是；二是进一步认为人类的消费代表着资本主义生产的限度，这将必然在当前产生周期性危机，在不远的将来导致资本主义经济的崩溃和可怕的终结。总之，支配生产资料相对消费资料增长的“基本规律”反映了整个资本主义社会的奇特性质，而这种性质是马克思所不了解的，予以详细阐释的任务就恰巧落在了杜冈-巴拉诺夫斯基的身上。

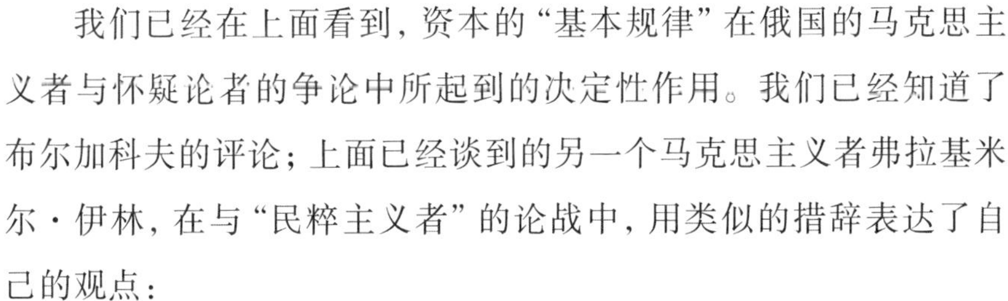

我们已经在上面看到，资本的“基本规律”在俄国的马克思主义者与怀疑论者的争论中所起到的决定性作用。我们已经知道了布尔加科夫的评论；上面已经谈到的另一个马克思主义者弗拉基米尔·伊林，在与“民粹主义者”的论战中，用类似的措辞表达了自己的观点：

“众所周知，资本主义的生产规律包括不变资本的增长速度比可变资本的增长速度更快这一事实，也就是说，新形成的资本越来越多地进入制造生产资料的社会生产部类。因此，这一部类必然要比制造消费品的那个部类的发展速度更快，也就是说，正好发生了西斯蒙第称为‘不可能的’‘危险的’事情。结果是消费品在资本主义生产总量中所占据的份额越来越小，这完全符合资本主义的历史‘使命’及其特殊的社会结构：前者实际在于社会生产力的发展（生产以自身为目的），后者则令大部分民众无法对它们加以利用。”①

当然，在这方面，杜冈-巴拉诺夫斯基走得更远。由于喜欢自相矛盾，他竟让自己玩笑般地用数学公式证明，即使生产的绝对数量下降了，仍然有可能存在资本的积累和生产的扩大。对此，卡尔·考茨基（Karl Kautsky）曾经指出：杜冈-巴拉诺夫斯基借助不大可靠的科学的托词，也就是说，他只为一个特定时刻形成了自己的大胆推论：从简单再生产向扩大再生产转变的时刻——一个即便在理论上也是例外的时刻，更是不具有任何实践意义。②

① 弗·伊林（列宁）：《经济研究与论文集》（圣彼得堡，1899年），第20页。顺便说一句，同一作者曾经声称扩大再生产只在资本主义条件下开始。这让他完全看不到，在简单再生产条件下，按被他视为所有前资本主义生产方式的规则，我们将永远不可能超越旧石器时代的刮刀而前进。

② 《新时代》，第二十卷，第二部分，《危机理论》，第116页。考茨基从数学上论证了杜冈-巴拉诺夫斯基的消费必然会增长，而且以“精确的比例作为生产资料的总体价值”的方式增长。这个证明需要两点说明：第一，像马克思一样，考茨基没有考虑劳动生产率的提高，从而令消费看似拥有一个比其实际所有的大得多的规模；第二，考茨基在这里所指的消费的增加，只是一个结果，一个扩大再生产的结果，它既不是扩大再生产的基础，也不是扩大再生产的目的；它主要产生于可变资本的增长，即新增工人的持续雇用。而这些工人的维持，既不是也不应成为扩大再生产的目的——就此而言，这与资本家阶级的个人消费的增加是一样的。无疑，考茨基的评论反驳了杜冈-巴拉诺夫斯基所宝贝的观点，即在消费绝对减少时分析扩大再生产的怪异念头。尽管如此，他并没有靠近根本的问题，即再生产过程中的生产与消费的关系问题，虽然在同一作品的另一段落中，作者告诉我们：“随着资本家越来越富有，以及他们所剥削工人数量的日益增多，他们对不断扩大的资本主义大工业所生产的消费品形成了一个市场，但这个市场的增长并不像资本的积累和劳动的生产率所发展得那么快，因而必然是不充足的。”这些消费品需要在那些还不曾采用资本主义生产方式的职业群体和民族中，找到一个额外的市场，一个在它们的区域之外的市场。这种市场找到了，而且还在不断地扩大，但这种扩大还是太慢，因为这个新增的市场并不像资本主义的生产过程那样具有弹性和扩张能力。一旦资本主义生产发展到大工业阶段，就像英国在19世纪的最初25年那

至于杜冈-巴拉诺夫斯基的“基本规律”，考茨基认为那只是一个错觉，因为杜冈-巴拉诺夫斯基只考虑了老牌的资本主义大工业国家的生产组织。

样，它就能飞跃式地扩张，并很快超越所有的市场扩张。每个伴随着这样的巨大市场扩张而出现的繁荣时期，从一开始就注定了夭折的命运——不可避免的危机。总之，这就是马克思所创建的危机理论，就我们所见，它已经被“正统的”马克思主义者所普遍接受。但考茨基没有兴趣把这一总产品的实现概念与马克思的扩大再生产图式相调和，可能是因为他完全从危机的层面来处理这个问题，就像我们的引文所显示的；换句话说，他把社会产品视为几乎同类型的大宗货物，没有考虑它在再生产过程中的差异。

布丹（L. Boudin）好像比较接近这个关键的问题。在他对杜冈-巴拉诺夫斯基的杰出评论中，他给出了下列表述：“除了下面将要讨论的一个例外，剩余产品在资本主义国家的存在并没有破坏生产，这不是因为生产将在各个不同的领域得到了更有效的分配，或者因为机器的生产将取代棉制品的生产。原因其实是：有些国家比其他国家更早发展资本主义，直到今天，还有一些国家并没有发展资本主义，事实上，资本主义国家拥有一个可任意支配的外部市场，可以在那里处理自己所不能消费的产品，不管是棉制品，还是铁制品。我们一点也不否认，铁制品若能取代棉制品成为主要资本主义国家的重要产品的重大意义。相反，这一变化是至关重要的，但它的含义与杜冈-巴拉诺夫斯基所赋予它的相当不同。它预示着资本主义终结的开始。只要资本主义国家为了消费而出口商品，这些国家的资本主义就还有希望，就还没有产生非资本主义的外部世界如何以及多久才能吸收资本主义商品的问题。在主要资本主义国家的出口中，以消费品为代价的机器份额的增长表明，那些过去没有发展资本主义因而成为资本主义剩余产品倾销地的地方，现在已被卷入资本主义的旋涡。它表明，既然这些地方正在发展自己的资本主义，它们就能自己生产所需要的消费品。现在，它们依然还需要资本主义方式生产的机器，因为它们还只在资本主义发展的初期阶段。但很快，它们就不会再需要了。就像它们现在生产自己的棉制品和其他消费品一样，它们在将来也能生产自己的铁器。这样，它们将不仅停止吸收原来资本主义国家的剩余生产，还会自己生产剩余产品，而对这些剩余产品的处理，它们也感到困难。”（《新时代》，第二十五卷，第一部分，《针对马克思的数学公式》，第 604 页）在这里，布丹谈及了属于国际资本主义发展一般关系的一个重要方面。此外，作为一个逻辑结果，他已经触及帝国主义的问题，但遗憾的是，他最终因把整个军国主义的生产，与在“危险的支出”标题下的国际资本向非资本主义国家的出口体系放在一起考虑，而给自己敏锐的分析设置了错误的边界。我们必须插一句，布丹就像考茨基一样，认为生产资料部类相对于消费资料部类的快速增长规律是杜冈-巴拉诺夫斯基的一个错觉。

考茨基说："确实，随着劳动分工的不断推进，为个人的直接消费而生产物品的工厂将相对地越来越少，而以工具、机器、原材料、运输设备等供应前者和相互供应的工厂则在数量上相对增加。在原来的农民经济中，一个种植亚麻的企业也得用自己的工具制造亚麻布，并使它适于人类消费，在今天却有几百家企业通过生产原棉及运送商品去港口所需的铁轨、蒸汽机、铁路货车等，来参与一件衬衫的制作。随着国际劳动分工，将会出现一些国家——老牌的工业国家——只缓慢扩大用于个人消费的生产，却大幅发展生产资料的生产，而生产资料的生产要比消费品的生产，对经济生活中心有着更决定性的作用。从有关国家的观点来看，我们可能迅速形成这样的判断，即生产资料能够在一个不断增长的规模上，以比消费品的生产更快的增速被生产出来，它们的生产与消费品的生产无关。"

生产资料可以独立于消费品被生产出来的看法，当然只是杜冈-巴拉诺夫斯基的一个幻想，具有庸俗经济学的特性。被引用来支持这一谬见的事实却并非如此，不仅在老牌的工业国家，而且在任何技术进步对生产起决定性作用的地方，部类Ⅰ相对于部类Ⅱ的快速增长是不容置疑的。这也是马克思的利润率趋于下降的基本规律的基础。但尽管如此，或者正是因为这个原因，如果布尔加科夫、伊林和杜冈-巴拉诺夫斯基臆想从这个规律中发现资本主义经济作为一种经济体系，具有以生产本身为目的、人类的消费不过是附属的经济体系的本质属性，就是一个愚蠢的错误。

不变资本以可变资本为代价的增长，只是劳动生产率增长的一般影响的资本主义表现。把 c 大于 v 的公式（$c > v$）从资本主义的语言翻译为社会劳动过程的语言，就意味着人类劳动的生产率越高，一定数量的生产资料变成制成品所需要的时间越短。①

这是人类劳动的普遍规律。它既适用于所有的前资本主义生产形态，也将适用于未来的社会主义的社会规则。从社会总产品的物质使用形态来看，这个规律必然将通过越来越多的社会劳动时间被用于生产资料的生产而非消费资料的生产而实现自我证明。在一个按照社会主义路线被组织的、有计划的、被控制的社会主义经济中，这种转变的发生速度将比其在现代资本主义经济中的发生速度更快。首先，当私人所有权制在土地上的壁垒被消除后，合理的科学技术就能得到最大规模的应用。这将在广泛的生产领域产生

① “抛开自然条件，如土地的肥沃性等，以及独立的、隔离的生产者的技能（主要显示为他们的产品的生产质量而非数量），资本主义社会的劳动生产率的程度，表示为一个劳动者在一定时间内以同一劳动强度把生产资料转化成产品的相对程度。随着工人的劳动效率的提高，他因此而转换的生产资料的数量也在增加。但这些生产资料起到了双重作用。某些增加是劳动生产率提高的结果；还有一些增加，则是劳动生产率提高的条件，例如制造业中的分工和机器的使用，令较多的生产资料在同一时间内被加工，因而也就有较多的原材料及辅助材料进入劳动过程。这是劳动生产率提高的结果。另一方面，机器、牲口、矿物肥料以及排水管等物品的数量，却是劳动生产率提高的条件。积聚在建筑物、熔炉、运输工具等方面的生产资料，也是如此。但不管是条件还是结果，相比于包含在生产资料中的劳动力，生产资料的增长程度才是劳动效率增长程度的表现。因此，劳动效率的提高表现为相对于自己所改变的生产资料的数量，劳动的数量在减少，或者说相对于客观因素，劳动过程的主观因素在减少。”（《资本论》，第一卷，第635—636页）在另一段中，马克思说：“我们已经在前面看到，随着劳动生产率的发展，随着比以往所有生产方式更发展劳动的社会生产力的资本主义生产方式的发展，作为劳动工具被永远纳入生产过程，并在一个重复的或长或短的间隔内发生作用的生产资料（建筑物、机器等）的数量在稳定地增长；同时，这种增长也是社会劳动生产率提高的前提和结果。这就是具有这种财富的相对和绝对增长特点的特殊的资本主义生产。”（《资本论》，第一卷，第二十三章，第2页）“不变资本存在的物质形态，即生产资料，并不只由劳动工具组成，还包括在不同阶段所加工的原材料和辅助材料。随着生产规模的扩大以及由协作、劳动分工和机器所带来的劳动生产率的提高，在每天的再生产过程中所使用的原材料、辅助材料的数量也在增长。”（《资本论》，第二卷，第160页）

巨大的变革，最终使活劳动被机器劳动所取代，使我们能够以今天的条件所不可能达到的规模从事技术工作。其次，新的经济基础将推动机器在生产过程的普遍使用。现在，机器并没有与活劳动进行竞争，而只是与活劳动中的有偿部分进行竞争。被机器所取代的劳动力的成本，代表着机器应用的最低限度。这也就意味着，资本家只有在机器的生产成本低于它所取代的工人的工资时——假设效能相同，才对机器感兴趣。从对社会主义社会唯一重要的社会劳动过程来看，机器并不是与维持工人所必要的劳动进行竞争，而是与工人所实际完成的劳动进行竞争。换句话说，在一个不被利润动机所支配而是以节约人类劳动为目的的社会中，只要使用机器所能节约的人类劳动多于制造它所必需的劳动，那么机器的使用就是经济性的象征，不用说在很多情况下，即便使用机器不符合这一经济底线，但也因健康和其他类似原因，为了工人本身的利益而使用机器。不管怎样，在资本主义社会与社会主义社会各自的机器经济效能之间的张力，至少等于劳动与其有偿部分之间的差异，也就是说，正好等于全部的资本主义剩余价值。因此，如果取消了资本主义的利润动机，实现了社会主义的劳动组织，机器使用的最低限度就会因资本主义全部剩余价值的多少而被突然提高，结果是一个巨大的而且不可测量的领域将为机器的胜利前进打开大门。这将确实证明，宣称要促进最佳技术发展的资本主义生产方式，实际以利润动机形态为基础，为技术进步设置了巨大的社会限制。只要取消这些限制，技术进步就会发展出一个巨大的动力；相比之下，资本主义生产的技术成果就会成为小儿科。

以社会产品的结构来看，这种技术转变只意味着相较于消费品的生产，生产资料的生产——以劳动时间为测量单位——在社会主义社会中的增长速度，必定要比在今天的增长速度更快。因此，社会生产的这两个部类之间的关系，被俄国的马克思主义者用来揭露典型的资本主义劣性——漠视人类的消费需要，但它其实更适于证明，当生产完全依据人类需要而组织时，大自然将会更显著地表现为日益被社会劳动所征服。杜冈-巴拉诺夫斯基的“基本规律”的唯一客观证据就这样被瓦解为“根本的”混乱。他的整个体系，包括他的“新危机理论”与他的“比例失衡”，都变成了一纸空谈，是对马克思扩大再生产图式的一味复制。

第二十四章　俄国“合法”马克思主义的终结

俄国“合法”马克思主义者，特别是杜冈-巴拉诺夫斯基，在与资本主义积累的怀疑论者的斗争中，可以靠运用马克思在《资本论》第二卷关于社会再生产过程的分析及其图式表现而丰富了经济理论为自己邀功。但因为正是杜冈-巴拉诺夫斯基十分错误地把这个图式视为问题的解答方案而非问题的表述，他的结论就注定要颠倒马克思学说的基本顺序。

根据杜冈-巴拉诺夫斯基的研究方法，资本主义生产能够创造出无限的市场并独立于消费而存在，这种研究方法直接引导他走向了萨伊-李嘉图的命题，即在生产和消费之间，在供给和需求之间存在自然平衡。差别只在于萨伊和李嘉图考虑的仅仅是简单商品流通，而杜冈-巴拉诺夫斯基却把同样的理论应用到了资本流通。他的因“比例失衡”而导致危机的理论，实际只是萨伊原来的陈腐谬论的翻版，即任何一种商品的生产过剩都只能说明另外一种商品的生产不足；杜冈-巴拉诺夫斯基不过是把这些废话翻译成了马克思再生产过程分析中的术语。即便他宣称，虽然根据货币流通，确实可能存在一般的生产过剩，而萨伊完全忽视了这一点，事实上，这种忽视也是萨伊和李嘉图在处理危机问题时易犯的错误，也是萨伊欣然玩弄马克思的图式所依据的条件。只要“第二图式”被应用到货币流通，就开始荆棘丛生，步履维艰。当布尔加科夫企图继续跟进马克思中断了的分析，以得出符合逻辑的结论时，也深陷于其中不能自拔。而杜冈-巴拉诺夫斯基自谦地称为对“马克思理论和古典经济学的融合尝试”，不过是对他从马克思那里借来的思想形式与从萨伊和李嘉图那里取得的内容的相混合。

在差不多一百年后，面对着小资产阶级的怀疑，主张资本主义生产能力发展的乐观主义理论，通过马克思的学说及其“合法”的拥护者回到了它的出发点，即萨伊和李嘉图那里。在资产阶级经济学从无辜的花园中被驱逐出来不久，这三个“马克思主义者”就与全盛时期的资产阶级的“和谐主义者”会师了——这个圆圈闭合了。

无疑，俄国的“合法”马克思主义者战胜了他们的对手“民粹主义者”，但这个胜利太过于彻底。在激烈的论战中，这三人——司徒卢威、布尔加科夫和杜冈-巴拉诺夫斯基——夸大了自己的结论。问题是整体上的资本主义与特别的俄国资本主义是否有发展的能力；而这些马克思主义者对此能力的证明，甚至达到了为资本主义的永续存在提供理论证据的程度。如果资本的积累没有边界，那就可以公然证明资本主义的存续能力没有边界！积累是资本主义特有的扩大生产、提高劳动生产率、发展生产力以及促进经济进步的方式。如果资本主义的生产方式能够确保生产力的无限扩张和经济的无限进步，那它的确就是不可战胜的。而支持社会主义理论的最重要的客观论据就崩溃了；社会主义的政治活动以及无产阶级斗争的思想意义就不再反映经济事件，社会主义也就不再表现为历史的必然。这种为了证明资本主义可能的推理，却以证明社会主义的不可能为结果。

这三位俄国的马克思主义者完全意识到自己在争论进程中做了一个大转变，尽管司徒卢威在醉心资本主义的文化使命时，并不担心失去了有用的保证。[①] 布尔加科夫竭力以同样理论的其他片段来堵住现在社会主义理论中所造成的缺口：虽然在生产与消费之间存在内在的平衡，他仍然希望资本主义社会能因为利润率的下降而走向灭亡。但正是他自己最终却砍掉了这些不太确定的安慰的根基。他忘记了自己用来解救社会主义的这根稻草，转而教导杜冈-巴拉诺夫斯基：就大资本而言，利润率的相对下降将被资本的绝对增长而补偿。[②] 杜冈-巴拉诺夫斯基则比其他人更坚定，他最后以一种野蛮人的粗鲁乐趣毁灭了所有支持社会主义的客观经济论据，从而根据自己的精神在伦理的基础上构建了"一个更美妙的世界"。"一个反对把目的（人）变成工具（生产），又把工具（生产）变成目的的经济规则的个体。"[③]

我们的这三个马克思主义者亲自展示了社会主义的新基础是

① 司徒卢威在他的俄语论文集的序言（1901 年）中说："1894 年，当作者发表他的《俄国经济发展问题评述》时，他在哲学上倾向于实证主义，在社会学和经济学上倾向于公开的马克思主义，尽管不是正统的马克思主义。从那时起，作者就认为在实证主义以及以实证主义为基础的马克思主义那里看不到全部的真理，它们就不再完全决定他的世界观。恶意的教条主义不仅恫吓观点不一样的人，还窥探他们的道德和心理，并把这样的工作视为'伊壁鸠鲁式的反复无常思想'。它不能理解独立批评是一个活的、有思想的个体最为重要的权利之一。作者不想放弃这个权利，尽管他常有被指控为'反复无常'的危险。"（《杂记》，圣彼得堡，1901 年）

② 布尔加科夫：《关于资本主义生产的市场：一个理论研究》，第 252 页。

③ 杜冈-巴拉诺夫斯基：《英国商业危机的理论和历史研究》，第 229 页。

脆弱的和不牢靠的。他们几乎是刚刚为社会主义设计了新基础，就立刻背弃了它。当俄国人民冒着生命危险为一个把目的（人）置于工具（生产）之前的理想社会秩序而战斗时，那个“个体”却撤退去康德那里寻找哲学和道德上的安慰。事实上，正如我们所预料的，“合法”资产阶级马克思主义者，最终在理论阵地上步入了资产阶级和谐论的阵营。

第三篇

积累的历史条件

第二十五章　扩大再生产图式中的矛盾

我们确定马克思的积累图式并没有在第一部分解决谁将最终在扩大再生产中受益的问题。如果从图式的字面来看，这一问题好像在《资本论》的第二卷的结束处得到了解决，它显示资本主义生产总是自己实现全部的剩余价值，并为了自己的要求而使用资本化的剩余价值。这一印象可以在马克思的图式分析中得到确认，在那里他试着把图式中的流通归纳为货币，也就是资本家和工人的有效需求。这种尝试最终导致他把"生产者的货币"作为一个救星。此外，在《资本论》的第一卷中，有一段最重要的话语也能被解读出同样的含义。

"首先，每年的生产必须供应那些用以替换在一年的过程中所消耗的资本的物质成分的物品（使用价值）。扣除掉这些后，剩下的则是包含剩余价值的净产品或剩余产品。这个剩余价值由什么组成呢？只有那些用来满足资本家阶级的需要和欲望的东西，那些因而进入资本家的消费基金的东西吗？如果是那样的话，剩余价值就会被榨干，就只会发生简单再生产了。

"若要积累，就必须把一部分的剩余产品转化为资本。除非有奇迹，我们所能转化为资本的，只是那些可以在劳动过程中使用的物品（即生产资料）和那些适宜作为劳动者食物（即生活资料）的物品。因此，每年的剩余劳动都必须有一部分被用来生产额外的生产资料与生活资料，此外这部分的数量要能够补偿预付的资本。一句话，剩余价值能够转化为资本，只因为剩余产品的价值已经包含了新资本的物质成分。”①

下面就是积累所需要的条件。(1)将要被资本化的剩余价值首先存在为资本的自然形态(作为额外的生产资料和为工人提供的额外的生活资料)。(2)资本主义生产的扩大完全依靠资本主义的产品，例如它自己的生产资料和生活资料。(3)在任何情况下，这一扩大的限度每次都预先由将要资本化的剩余价值的数量来决定。由于它们依赖于构成剩余产品的生产资料和生活资料的数量，所以它们不能被扩大；由于剩余价值的一部分不能以自然形态被使用，所以它们也不会缩小。两个方向上的偏离(向上和向下)都会引起周期性的波动和危机——但就这点而言，可以不考虑这些变化；因为总体而言，将要被资本化的剩余产品必须等于真实的积累。(4)由于资本主义的生产买下了它全部的剩余产品，因此资本的积累没有什么限制。

马克思的扩大再生产图式与上述条件是一致的。积累在这里是顺其自然的，但这完全不能表明谁将因此而受益，谁是生产为之日益扩大的新的消费者。假设，这个图式呈现出下列的事件进程：煤炭工业为了制铁工业的扩大而扩大，钢铁工业为机器工业的扩大而扩大，机器工业为了消费品生产的扩大而扩大；最后，消费品的生产又是为了维持它自己的工人以及煤炭、钢铁和机器工业中的日

① 《资本论》，第一卷，第593—594页。

益增长的劳动大军。诸如此类，循环往复。我们在绕圈子，这非常符合杜冈-巴拉诺夫斯基的理论。如果孤立地考察马克思的图式，它确实容许这样的解释，因为马克思自己也曾多次明确地声明，他的目标是展现总资本在一个仅由资本家和工人所组成的社会的积累过程。在《资本论》的每一卷中都可以找到阐述这样内容的文字。

在第一卷的“剩余价值转化为资本”那一章，马克思说：

“为了检查我们的研究对象的完整性，摆脱所有干扰性的次要环境，我们必须把整个世界视为一个国家，并假设资本主义生产已在各地确立，在每个工业部门都占据主宰地位。”[①]

这个假设在第二卷中多次出现；像在第十七章的“剩余价值的流通”中：“现在，只有两个出发点：资本家和工人。所有第三阶层的人，要么必须通过自己的服务从这两个阶级获得货币，要么就其没有提供任何等价服务就获得货币的程度，作为地租、利息等形态的剩余价值的共同所有人……于是，资本家阶级就成了货币流通的唯一出发点。”[②]

此外，在同一章中，关于积累假设下的特别的货币流通，马克思说：“但若我们假设不是一部分，而是全部的货币资本的积累都由资本家阶级做出，就会出现困难。根据我们的假设——资本主义生产的统治地位是全面的和唯一的——除了资本家阶级，就只有工人阶级。”[③]

同样，在第二十章中：“……在这里只存在两个阶级，支配自己

① 《资本论》，第一卷，第 594 页，注释 1。
② 《资本论》，第二卷，第 384 页。
③ 同上书，第 400—401 页。

劳动力的工人阶级和拥有社会的生产资料与货币的资本家阶级。”[①]

在第三卷把资本主义生产过程作为一个整体予以论证时，马克思非常明确地说：“让我们设想整个社会只由工业资本家和工资劳动者构成。此外，让我们把价格波动视为例外，而价格波动会阻止大部分的总资本在平均条件下的自我再生产，并总是会因整个再生产过程的一般联系，特别是由信用制度所发展来的一般联系，而引起暂时性的一般停滞。让我们再除开为信用体系所支持的虚假交易和投机活动；这样，危机就只能被解释为各个部门之间的生产不平衡，以及资本家的消费与其资本积累之间的不平衡。但在目前的情况下，投资于生产的资本的再生产，主要依赖非生产阶级的消费能力；而工人的消费能力则部分地受到工资法的制约，部分地受到这一事实的制约，即只有对他们的雇佣能够为资本家带来利润时，它才会发挥作用。”[②]

引文的最后谈及的是我们在这里并不关注的危机问题。但在马克思自己看来，总资本的运动无疑，“在目前的情况下”，只依存于三类消费者：资本家、工人和“非生产阶级”，也就是资本家阶级的食客（君王、僧侣、教师、卖淫者、雇佣军），马克思在第二卷中非常正确地把这些人仅仅作为派生购买力的代表者，从而也是剩余价值或劳动工资的寄生性的共同消费者来处理。

最后，在《剩余价值学说史》中，[③]马克思如下表示着积累的一般前提：“在这里，我们将只考察资本在其发展的不同阶段所经历

① 《资本论》，第二卷，第488页。

② 《资本论》，第三卷，第568页。

③ 马克思：《剩余价值学说史》，第二卷，第二部分，“资本的积累与危机”，第263页。

的各种形态。因此，我们并不去阐述真实生产过程的现实条件，但永远假设商品将按照它的价值被出售。我们不关心资本家之间的竞争以及信用制度，也不管社会的现实结构绝不是只由工人阶级和工业资本家组成，在那里，消费者和生产者之间没有严格的区分。第一个范畴（即消费者的范畴，他们的收入在一定程度上间接地来自利润和劳动工资，并不是原始性的）要比第二个范畴（生产者的范畴）更为广泛。因此它支出自己收入的方式及这些收入的多少，在经济生活中，特别是在资本的流通和再生产过程中，引起了巨大的变更。”

谈到“社会的现实结构”，马克思在这里也只考察了剩余价值或劳动工资的寄生性的共同消费者，即资本主义生产的基本范畴的食客。

毫无疑问，马克思想要在一个完全由工人和资本家所构成的社会，在资本主义生产方式具有全面的、排他的支配地位的条件下论证积累过程。但在这一假设下，他的图式除了可以为生产而解释生产以外，别无他用。

让我们来回忆一下马克思的扩大再生产图式的第二例：

第一年

Ⅰ. 5,000*c*+1,000*v*+1,000*s*=7,000　生产资料

Ⅱ. 1,430*c*+　285*v*+　285*s*=2,000　生活资料

9,000

第二年

Ⅰ. 5,417*c*+1,083*v*+1,083*s*=7,583　生产资料

Ⅱ. 1,583*c*+　316*v*+　316*s*=2,215　生活资料

9,798

第三年

Ⅰ. 5,869c+1,173v+1,173s=8,215　生产资料

Ⅱ. 1,715c+　342v+　342s=2,399　生活资料

10,614

第四年

Ⅰ. 6,358c+1,271v+1,271s=8,900　生产资料

Ⅱ. 1,858c+　371v+　371s=2,600　生活资料

11,500

在这里，积累年复一年地继续，没有中断，资本家每年都消费掉自己所获得的剩余价值的一半，另一半用于资本化。在资本化的过程中，技术基础不变，也就是说，不变资本与可变资本的有机结构或分配相同，新增资本与原来的资本所连续维持的剥削率相同（一般等于100%）。根据马克思在《资本论》的第一卷所做的假设，剩余价值的资本化部分首先以额外的生产资料和为工人提供的额外的生活资料的形态出现，两者都是为了促进两个部类的生产的持续增长。从马克思的图式的假设中，无法知道生产是为了谁而持续扩张。不可否认，一个社会的生产与消费的增长是同时的。资本家的消费增长了（根据价值，第一年是500+142，第二年是542+158，第三年是586+171，第四年是635+185），工人的消费也会增长；两个部类的可变资本的年复一年的增长确切地标示着这一价值的增长。但资本家的消费的持续增长肯定不能被视为积累的最终目标；相反地，因为这种消费的发生和增长，所以不会出现积累；资本家个人的消费只能被视为简单再生产。当然，问题是：如果资本家自己不消费自己的产品而“实行节制”，即尽可能地积累，那么，他们

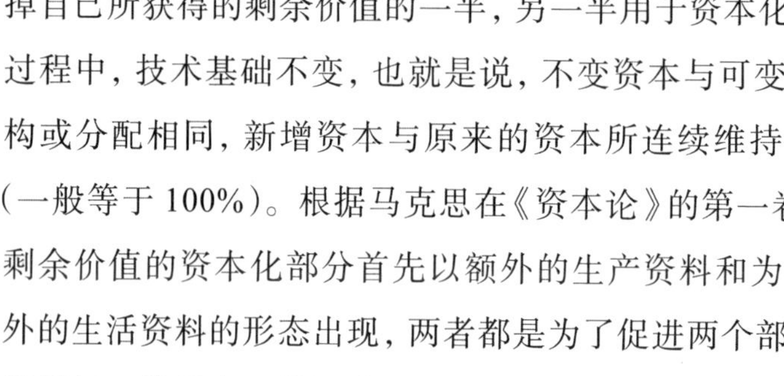

的生产是为了谁呢？维持日益增大的劳动大军，更不是资本持续积累的最终目的。在资本家看来，工人的消费只是积累的结果，绝不会成为积累的目的或条件，除非资本主义生产的原则（基础）被彻底颠覆。无论如何，工人都只能消费相当于可变资本的那部分产品，一点都不能多。那么，谁来实现那些永远增长的剩余价值呢？图式答复：是资本家自己，而且也仅仅是他们。那么，他们怎样处理这些增长的剩余价值呢？图式答复：他们把它用于自己日益扩大的生产。于是，这些资本家就为了生产的缘故而成为一个扩大的生产的财务支持者。他们保证为了要建造越来越多的新机器而建造越来越多的机器——在他们的帮助下。但所有的结果就不是资本的积累，而是漫无目的的增加生产资料的生产。确实，只有像杜冈-巴拉诺夫斯基那样鲁莽，那样喜欢自相矛盾的陈述，才会认为这种不知疲倦的徒劳转圈是资本主义现实在理论上的忠实反映，是马克思学说的正确推断。①

除了在《资本论》的第二卷勾勒出扩大再生产分析，马克思的整个作品，特别是第三卷，包含着他对典型的资本主义积累过程的总体理解的较为详细和明晰的阐述。一旦我们充分理解了这个说明，第二卷末尾的图式的缺陷就会直接显现出来。

如果我们批判性地从马克思理论的视角来考察扩大再生产图式，就会发现两者之间的各种冲突。

首先，这个图式完全不关心劳动生产率的增长。由于它假设资

① “得出这个荒谬结论的并不是创造性的思想家，而是萨伊和麦卡洛克之流。”（《资本论》，第二卷，第451页）而我们想加上杜冈-巴拉诺夫斯基。

本的结构在每年都是一样的，这也就是说，生产过程的技术基础并没有受到积累的影响。为了简化分析，这样的做法本身是应该得到允许的，可是当我们为了总产品的实现，为了再生产而开始研究具体的条件时，至少必须顾及和考虑与资本积累过程有密切关联的技术变化。然而，如果我们考虑到劳动生产率的提高，那么社会产品的物质总量——包括生产资料和生活资料，将因此在数量上表现出比图式所展示的更为快速的增长。此外，使用价值总量的增加还意味着价值关系的变化。虽然马克思以这个原理作为其整个理论的基础，并如此令人信服地予以主张，但劳动生产率的持续发展会对所积累资本的结构和剩余价值率产生影响，从而使它们在资本积累增加的条件下无法像图式所假设的那样保持不变。更确切地说，如果积累得以继续，两个部类的不变资本 c 不仅在数量上绝对增加，还会相对增加其与 $v+s$ 或全部新价值（劳动生产率的社会方面）的比值；与此同时，不变资本和类似的剩余价值必定会相对于可变资本而增加——总之，剩余价值率，即剩余价值与可变资本的比例必然会同样地增加（劳动生产率的资本主义方面）。当然，这些变化并不会年年发生，就像马克思图式中的那些虽然不必是自然年度，但也代表着任何特定时期的第一年、第二年、第三年一样。最后，我们可以选择假设这些资本结构与剩余价值率的变化，发生在第一年、第三年、第五年、第七年，或者发生在第二年、第六年、第九年，等等。重要的是这些变化被允许纳入考虑，并作为周期性现象得到关注。如果要相应地修改图式，那么，这种积累方式的结果将会是以生产资料为代价，年年增加消费资料的剩余。杜冈-巴拉诺夫斯基确实在纸上克服了所有的困难，他简单地构建了一个比例不同的

图式，其中的可变资本逐年递减 25%。由于在纸上的数学演练非常成功，杜冈就得意地宣称已经“证明”积累可以像钟表一样地平稳运行，即使消费的绝对数量下降了。可是，他最后也得承认他的可变资本绝对下降的假定是与现实截然相反的。在所有的资本主义国家，可变资本的数量实际都是增长的，只有相对于增长速度更快的不变资本，可以说它下降了。以事实为基础，即相对于可变资本的增长，不变资本和剩余价值率的年度增长都更大，这样就必然会出现社会产品的物质结构与资本的价值结构之间的矛盾。如果，改变马克思的图式中所提出的不变资本与可变资本的五比一的比例，例如假设在资本的增长中，逐渐调整它的结构，即不变资本与可变资本的比例在第二年是六比一，第三年是七比一，第四年是八比一；如果我们还假设剩余价值率也随着劳动生产率的提高而不断提高，从而使我们每次都得到与图式相同的数字，尽管因为可变资本的持续下降，剩余价值率不可能保持原来的 100% 的不变——如果我们最后假设每次都把所占有的剩余价值的一半用于资本化（资本化超过 50% 的部类Ⅱ除外，在第一年中，它的 285 剩余价值就有 184 被资本化），就会得到下列结果：

第一年

Ⅰ. $5{,}000c+1{,}000v+1{,}000s=7{,}000$ 生产资料

Ⅱ. $1{,}430c+\ 285v+\ 285s=2{,}000$ 生活资料

第二年

Ⅰ. $5{,}428\frac{4}{7}c+1{,}071\frac{3}{7}v+1{,}083s=7{,}583$ 生产资料

Ⅱ. $1{,}587\frac{5}{7}c+\ 311\frac{2}{7}v+\ 316s=2{,}215$ 生活资料

第三年

Ⅰ. $5,903c+1,139v+1,173s=8,215$　生产资料

Ⅱ. $1,726c+\ \ 331v+\ \ 342s=2,399$　生活资料

第四年

Ⅰ. $6,424c+1,205v+1,271s=8,900$　生产资料

Ⅱ. $1,879c+\ \ 350v+\ \ 371s=2,600$　生活资料

如果这是积累过程的真实画面，那么生产资料（不变资本）在第二年就会出现16的短缺，第三年是45，第四年是88；同样地，生活资料则会在第二年出现16的剩余，第三年是45，第四年是88。

生产资料的负差额，在某种程度上只是想象。劳动生产率的提高确保生产资料在数量上的增长速度快于其在价值上的增长，换句话说：生产资料变得更便宜了。由于是使用价值，即资本的物质形态与生产的技术进步相关，因此，我们可以假设，生产资料的数量能够在一定程度上满足不断的积累，而不管它们较低的价值。这种现象也可以抑制利润率的实际下降，并把它调整到一个微不足道的趋势，尽管我们的例子显示，利润率的下降不仅可以被延缓，还可以被彻底地阻止。另一方面，同样的事实表明没有销路的生活资料的剩余，要比这一剩余以价值形式所体现的数量多得多。如果是那样的话，我们就必须强迫部类Ⅱ的资本家自己消费掉这些剩余，这是马克思让他们在其他场合所做的事情；在那些情况下，就那些资本家而言，就又没有积累而只有简单再生产。要不然，我们就只能宣称这些剩余全部都是没有销路的。

然而，从我们的例子中所产生的生产资料的损失不是很容易就得到补偿了吗？我们只需要假设部类Ⅰ的资本家在更大程度上资

本化了他们的剩余价值。诚然，正如马克思所做的，没有正当理由认为资本家每次都会把自己一半的剩余价值加入资本。劳动生产率的增长，完全可以带动剩余价值资本化的逐步增长。在令资本家阶级的消费品更便宜方面，更是容许这一假设，这也是技术进步的结果之一。可消费收入价值的相对下降（与其资本化部分相比较），毕竟也能让这一阶级的生活水平维持现状或达到更高。例如，我们可以通过把部类Ⅰ的相应的剩余价值部分转化为该部类的不变资本来补偿生产资料的短缺，否则这部分剩余价值就会像该部类的其他产品一样被消费，因为这些剩余价值原本就采用了生产资料的形态；第二年转移 $11\frac{4}{7}$，第三年转移 34，第四年转移 66。[①] 然而，一个困难的解决方案，却只增加了另一个困难。不用说，如果部类Ⅰ的资本家为了积累而相对限制自己的消费，那么部类Ⅱ的生活资料就会按比例地出现更多没有销路的剩余；因而即便在它以前的技术基础上，也越来越没有可能扩大不变资本。如果部类Ⅰ的资本家相对限制自己的消费，那么部类Ⅱ的资本家就必须相应地按比例扩大自己的个人消费。部类Ⅰ的加速积累的假设，必须以部类Ⅱ的延缓积累的假设为补充，即一个部类的技术进步，必须以另一个部类的衰退为补充。

这些结果并不是出自偶然。我们试图对马克思的图式所做的调整，只是为了像马克思自己也承认的那样，说明技术的进步必然伴随以不变资本相对可变资本的增长。因此，有必要对资本化的剩

① 这些数字来自部类Ⅰ的不变资本在技术进步条件下与马克思的不变条件下的数量差异。

余价值在 c 与 v 之间的分配比例进行不断的调整。但是在马克思的图式中，资本家并不能按照自己的意愿进行分配，因为他们的剩余价值的物质形态预先决定了资本化的形态。因为根据马克思的假设，生产的所有扩大只能依靠它自己进行，即被资本主义化生产的生产资料和生活资料进行；因为这里没有其他的生产场所和方式，没有两个部类中的资本家与工人之外的其他消费者；另一方面，也因为积累过程的顺利运行取决于流通完全吸收两个部类的总产品，因此，剩余产品的物质形态严格地规定着扩大再生产的技术系统。换句话说，根据马克思的图式，扩大再生产的技术形态能够且必须被部类Ⅰ与部类Ⅱ所生产的全部剩余价值所利用。关于这一点，我们必须记住的是，两个部类都只能通过交换获得各自的生产要素。因此，被指定用于资本化的剩余价值在不变资本与可变资本之间的分配，与新增的生产资料和(工人的)生活资料在部类Ⅰ与部类Ⅱ之间的分配一样被预先设定，并被图式中的两个部类的物质与价值关系所决定。但这些关系本身反映着一个确定的生产技术系统。这意味着，根据马克思图式的假设，如果积累得以继续，那么每次所确定的生产技术，都预先决定着下一时期的扩大再生产的技术。这也就是说，根据马克思的图式，假设资本主义生产的扩大总是通过原来的资本形态所生产的剩余价值完成，此外，或者更确切地说，相反地——一个部类的积累总是完全地依赖于另一个部类的积累，那么，生产的技术系统就不可能相对于 c 与 v 的关系发生变化。

我们还可以从另一个方面来说明我们的观点：显然，不变资本相对于可变资本的快速增长，即资本的有机结构的逐渐变化，在物质形态上表现为生产在部类Ⅰ的增长相对快于在部类Ⅱ的。然而，把两个部类的一致性视为原则的马克思图式，排除了积累率在两个部类中的任何变动。完全有理由假设，在渐进积累的技术条件下，社会将日益提高对部类Ⅰ的投资，把越来越多的用于积累的剩余价值投放到部类Ⅰ而非部类Ⅱ。既然两个部类都是同一社会生产的分支，或者“总资本家”的补充企业，就技术而言，这种所积累的剩余价值从一个部类到另一个部类的份额的渐进变化，是完全可行的，尤其是相对于资本的真实运动。但这个假设，也只能在我们纯粹根据价值考察资本化的剩余价值时，才成为可能。图式却意味着这部分的剩余价值以一定的物质形态决定着它的资本化。由于部类Ⅱ的剩余价值必须通过部类Ⅰ才能得到实现，因此它作为生活资料而存在，这就排除了从部类Ⅱ向部类Ⅰ转移资本化的剩余价值的可能，原因首先在于这一剩余价值的物质形态对部类Ⅰ而言，显然是无用的；其次在于两个部类之间的交换关系要求部类Ⅰ的产品等价地转化为部类Ⅱ的产品。因此，在马克思图式的限度内，部类Ⅰ完全无法取得比部类Ⅱ更快的增长。

无论我们如何看待生产方式在积累进程中的技术变化，它们也无法在不推翻马克思图式的根本关系的情况下实现。

此外，根据马克思的图式，资本化的剩余价值每次都会被下一时期的生产过程直接且完全地吸收，因为除了用于消费的部分，这部分剩余价值有着只能被一种特定方法所使用的物质形态。图式排除了剩余价值作为待用于投资的资本被兑现而储藏的可能。在马克思看来，处在自由货币形态的私人资本，首先是那些针对固定资本的损耗而逐渐积存起来以用于固定资本更新的货币，其次是那些作为被实现的剩余价值因数量太少还不能被用作投资的货币。

从总资本的观点来看，这两种自由货币资本的来源都是无足轻重的。因为，如果我们假设一部分社会剩余价值为了将来的投资而被实现为货币形态，那就立即产生这样一个问题：谁购买了这部分剩余价值的实物商品？谁提供了这些货币？如果回答是：当然是其他的资本家；那由于图式中的资本家阶级已经被代表为两个部类，这部分剩余价值因而也必定被视为实际已在生产过程中得到投资或使用。这样，我们就退回到了剩余价值的直接与完全投资阶段。

或者一部分剩余价值以货币形态冻结在某些资本家手中，意味着相应部分的剩余产品以物质形态留在了另一些资本家手中吗？既然资本家才是剩余价值的唯一购买者，已经实现的剩余价值被某些资本家囤积起来，意味着另外一些资本家不能再实现自己的剩余价值了吗？可若是这样，图式中所描述的再生产与积累的平稳进程就会被中断。结果将会是出现危机，这种危机正是西斯蒙第所想象的那类危机，它不是产生于生产过剩，而仅仅产生于积累的意图。

在《剩余价值学说史》的一段话中，[①] 马克思用如此多的语言解释了自己“在这方面根本不关心资本的积累多于在生产过程中的使用，并可能以货币形态闲置在银行里，产生国外贷款的结果”。在关于竞争的章节中，马克思讨论了这些现象。然而重要的是，马克思的图式确实排除了这种额外资本的形成。不管我们如何扩大竞争的概念，它显然不可能创造价值以及本身不是再生产过程结果的资本。

这样，图式排除了跳跃式扩大的生产，它只允许与剩余价值的形成完全保持一致，并以剩余价值的实现与剩余价值的资本化一致

① 马克思：《剩余价值学说史》，第二卷，第二部分，第 252 页。

为基础的逐渐扩大。

根据同样的原因，这个图式假设积累对两个部类，因而也就是资本主义生产的所有部门的影响相同。如同排除需求的跳跃式扩大一样，它也不允许资本主义生产的单个部门的片面与特殊发展。

因此，这个图式假设了一种全然背离资本主义发展真实进程的总资本运动。乍看之下，资本主义生产方式的历史有两种典型事实：一方面是遍及全部生产领域的跳跃式周期扩张；另一方面是不同生产部门之间的极端不平衡发展。英国棉花产业从18世纪头25年到19世纪70年代的历史，即资本主义生产历史中最富特点的篇章，就完全不能被马克思的图式解释。

最后，这个图式又令资本主义总过程的概念与马克思在《资本论》的第三卷中所设计的资本主义总过程的进程相矛盾。这个概念以生产力的无限扩张能力与资本主义分配条件下的社会消费的有限扩张能力之间的内在矛盾为基础。让我们来看看马克思是如何在第十五章“(下降的利润率)规律的内部矛盾的展开”中详细描述这一矛盾：

“假设已经存在必要的生产资料或充足的资本积累，当剩余价值率，也就是剥削的程度已经确定，剩余价值的创造不会在劳动人口以外面临任何限制。资本主义的生产过程，在根本上就是剩余价值的生产过程，而剩余价值也就是被物化的剩余产品，或者所生产的商品中相应于被物化的无偿劳动的部分。绝不应当忘记，这种剩余价值的生产——剩余价值的一部分再转化为资本或积累，也是这种剩余价值生产的不可缺少部分——是资本主义生产的直接目的和决定性动机。因此，绝不能把这种资本主义生产描述为它本来就不是的东西，也就是说，不能把它描述为一个有着直接的物品消费目的的生产，或者一个作为资本家的享受工具（当然更不是为了工人——作者按）的生产。如果这样，就完全看不到资本主义生产在其内在本质上所表现出的特有性质。这个剩余价值的生产，就是直接生产过程的目标，而这个生产过程，除了上面所说的那些限制，再没有别的限制。一旦可以得到的剩余价值数量已经被物化在商品中，剩余价值就被生产出来了。但是，这样的剩余价值生产，只是资本主义生产过程的第一个行为，它只是结束了直接生产行为。资本已经吸收了非常多的无偿劳动。随着通过利润率下降趋势所表现的过程的发展，这样生产出来的剩余价值的总量就会惊人地膨胀起来。现在开始了过程的第二个行为。商品的总量，即总产品，所包含的补偿不变资本和可变资本的部分，与代表剩余价值的部分一样，都必须被卖掉。如果无法被卖掉，或只有部分被卖掉，或只能以低于生产价格的价格被卖掉，工人固然还是被剥削，但对他的剥削却没有如资本家所期盼的那样多。对于资本家而言，可能根本没有产生剩余价值，或只是部分地实现了所生产的剩余价值，甚至可能部分或全部地损失掉他的资本。直接剥削的条件和实现剩余价值的条件并不相同，二者不仅在逻辑上是分开的，在时间和空间上也是分开的。前者只受社会生产力的限制，后者则受不同生产部门的比例关系和社会消费力的约束。但社会消费力，既不取决于绝对的生产力，也不取决于绝对的消费力，而是取决于以对抗性的分配关系为基础的消费力，而这种分配关系令大多数人的消费缩小到只能在相当狭小的界限内变动的最低限度。这个消费力还受到积累趋势的限制，即扩大资本和在一个更大的规模上生产剩余价值的欲望的限制。这是资本主义生产的规律，它由生产方式本身的不断革命及因此而产生的现有资本的贬值，由普遍的竞争斗争以及为了保存自身和避免灭亡而改进生产与扩大生产规模的必要性所决定。因此，市场必须不断地被扩大，以至于市场的内部联系和调节这种联系的条件，越来越采取一种不以生产者为转移的自然规律的形式，并且变得越来越难以驾驭。这个内部矛盾力图通过扩大生产的外部范围的方式进行自我平衡；但当生产力发展到一定程度，它就发现自己与消费关系的狭隘基础存在分歧。在这个充满矛盾的基础上，资本过剩与人口过剩的结合却根本没有矛盾，因为在这二者相结合的时候，虽会增加所生产的剩余价值的数量，但是生产这一剩余价值的条件与实现它的条件之间的矛盾，也在同时增长。”①

当我们把这一描述与扩大再生产图式进行比较，就会发现二者完全不一致。根据图示，在剩余价值的生产与实现之间没有任何内在的矛盾，更确切地说，二者是一致的。在这里，剩余价值从一开始就以专门满足积累需要的自然形态出现。事实上，它正是以新增资本的形态离开生产场所，也就是说，它能够在资本的积累过程中实现。作为一个阶级，资本家提前保证了他们所占有的剩余价值，将完全以物质形态被生产出来，而这种物质形态能够确保剩余价值被用于进一步的积累。剩余价值的实现与积累就成了同一过程的两个方面，在逻辑上完全是一样的。于是，根据图式对再生产过程的演示，社会的消费能力并没有限制生产。在这里，虽然社会的消费能力并没有超越它的“对抗性的分配关系”，但生产却在年复一

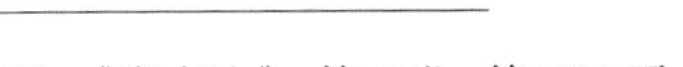

① 《资本论》，第三卷，第285页。

年地自动扩大。积累的这种自动持续增长，确实是“资本主义生产中的……避免灭亡的规律”。可是，根据第三卷的分析，“因此，市场必须被不断地扩大”，“市场”显然超出了资本家和工人的消费。倘若杜冈-巴拉诺夫斯基把下列这段话——“这个内部矛盾力图通过扩大生产的外部范围的方式进行自我平衡”，解释为似乎马克思原打算以“生产的外部范围”表示生产本身，那么他就不仅歪曲了这句话的精髓，也背离了马克思的清晰思路。所谓“生产的外部范围”，明显且毫不含糊地意味着“必须被不断扩大的”消费，而不是生产本身。在《剩余价值学说史》的这段话中，足以显示马克思所想的是这个而非其他：“因此，李嘉图一直否认随着生产的扩大和资本的增加，市场也会扩大的必然性。存在于一国内的全部资本，可以在该国得到有利的使用。为此，他反驳亚当·斯密，因为亚当·斯密形成了他（李嘉图）的观点，但又以如常的本能否认这种观点。”①

但在另一段话中，马克思又明确指出，杜冈-巴拉诺夫斯基的为生产而生产的想法，与自己的完全不同：“此外，我们已经在第二卷的第三篇看到在不变资本与可变资本之间发生着持续的流通（甚至不用考虑任何的加速积累），这种流通因为从不进入消费而独立于个人消费，却依然受到消费的限制，因为不变资本的生产从来不是为了自己，而完全是因为那些产品获准进入个人消费的生产部门需用更多的这种资本。”②

① 马克思：《剩余价值学说史》，第二卷，第二部分，第 305 页。

② 《资本论》，第三卷，第 359 页。

不可否认，在第二卷的图式中——杜冈-巴拉诺夫斯基的唯一支持，市场与生产是一致的，它们是一体的和相同的。在这里，市场的扩大就等于生产的扩大，因为生产据说是自己的唯一市场——工人的消费成为一个生产要素，即可变资本的再生产。因此，生产的扩大与市场的拓展所面临的限制是一体的，而且是相同的，即被社会资本的规模或已经达到的积累阶段所确定。以资本的自然形态所获得的剩余价值越多，被积累的也就越多；积累的规模越大，以资本的物质形态被投入的剩余价值就越多，即被实现的剩余价值越多。因此，图式并不承认第三卷的分析中所勾勒的矛盾。在图式上所描述的过程中，市场无需超出资本家和工人的消费而不断扩展，受限的社会消费能力也不是生产的平稳进程及其无限扩张能力的障碍。图式确实不承认危机，但只是因为生产内部的比例失调，即生产过程缺乏社会调控的缘故。可它排除了资本主义社会中的生产能力与消费能力之间的深刻而根本的对立，一个正是因资本的积累而产生的冲突，它周期性地爆发危机，并驱使资本迈向持续的市场扩展。

第二十六章　资本的再生产及其社会环境

马克思的扩大再生产的图式不能解释积累的现实和历史过程。为什么会这样呢？原因在于图式的假设。图式以资本家和工人是资本主义消费的唯一作用者的假设描述积累的过程。我们可以看到，马克思一贯且特意地假设了资本主义生产方式的普遍且独有的支配地位，并作为他在《资本论》的三卷中分析的理论前提。在这些条件下，不可否认的是，除了资本家和工人，没有其他社会阶级的存在；正如图式所展示的，资本主义社会的所有"第三人"——公务员、自由职业者、牧师等——作为消费者，必须被计入这两个阶级，最好被计入资产阶级。但是，这个原理只是一种理论上的设计——现实生活中，从来就没有一个资本主义生产方式独居支配地位的自给自足的资本主义社会。但只要这个理论手段只是用来帮助证实其完整性问题，而且并不妨碍其特定的条件，就完全是可以接受的。一个恰当的例子就是对社会总资本的简单再生产的分析，在那里，问题的本身依赖于这样一个假设：即在一个以资本主义方式生产的社会中，在一个创造剩余价值的社会中，全部的剩余价值都被占有它的资本家消费了。这样假设的目的是为了展示社会生

产和再生产在这些给定条件下的形式。在这里，这一问题的特定构想意味着，除了资本家和工人，没有其他的消费者，从而绝对符合了马克思的假设：资本主义生产方式的普遍和排他性的支配。这两种假设的含义是一样的。同样地，完全有理由在个体资本积累的分析中假定资本的绝对优势，就像在《资本论》的第一卷中所做的一样。个体资本的再生产只是整个社会再生产的一个要素，但是相比于这个运动中的其他要素，这个要素有着独立的进程。因此，为了达到社会资本的总运动，不能简单地把各个资本的个体运动加总在一起，因为社会资本的总运动在本质上是不同的。因此，个体资本再生产的自然条件既不与另一种相一致，也不符合总资本的关系。在正常的流通条件下，每个个体资本都完全以它自己的账户参与流通和积累过程，当然，只有在它被迫为自己的产品寻找市场和为自己的特定活动寻找所需要的可用的生产资料时，才依赖其他的资本。虽然不管提供这一市场和必要的生产资料的社会阶层，本身是不是资本主义的生产者，或者对于个体资本而言是否完全是物质的，但在理论上，分析个体资本积累的最有利的前提就是假设资本主义生产已经获得了全面的和排他的支配地位，并且是这个过程的唯一环境。[①]

然而，现在出现的这一假设对个体资本是否起决定性作用的问题，对总资本的考察也是理应提出的。

① “如果资本和劳动生产率提高了，资本主义生产的标准总体居于一个更高的发展水平，相应地就会有更多的商品通过市场从生产变成个体和工业消费，每个特定资本也就更有把握找到可用的再生产条件。”（马克思：《剩余价值学说史》，第二卷，第二部分，第251页）

“如今，我们必须以这种形式来表达问题：假设普遍的积累，也就是假设在所有的生产部门中，几乎都存在积累——这实际是资本主义生产的条件，就像吝啬鬼自然地聚敛财富一样，资本家也自然地成为资本家（但这也是资本主义生产的永存所必需的）——那么，这个普遍积累的条件是什么，能被还原为什么要素？”

回答是：“资本积累的条件正好是那些普遍支配其原来的生产和再生产的条件：这些条件是部分货币购买劳动和其他的商品（原材料、机器等）……因此，新资本的积累只能在相同的、已经存在再生产的资本的条件下进行。”①

在现实生活中，总资本积累的真实条件完全不同于个体资本或简单再生产的主要条件。但问题是：如果剩余价值的增加部分不是被资本家消费了，而是被用于扩大生产，那么社会再生产的形式是什么样的呢？根据假设，在扣除了对不变资本的补偿后，剩余的社会产品并不能被工人和资本家的消费所吸收——这是问题的主要方面，工人和资本家自己也不能实现总产品。他们永远只能实现可变资本和不变资本中将被耗用的部分，以及剩余价值中将被消费的部分，但这样只能确保生产在原来的规模上得到更新。工人和资本家本身不能实现剩余价值中将要被资本化的部分。因此，对于一个仅由工人和资本家组成的社会而言，为了积累而实现剩余价值是一项不可能完成的工作。奇怪的是，所有分析积累问题的理论家，从李嘉图和西斯蒙第到马克思，都是从一个令其问题无法得到解决的特

① 马克思：《剩余价值学说史》，第二卷，第二部分，第250页，“资本的积累与危机”，着重号是马克思加的。

别假设开始的。剩余价值的实现需要“第三人”，也就是除了资本主义生产的直接作用者(即工人和资本家)以外的消费者，这个确切的本能催生了各种花招：马尔萨斯以封建地主、沃龙佐夫以军国主义、司徒卢威以“自由职业者”及其他资本家阶级的食客表达“非生产性消费”；再不就是从西斯蒙第到尼古拉-逊这些对积累持怀疑态度的人证明对外贸易发挥令人满意的安全阀作用。由于这些难以解决的困难，其他像冯·基尔希曼和洛贝尔图斯之类的人则试图抛开积累，或者像西斯蒙第和他的俄国“民粹主义”追随者那样，强调至少尽可能地抑制积累的需要。

积累问题的显著特征以及解决它的早期尝试中的弱点，已经被马克思更为深刻的分析，被他对全部再生产过程的精确的图示论证，特别是被他对简单再生产问题的创造性阐述映衬而出。但他也没有直接提供一个完成了的解决方案，部分是因为他几乎从一开始就脱离了自己的分析方法，还有部分则如同我们所展示的，是因为他一心指责亚当·斯密的分析并因此而太过忽视了主要的问题。其实，他通过假设资本主义生产方式的普遍优势而让这一问题的解决变得更为困难。不过，一个与马克思的其他学说相一致，与资本主义的历史经验和日常实践相一致的积累问题解决方案，已经暗含于马克思对简单再生产的完整分析及其对体现整个资本主义过程的内在矛盾与这些矛盾的发展的描述中(《资本论》，第三卷)。因此，图式中的缺陷是可以被修正的。由于所有的关系在某种程度上都是不完整的，对扩大再生产图式的更深入研究会发现，它指向着某种比纯粹的资本主义生产和积累更为先进的制度。

迄今为止，我们只考虑了扩大再生产的一个方面，即剩余价值

的实现问题，它的困难至今已夺去了怀疑论者的全部注意。毫无疑问，剩余价值的实现是资本主义积累中的关键问题。它要求以——为了简便起见，忽略资本家的全部消费基金——存在资本主义社会以外的购买者阶层作为它的首要条件。要注意，是购买者，而非消费者，因为剩余价值的物质形态与它的实现完全无关。关键的事实在于，剩余价值不能通过出售给工人或资本家而实现，只能通过出售给非资本主义生产方式中的社会机构或阶层而实现。在这里，我们可以设想两种不同的情况。

(1)资本主义生产提供超过它自己的需要，即它的工人和资本家需求的消费物品，这些物品被非资本主义的阶层和国家购买。例如，英国的棉花产业，在19世纪的前三分之二的时间里，可以说甚至到现在，都在为欧洲大陆的农民、小资产阶级市民，以及印度、美国、非洲等地的农民供应棉纺织品。因此，英国棉花产业的巨大扩张以非资本主义阶层和国家的消费为基础。[①] 兴旺的棉花产业引起了工业机械(线轴和织布机)，进而是金属和煤炭产业的生产在英国的大规模发展。在这个例子中，部类Ⅱ通过把自己的产品销售给非资本主义阶层，而在越来越大的程度上实现了自己的产品，并通

① 以下数字清楚地显示了棉花产业之于英国出口的重要性：

1893年，工业产品的总出口达277,000,000英镑，其中，棉花出口总数达64,000,000英镑，占23%，钢铁及其他金属出口不到17%。

1898年，工业产品的总出口达233,400,000英镑，其中，棉花出口总数达65,000,000英镑，占28%，钢铁出口为22%。

比较而言，德意志帝国的数字展示了下列结果：1898年，棉花出口总数达11,595,000英镑，占200,500,000英镑总出口的5.75%。在1898年，有5,250,000,000码的棉包被出口，其中的2,250,000,000码被出口到印度。

1908年，英国棉纱的单独出口总数达13,100,000英镑。

过自己的积累，为国内的部类Ⅰ的生产创造了日益增长的需求，从而帮助后者实现剩余价值和增加自身的积累。

(2)反之，资本主义生产提供超过它自身需要的生产资料，并在非资本主义国家寻找购买者。例如，英国的工业在19世纪上半叶为美国、澳大利亚等国修建铁路供应原材料（铁路建设本身不能被看作资本主义生产在一个国家占据支配地位的证据。事实上，在这种情况下，铁路只是为资本主义生产的开始提供了最初的条件之一）。另一个例子是德国的化工行业为亚洲、非洲的那些非资本主义生产的国家，提供了大量的诸如染料之类的生产资料。[1] 在这里，部类Ⅰ在资本主义的圈子之外实现了自己的生产，由此引起的部类Ⅰ的持续增长导致该国（资本主义生产的）部类Ⅱ的相应增长，以便为部类Ⅰ日益增多的劳动大军提供生活资料。

这些情况都与马克思的图式不同。在第一种情况下，部类Ⅱ的生产超过了两个部类中以可变资本和剩余价值的消费部分来测量的需要。在第二种情况下，部类Ⅰ的产品超过了两个部类的不变资本的数量，尽管这个数量已经为扩大生产而被增加。在这两种情况下，剩余价值都没有以可令它在任一部类的资本化成为可能与必要的自然形态存在。在现实生活中，这两种情况永远交织在一起，互为补充与融合。

在这个讨论中，还有一点似乎很模糊。消费品的剩余，比如说被卖到非资本主义国家的棉布，并不是只代表剩余价值，作为一个

①　德国五分之一的苯胺染料以及一半的靛蓝染料，出口到中国、日本、印度、埃及、土耳其、巴西以及墨西哥等国。

资本主义商品，它还包含着不变资本与可变资本。如果认为这些被卖到资本主义社会阶层之外的商品只体现了剩余价值，这也是非常主观的。另一方面，在这种情况下，部类Ⅰ显然不仅能实现自己的剩余价值，还能实现积累，而且并没有为它的产品要求资本主义生产的两个部类之外的市场。但这两种异议都只是表面的，我们需要记住的是，总产品的每个组成部分都代表着一定数量的总价值；在资本生产条件下，不仅总产品，而且每个单独的商品都包含着剩余价值。但是，这种考虑并不能阻止个体资本家估算着首先用具体商品的销售补偿他在不变资本上的花费，其次是更新他的可变资本（或者，相当不严谨地说，但根据实践，必须首先补偿他的固定资本，其次是流动资本）；剩下的才能被接受为利润。同样地，我们可以把社会总产品划分为三个相称的部分，就价值而言，这三个部分分别相当于社会中已经被耗用的不变资本、可变资本，以及获得的剩余价值。在简单再生产情况下，这些比例也反映了总产品的物质形态：不变资本物化为生产资料，可变资本物化为工人的生活资料，而剩余价值则物化为资本家的生活资料。然而，据我们所知，剩余价值被资本家全部消费的简单再生产概念只是一个假设。至于扩大再生产或积累，社会产品的价值构成也在马克思的图式中被严格按比例对应物质形态：剩余价值，或者更确切地说是它被指定为资本化的部分，从一开始就为生产资料和工人的生活资料设定了与特定技术基础上的扩大生产相适应的比例。正如我们所见，只要我们关注剩余价值的实现，这个以资本主义的自给自足和孤立为基础的概念就会轰然倒塌。但是，如果我们假设剩余价值在资本主义生产的范围之外实现，那么它的物质形态就会独立于资本主义生产自身

的需要，而适合于那些帮助它实现剩余价值的非资本主义圈子了，也就是说，资本主义的剩余价值能根据不同的情况而采取诸如棉布的消费品形态，或修建铁路的原材料的生产资料形态。如果一个部类能够通过产品出口而实现自己的剩余价值，并以可靠的生产扩大帮助另一个部类在国内实现剩余价值，那么，社会剩余价值就一定还被视为直接或间接地在两个部类之外实现，这个事实不会改变。即便个体资本家的全部商品只能用于补偿另一个资本家的可变或不变资本，同样的考虑也能使他实现自己的剩余价值。

剩余价值的实现并不是再生产的唯一至关重要的问题。假设部类Ⅰ已经处理了它的外部剩余价值，由此开始积累过程，而且，它还可以期待非资本主义圈子出现新的需求增长，但这两个条件合计还只达到了积累所需的一半。杯到嘴边还会失手，事情很难十拿九稳。积累的第二个要求是有权使用扩大再生产所必需的物质要素。既然，我们已经通过向非资本主义圈子出售剩余的生产资料，而将部类Ⅰ的剩余产品变成了货币，那么这些物质要素又来自哪里呢？在某种程度上，那些交易，它们是实现剩余价值的出口，也是这些被实现的剩余价值转化为生产性资本的所有可能性逃匿的后门。一个通向地狱，一个通向深海，维谷之间，进退两难。让我们更仔细地考察一下吧。

在这里，我们在部类Ⅰ与部类Ⅱ中都使用 c，作为生产中的全部不变资本。但我们知道这是错的。为了简化图式起见，我们忽略了 c 在图式的部类Ⅰ和部类Ⅱ中的数字，仅仅是社会总体不变资本的一部分，即在一年的流通中被消耗掉且包含在一个生产周期的产品中的部分。如果资本主义生产——或其他任何生产方式——在每个生产周期都消耗完了自己的全部不变资本并再创造它，那也是很荒谬的。相反，我们假设全部的生产资料都存在于图式所展示的生产背后，图式以按年支付的方式更新所消耗的部分，提供周期性的完整更新。随着劳动生产率的提高和生产规模的扩大，生产资料的总量不仅在每种情况下都绝对地增长，还相对于生产中的消费而增长，并相应地提高不变资本的效能。不管不变资本的价值是否增长，对它的高效利用在扩大生产中都被置于首位。

“在采矿等采掘行业中，原材料并没有构成预付的资本。在这种情况下，劳动的对象并不是以前劳动的产品，而是由大自然免费提供的金属、矿石、煤炭、石料等。在这些情况下，不变资本几乎完全由可以很好地吸收增长的劳动数量（如工人的日夜轮换）的劳动工具构成。所有的事情都是一样的，产品的数量和价值也会根据劳动数量的增长而成比例地增长。从生产的第一天起，原来的生产形成者——人与大自然——仍然在一起工作，只是现在变成了资本的物质要素的创造者。由于劳动力的弹性，在不增加任何不变资本的情况下，积累的范围就已得到扩大。在农业上，如果没有预先支付更多的种子和肥料，可耕作的土地并不会扩大。可这种预先支付一旦完成，土地上的纯机械工作就会对生产的数量产生神奇的影响。没有在劳动手段上提出任何新的垫支要求，数量与以前相同的工人就完成了更多的劳动，由此可见土地的肥力增长了。在没有任何新资本的干预下，人类对自然的直接作用又一次成为更多积累的直接来源。最后，在所谓的制造行业，劳动的每一追加支出都意味着相应的原材料的追加支出，可对于劳动手段而言并非必需。再者，由于采掘行业和农业为制造业提供了原材料和它所用的劳动工具的

原材料，前者无需额外垫付资本就已经生产新产品，这也表明对后者有利。总体结果是：通过与劳动力和土地这两种主要财富创造者的结合，资本获得了增长的权力，这种权力允许它超越自身大小所确定的边界，或超越涵盖它自己的已经生产的价值和生产资料数量所确定的边界，去扩大它的积累要素。"①

此外，没有明显的理由说明生产资料和生活资料只应被资本主义方式所生产。这个被马克思用来作为自己理论基石的假设，既不符合资本的日常实践与历史，也不符合这种生产方式的具体特征。在 19 世纪的上半叶，英国的大部分剩余价值都被生产为棉布。虽然这一剩余价值资本化的物质要素确实代表了剩余产品，仅就来自美国蓄奴州的原棉，或俄罗斯农奴制土地上的谷物（英国工人的生活资料）而言，它们绝不是所有的资本主义剩余价值。资本主义积累对非资本主义方式生产的生产资料的依赖程度，可以通过美国内战期间农场的种植停滞所导致的英国棉花危机，或东方战争期间因不能从农奴制的俄罗斯进口亚麻所造成的欧洲亚麻编织危机中看出。只要我们回忆一下农民所生产谷物的进口——即非资本主义方式生产的——作为可变资本的一个要素，在工业劳动的供养方面所起到的至关重要的作用，就足以进一步说明非资本主义阶层与资本积累所必需的物质要素之间的密切联系。

而且，就资本主义生产的本质而言，它也不能被资本主义方式所生产的生产资料而限制。对于力求提高利润率的个体资本家而言，廉价的不变资本要素是必不可少的。此外，劳动生产率持续改

① 《资本论》，第一卷，第 615—616 页。

进的特定条件，即对自然和土地提供的所有物质和工具的无限利用，是提高剩余价值率的最为重要的方式。对这方面的任何限制的容忍，都违反了资本的本质，即它的整个生存方式。经过多个世纪的发展，资本主义的生产方式仍然只是整个世界生产的一个部分。即便是在目前已经以它为准的较小的欧洲大陆，它也还没有完全支配所有的生产部门，例如小农生产和独立的手工业，它们还在北美的大部分地区和其他洲的许多地区适用。总体而言，资本主义生产迄今主要局限在温带地区的国家，在东方与南方国家则相对没有什么进展。因此，如果它完全依赖于如此狭小地带内可获得的生产要素，它就不可能达到现在的水平，也不可能获得整体的发展。从一开始，资本主义生产的形态和规则就旨在把全球作为生产力的仓库。为了剥削，资本被推动着去占有生产力，它掠夺全世界，从地球的各个角落获取生产资料，如有需要就使用武力从各种文明水平和社会形态抢夺生产资料。资本主义积累的物质要素问题，还远没有被已经生产的剩余价值的物质形态解决，不过是采用了一个完全不同的形式。为了让它已经实现的剩余价值得到生产性使用，能够在数量与质量上无限制地选择生产资料，资本必须不断地面向更为广泛的全球市场。

由于积累的过程具有弹性和间歇性，它肯定需要自由地进入任何新的原材料领域以备不时之需，在原来的进口渠道失效或社会需求突然增长时。虽然内战阻碍了美国棉花的进口，在兰开夏地区引起了著名的“棉花饥荒”，但几乎在同时，好像变魔术一般就在埃及迅速涌现了新的和巨大的棉花种植园。在那里，东方专制主义与古老的农奴租地制度的结合，为欧洲的资本创造了活动范围。只有那些具有自己的技术资源的资本，才能在这样短暂的时间内产生如此神奇的变化——可只有在社会条件更为原始的前资本主义土壤上才能发展出实现这一奇迹的必要优势。另一个同样的例子是世界橡胶消费的巨大增长，目前(1912)每年都需要价值50,000,000英镑的橡浆供应。这一原材料生产的经济基础是一个欧洲资本在美洲和非洲殖民地适用的原始剥削制度，在那里，奴隶制度与农奴租地制度以各种不同的形式相互结合。[①]

必须注意的是，当我们如上假设部类Ⅰ或部类Ⅱ的剩余产品只能在一个非资本主义环境内被实现时，就正好是检验马克思图式的最佳状况，这种状况展示了再生产条件的纯粹性。在现实中，没有什么可以促使我们假设不变资本与可变资本无法在资本主义的范围外被实现。相应地，生产的扩大与生产中所耗用材料的更新一样，都可以被非资本主义范围内的生产资料实现。从上述例子可以看出，至少无法在资本主义的范围内，实现剩余价值的资本化和相应的资本主义产出；这部分内容必须在资本主义的世界之外被出售，被出售给不能以资本主义方式生产的社会阶层和形态。

于是在剩余价值的生产与下一阶段的积累之间，发生了两个不同的交易——剩余价值的实现，也就是把它转化为纯粹的价值，以及把这种纯粹的价值转化为生产性资本。它们都是资本主义生产

① 记载秘鲁的亚马逊公司在普图玛约(Putumayo)运营状况的英国蓝皮书，最近揭露在自由的秘鲁共和国境内，即使没有殖民统治的政治形态，国际资本也能为各种意图和目的奴役当地人，从而通过剥削最大规模地占有原始村庄里的生产资料。自1900年以来，这个被英国和外国资本家所资助的公司，已经在伦敦市场上抛售了大约4,000吨的普图玛约橡胶。在这期间，有30,000当地人被杀，剩下的10,000多位幸存者中大多数被殴打致残。

与周围的非资本主义世界之间的交易。从实现剩余价值与获得不变资本的物质要素这两个方面来看，国际贸易是资本主义的历史存在的首要条件——真实条件下的国际贸易本质上是资本主义和非资本主义生产方式之间的交易。

迄今为止，我们仅仅根据剩余价值和不变资本对积累进行了考察。积累的第三个要素是可变资本伴随积累的发展而增长。在马克思的图式中，社会产品包含了越来越多的工人用的生活资料，它们以适合这一可变资本的物质形态存在着。但是，可变资本并不是真正的工人用的生活资料，它实际只是再生产这些生活资料所必需的活劳动。因此，积累的一个基础条件就是活劳动的供给，而这种活劳动可以被资本调动以满足它的需求。在有利的条件下，这种供给可以通过延长劳动时间和增加工作强度被增加——但只能增加到一定程度。供给的这些增长方式，都不能增加可变资本，或只能增加到较小的程度（例如支付加班工资）。再者，它们被局限在因自然和社会原因而无法突破的一定且狭窄的限度内。因此，伴随积累而不断发展的可变资本，必然表现为被雇用的劳动数量的日益增长。那么，能够在哪里找到这些新增的劳动呢？

在马克思对个体资本积累的分析中，他给出了如下回答：“如今，为了让这些要素能实际作为资本发生作用，资本家阶级需要补充劳动。如果对已被雇用的劳动者的剥削不能再广泛地或集中地提高，就必须找到另外的劳动力。资本主义的生产机制已经通过把工人阶级转化为依靠工资的阶级而对此预先做出安排。工人阶级所转化的这个阶级的平常工资，不仅能满足其维系，还能满足其繁衍。只有资本，才有必要把这一每年由工人阶级以所有年龄段的劳动者形式所提供的额外劳动力，与由年产出所构成的剩余生产资料相结合，并完成剩余价值到资本的转化。”①

因此，可变资本的增加可直接和完全地归功于已被资本支配的工人阶级的自然增长。这完全符合扩大再生产图式，该图式认为只存在资本家和工人的社会阶级，并把资本主义的生产方式视为排他的和绝对的。在这些假设中，工人阶级的自然增长是扩大由资本所操控的劳动供给的唯一来源。但这一观点与积累过程的支配法则刚好相反。工人的自然繁殖与资本的积累要求在时间或数量上是无关的。马克思自己已经精妙地指出，自然的繁殖无法与资本突然扩大的需要保持一致。如果自然繁殖是资本发展的唯一基础，在它从过劳到疲劳的周期性波动中，积累不可能得以继续，生产领域也不可能非常迅速地发展，积累本身也变得不可能。在可变资本的增长方面，积累需要一个不受限制的自由运动；在不变资本的要素方面，也是如此——也就是说，它需要无限制地处理劳动供给。马克思认为这个要求可以通过“工人的产业后备军”达到。不可否认，他的简单再生产图式并没有承认这样的一支后备军，也没有为它留

① 《资本论》，第一卷，第594页，同样在另一段话中：“为了购买新的劳动力，部分剩余价值，即所生产的部分剩余生活资料，必须被转化成可变资本。如果工人的数量增加了或延长了他们的工作时间，那就只能这么做了……然而，这不能被视为积累的准备措施。如果以前的非生产性工人可以被转化为生产性的，或原来不工作的人口，例如妇女、儿童和穷人，能够被拉入生产过程，工作人口就增加了。不过，我们在这里不应该考虑这个方面。最后，工作人口可以通过人口的绝对增长而增长。如果积累是稳定和持续进行的，它就必须以人口的绝对增长为基础，尽管这可能相较于所使用的资本而下降。一个增长的人口就像一个稳定的过程一样被认为是积累的基础。为此，一个不可或缺的条件是平均工资不仅足以维持工作人口的再生产，还能允许它的持续繁衍。”（《剩余价值学说史》，第二卷，第二部分，“收入转化为资本”一章，第243页）

出空间，因为资本主义的雇佣工人阶级的自然繁殖并不能提供一个产业后备军。这支后备军的劳动者是从资本支配以外的社会蓄水池中招募而来的——只有在需要时，它才会被拉入工资劳动者的行列。只有非资本主义群体和国家的存在，才能为资本主义的生产确保这样的额外劳动力的供给。可是，在马克思对产业后备军[①]的分析中，他只允许(a)机器取代年长的工人，(b)资本主义生产在农业上的优势导致农业工人大量涌入城镇，(c)已经退出产业的临时劳动，以及(d)最终相对人口过剩的最底层剩余——贫民。所有这些类型都被各种形式的资本主义生产系统抛弃，他们被视为精疲力竭且失业的雇佣工人。马克思明显受到了资本主义高度发展的英国条件的影响，认为那些不断迁移到城镇的农业工人属于雇佣工人阶级，因为他们以前被农业资本支配，现在却成了工业资本的对象。可是，他忽视了一个对欧洲大陆条件至关重要的问题，即城市和乡村无产阶级从哪里招募的问题：农村和城市的中间阶层随着农村经济和小手工作坊的衰败而成为无产阶级的持续过程，也就是在前资本主义生产方式的日益崩溃和瓦解中，被前资本主义而非资本主义的生产方式所抛弃的劳动力不断从非资本主义向资本主义条件转化的过程。除了欧洲的农民和手工业者的衰落以外，在这里我们也必须提及非欧洲国家的各种最原始生产方式和社会结构的解体。

既然资本主义的生产只有在可以完全进入所有的地区和气候时才能全面发展，它就不能把自己再局限于只能使用白人劳动的温带地区的自然资源和生产力。资本需要其他种族去开发那些白人

① 参见《资本论》，第一卷，第 642 页。

不能工作的地区。为了使用全球的一切生产力，它必须能够毫无限制地调动全世界的劳动力——直到剩余价值的生产制度所设定的限度。不过，在大多数情况下，劳动力都是被传统的前资本主义生产结构所顽固束缚的。它首先必须被"解放"，才能被招进资本的现役部队。劳动力从原始社会条件的解放及其被资本主义工资制度的吸收，是资本主义不可或缺的历史基础之一。对于第一个真正的资本主义生产部门——英国的棉花产业而言，不仅美国南部各州的棉花是必要的，而且成千上万被用船运到美国为种植业提供劳动力的非洲黑人也是不可或缺的；这些黑人后来作为自由的无产阶级，被吸收进了资本主义制度中的雇佣工人阶级。[①] 从非资本主义社会获得必要劳动力这一所谓的"劳动问题"，对殖民地的资本是非常重要的。为了解决这个问题，各种可能的"温和强制"方式被适用于让劳动力脱离以前的社会制度，听从资本的命令。这种努力在殖民地国家导致了现代工资制度与原始权威的最奇怪结合。[②] 这是一

① 美国内战前不久出版的一个表中包含了下列蓄奴州的年度生产价值和所使用的奴隶的数量，他们中的绝大部分都在为棉花种植园工作：

年份	棉花（美元）	奴隶
1800	5,200,000	893,041
1810	15,000,000	1,191,364
1820	16,300,000	1,543,688
1830	34,100,000	2,009,053
1840	74,600,000	2,487,255
1850	101,800,000	3,197,509
1851	137,300,000	3,200,000

[西蒙斯（Simons）:《美国历史上的阶级斗争》，《新时代》增刊，第七号，第39页]

② 英国的前部长布莱斯（Bryce）就南非的钻石矿井描述了这样一种现代混合模式："在金伯利，最引人注意的，也是世界唯一的，即两个所谓的用来安置和关押在矿井工作的当地人的'围地'。它们是巨大的围笼，没有屋顶，但覆盖着金属网以防止任何

个具体的例子，说明了如果没有来自其他社会体制的劳动力，资本主义的生产就无法运转。

不可否认，马克思同样详细地处理了非资本主义生产资料的占有过程和农民向资本主义的无产阶级转化的过程。《资本论》第

东西通过墙被扔出去，有一个隐藏的入口通往附近的矿井。矿井里是一天三次、一次八小时的轮班工作制度，这样工人在地下的工作时间就不会超过八个小时。围绕着墙的内侧建有棚子或小屋，这是本地人不工作的时候居住和睡觉的地方。在周围还提供了医院和学校，工人可以在那里学习阅读和书写以打发闲暇时间。不准卖酒……每个入口都被严格把守，游客、白人或当地人都不允许进入。所有的生活用品都来自里面被公司管理的商店。在我访问的时候，德比尔斯矿井的围地里住着 2,600 位本地人，由于他们属于各种各样的部落，从而在这里可以看到当地的各种不同族群，从南部的纳塔尔和蓬兰多到北方遥远的坦噶尼喀湖海岸。在高工资的吸引下，他们从各地来到这里，工资一般是 18 到 30 先令一周，在这里停留三个月左右，偶尔停留更长的时间……在广阔的长方形场地，可以看到来自纳塔尔的祖鲁人、芬果族人、庞多人、滕步思人、巴苏陀人、贝专纳人，葡萄牙领地的干干哈那的臣民，少许马达伯人和马卡拉卡人，以及在赞比西河两岸居住的各个部落的男孩，简直是一个在南非其他地区所无法见到的活的种族展览。即使是布须曼人，或至少流着布须曼血液的当地人，是不想如此的。他们和平地生活在一起，在闲暇时刻用一些方法来娱乐自己。除了机会游戏以外，我们还看到一个类似'狐狸和鹅'的用石头在木板上玩的游戏；音乐靠两个简陋的土著乐器来演奏，一个是所谓的'卡菲琴'，用长短不一的铁片并排绑在一个架子上做成，还有一个更简陋的用不等长的坚硬木片所做的发明，当棍子敲击时能发出不同的单音，即旋律的基础音。只有极少数人在阅读或写信，其余的人都忙着煮饭和跟其他人聊天。有些部落的人唠唠叨叨地说个不停；在这个奇怪的黑人搅拌锅里，当你从一群人走到另一群人，将会听到十二种语言在交流。"［詹姆斯·布莱斯（James Bryce），《南非印象》，伦敦，1897 年，参见第 242 页］

工作了几个月后，黑人会按惯例带着他积攒的工资离开矿井。他会回到自己的部落，用钱买一个妻子，再次过上他传统的生活。参照同一本书，这本书生动地描述了在南非为了解决"劳动问题"而使用的各种方法。在这里，我们被告知黑人被迫在金伯利、威特沃特斯兰德、纳塔尔以及马塔贝莱兰的矿井和种植园工作，通过夺走他们的土地和牲畜，即剥夺他们的生存资料，通过把他们变成无产者并用酒精来麻醉他们。（后来，当他们已经处在资本的"圈地"中，又被严令禁止已经习惯了的酒精——剥削对象必须保持适合使用的状态）最后，他们被武力、监禁以及鞭笞直接推入资本的工资制度。

一卷的第二十四章专门描述了英国无产阶级、资本主义的农业佃户阶级以及产业资本的起源，并特别强调了欧洲资本对殖民地国家的掠夺。但我们必须牢记，所有这些都只是从所谓的原始积累角度分析的。在马克思看来，这些进程都是偶然事件，只说明了资本的起源，即它在世界上的第一次出现；它们在某种程度上反映了资本主义生产方式脱胎于封建社会的痛苦。马克思在开始分析资本主义的生产和流通过程时，就重申了资本主义生产的普遍与排他的支配地位。

然而，正如我们所见，成熟期的资本主义必须在各个方面依赖并存的非资本主义阶层和社会结构。这不仅仅是一个新增产品的市场问题，像西斯蒙第和后来的资本积累的批评者与怀疑论者所想的那样。资本积累与非资本主义生产方式之间的相关性，为不变资本、可变资本和剩余价值延续了价值和物质条件。非资本主义的生产方式就是这一过程的特定历史背景。既然资本积累无法在任何缺乏非资本主义环境的场合下实现，我们就不能通过假设资本主义生产方式的排他和绝对统治而获得它的真实景象。当西斯蒙第和他的学派只把困难全部归结为剩余价值的实现问题时，确实显示了他们对积累的重要条件的真正感知。但是，增大不变资本与可变资本的物质要素的条件完全不同于那些掌控剩余价值的实现的条件。资本需要全球的生产资料和劳动力以实现不受限制的积累；如果没有各地的自然资源和劳动力，资本就无法运作。既然绝大多数的资源和劳动力实际仍处于前资本主义生产的势力范围内——这是积累的历史环境，资本就必须竭力获得超越这些地区和社会结构的优势。例如，就像在印度按照资本主义的路线运营橡胶种植园一样，

它自然没有理由不以服务于资本主义生产为目的。但如果国家的这些生产部门主要是非资本主义的，资本就要努力在这些国家和社会建立统治。而且，原始条件实际比纯粹的资本主义社会条件更能容忍强大的动力和残忍得多的手段。

剩余价值的实现则完全不同。在这里，外部消费者是必要的资本主义之外的消费者。剩余价值的非资本主义购买者的存在是资本及其积累的直接和重要条件，并在这个限度内决定着资本主义积累问题。

不管理论方面如何，资本积累作为一个历史过程，在各个方面都依赖于非资本主义的社会阶层和社会结构形态。

近一个世纪以来，这个问题一直是经济理论研究的焦点，对它的解决处于两个极端之间，一个是由西斯蒙第、冯·基尔希曼、沃龙佐夫和尼古拉-逊所鼓吹的小资产阶级的怀疑主义，他们断然否认积累；另一个是由李嘉图、萨伊和杜冈-巴拉诺夫斯基所提倡的天然的乐观主义，他们相信资本的无限自我繁殖能力，并由此得出资本主义永续存在的逻辑推论。马克思所设想的解决方案存在辩证法的矛盾，一方面是资本主义需要非资本主义的社会结构作为其发展背景，另一方面资本主义又通过同化那些只确保它自己生存的特定条件前进。

在这一点上，我们需要调整内部市场与外部市场的概念，它们在关于积累的争论中非常重要。它们都对资本主义的发展很重要，但又存在根本的差异，尽管它们都应该被视为社会经济概念，而非政治地理概念。从这个角度来说，内部市场是资本主义市场，其生产本身购买自己的产品和提供自己的生产要素；外部市场是非资本主义的社会环境，吸收了资本主义的产品并为资本主义生产提供生产资料和劳动力。因此，从经济学的观点来看，德国与英国的商品交易主要发生在内部，资本主义市场上；但就德国的资本而言，德国工业与德国农民之间的交换则主要发生在外部市场。从再生产的图式中可以看出，这些概念是严谨且清晰的。内部的资本主义交易最多只能实现社会产品所包含的特定数量的价值：被耗用的不变资本、可变资本以及剩余价值中的被消费部分。但被指定用于资本化的那部分剩余价值则必须在别的地方得到实现。如果剩余价值的资本化是生产的真正动力和目的，它就必须在特定的限度内，通过不变资本和可变资本（以及剩余价值的被消费部分）的更新来进行。此外，随着资本主义的国际发展，剩余价值的资本化变得越来越迫切和不稳定，不变资本与可变资本的根基变成了一个日益增长的集合——不管是绝对数量还是相对于剩余价值。由此产生一个矛盾的现象：老牌的资本主义国家相互提供日益扩大的市场，并越来越相互依赖，另一方面双方又为了与非资本主义国家之间的贸易而展开日益激烈的竞争。[1] 剩余价值资本化的条件与总资本更新的条件之间的冲突也越来越多——顺便说一句，这一冲突不过是利润率下降规律所包含的矛盾的翻版。

① 德国与英国之间的关系提供了一个典型的案例。

第二十七章　反对自然经济的斗争

在非资本主义的社会中，历史性地产生和发展出了资本主义。在西欧，它首先存在于实际产生它的封建环境——乡村的农奴制度和城市的行会制度，后来，在吞没了封建制度后，它又主要存在于农民和手工业者的环境中，也就是农业与商业的简单商品生产制度中。此外，欧洲的资本主义还被发展水平不一的广阔的非欧洲文化地区所包围，从游牧民、狩猎者和采集者的原始共产主义部落到农民和手工业者的商品生产。这就是资本积累的环境。

我们必须区分三个阶段：资本反对自然经济的斗争、反对商品经济的斗争以及为了争夺现存的积累条件而在国际舞台展开的竞争。

资本主义的存在和发展要求非资本主义生产形态的环境，但不是其中的每个形态都能服务于它的目的。资本主义需要非资本主义的社会阶层作为它的剩余价值的市场、它的生产资源的供给源泉和工资制度的劳动力蓄水池。资本无法依靠自然经济的生产形态来实现所有这些目的。在所有自然经济普遍存在于土地所有制的社会结构中，如封建的农奴制度或其他这种性质的东西，经济结构基本在回应内部需求，因而对外国商品没有需求或只有很少的需求；作为一个规则，没有剩余生产或至少没有处理剩余产品的迫切需要。在任何自然经济中，最重要的是：生产得以继续的关键在于生产资料和劳动力以各种形态被捆绑在一起。为了维护自己的经济结构，共产主义的农民公社与封建劳役制度及其他类似的体制一样，都是通过法律规则和习俗来约束劳动力与土地这些最重要的生产资料。因此，自然经济动辄以顽固的壁垒来对抗资本主义；资本主义必须随时随地与自己遭遇的各种历史形态的自然经济进行一场歼灭战，无论它是奴隶经济、封建主义、原始共产主义或宗法农民经济。这一战斗的主要方法有政治力量（革命、战争）、国家的重税和廉价的商品；这些方法或者被同时应用，或者被依次使用、互为补充。在欧洲的反封建斗争中，出现了革命形态的力量（这是17、18和19世纪资产阶级革命的终极解释）；在欧洲之外的国家，资本主义要与更为原始的社会结构进行斗争，采取了殖民政策的形态。这些方法与被适用于这些场合的税收制度以及贸易关系，特别是与原始共同体之间的贸易关系，形成了一种政治力量与经济因素齐头并进的联盟。

具体而言，资本与自然经济社会的斗争目的如下。

（1）直接占有重要的生产力来源，例如土地、原始森林中的猎物、矿产、宝石与矿石、橡胶之类的异国植物产品等。

（2）“解放”劳动力并强制性地使用它。

（3）引入商品经济。

（4）使农业生产与贸易相分离。

在原始积累时期，即在中世纪末期直到19世纪，当资本主义的历史在欧洲开始，英国和欧洲大陆对农民的驱逐是把生产资料和劳动力大量转化为资本的最令人瞩目的武器。然而，即使在今天，掌权的资本依然在做同样的事情，并以更为庞大的规模，即通过现代殖民政策来进行。希望资本主义满足于通过商品交换获取生产资料的想法是错误的。在这方面，资本已经面临着巨大的困难，因为地球表面的大片土地是被这样的社会结构所支配的，它们要么没有商品交换的欲望，要么基于整个社会结构和所有制形式而无法出售资本主要感兴趣的生产力。在这些生产力中，最重要的当然是土地，它的矿藏、草地、森林和水，以及原始游牧部落的畜群。如果资本想依靠它缓慢的内部瓦解过程，那就得等待几个世纪。耐心地等待最重要的生产资料在这个过程中通过交易被转让，就等于放弃了这些地区的生产力。因此，对于资本主义而言，就产生了它与殖民地国家的关系中，掠夺最重要的生产资料的必要。由于当地人之间的原生关联是其社会结构与生存的物质基础的最强大保护，资本就必须从有计划地系统性破坏和摧毁所有阻碍它发展的非资本主义社会单元开始。我们已经越过了原始积累阶段，但这个过程依然在进行。每个新的殖民扩张自然伴随着资本对当地人的社会经济联系的残酷斗争，而这些当地人也被强行夺去了生产资料和劳动力。任何只通过“和平竞争”——即资本主义各个生产国家之间所发生的正规的产品交换——来限制资本积累的希望，都基于这样伪善的信念：即资本的积累，无须生产力的调节，也无须较为原始体制的需求，并可以依靠自然经济缓慢的内部瓦解过程。如同不会等待和满足于劳动人口的自然增长一样，间歇性扩张的积累也绝不会等待和满足于一个自然的非资本主义形态的内部瓦解和它们向商品经济的转变。暴力是资本采取的唯一方式，从历史过程来看，不仅在资本积累起源时，而且一直到今天，暴力都是资本积累永远使用的武器。从所涉及的原始社会的角度来看，这是一个生死存亡的问题，对它们而言，除了反抗和战斗到最后一刻——直至精疲力尽和灭亡，没有其他的办法。于是，通过武力永久占领殖民地、本地人的起义与镇压对每个殖民政权而言都是司空见惯的。因此，暴力方法是资本主义与限制积累的自然经济结构之间的冲突的直接结果。它们的生产资料和劳动力与它们对剩余产品的需求一样，都是资本主义所必需的。然而，为了获得它们的生产资料和劳动力，并把它们变成商品的购买者，资本主义执意要摧毁它们作为社会单元的独立性。对于资本而言，这是利润最丰厚、最快产生结果，因而也是最便利使用的方法。事实上，这种方法不可避免地伴随着军国主义的日益增长，而军国主义对积累的重要性将在后面的其他问题中展开讨论。英国在印度与法国在阿尔及利亚的政策都是资本主义应用这些方法的典型代表。

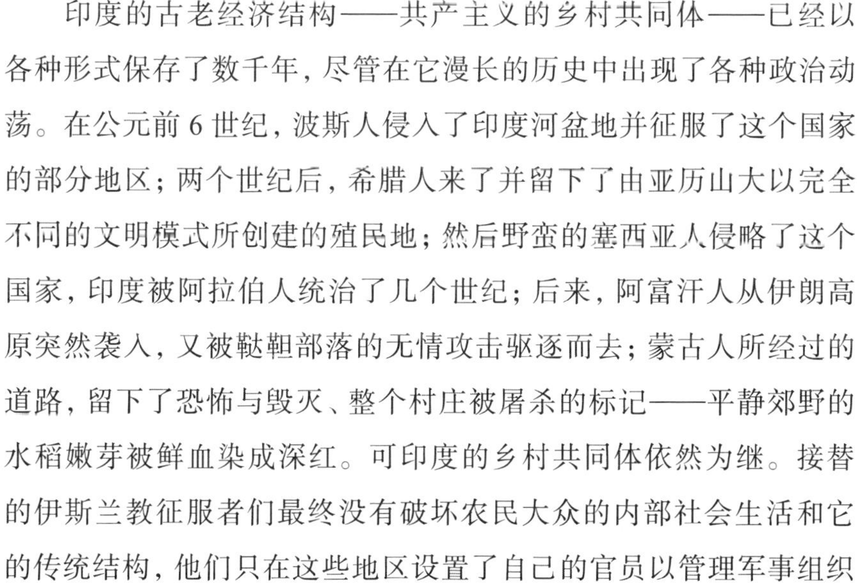

印度的古老经济结构——共产主义的乡村共同体——已经以各种形式保存了数千年，尽管在它漫长的历史中出现了各种政治动荡。在公元前 6 世纪，波斯人侵入了印度河盆地并征服了这个国家的部分地区；两个世纪后，希腊人来了并留下了由亚历山大以完全不同的文明模式所创建的殖民地；然后野蛮的塞西亚人侵略了这个国家，印度被阿拉伯人统治了几个世纪；后来，阿富汗人从伊朗高原突然袭入，又被鞑靼部落的无情攻击驱逐而去；蒙古人所经过的道路，留下了恐怖与毁灭、整个村庄被屠杀的标记——平静郊野的水稻嫩芽被鲜血染成深红。可印度的乡村共同体依然为继。接替的伊斯兰教征服者们最终没有破坏农民大众的内部社会生活和它的传统结构，他们只在这些地区设置了自己的官员以管理军事组织和向民众收税。所有的征服者都以统治和剥削这个国家为目的，没有谁对抢夺人们的生产力和摧毁他们的社会组织感兴趣。在莫卧儿帝国，农民不得不每年以实物向外国统治者纳贡，但他们还是可以安静地生活在自己的村庄里，就像他们的父辈所做的那样，在他们自己的"村社"种植稻米。然后，英国来了，资本主义文明的疫病成功地破坏了人们所有的社会结构，在很短的时间内，它就实现了几千年不曾完成、诺盖人用剑也无法完成的工作。英国资本的最终目的就是自己占有印度共同体存在的基础——土地。

欧洲的殖民者们过去总爱编造这样一个说法来实现上述目的，即殖民地的所有土地都属于它的政治统治者。回想起来，英国就把整个印度的私人所有权赋予莫卧儿王朝及其官吏，以"合法化"他们的继承。最富声誉的经济学家，例如詹姆斯・穆勒就以"科学"论述及时支持这种说法，并特别给出了著名的结论。[1]

① 穆勒在他的《英属印度史》一书中，以胡乱且不加辨别地从各种名人那里收集的典据说明，在原始条件下，土地永远且完全属于君主。他把这一命题应用于印度，继续说："从这些事实只能得到一个结论，土地财产属于君主；因为如果它不属于他，就无法指出它属于谁。"［詹姆斯・穆勒：《英属印度史》（第四版，1840年），第311页］穆勒作品的编者，H.H. 威尔逊（Wilson）是牛津大学的梵文教授，对于古代印度的法律关系非常精通，对这个经典推论做了有趣的注解。在他的前言中，他把穆勒描述为一个歪曲英属印度的历史以验证边沁理论的支持者，穆勒带着这个目的用最不可靠的工具来展示印度人的形象，而他所展示的印度人形象完全不像其原型，并且也几乎违反了人道主义。我们引用的是他附加的脚注："在这里，正文和脚注的大部分内容都完全无关。例证来自伊斯兰教徒的实践，即便假设它们是正确的，也与印度人的权利和法律无关。但它们甚至不是正确的，穆勒先生被自己的理念误导了。"然后，威尔逊直接反驳了土地的所有权属于君主的理论，特别是在印度（同上书，第305页脚注）。亨利・梅恩（Henry Maine）也认为英国企图获得自己最初从伊斯兰教徒那里夺得的印度土地，他也承认这种说法完全没有根据。"英国最初所做的假设是从他们的伊斯兰教的前辈那里继承而来的。所有的土地都是君主的绝对财产，一切土地私有权都来自他的默许。伊

早在 1793 年，英国就把孟加拉的土地权利交给地主（过去的伊斯兰教的收税员）或他们在当地找到的世袭的市场管理者，从而为他们的反农民战役赢得当地人的支持。后来，他们在新占领的阿格拉姆地区、奥德和中央省也采取了同样的政策。之后引起了激烈的农民起义，收税员也经常被赶走；在由此引发的混乱与无政府状态中，英国的资本家趁机掠夺了大量的土地。

此外，无情增长的税收负担也几乎吞噬了民众的所有劳动成果。英国税务当局在 1854 年的官方证据显示，由于农民发现可以很便利地出租或抵押自己的土地份额以避免税负，因此这种情况就在德里和阿拉哈巴德地区极为盛行。在这种税收制度的支持下，高利贷进入了印度乡村，像个溃疡一样从内部蚕食着社会结构。[①] 为了加速这个过程，英国出台了一部违背村社所有传统与公正理念的法律，即可因欠税而强制转让乡村土地。古老的家族团体试图通过世袭土地和邻近土地的优先选择权来保护自己，却也起不了什么作用。这种衰败无法停止，每天都有土地被拍卖，个体成员离开家族，农民纷纷陷入债务并失去自己的土地。

斯兰教的理论及伊斯兰教徒的相应实践已经隐去了君主权利的古老观点，尽管这种观点给它分配了更大的土地生产份额，这一份额要多于任何西方统治者所要求的，但它也绝不否认土地私有权的存在”［《东方与西方的乡村共同体》（第五版，第二卷，1890 年），第 104 页］。另一方面，马克西姆·科瓦列夫斯基（Maxim Kovalevski）也彻底证明了这一所谓的“伊斯兰教理论和实践”不过是一个英国神话［参见他以俄文所写的杰出研究《土地公社所有制崩溃的原因、过程与结果》（莫斯科，1879 年），第一部分］。顺便说一下，在作者写作期间，英国的学者和他们的法国同行对中国仍坚持同样的的神话，例如声称在那里所有的土地都是皇帝的财产［参见欧·弗兰克（O. Franke）博士在 1903 年版的《中国的土地财产与法律关系》中对这一神话的反驳］。

① “遗产的分割与强制以土地抵偿债务摧毁了这些共同体——这是目前在印度的任何地方都能听到的方案”（亨利·梅恩：《东方与西方的乡村共同体》，第 113 页）。

以其惯用的殖民策略，英国人试图让这一实际削弱了传统的土地所有权形式并导致印度农民经济崩溃的强制政策，看上去像一个为了保护农民反抗当地的压迫和剥削以及维护自己的利益而制定的权利政策。[①] 英国以古老的农民共同体的财产权利为代价，人为地在印度创造了一个土地贵族，然后又站出来"保护"农民反抗这些所谓的压迫者，并把那些非法夺取的土地变成英国资本家的财产。

因此，印度在短时间内发展出大地产，而很多地区的农民却大量沦为短期租约下的贫穷的小佃户。

最后，一个更令人吃惊的事实展示了典型的资本主义殖民方式。英国是印度第一个对公共设施漠不关心的征服者。阿拉伯人、阿富汗人和蒙古人都在印度组织和维护了伟大的运河开凿工作，为这个国家提供道路网，在河川架设桥梁，处理井面下沉。印度蒙古王朝的创始人帖木儿关心土地的耕种、水利的开发、道路的安全以

① 这种殖民政策观点，被坎大哈省的罗伯茨（Lord Roberts）勋爵（多年担任英国政权在印度的代表）做过典型的阐述，他只能以对英国统治者父爱般意图的"误会"来解释士兵叛变："……在印度可以说不公平的是土地转让协议，在这个制度下，每个地主的财产权利都受到审查，作为土地的主人，他们必须付出收入以维持这个至高无上的权利……也受到管制……既然和平与秩序已经建立，之前在当地的统治者和王朝的接连统治下，以极度压迫和腐败方式所实施的土地收入制度必须得到研究和修改。带着这个目的，对土地的所有权和使用状况进行了调查和访问，结果发现在很多情况下，有地位和声望的家庭或是侵占了地位低下的邻居的财产，或是逃避对其地产价值的适当评估。尽管这些调查以最好的意图进行实施，但还是被上层阶级极度反感，同时也没有安抚民众。那些统治家族非常怨恨我们试图引入平等的权利裁定和土地收入评估……另一方面，虽然农业人口因我们的统治而受益良多，但他们并没有意识到政府试图提高其地位和改善其前景的仁慈意图。"（《在印度的41年》，伦敦，1901年，第233页）

及旅客的给养。[1]无论如何，印度早期的国王，阿富汗和蒙古的征服者们，尽管偶尔对个人施暴，但却以我们今天每走一步都能看到的宏伟建筑留下了自己的标志，这些建筑看上去就像是巨人族的作品。“直到1858年都在统治印度的东印度公司却没有令一口泉能用，没有为造福印度人打过一口井，或建过一座桥。”[2]

另外一个证人，英国人詹姆斯·威尔逊(James Wilson)说：“在马德拉斯省，没有人不被宏大的古代灌溉系统所打动，它的遗迹一直被保留到我们今天的时代。水闸和堰坝令河流形成巨大的湖泊，运河就从这里引水灌溉周围六七十英里的流域。在一条大河上，往往建有30—40座这样的水坝……从山上流下的雨水被集中在人工的池塘里，这些池塘有很多依然存在，方圆在15到25英里之间。几乎所有的这些宏伟建筑都完成于1750年之前。在东印度公司与蒙古统治者的战争之间，即在我们统治印度的整个期间，它们已令人遗憾地破败。”[3]

① 在他的《施政格言》(1783年从波斯文译为英文)中，帖木儿说：“我命令他们必须在每个城市修建礼拜堂和寺院；必须在大路上建造房屋以接待旅客，必须在河流上架设桥梁。

“我命令坏了的桥必须被修好，这些桥必须被建造在小河与大江上；在路上，每隔一段距离就必须建造一个接待旅客的地方，大路上必须有向导和巡夜人，在每个旅客休息的地方，都必须指定专人驻守。

“我规定，不管是谁要开垦荒地、挖掘沟渠、开凿运河、种植果园或修复被荒废地区的文化，第一年不征收他任何东西，第二年他自愿缴纳多少，就收多少；第三年才根据规则征税。”(穆勒:《英属印度史》，第二卷，第493、498页)

② 沃伦(Warren)伯爵:《印度居民的精神状态》，引自科瓦列夫斯基.《土地公社所有制崩溃的原因、过程与结果》，第164页。

③ 来自休·默里(Hugh Murray)、詹姆斯·威尔逊(James Wilson)、格雷维尔(Greville)、詹姆逊(Jameson)教授、威廉·华莱士(William Walliam)和达尔林普尔(Dalrymple)上尉等人所写的《从远古时代到阿富汗战争结论：英属印度的历史性和描

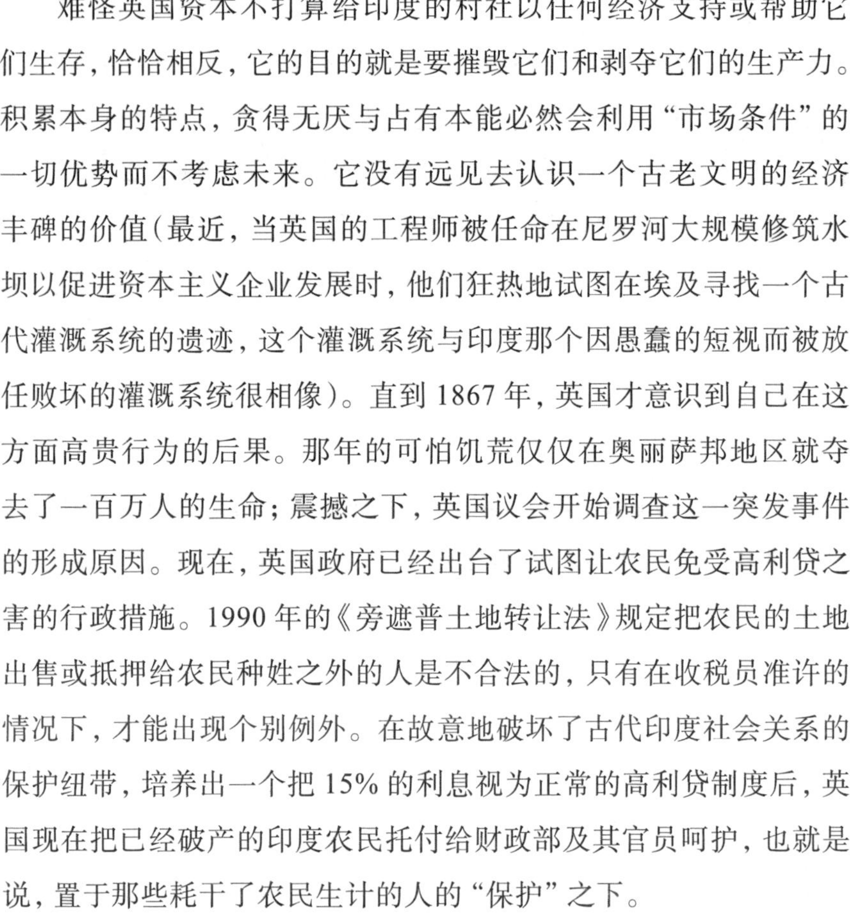

难怪英国资本不打算给印度的村社以任何经济支持或帮助它们生存，恰恰相反，它的目的就是要摧毁它们和剥夺它们的生产力。积累本身的特点，贪得无厌与占有本能必然会利用“市场条件”的一切优势而不考虑未来。它没有远见去认识一个古老文明的经济丰碑的价值（最近，当英国的工程师被任命在尼罗河大规模修筑水坝以促进资本主义企业发展时，他们狂热地试图在埃及寻找一个古代灌溉系统的遗迹，这个灌溉系统与印度那个因愚蠢的短视而被放任败坏的灌溉系统很相像）。直到 1867 年，英国才意识到自己在这方面高贵行为的后果。那年的可怕饥荒仅仅在奥丽萨邦地区就夺去了一百万人的生命；震撼之下，英国议会开始调查这一突发事件的形成原因。现在，英国政府已经出台了试图让农民免受高利贷之害的行政措施。1990 年的《旁遮普土地转让法》规定把农民的土地出售或抵押给农民种姓之外的人是不合法的，只有在收税员准许的情况下，才能出现个别例外。在故意地破坏了古代印度社会关系的保护纽带，培养出一个把 15% 的利息视为正常的高利贷制度后，英国现在把已经破产的印度农民托付给财政部及其官员呵护，也就是说，置于那些耗干了农民生计的人的“保护”之下。

仅次于饱受折磨的英属印度，法国统治下的阿尔及利亚在资本主义的殖民史中也占有显赫的地位。当法国人侵阿尔及利亚时，在阿拉伯-卡拜儿人口中流行的是古代的社会和经济体制。直到 19 世纪，这些制度都被保存着；其中的部分甚至留存到了今天，尽管这

述性记录》（爱丁堡，第四版，1843 年），第二卷，第 427 页。引自科瓦列夫斯基，《土地公社所有制崩溃的原因，过程与结果》，第 164 页。

个国家的历史漫长而跌宕。

毫无疑问，在城镇里，在摩尔人与犹太人之间，在商人、手工业者和高利贷者之间，已经存在着私有财产。广大的农村地区已经被土耳其宗主权控制下的政府所掠夺，几乎一半的肥沃土地被依旧保持着古老家长制风俗的阿拉伯和卡拜儿部落共同拥有。在19世纪，许多阿拉伯家族还过着自远古时代以来就存在的同样的游牧生活。从表面上看，他们的生活显得很不安定和没有规则，实际却受到严格的管制，并且极其单调。在夏天，他们习惯于男女老幼一起带着帐篷，驱赶着牧群，迁移到泰尔地区的海岸边；到了冬天，他们再迁回有防护的温暖的沙漠地区。他们沿着特定的路线行走，每个部落和家族的夏季和冬季驻扎点都是固定的。在绝大多数情况下，那些阿拉伯人定居区域的土地都是家族的共同财产，庞大的卡拜儿家族团体也根据过去的传统规则，生活在他们所推选的首领的家长式管理下。

家庭事务由女性轮流承担；完全负责家族内部事务的女家长，或者由家庭推选而出，或者由女性轮流担任。在非洲沙漠边缘的卡拜儿家族的这一社会结构，与著名的南部斯拉夫人的“扎德鲁加”惊人地相似——不仅是田地，还有所有的工具、武器和货币，家族成员所获得的一切或其工作所需要的一切，都是家族的公共财产。个人财产被限定在一套衣服，如果是女人就还有礼服和她陪嫁的装饰品。但是，更多的昂贵服装和珠宝都被视为公共财产，个人只有在整个家族都同意时才能使用。如果这个家族的人数不是太多，家族成员就都会在一个公共的桌子上吃饭，由妇女轮流做饭，最年长的妇女负责分配；如果一个家庭的圈子实在太大，家族的首领就会每月严格按照适当的配额数量把未烹煮的食物分配给个体成员，由他们自己去准备。这些共同体被互助、平等的亲属关系紧密地捆绑在一起，家长会在临死前请求子孙继续效忠家族。①

土耳其于16世纪在阿尔及利亚所建立的统治已经严重削弱了这些社会关系，可无论如何它的财政部并没有没收所有的土地，这是法国人在很久之后所创造的传奇。实际上，只有欧洲人才能这样的异想天开，想出这样一个在理论与实践上都完全与整个伊斯兰教的经济基础相背离的点子。土耳其人并没有触碰乡村社区的公共土地，他们只是从家族手中没收了大量荒芜的土地，并把它们变成土耳其的地方长官所管辖的王室领地。部分土地被国家征用当地人来劳作，部分被出租以获得租金或实物供奉。土耳其人还利用被征服家族的任何反抗与国家的每次动乱，通过大规模地没收土地以增加自己的领地；当这些土地大部分落入土耳其人或其他高利贷者手中时，他们或在这些土地上建立军事机构，或拿来公共拍卖。为了逃避税负和免于征收，很多农民都寻求教会的保护，就像他们在中世纪的德国所做的那样。因此，相当多的土地变成了教会的财产。所有的这些改变最终导致了阿尔及利亚的土地在法国占领时期的如下分配：王室领地约占3,750,000英亩，还有7,500,000英亩

① “家长临死前，几乎都会根据先辈的示范，劝告他的孩子们继续团结地生活。这是他最后的劝诫，也是他最诚挚的愿望”［阿·哈诺托（A. Hanotaux），《卡拜尔及卡拜尔人的风俗》，1873年，第二卷，“民法”，第468—473页］。顺便说一下，作者赞美了其以特殊语句所描述的这种令人印象深刻的共产主义家族：“在勤劳团结的家庭联合中，所有的人都为了一个目标凝聚在一起，所有的人都为了共同利益而工作，却没有人放弃自己的自由或世袭的权利。而其他的民族则因为距离共产主义太远，还无法如此平等地组织。”

荒芜的土地作为公共财产属于所有的信徒（伊斯兰教与基督教）；柏柏尔人自罗马时代以来就私人占有了 7,500,000 英亩，在土耳其人时代又额外占有了 3,750,000 英亩，只剩下 12,500,000 英亩是单个的阿拉伯氏族的公共财产。在撒哈拉沙漠，靠近撒哈拉绿洲的大约 7,500,000 英亩的肥沃土地有的被氏族共有，有的被私人拥有；剩下的 57,500,000,000 英亩土地主要是荒地。

随着法国人对阿尔及利亚的征服，他们做了大量的不必要的教化工作，因为这个国家自 18 世纪初摆脱土耳其的统治后，就变成了成群出现于地中海地区贩卖基督徒奴隶的海盗的避难所。特别是西班牙和北美联盟，虽然自己在那时也进行着相当规模的奴隶交易，但也宣称要对穆斯林的罪恶发动无情战争。正挣扎于大革命的纷乱的法国，也宣布要对阿尔及利亚的无政府状态进行讨伐，它对这个国家的征服，是打着“打击奴隶制”和“建立有序、文明的环境”的口号进行的；但事实很快就证明这种讨伐的真正目的是什么。众所周知，在征服阿尔及利亚的四十年间，没有一个欧洲国家像法国那样在政治制度上经历了如此频繁的变化：民主复辟后出现了七月革命与“公民国王”的统治，之后是二月革命、第二共和国、第二帝国，在 1870 年的灾难之后，最后是第三共和国。总体而言，贵族、大金融资本家、小资产阶级和中产阶级依次执政；但法国在阿尔及利亚的政策却在这一系列事件的进程中保持不变。从始至终，它所追求的目标都是唯一的；在非洲沙漠的边缘，这样的一个事实得到了清楚的证明，即法国在 19 世纪的所有政治革命都以一个根本利益为中心，那就是确定资本主义资产阶级及其所有制的统治。

1873 年 6 月 30 日，亨伯特（Humbert）议员作为阿尔及利亚农

业管理委员会的发言人在法国国民议会会议上说："提交各位考虑的法案，不过是以参议院的一系列条例、布告、法律及通令为基础所建立的合理制度的点睛之笔，它们共同或各自拥有一个相同的目标，即在阿拉伯人中建立私人所有制。"

尽管法国国内政治动荡不安，但它的殖民政策却在系统与有意识地破坏和分裂公共财产的努力中维持了五十年。该政策有两个直接目标：第一，分解公共财产的目的在于粉碎阿拉伯家族团体的社会能力和镇压他们对法国统治的顽固抵抗；虽然法国拥有军事优势，但在这个过程中有无数的起义，这个国家一直处于持续的战争状态。[①] 第二，必须为了获得被征服国家的经济资产而分裂公共财产；也就是说，必须剥夺阿拉伯人千年来一直拥有的土地，以便法国的资产阶级能够得到它。在穆斯林的法律下，所有的土地都属于统治者——这个我们已经很熟悉的谎言再次被利用。就像英国在英属印度所做的那样，路易斯·菲利普在阿尔及利亚的总督宣布"不可能"存在属于家族所有的公共财产。这个谎言成了大部分未开垦的土地，特别是共有地、森林和牧场被收归国有，并用于殖民目的的借口。一个完整的殖民制度——所谓的"宿营地"制度就这样发展起来了，它把法国的殖民者安置在了家族的土地上，并把各个部落驱赶到了狭小的地方。1830 年、1831 年、1844 年、1845 年和 1846 年的法令，合法化了这些盗窃阿拉伯家族土地的行为。可是，这个殖民制度实际并没有真正地推进殖民，只是孕育了疯狂的投机

① "我们必须尽快解散家族团体，因为它们是反对我们的统治的工具。"[迪迪埃(Didier)议员在 1851 年的国民大会上说]

和高利贷。在大多数情况下，阿拉伯人总是设法买回这些被从自己手上拿走的土地，尽管要为此担负沉重的债务。法国的赋税压迫方式也造成了同样的趋势，特别是 1851 年 6 月 16 日的法律宣布所有的森林都是国家财产，从当地人手中夺走了 6,000,000 英亩的牧场和灌木林，并让畜牧业丧失了根本。这些法律、条例、规章的泛滥，严重破坏了这个国家的土地所有权制度。在狂热的土地投机盛行的状态下，很多当地人带着最终可以赎回的希望把自己的地产卖给了法国人。他们经常把一块地同时卖给两三个人，而且很多被出售的土地都是家族不可分割的地产或根本不属于卖主。例如，一家来自鲁昂的投机公司自认为买到了 50,000 的英亩的土地，实际却只得到了 3,425 英亩有争议的土地。随之而来的是无数的诉讼案件，法国的法院原则上支持所有的财产分割与买主的诉求。在这些不确定的条件下，投机、高利贷和无政府主义横行。尽管有着在阿拉伯人口中大量引进法国殖民者的计划，希望借此为法国政府提供支持，可这个计划却惨遭失败。因此，在第二帝国时期，法国的政策试着走另一条道路。有着欧洲人的目光短浅特点的法国政府曾经长达三十年顽固地否认公共财产的存在，但它最终还是学乖了。于是大笔一挥，正式承认了家族共有财产制并判决其可以被分割。这就是 1864 年 4 月 22 日的参议院法令的双重意义。阿拉德（Allard）将军在参议院宣称：

“政府并没有忽视政策的总体目标是削弱部落首领的影响和解散家族团体。用这种方法，就可以扫除被政府法案的反对者所支持的封建制度的最后残余……加快家族团体分解过程的最可靠办法

就是建立私有财产制和让欧洲殖民者在阿拉伯家族中定居。”[①]

1863 的法律产生了特殊的地产分割委员会，它包括主席，可以由准将或上校担任，一个副区长，一个阿拉伯的军事机构代表和一个执行官。这些天生的非洲经济和社会环境专家面临着三个方面的任务，一是设定重要的家族地产的明确边界，二是在每个家族的各个分支中分配地产，最后是把家族地产分割为私人土地。出征非洲内陆的准将们如期出行了，委员会的成员们各自前往目的地，他们将兼任所有土地纠纷的法官、勘测员与分配者，但最终的决定权归于阿尔及利亚的总督。委员会的十年不懈努力产生了下列结果：从 1863 年到 1873 年，在 700 多处世袭的地产中，有 400 处在各个家族的分支中进行了分配，并为庞大地产与小额地产的未来不平等铺设了基础。事实上，一个家庭可能得到 2.5 至 10 英亩的土地，另一个则可能得到 250 至 450 英亩之多的土地，这取决于一个家族的地产规模与附属成员的数量。但土地的分割到此为止。阿拉伯的习俗为家族土地的进一步分割设置了难以逾越的困难。尽管有上校和准将的参与，但是法国为了把阿拉伯人的财产转移给自己而创建私有财产制的政策再次败北。

然而第三共和国，一个赤裸裸的资产阶级政权，却勇敢并肆无忌惮地直奔自己的目标，它不屑于第二帝国的初步行动，另辟蹊径解决这个问题。国民大会在 1873 年出台了一部法律，该法律的公开目的就是要立即分割 700 个阿拉伯家族的所有地产，并在最短的

---

① 引自科瓦列夫斯基前书第 217 页。自大革命以来，在法国出现了一种理所当然地把政府的反对者说成是封建制度的公开或隐蔽的支持者的潮流。

时间内强制建立私有财产制。这个措施的借口是殖民地已经陷入了绝望。1866 年的印度饥荒让英国公众意识到了英国殖民政策的惊人剥削并呼吁议会进行调查；同样，欧洲也震惊于阿尔及利亚在 19 世纪 60 年代末期的迫切需要，法国在当地四十多年的统治已经在阿拉伯人中造成了大面积的饥荒和灾难性的死亡率。一个推行新立法以造福阿拉伯人的调查委员会被成立了，该委员会的成员一致认为，阿拉伯人的唯一救生圈就是建立私有财产制，只有它才能把阿拉伯人从贫困中解救出来，因为这样他就能出售或抵押自己的土地了。所以，减轻由于法国人的土地掠夺和税收压迫而深陷债务的阿拉伯人的痛苦的唯一手段，就这样被决定为将这些阿拉伯人完全地送入高利贷者的手中。这样的闹剧竟然在国民大会前被非常严肃地提出，并被那个尊贵的机构以庄严接受，巴黎公社的“胜利者们”在炫耀自己的厚颜无耻。

在国民大会，有两种特别的论据被用于支持新法律：那些赞成该法案的人一再强调阿拉伯人自己迫切地需要引进私有财产制。因此他们所做的，更确切地说是阿尔及利亚的土地投机者和高利贷者所做的，是极其关注如何把自己的受害者从家族纽带的保护中“解放”出来。只要穆斯林的法律还在阿尔及利亚通行，世袭的氏族和家族土地就是不可分割的，这就给那些希望抵押自己土地的人们设置了不可逾越的困难。1863 年的法律只是给这些障碍打开了一个缺口，现在的问题是要完全地废除这些障碍以便高利贷者们可以自由地行动。第二个理由则是“科学的”，是与尊敬的詹姆斯·穆勒从印度的所有权关系所得出的深奥结论相同的智力知识的一部分：英国古典经济学。完全熟悉导师教诲的斯密和李嘉图的门徒们，煞有介事地宣称：对于预防阿尔及利亚的饥荒、精耕细作土地，私有财产制是必不可少的，因为显然没有人愿意在一块并不属于自己和它的生产也不归自己享有的土地上投入资本和密集的劳动。但事实并非如此，它们证明法国的投机者们对于自己在阿尔及利亚所拥有的私人财产，根本没有进行任何更为精良与改进的耕种。在1873年，有1,000,000英亩土地属于法国人，但阿尔及利亚和塞提夫这两家拥有300,000英亩土地的资本主义公司，除了把土地租给当地人以传统方式耕种外，根本没有耕种任何土地，在其他拥有土地的法国人中，有25%的人未从事农业。就像资本主义的一般条件不可能凭空产生一样，资本主义的投资和精耕细作也不可能在一夜之间神奇地出现。它们只存于逐利的法国投机者的想象中，存在于他们的科学经济学家的愚昧的教条主义幻想中。抛开所有的词藻与修饰，为1873年法律辩护的要点不过是希望剥夺阿拉伯人的土地，即他们的生计。尽管这些理由都很老套而且明显缺乏诚意，这个旨在毁灭阿尔及利亚的居民和他们的物质财富的法律，还是在1873年7月26日获得了一致的通过。

可即使这样的妙计也很快被归于失败。第三共和国的这个政策的流产在于资产阶级的私有财产制力图一举取代古老的家族共产主义的困难，就像第二帝国的政策在同一问题上以失败告终一样。在1890年，也就是1873年7月26日的法律在辅之以1887年4月28日的第二部法律的补充，被强行实施了17年后，已经花费了14,000,000法郎来处理4,000,000英亩的土地，估计这个过程将在1950年前完成，并还需要花费60,000,000法郎。废除氏族共产主义的最终目的，还没有被实现，但真正得到的后果却非常明显，那就是肆意妄为的土地投机、兴旺的高利贷与当地人的经济破产。

由于已经不可能通过武力建立私有财产制，一个新的实验开始了。1890 年，阿尔及利亚政府为了修改 1873 年和 1887 年的法律任命了一个委员会，该委员会宣布 1873 年和 1887 年的法律不能再被适用。又过了七年，塞纳河边的立法者们试图思考这个已破产国家的改革问题。参议院的新法令原则上避免通过强制或行政措施建立私有财产制。1897 年 2 月 2 日的法律和阿尔及利亚总督的告示（1898 年 3 月 3 日）都主要规定通过潜在购买者或所有者的自愿申请引入私人产权。[1] 但有些条款允许个人所有者可以无须他人的同意，提出私人产权的要求；此外，如果土地的所有者负债，而高利贷者向其施压，那么这样的“自愿”申请也可以在适当时通过敲诈获得。这样，新的法律便为法国和当地的资本家进一步破坏世袭和氏族土地打开了大门。

近年来，已经接连遭受了八十年伤害的阿尔及利亚对此表现出更少的抵抗，因为自突尼斯（1881 年）被征服后，摩洛哥于近年也被攻克，发现自己被法国资本包围的阿拉伯人已经越来越孤立无助。法国统治阿尔及利亚的最新结果是阿拉伯人移居土耳其。[2]

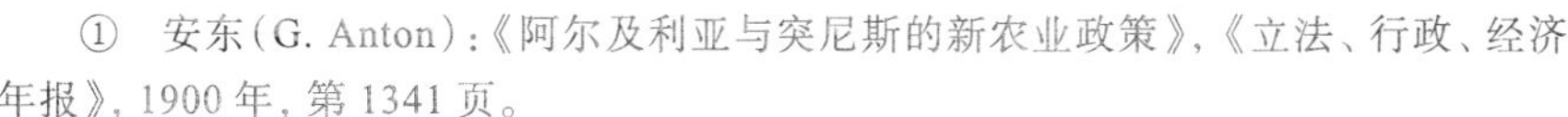

① 安东（G. Anton）：《阿尔及利亚与突尼斯的新农业政策》，《立法、行政、经济年报》，1900 年，第 1341 页。

② 1912 年 6 月 20 日，阿尔及利亚行政法改革委员会的代表阿尔宾·罗泽特（Albin Rozet）在法国众议院的讲话中表示，数千名阿尔及利亚人从塞提夫地区迁出，而上一年有 1,200 名当地人从恃莱姆森地区迁走，他们的目的地是叙利亚。有一个移民从他的新家中写信说：“我现在定居在大马士革，并且非常幸福。在叙利亚，有很多像我这样的阿尔及利亚移民，政府给我们土地和耕种的工具。”阿尔及利亚政府通过拒绝发放护照给潜在的移民来打击这个逃离。（参见《官方新闻》，1912 年 6 月 21 日，第 1594 页）

第二十八章　商品经济的引入

获取生产资料和实现剩余价值的第二个重要条件是，一旦以自然经济为基础的社会的独立性遭到破坏，或正处于这一破坏过程中，就必须将商品交换和商品经济引入该社会。资本需要购买所有非资本主义阶层和社会的产品，也需要向其出售商品。在这里，我们似乎最终找到了“和平”与“平等”、以物易物、互利、“和平竞争”与“文明的影响”的根源。因为资本确实可以通过武力夺取外国的社会团体的生产资料，强迫工人忍受资本主义的剥削，但它并不能强迫他们购买自己的商品或实现自己的剩余价值。在以往盛行自然经济的地区，铁路、航海、运河等运输工具的引入，对于商品经济的传播非常重要，预示着进一步的希望。因此，在大多数情况下，商品经济的胜利进行都始于宏伟的现代交通建筑，例如穿越森林和山脉的铁路线，飞越沙漠的电报线，以及驶往最偏远港口的远洋客轮。但这些和平变化不过是一个错觉。在商业的旗帜下，东印度公司和香料生产国之间的海盗式的、公然欺诈与勒索关系，就像今天的美国资本家与他们的皮毛交易者——加拿大红印度安人之间的关系，或像德国商人与非洲黑人之间的关系一样。现代中国就提供了一个资本主义国家与落后国家进行“温柔”“爱好和平”的商品交换的经典案例。从 19 世纪 40 年代初开始，整个 19 世纪，她的历

史就不停地被意在通过武力开辟通商关系的战争所打断。传教士激起了对基督徒的迫害，欧洲人煽动起义，在周期性的屠杀中，完全无助的、和平的农耕人口被迫用血肉之躯迎战欧洲强国最现代的资本主义军事技术。沉重的军费必然产生国债；由于中国使用了欧洲的贷款，致使它的财政被欧洲控制，防御工事被欧洲占领；被迫开放通商口岸，把铁路修建权拱手让给欧洲的资本家。通过这些措施，从 19 世纪 30 年代早期到中国革命爆发，商品交换在中国得到了促进。

欧洲文明，也就是欧洲资本下的商品交易，通过鸦片战争首次对中国产生了影响，在鸦片战争期间，为了让英国的资本家赚钱，中国被迫购买印度的种植园所生产的毒品。在 17 世纪，东印度公司已经开始在孟加拉种植罂粟，是它的广州分部把毒品的使用传播到了中国。在 19 世纪初期，鸦片因价格大幅下降而迅速成为“民众的享乐”。在 1821 年，中国以平均每箱 265 英镑的价格进口了 4,628 箱鸦片；之后鸦片的价格下降了 50%，中国的进口数额也在 1825 年上升为 9,621 箱 ,1830 年则达到 26,670 箱。[①] 毒品的致命影响，尤其是穷人所使用的较为廉价的鸦片变成了社会灾难，这使得中国不得不采取紧急措施禁止鸦片进口。虽然在 1828 年，两广总督已经禁止鸦片进口，但这不过是把贸易转移到了其他港口。一位奉命调查此事的北京御史给出了如下报告：

① 1854 年进口 77,379 箱鸦片；之后，进口因国内生产的增长而有所下降，但中国依然是鸦片的主要购买者。在 1873—1874 年间，印度共生产了 6,400,000 吨鸦片，其中的 6,100,000 吨被销售到了中国。今天 (1912)，印度依旧出口了 4,800,000 吨价值达 7,500,000,000 英镑的鸦片，几乎全部都出口到了中国和马来群岛。

“臣闻凡食鸦片烟之人，日久中病者为有引，应时而食，名为过引，倘当过引之时，不得食烟，则四肢委顿，涕泗交下，刻不可支，吸烟数口，则精神倍异寻常。是食鸦片烟之人，直以烟为性命。故拿获到官，甘受重责，不肯供认买自何人，致拿私贩，断其来路。而地方官或规避处分，或听受嘱托，不复严追，亦所时有。且近年以来，挑贩广货各商，大半挟带鸦片烟……臣愚以为鸦片烟之害，倍甚于赌具，则食烟之罪，不应轻于赌博。”

他建议对每个被定罪的吸食鸦片者判处杖八十的处罚，对任何拒不提供造卖鸦片者姓名的人，则“杖一百，徒三年”。这位梳辫子的北京官员以任何欧洲官员都难以置信的坦率给出报告的结论：“窃查鸦片烟，来自外洋，其始间有劣幕奸商，私自买食，浸浸而贵介子弟，城市富豪，转相煽惑，乃沿及于平民。臣每遇士大夫留心访查，据云：现今直省地方，俱有食鸦片烟之人，而各衙门为尤甚……且州县等官，即出示晓谕，严禁私卖鸦片烟，而各衙门官亲、幕友、长随，食烟者如故，彼奸商牟利，更将借严禁之名，以为居奇，而该兵役深畏官署人等，必不敢认真巡缉，甚至迎合讨好，反代官署偷买者有之，则一切章程，皆属具文，安在其能查拿也？”

因此，在1833年通过了一项更严格的法律对每个吸食鸦片的人“杖一百，示枷两月”，各省巡抚必须每年呈报禁烟的效果。但这一运动产生了两个结果：一方面，大规模的罂粟种植开始在国内，特别是湖南、四川、贵州等地蔓延，另一方面，英国为了让中国解除对鸦片的禁制而向中国宣战。这就是通过鸦片烟枪让中国对欧洲文明开放的精彩开端。①

① 引自谢伯特(J. Scheibert)：《中国战争》(1903年)，第二卷，第179页。

广州是第一个目标。这个城市在珠江口修建的防御工事已无法更原始。它的主要防御就是每天在黄昏时，把相隔不同距离所锚定的木筏用铁链加固。此外，中国的大炮只能以一定的角度开火，因而完全起不了作用。中国人就是用如此原始的仅够阻止几艘商船靠岸的防御工事，对抗英国人的攻击。于是，两艘英国巡洋舰就足以在 1839 年 9 月 7 日强行闯入；而中国用于抵抗的 16 艘战斗帆船和 13 艘火烧战船在四十五分钟内就被击沉或驱散了。在这次初步的胜利后，英国又于 1841 年年初大幅加强舰队再次发动攻击。这次，英国人同时袭击了由大量战斗帆船组成的舰队和炮台，第一枚火箭炮击穿了帆船的甲板进入火药库，炸开了船，还把全体船员都炸上了天。短时间内，中国的 11 艘帆船，包括一艘舰艇被摧毁，其余的船只则为了安全而仓促逃离。英军的登陆行为稍微多耗费了一点时间。由于中国的大炮全然无用，英国人直接走过防御工事，爬上了无人防守的战略位置，自高处开始屠杀这些无助的中国人。战争的死亡名单是：中国人死亡 600 人，英国人 1 死 30 伤，其中半数以上的伤员是因为炸药库的意外爆炸而受伤。几个星期后，英国人又一次发动攻击，使用了 12 艘以上的全副武装的巡洋舰，攻占了威远和北万通的炮台。此外，中国人再次忘记了最重要的东西——忽略了加强南万通岛的防御。因此，英国人平静地从一边发出连串的榴弹炮轰击炮台，又在另一边用远洋舰发射炮火。之后，中国人在几分钟内被迫从炮台撤离，英国人的登陆没有遭遇任何反抗。之后的残酷行为——一份英国报告说——应该永远令英国士官深感遗憾。试图逃离封锁的中国人纷纷摔入壕沟，壕沟里很快就塞满了求饶的无助士兵。据说是印度兵违反命令，一次又一次地对着

壕沟里的人射击。这就是广州被迫接受商品交换的方式。

其他港口的遭遇也差不多。1841 年 7 月 4 日，三艘装备有 120 门大炮的英国巡洋舰出现在宁波市入口的岛上；更多的巡洋舰在第二天抵达。英国海军司令在晚上通知中国的总兵，要求其交出这个岛投降。总兵解释说自己没有权力抵抗，但也不能没有北京的命令就投降，因而请求延迟。这就是拒绝，英国人于凌晨两点半袭击了这个毫无抵抗的小岛。在八分钟内，岸边的要塞与房屋就被炸成了废墟，在登陆这个荒凉海岸上散落着破损的长矛、军刀、盾牌、步枪以及许多尸体的小岛后，英军前进到了定海岛的城墙边。黎明时分，在其他同时到达的船只人员的帮助下，他们架起云梯攻打那个几乎没有防御的城市；几分钟后他们就占领了这个小城。当务之急就是以谦逊的口吻宣告这一辉煌的胜利："命中注定 1841 年 7 月 5 日是具有历史意义的一天，女王陛下的旗帜第一次升起在天朝帝国最美丽的岛屿上，这是第一面胜利地飘扬在这个可爱乡村的欧洲旗帜。"①

1841 年 8 月 25 日，英国人逼近了厦门镇，这里装配了 100 门最重型的中国大炮。由于这些大炮几乎无用、指挥官缺乏资源，英国人占领这个港口就如同小儿科一般。在重火力的掩护下，英国船只驶近了鼓浪屿的城墙，它们的海军在这里登陆并在短时间内赶走了中国的军队。英国人还在港口掳获了中国装有 120 门大炮的 26 艘战斗帆船，它们的船员已经逃走了。一个由蒙古人据守的炮台，英勇地抵抗着三艘英国船只的密集炮火，但一支登陆的英军在他们

① 谢伯特:《中国战争》(1903 年)，第二卷，第 207 页。

背后展开攻击并彻底摧毁了这个炮台。

这就是臭名昭著的鸦片战争的结局。1842 年 8 月 27 日的和约把香港割让给了英国；此外，还开放广州、厦门、福州、宁波和上海为通商口岸。但是在十五年内，又出现了一场针对中国的战争。这次是英国与法国联合发兵。1857 年，联合舰队以与第一次战争同样的英雄气概占领了广州。鸦片交易、与欧洲通商以及基督徒传教，借由《天津条约》(1858) 被允许进入了中国国内。但在 1859 年，英国恢复了敌对行动并试图摧毁中国在白河的防御工事，却在一次激烈战斗中被赶走，并造成了 464 人的伤亡。[①]

在这之后，英国和法国再次联合出兵。在 1860 年 8 月底，12,600 名英国人和 7,500 名法国人在蒙托邦（Cousin-Montauban）将军的指挥下没有费一枪一炮就占领了太沽炮台。之后，他们朝着天津和北京进军。一场血腥的战争在八里桥展开，北京落入欧洲列强的手中。进入这居民几乎逃光、完全没有防备的城市后，胜利者在将军本人——之后他成了元帅和八里桥伯爵——的帮助下开始洗劫皇宫；之后在额尔金勋爵（Lord Elgin）的命令下，皇宫被付之一

① 咸丰十年八月三日（1860 年 9 月 6 日）的上谕中有这样的话语："朕抚驭寰海，一视同仁，外洋诸国，互市通商，原所不禁。英吉利、佛（法）兰西，与中华和好有年，久无嫌隙。咸丰七年冬间，在广东遽启兵端，闯入我城池，袭虏我官吏，朕犹以为总督叶名琛，刚愎自用，召衅有由，未即兴问罪之师也。八年间，夷酋额尔金等，赴诉天津，当谕总督谭廷襄，前往查办。该夷乃乘我不备，攻踞炮台，直抵津门。朕恐荼毒生灵，不与深较。爰命大学士桂良等，往与面议，息事罢兵。因所请条约，多有要挟，复令桂良等，驰往上海，商定税则，再将所立条约，讲求明允，以为信据。讵夷酋卜鲁斯等，桀骜不驯，复于八年，驾驶兵船，直抵大沽，毁我防具。经统兵大臣僧格林沁，痛加剿，始行退去。此由该夷自取，并非中国失信，天下所共知也。本年夷酋额尔金、葛罗等，复来海口，我中国不为已甚，准令由北塘登岸，赴京换约。不意该夷等，包藏祸心，夹带炮车并马步各队，抄我大沽炮台后路，我并撤退后，复至天津。"

炬作为惩罚。[①]

现在，欧洲列强们获得了在北京设立使馆的权利，并开始与天津以及其他城市开展贸易；1876 年的《烟台条约》保障了鸦片输入中国的所有便利——而此时英国的反鸦片联盟正在激烈地反对毒品在伦敦、曼彻斯特以及其他工业地区的蔓延，议会的一个委员会宣布食用鸦片是极其有害的。不论是商人还是传教士，都因中国与欧洲列强在那时签订的所有条约，被确保了获得土地的权利，这个目的在有意的欺诈下巧妙地获得了合法依据。

首先而且最重要的是，条约文本的模糊性令欧洲资本有借口入侵超出通商口岸的地区。它以利用条约措辞的每个漏洞开始，然后勒索中国政府允许大使馆不仅获得通商口岸的土地，还能获得全国各省的土地。他们的主张以阿贝·德拉马尔（Abbé Delamarre）以法语对协议附件的正式翻译为基础，而这个著名的翻译厚颜无耻地歪曲了中文原意。法国的外交部，特别是新教教徒一致谴责了这个天主教神父的狡猾骗局，但尽管如此，他们还是坚决要求把法国大使馆通过这一欺骗所获得的权利明确地扩展到新教教徒身上。[②]

① 这些令中国接受商品交换的欧洲功劳，还给中国国内历史上的一个有趣插曲提供了背景：在洗劫了满族皇帝的圆明园后，“中国的戈登”继续发动对太平天国的进攻；他在 1863 年甚至取得了清军的指挥权。事实上，镇压起义是英国军队的工作。然而，在很多欧洲人，包括一位法国海军上将，为保护中国的满族王朝而失去生命时，欧洲的贸易代表们却热切地利用战争机会赚钱，他们同时为自己的士兵以及与其作战的叛军提供武器。“此外，富有的商人被赚钱的机会迷惑，为作战双方提供武器和弹药，而且由于叛军比皇帝的士兵更难获得供给而愿意为此支付更高的价格，他们因此就得到了优先供应，不仅能用来抵抗自己政府的军队，还有英法联军。”［布兰特（M. V. Brandt）：《东亚三十三年》（1911 年），第三卷，“中国”，第 11 页］

② 弗兰克博士（O. Franke）：《中国土地所有权的法律关系》（莱比锡，1903 年），第 82 页。

中国对商品交换的进入，始于鸦片战争，最终完成于一系列的“租约”和1900年对中国的远征，那时欧洲资本的商业利益参与了各国对中国领土的无耻混战。在大沽炮台被占领后，慈禧太后写给维多利亚女王的信中，含蓄地强调了“欧洲文明使者”在原初理论与最终实践之间的对比：

“致敬女王陛下！自英国与中华帝国初次建交以来，在我们所有的往来中，英国方面从来没有任何扩张领土的想法，只有强烈促进贸易利益的愿望。考虑到我们的国家现在已陷入可怕的战争状态，念及大部分的中国贸易，百分之七十或八十都是与英国达成，而且你们的关税也是世界上最轻的，对于外国货物进入你们的海港也没有什么限制，出于这些原因，为了双方的利益，我们在通商口岸与英国商人的友好关系已经持续了半个世纪。但现在，情况却突然发生变化，对我们也出现了普遍的怀疑。因此，我们想请求您考虑一下，如果因为种种可能的情况，我们的帝国失去独立性，列强联合起来执行它们长期策划的瓜分我国领土的计划（在同时写给日本天皇的信中，冲动的慈禧公然说道：‘彼称颂西土，虎视眈眈者，其注意岂独在中国哉’），结果对你们的国家利益也将是灾难性的，对你们的贸易也是致命的。此刻我们的帝国正在全力招募军队和筹措资金以保卫领土，同时我们也依靠你们的良好斡旋，现在正焦急地等待您的决定。”①

在战争以及战争之间的过渡期，欧洲文明正忙着大规模地洗劫和盗窃中国的皇宫、公共建筑和古代文明遗迹，不光是在1860年

① 布兰特：《东亚三十三年》，第337—338页。

法国人掠夺了皇帝宫殿中的神话般的宝藏，或是在 1900 年“所有的国家竞相窃取中国的公私财产”。欧洲的每个进步不仅标志着商品交换的发展，还象征着最庞大与庄严的城市的化为废墟、广大农村地区的农业荒芜以及为军费与赔款而摊派的沉重税负。四十多个中国的通商口岸，它们中的每一个都付出了流血、被屠杀与毁灭的代价。

第二十九章　反对农民经济的斗争

在对自然经济的斗争中，重要的最后阶段就是分离工业与农业，完全地消灭农民经济中的农村工业。手工业在它的历史初期，只是一个副业，是文明与定居社会的农业的附庸。在中世纪的欧洲，它逐渐独立于庄园和农业，发展成专门的职业，即城市行会的商品生产。在工业地区，生产已经从原始的家庭手工制作发展到稳定的资本主义产业工厂，但在农民经济下的农村地区，家庭手工业依然作为农业的内在组成部分而存在。耕种土地之外的闲暇时间被投入手工生产，作为家庭工业的补充，为提供个人需求而发挥重要作用。①

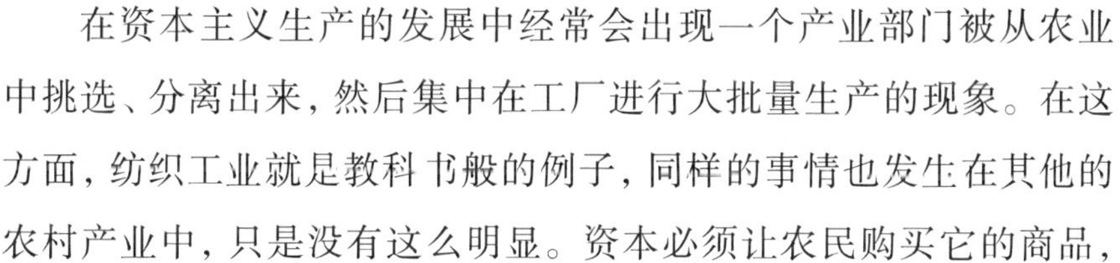

在资本主义生产的发展中经常会出现一个产业部门被从农业中挑选、分离出来，然后集中在工厂进行大批量生产的现象。在这方面，纺织工业就是教科书般的例子，同样的事情也发生在其他的农村产业中，只是没有这么明显。资本必须让农民购买它的商品，

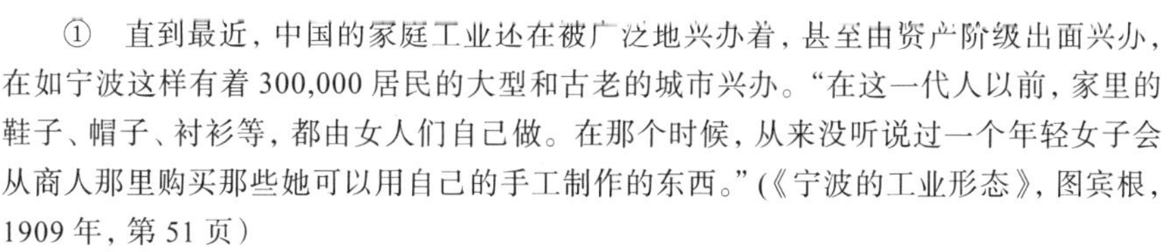

① 直到最近，中国的家庭工业还在被广泛地兴办着，甚至由资产阶级出面兴办，在如宁波这样有着300,000居民的大型和古老的城市兴办。“在这一代人以前，家里的鞋子、帽子、衬衫等，都由女人们自己做。在那个时候，从来没听说过一个年轻女子会从商人那里购买那些她可以用自己的手工制作的东西。”（《宁波的工业形态》，图宾根，1909年，第51页）

为此开始把农民经济限制在单一的范围，即农业的范围；但是这个范围并不会立即顺从资本的统治，在欧洲的所有制条件下，也只有在经历了巨大的困难后才屈从于资本的统治。[①] 从所有的外在表现来看，这一过程是非常平和的，它几乎不被察觉，并且看似产生于纯粹的经济因素。毫无疑问，由于高度的专业化、科学分析与管理的生产过程、改进的机器以及原材料的国际来源，工厂的大量生产在技术上优于原始的农民工业。但是在现实中，工业与农业的分离过程则取决于沉重的税负、战争或者国家土地的浪费和垄断等因素，因此它既属于经济范围，也属于政治权力和法律范围。

在美国这一过程被推向了极致。随着铁路的修建，在欧洲尤其是英国资本的资助下，美国的农民穿越合众国从东部来到了西部，并在其推进的广大地区以火枪、猎犬、酒精和性病消灭印第安人，把幸存者赶到西部以便占领他们"腾出"的土地，好对这些土地进行清理和耕种。美国的农民，即在南北战争之前处于美好旧时光的边远地区的居民，的确与现代的他们完全不同。那时的他们几乎可以做任何事情，在自己独立的农场里，过着自给自足的生活。

19 世纪 90 年代初期，农民联盟的一位领导人，参议员佩弗（Peffer）写道："今天的美国农民，是一类完全不同于其五十年或一百年前的祖先的人。现在活着的许多人还能够回想起那个农民是主要制造者的时代，也就是说，他们制造很多工具供自己使用。

① 不可否认，当资本主义生产已完全产生影响时，这种关系在农民经济史的最后阶段发生了逆转。一旦小农经济被破坏，农业生产工作就常常会落在妇女、老人和孩子身上，而男人们则为了生计而在家庭工业中为资本主义的企业家工作，或像奴隶一样在工厂工作。维滕贝格的小农，就是一个典型的例子。

每个农民都有一套工具来制作木制农具，如叉、耙、锄头和犁的把手、马车的辐条以及其他各种纯木材制作的用具。农民还生产亚麻、大麻、羊毛和棉花。这些纤维材料在农场里被准备好，然后被纺成纱、织成布、做成衣服在家里穿。每个农场都有一个加工木材和铁器的小作坊，在家里还有梳麻机和织布机，编织地毯、准备各种床上用品；在每个农场里都养着鹅，它们的羽毛被用来填充家里所需要的被褥和枕头，剩下的则在最近的城镇市场出售。在冬天，把小麦、面粉和玉米粉装在用六到八匹马拉的大车上，运到一两百英里之外的市场去交换农场来年所需要的日用品——杂货和干货。除此之外，在农民中还生活着很多工匠。农用马车要花一到两年的时间制作，在附近的作坊里可以找到材料，在合同中注明所用的木材特点，它必须能够在一定的季节里买到，并在具体的时间里弄干，以便材料能够以适当的形态全部组合在一起造好马车，合同双方都知道它的每一根枝条来自何方、上市时间持续多久。冬天的时候，附近的木匠就在为来年修建房子而制作窗框、百叶窗、线脚、檐口。秋霜来临时，修鞋匠就到农民的家里，在那里为他准备了一个单独的角落，整个冬天他就待在那里为这个家庭做鞋子。所有这些东西都在农民之间完成，而且大部分以农场的产品支付。当冬天来临时，屠宰季节也就开始了，家庭准备着来年所要食用的肉制品并把它们储存在烟熏室里。果园里提供水果制作果酒、苹果酱以及各种蜜饯，足以供应这个家庭一年的需要，还有某些备用。脱粒后的小麦，被一点点卖掉，每次卖掉的钱刚好满足家庭的现金需要，不会多到浪费稻谷的程度。每样东西都被保存下来以供使用。这种经济的结果之一就是只需要相对较少的资金就可以开始农业经营。

最大的农场每天用来满足其运营需求，支付雇工报酬、农具修理以及其他偶然费用所需要的现金平均大概为一百美元。”①

这种田园生活在南北战争后突然结束了。这场战争使联邦背负了总计为 1,200,000 英镑的巨额国债，从而导致了税负的相应增加。另一方面，较高的保护性关税，激起了现代交通与工业，尤其是机器制造业的狂热发展。为了促进铁路建设与农业移民，铁路公司被赋予了征收公共土地的权力：仅在 1867 年，它们就获得了 192,500,000 英亩的土地，从而使得铁路的发展速度空前高涨。1860 年时，所修筑的铁路还不到 31,000 英里，1870 年则发展到 53,000 英里以上，1880 年则超过 93,000 英里。（同样的阶段，即 1870—1880 年间，欧洲的铁路线只从 80,000 英里增长到了 100,000 英里）铁路建设与土地投机吸引了大量的移民从欧洲来到美国，自 1869 年到 1892 年的二十三年时间里，移民人数超过了 450 万。这样，联盟逐渐脱离欧洲工业，特别是英国工业，在各个州、在国内的纺织工业、钢铁工业和机器制造业中都设立了工厂。农业的变革过程最为迅速。奴隶的解放迫使南方的种植园主在南北战争之后很快就引入了蒸汽犁，随着铁路的建设而在西部兴起的新农场，一开始就使用了最现代的机器与技术。

“改进迅速地变革了西部的农业，在其运作中所使用的人工劳动比例降低到了前所未有的程度……随着机器在农业中的应用，系

① 佩弗（W. A. Peffer）：《农民的情况，他的困难与他们的救济》（纽约，1891 年），第二部分，“我们如何到达这里”，第一章，“改变农民的环境”，第 56—57 页。又参见西蒙斯（A. M. Simmons）：《美国农民》（第二版，芝加哥，1906 年），第 74 页。

统的、扩大的商业能力也在寻求与这种高贵艺术的联合。拥有几千英亩土地的农场应该比那些只有八十英亩土地的农场得到更有技巧的管理、更经济地达成目标的工具，并获得更高的实际利润率。”[①]

在此期间，直接和间接税负显著增加。内战中，在1864年6月30日通过了构成现代税收制度基础的新税法，惊人地提高了消费和收入税。为了抵消对国内生产所课征的关税，这项沉重的战争课税就成了无节制的保护性关税的借口。[②]莫里尔（Morrill）、史蒂文斯（Stevens）先生和其他把战争作为工具以实现自己的保护主义方案的绅士们，非常公开并无耻地提出应用关税政策来促进各种私人利益。在立法会议面前，任何主张特殊关税以填充自己钱包的国内生产者，发现自己的要求很快得到了准许，关税税率达到了每个利益集团所希望的高度。

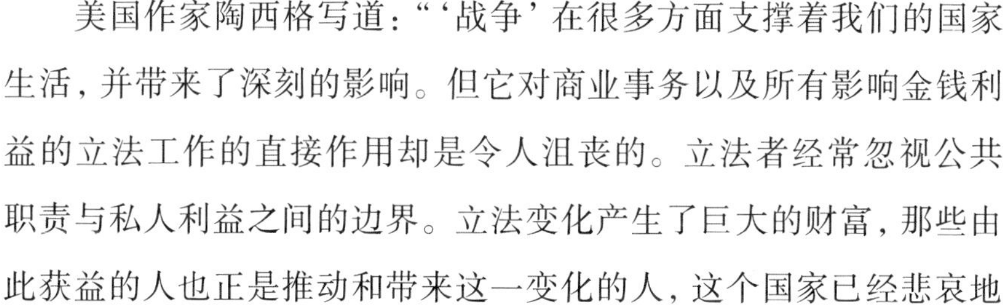

美国作家陶西格写道：“‘战争’在很多方面支撑着我们的国家生活，并带来了深刻的影响。但它对商业事务以及所有影响金钱利益的立法工作的直接作用却是令人沮丧的。立法者经常忽视公共职责与私人利益之间的边界。立法变化产生了巨大的财富，那些由此获益的人也正是推动和带来这一变化的人，这个国家已经悲哀地

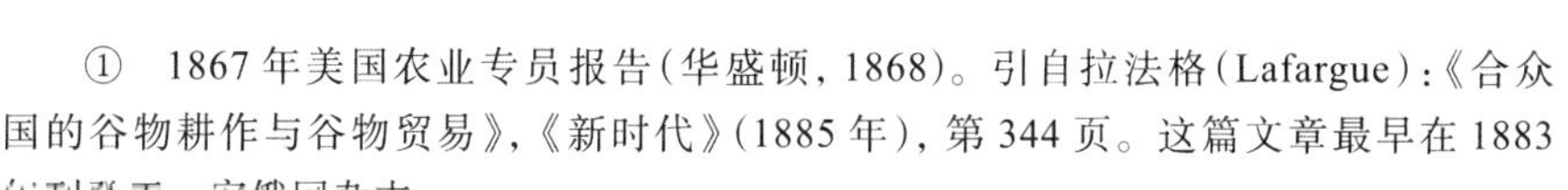

① 1867年美国农业专员报告（华盛顿，1868）。引自拉法格（Lafargue）：《合众国的谷物耕作与谷物贸易》，《新时代》（1885年），第344页。这篇文章最早在1883年刊登于一家俄国杂志。

② “1864年6月30日的三条收入法案，实际形成了一项措施，它可能是世界上最伟大的税收措施……正如威尔先生（David A. Wells）所说，国内收入法案适用的是唐尼布鲁克集市上的爱尔兰法则，即‘见头就打，见商品就征税’。”［陶西格（F. W. Taussig）：《美国关税史》（纽约-伦敦，1888年），第163—164页］

发现公众人物的荣誉和诚实已遭到玷污。”[1]

这项完全变革了国家的经济生活，并有效地保持了二十年不变的关税法案，只用了三天就在国会通过、两天在参议院通过，没有批评、没有讨论、没有任何的反对意见。[2]直到今天，它还是美国关税立法的基础。

美国财政政策的这一转变开创了一个最无耻的议会相互勾结、公开与肆无忌惮的贿选、立法与新闻业迎合大企业的贪婪的时代。在那场把人类从“奴隶制的污点”中解放出来的“高贵战争”之后，“你有钱，对吗”成了公共生活中的流行语。自称为黑奴解放者的美国佬通过各种投机在证券买卖中寻求财富，他们在国会把公共土地据为己有，通过关税、垄断、股票欺诈以及窃取公共基金让自己发财致富。产业繁荣了，而那个中小农户几乎不需要现金，只要在有需要时把自己储藏的小麦脱壳换钱的时代却已经逝去了。现在他随时需要现金，需要大量的现金来支付税费。很快，他就被迫卖掉了自己所有的产品，并从制造商那里以制成品的形态购买自己所需要的一切。正如佩弗所说：

“从那个时候到现在，我们发现几乎一切都变了。所有的地方，特别是西部的农民都在一个时间打出小麦，并在一个时间出售小麦，在许多时候，麦秆都被浪费了。他们卖掉自己的生猪，买回培根和猪肉；卖掉自己的牛，然后看情况买回新鲜的牛肉、罐头牛

① 陶西格：《美国关税史》，第166—167页。

② “形势的需要、国家的危急状态以及迫切的收入需要，确实可以支持这样的仓促行事，但这也可以说是在文明国家中史无前例的。”同上书，第168页。

肉或咸牛肉；卖掉自己的水果，买回水果罐头。如果他种植了亚麻，不是像他在五十年或更早之前所做的那样，把它变成纱为孩子们做罩衣，而是打麻、卖种子和焚烧秸秆。只有不到五十分之一的农民养羊，现在他依靠大牧羊主提供羊毛，以制成衣服或布供自己使用。不是像以前那样在自己的家里或请邻居或请一英里外的乡村裁缝做衣服，而是在最近的城市买做好的衣服，或者买好布请城里的裁缝做衣服。不是自己制作农场所要用的叉、耙子等，而是去城里买斧柄或锤柄；他买麻线、粗绳以各种用纤维制成的要用的材料，买衣服和布，买水果罐头和果脯，买火腿和前胛肉、腌猪肉和牛肉；事实上，他几乎购买了所有以前都由他自己生产的东西，这些都需要钱。除此之外，看起来更为奇怪的是，早期的美国家庭是自由的、没有抵押的，在一千个家庭中也不会有一个家庭为了还债而把家庭财产抵押出去，而在农场经营中实际真正需要使用的只是数量很少的钱，农民有足够的现金来满足需求。现在所需要的现金则至少十倍于以前，而农民却几乎得不到钱或只能得到很少的钱，几乎一半的农场被完全抵押，而且利息极高。至于这些奇妙变化的原因……制造商来了，带着他的毛纺厂、梳理厂、扫帚厂、绳索厂、木制品厂、棉花厂、猪肉包装企业、罐头厂和水果储存仓库；农场里的小作坊已经让位于镇上的大商店；邻里之间的制车坊也让位于城里的大企业……在一个星期内，就可以制作出一百或两百辆马车；鞋匠的作坊也让位给城里依靠机器来完成大部分工作的大企业。”[①]

① 佩弗：《农民的情况，他的困难与他们的救济》，第 58 页。

最后，农民自己本身的农业劳动也变成了机器工作："他们用机器耕地、播种和收割。机器割下他的小麦，捆成一束，用蒸汽打谷。当他耕地时，可以阅读晨报；当他收割时，可以坐在篷布下。"①

谢林估计，在19世纪80年代中期，西北最小农场的"普通起步运营"所必需的现金约为240到280英镑。②

"伟大战争"之后的这一美国农业改革还没有结束，这只是农民被卷入混乱的开始。他的历史自动把我们带入资本主义积累发展的第二阶段，同时也为资本主义积累发展的第二阶段提供了绝佳的例证。自然经济、自足生产以及工业与农业的密切联系，都必须被驱逐，用简单的商品经济来替代它们。资本主义需要商品生产作为其发展的媒介，作为其剩余价值的市场。可一旦简单商品生产取代了自然经济，资本就必然反过来对抗它。只要资本一召唤来简单商品生产，二者就会为生产资料、劳动力和市场展开竞争。资本主义的第一个目标是孤立生产者，切断保护他的社区纽带；下一个任务则是从小生产者那里夺走生产资料。

正如我们所看到的，美国的"伟大战争"开辟了垄断资本主义企业和个人投机者大规模攫取公共土地的时代。狂热的铁路建设以及更狂热的铁路公司的股票投机引起了疯狂的土地投机，有钱人和公司在土地上大发其财，甚至占有了整个县的土地。此外，大群的掮客肆无忌惮地以带有欺骗和伪饰描述的广告，吸引大量的欧洲移民向美国涌来。这些移民首先定居在大西洋沿岸的东部各州，后

① 佩弗：《农民的情况，他的困难与他们的救济》，第6页。

② 谢林（Sering）：《北美农业竞争》（莱比锡，1887年），第431页。

来随着这些州的工业发展，农业被迫向西迁移。1850 年时曾处于俄亥俄州哥伦布地区附近的“小麦中心”，也在随后的 50 年里向北迁移了 99 英里，向西迁移了 680 英里。在 1850 年，整个麦类作物的供应有 51.4% 来自东部各州；到了 1880 年，东部各州却只生产了 13.6%，其中的 71.7% 由北部中心供应，9% 由西部各州提供。

1825 年，门罗时期的国会已经决定把印第安人从密西西比河东部迁往密西西比河西部。印第安人殊死抵抗，但是在经历了四十次的屠杀后，所有的幸存者就像垃圾一样被清除走了，像牲口一样被驱赶到了西部，并像羔羊一样被圈在保留地里。印第安人曾经被迫为农民腾地方，现在轮到农民被驱赶到密西西比河之外，为资本腾地方。

沿着铁路线，美国农民来到了西部和西北部那些曾经被大的土地投机者的掮客描绘得天花乱坠的地方，但那些最肥沃、位置最便利的土地已经被公司保留，而这些公司将完全采用资本主义方式对这些土地进行大面积的耕种。在这些被放逐到荒野的农民周围，满是危险的竞争对手和致命的敌人——“大农场”，这是一种新旧世界都不曾见过的巨大的资本主义农业企业。随着现代科学与技术所知晓的一切资源的应用，剩余价值在这里被生产出来。

“在我们看来，奥利弗·达尔林普尔（Oliver Dalrymple）是金融农业的最重要代表，他的名字在大西洋两岸是人尽皆知。从 1874 年起，他就同时经营着红河上的轮船航线和六个由一些投资者所拥有的农场，大约包括 75,000 英亩土地。每个农场被分为 2,000 英亩一个的区域，每个区域又被分为三个 667 英亩的部分，每个部分都由领班和工头负责运营。在每个部分都建有可以容纳 50 个工人的棚屋和同样数量的马和骡子的马厩，以及类似的厨房、机棚、铁匠与锁匠车间；每个部分都配备了20对马、8双犁、12台马拉的条播犁、12把钢齿耙、12套切割工具、12台割捆机、2台脱粒机和16辆货车。所做的一切都是为了确保机器和活劳动（人、马和骡子）处于良好的状态，并可以完成最大可能数量的工作。一根电话线连接着所有的部分与中央管理。

"6个面积达75,000英亩的农场由按照军事化方式组织的600名工人耕种着。在收获时节，管理者再雇用500到600名备用的工人，分配到各个部分。在秋天的工作全部完成后，除了领班和每个部分留下的10名工人，其他的工人就都被解雇了。在达科他州和明尼苏达州的一些农场里，马和骡子都不能在工作场所过冬，一犁掉麦茬，它们就会以一百或两百对为一群，被驱赶到900英里之外的南方，等到来年春天才回来。

"在工作时，技工骑着马跟着犁地、播种和收割的机器。如果出现什么障碍，他们就会飞奔到有问题的机器面前，修理它，让它立刻恢复运转。收割的玉米被送到日夜不停歇运转的打谷机上，它们被成捆经过铁皮管道投入锅炉中燃烧的麦秸所驱动。玉米被机器脱粒、筛选、称重并装入麻袋，然后被装进沿着农场修建的铁路货车上，运到德卢斯或水牛城。每年，达尔林普尔都以5,800英亩的速度扩张着土地，在1880年达到了25,000英亩。"①

在19世纪70年代末期，已经出现了拥有35,000—45,000英亩麦地的个体资本家和公司。自拉法格的写作时间起，美国的粗放

① 拉法格：《合众国的谷物耕作与谷物贸易》，第345页。

式的资本主义农业已经在技术和机器的使用方面取得了巨大的进步。[1]

美国的农民无法与这样的资本主义企业进行竞争。当金融、生产和运输条件的全面变革迫使他放弃自足生产而主要为市场生产时，农业的巨大扩张导致了农产品价格的严重下降。正当农业依赖于市场时，这个国家的农业市场突然从地方市场转为世界市场，并成为少数资本主义大型企业的疯狂投机的牺牲品。

1879 年是欧洲和美国的农业历史值得纪念的一年，大量的小麦开始从美国出口到欧洲。[2]

大企业自然是这一市场扩张中的唯一获利者，小农场主则遭受着数量日益增加的大型农场的竞争挤压，变成了投机者的牺牲品，

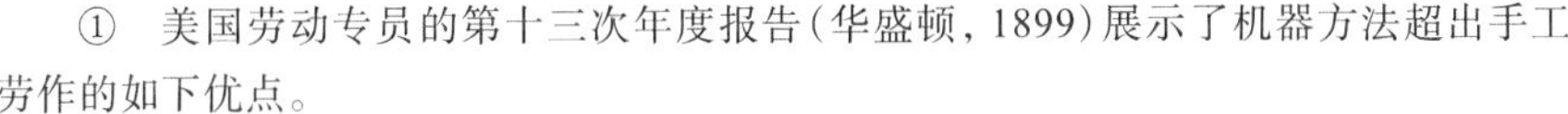

① 美国劳动专员的第十三次年度报告（华盛顿，1899）展示了机器方法超出手工劳作的如下优点。

劳动的种类	每单位所需要的劳动时间			
	机器		手工	
	小时	分钟	小时	分钟
小谷物的种植	—	32.7	10	55
小谷物的收割与打谷	1	—	46	40
玉米的种植	—	37.5	6	15
玉米的收割	3	4.5	5	—
玉米的剥皮	—	3.6	66	40
花的种植	1	3	8	48
棉花的培养	12	5	60	—
割草（镰刀对割草机）	1	0.6	7	20
收割与打包	11	3.4	35	30
马铃薯的种植	1	2.5	15	—
番茄的种植	1	4	10	—
番茄的培养与收获	134	5.2	324	20

② 小麦出口到欧洲的数量表：

这些投机者购买他们的玉米以对世界市场施压。无助地面对着强大的资本主义势力，农民陷入了债务——这是农民经济衰退的典型现象。1890 年，美国农业部长就农民的绝望境地发出了一封通告信，信中说：

“农场、住宅和土地的抵押负担无疑已达到极端令人沮丧的地步，在某些情况下，贷款被太轻易地取得，虽然在大多数情况下，抵押是有必要的……这些抵押……收取了高昂的利率……如今面对着粮食产品价格的持续下降，变得非常令人厌烦，而且在很多情况下，农民失去了自己的住宅和土地。对于那些在想办法治疗我们的农民所遭受的创伤的人来说，这是一个非常困难的问题。农民发现按照现在的价格，为了得到一美元以偿还借款，就必须卖出比他

年	万蒲式耳	年	万蒲式耳
1868—1869	17.9	1885—1886	57.7
1874—1875	71.8	1890—1891	55.1
1879—1880	153.2	1899—1900	101.9

（尤拉雪克：《世界经济概况》，第七卷，第一篇，第 32 页）

同时，当地农场的小麦每蒲式耳的价格（美分）下降如下：

1870—1879	105	1896	73
1880—1889	83	1897	81
1895	51	1898	58

从 1899 年，当它达到每蒲式耳 58 美分的较低水平时，价格再次上涨：

1900	62	1903	78
1901	62	1904	92
1902	63		

（同上书，第 18 页）

根据“对外贸易月报”，小麦在 1912 年 6 月每 1,000 公斤的价格为：

柏林	227.82	伦敦	170.96
纽约	178.08	敖德萨	173.94
曼海姆	247.93	巴黎	243.69

借一美元时更多的产品。当本金的偿付都看上去完全无望时，利息却在叠加；我们所讨论的萧条又让新的抵押贷款变得极其困难。”[①]

根据1891年5月29日的人口普查，有250万个农场背负债务，其中三分之二的农场是农场主自己管理的，他们的债务总额接近440,000英镑。

“现在的情况是农民们正在穿越‘死亡之谷与阴影’，农业作为一个产业是无利可图的；自伟大战争以来，农产品的价格已经下跌了50%，在过去的十年里，农场的价值也下跌了25%到50%；农民负债累累，而这些债务都以他们的住宅作为担保，在很多情况下，他们甚至都无法支付到期的利息，又因为大萧条所导致的抵押品价值下跌而无法获得新的贷款。在这样可怕的阴影下，很多农民都失去了自己的住宅，而抵押贷款却依然在折磨他们。我们正在被冷酷无情掌控，而人民的家园却危在旦夕。”[②]

农民负债累累、临近破产，除了通过工资劳动补充收入，或完全放弃自己的农场外，没有其他选择。只要还没有像几千个农场一样落入债权人的控制，他就可以摆脱那块现在对他而言已是地狱的“乐土”。在19世纪年代中期，那些被抛弃的、荒芜的农场随处可见。在1887年，谢林写道：

“如果农民不能如期偿还债务，他要支付的利息就会被提高到12%—15%，甚至20%。他就会被夺走他的艰苦劳动果实的银行家、机器经销商和杂货店商人所逼迫……他可以作为佃农留在农场，也

① 佩弗：《农民的情况，他的困难与他们的救济》，第一部分“我们在哪里”，第二章“美国农业的进步”，第30—31页。

② 佩弗：《农民的情况，他的困难与他们的救济》，第4页。

可以向西迁移，到别处试试运气。在北美的任何地方，我都没有像在西北大草原的小麦产地一样，发现那么多深陷债务、悲观失望的农民。跟我交谈的达科他州的农民，没有一个不打算卖掉自己的农场。”[①]

“1889 年，佛蒙特州的农业专员报告了该州的农场土地被普遍抛弃的现象，报告中写道：‘……毫无疑问，这个州有大量适于耕种的土地还没有被利用，几乎可以用西部土地的价格来购买它们，它们靠近学校和教堂，离铁路设施也不远。虽然专员还没有访问完本州内报有这样土地的所有郡县，但已经访问过的就足以令他满意，虽然现在大部分没有被利用的土地和以前耕种过的土地一样没有实际的耕种价值，但只要辛勤劳动，它们中的很多就能产生可观的回报。’”[②]

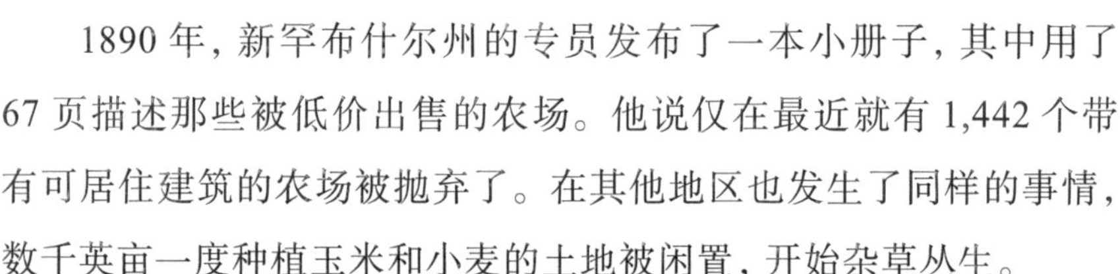

1890 年，新罕布什尔州的专员发布了一本小册子，其中用了 67 页描述那些被低价出售的农场。他说仅在最近就有 1,442 个带有可居住建筑的农场被抛弃了。在其他地区也发生了同样的事情，数千英亩一度种植玉米和小麦的土地被闲置，开始杂草丛生。

为了重新处置这些荒芜的土地，投机者们投入广告，吸引来了成群的新移民，而这些新移民不过是新的牺牲品，甚至会更快遭遇他们的前辈的命运。

在一封私人书信中，写有这样的话语：“在铁路和市场附近已经没有公共的土地。它们都被掌握在投机者的手中。移民接管了

① 谢林：《北美农业竞争》，第 433 页。

② 佩弗：《农民的情况，他的困难与他们的救济》，第 34 页。

一块空地，就成了农民；但他的农场管理既不能确保他的生计，也不可能与大农场主竞争。他按照法律的要求去耕种土地，但为了过上充裕的生活，就必须寻找农业之外的额外收入来源。例如，我在俄勒冈就遇到过一个移民，他可以在五年内拥有160英亩的土地，但在每年夏天直到7月底，他每天都工作12个小时，为一天挣一美元而去修路。在1890年的人口普查中，这个人自然也算是五百万农民中的一个。此外，在埃尔多拉多县，我看到很多农民耕种的土地只够养活他们的牲畜和自己，为市场而生产是无利可图的，他们的主要收入来自掘金、砍伐和贩卖木材。这些人都很富裕，但并不是农业让他们富裕。两年前，我们在埃尔多拉多县工作，住在一块园地的小木屋中，这块地的主人一年只能回家一次，住个一两天，其余的时间都在萨克拉曼多的铁路上工作。几年前，为了遵守法律，他还对这块地的小部分进行了耕种，但现在已经完全把它闲置了。他用铁丝围了几英亩土地，在上面建了一个木头小屋和棚子。在过去的几年里，这些屋子都是空的；一个邻居有钥匙，他让我们免费住在小屋里。在旅程中，我们看到了很多被抛弃的园地，在那里都曾经有过耕种的努力。三年前，有人愿意以100美元的价格卖给我一块带有住房的农场，但在很短的时间内，那所空房子就被雪压塌了。在俄勒冈，我们看到了很多带有小住房和菜园的废弃农场。我们还参观了一个修建得很漂亮的坚固的大房子，由一个建筑大师制造，里面还有一些设备；但它的主人抛弃了它，很乐意你免费拿走它。”[①]

① 引自尼古拉-逊：《我国改革后期社会经济概论》，第224页。

这些破产的美国农民能转移去哪里呢？他们开始追随着小麦中心和铁路线漫游。前者曾主要转移到了加拿大的萨斯喀彻温省和麦肯齐河流域，这些地方虽然处于北纬 62°，但依然能让小麦茁壮成长。很多美国农民都跟着来了，但在一段时间后，他们也在加拿大遭遇了过去的命运。[①] 近年来，加拿大已作为小麦出口国进入世界市场，而她的农业要比其他地区更大程度地为大资本所控制。[②]

在加拿大，公共土地被慷慨赠送给私人资本主义公司的规模比美国还庞大。根据加拿大太平洋铁路公司的章程及其土地授予权，私人资本一直持续着前所未有的掠夺公众的行为。这家公司不仅被授予了 20 年的铁路建设垄断权，还免费获得了长达 713 英里的建筑工地，国家还保证给它的 2,000 万英镑的股份资本提供为期 100 年的 3 厘利息；最重要的是，这家公司还被免费赋予了从最肥沃和地理位置最佳的土地中挑选 2,500 万英亩的权利，而且所挑

① 在 1902 年，有 49,199 人移民到了加拿大；1912 年，移民的人数超过了 400,000，其中有 138,000 个英国人，134,000 个美国人。根据一份来自蒙特利尔的报告，美国农民的大量涌入持续到了 1912 年的春天。

② “我在加拿大的西部旅行时，拜访过一个不足 1,000 英亩的农场。根据加拿大的人口统计，在 1881 年人口普查开始时，不到 9,077 位农民占有着 2,384,337 英亩的土地；相应地，每个（农民）的份额不少于 2,047 英亩——美国没有哪个州的平均水平接近于此”（谢林，《北美农业竞争》，第 376 页）。在 19 世纪 80 年代初期，大规模的农业生产无疑尚未在加拿大普及，但是在 1887 年，谢林描述了被有限公司所拥有的、土地面积超过 56,700 英亩的“贝尔农场”，这种农场显然是对达尔林普尔农场模式的复制。在 19 世纪 80 年代，对加拿大的竞争前景持怀疑态度的谢林，认为加拿大西部“肥沃地带”的土地，相当于德国整个国土面积的五分之三，实际只有 38,400,000 英亩的土地适合耕种，其中最适合种小麦的不超过 15,000,000 英亩（谢林，《北美农业竞争》，第 337—338 页）。根据 1912 年 6 月的《马尼托巴自由新闻》的计算，1912 年夏天，加拿大有 11,200,000 英亩土地种植了春小麦，而美国的春小麦种植面积为 19,200,000 英亩。（参见《柏林日报》“商业新闻”，第 305 号，1912 年 6 月 18 日）

选的土地不必紧挨着铁路线。因此，这片广袤土地上的所有未来定居者从一开始就受铁路资本的控制。为了获得现金，这家铁路公司即刻把 500 万英亩的土地出售给了西北土地公司，一家由曼彻斯特（Manchester）公爵所领导的英国资本家集团。被慷慨赠予了公共土地的第二家资本家集团是哈德森湾公司，因为放弃了自己在西北的特权，它被赠予了温尼伯湖、美国边境、落基山脉与萨斯喀彻温省北部之间的全部土地的二十分之一。这两家资本主义公司已经占有了所有可定居土地的九分之五，其余的土地大部分被分配给了这个国家的 26 家资本主义的“殖民企业”。这样，加拿大的农民实际也落入了资本与资本主义投机到处铺设的圈套，但依然有大量的移民持续涌入，这些移民不仅来自欧洲，还来自美国。

这就是国际规模下资本主义统治的特点。把农民从自己的土地上驱逐出去，把他们从英国驱赶到美国的东部，又从东部赶到西部，在印第安人的经济破产后，把农民变成了小商品生产者。然后，他们再次沦落，被从西部驱赶到北部，随着铁路的先导，破产在即——资本在带路，而它的乘客却伤痕累累。农产品的价格在 19 世纪 90 年代的大跌后，随之出现了上扬，可这对于美国的小农场主，就如同对欧洲的农民一样，不再有什么意义。

但是农民的人数还在不断增长。在 19 世纪的最后十年里，他们的人数已经从 4,600,000 增长到 15,700,000，在今后的十年里也仍然表现为绝对的增长。在同一时期，农场的总价值也从 150,240,000 英镑增长到了 330,360,000 英镑。[①] 我们可能期望农产

① 厄恩斯特·舒尔茨（Ernst Schultze）：《美国的经济生活》，《立法、行政与国民经济年鉴》，1912 年，第 17 号，第 1724 页。

品价格的普遍上升帮助农民实现自主，但事实却并非如此，我们看到的是佃农人数的增长超越了农业人口的整体增长。1880 年时，佃农在美国所有农业人口的比例为 25.5%，1890 年为 28.4%，1900 年为 35.3%，1910 年为 37.2%。

虽然农产品的价格在上涨，但佃农还是越来越快速地步入独立农场主的后尘。三分之一以上的美国农民是佃农，他们在美国的社会地位就像农业劳工在欧洲一样。颠沛流离中，他们实际是资本的工资奴隶，在为资本创造财富而艰辛地工作着，然而除了悲惨和不安稳的生存，没有任何回报。

在历史背景完全不同的南非，同样的过程更清晰地展示了资本与小商品生产者之间的“和平”竞争。

到 18 世纪 60 年代为止，在开普敦殖民地和波尔共和国一直盛行的是纯粹的农民经济。长期以来，波尔人过着流浪的游牧生活，他们杀害或驱逐霍屯督人和卡菲尔人以掠夺其最有价值的牧场。在 18 世纪，他们得到了用东印度公司的船所带来的鼠疫的无价帮助，很快消灭了整个的霍屯督部落，部落的土地就落到了荷兰移民的手中。当波尔人继续向东扩展时，与班图部落发生了冲突，并引发了长时间的可怕的卡菲尔战争。这些虔诚的荷兰人认为自己是上帝的选民，并深为自己古老的清教徒道德和对旧约圣经的精通而自豪；但他们并不满足于掠夺当地人的土地，还建立了自己的像黑人背上的寄生虫一样的农民经济，他们强迫黑人像奴隶一样为他们劳作，并有意识地、系统地腐蚀黑人，使黑人失去活力。在这个过程中，酒精发挥了重要的作用，英国统治者在开普敦殖民地的禁酒令竟然因清教徒的反对而无法执行。到 1859 年出现铁路时，整个波尔经济大体停留在家长制的、以自然经济为基础的状态，但他们的家长制作风并没有阻止波尔人的极端残酷无情。众所周知，利文斯敦人更多地是在抱怨波尔人而非卡菲尔人。波尔人认为黑人注定是被上帝和自然奴役的对象，是他们的农业经济不可或缺的基础；甚至用“大迁徙”来回答英国殖民者于1836年的废奴决定，尽管奴隶的所有者被补偿了3,000,000英镑。经过奥兰治河与瓦尔河，波尔人迁出了开普敦殖民地，并在这一过程中把马塔贝列人经过林波波河赶去北方，让他们与马卡拉卡人为敌。如同美国农民在遭受资本主义经济的影响前，驱赶印第安人一样，波尔人把黑人赶去了北方。这样，就在奥兰治河与林波波河之间创立了“自由共和国”，以反对英国资产阶级对神圣的奴隶制权利的蓄意破坏。这个小的农民共和国与班图的黑人不断地进行着游击战。在对黑人的压迫上，波尔人与英国政府之间的斗争持续了几十年。黑人问题，即黑人的解放问题，被英国资产阶级用作英国与共和国之间的冲突的借口。实质是农民经济和大资本主义的殖民政策在这里争夺霍屯督人和卡菲尔人，也就是争夺他们的土地和劳动力。两个竞争对手恰好有着相同的目标，即征服、驱逐或消灭有色人种，占有他们的土地，并通过消灭他们的社会结构来迫使他们为自己服务；但二者的剥削方式却有着根本性的差异。波尔人代表着小规模的落后的奴隶制，在此基础上建立着他们的父权制农民经济，而英国的资产阶级则代表着对土地和当地人的现代的大规模的资本主义剥削。德兰士瓦（南非）共和国的宪法以自然的偏见宣布：“无论是在国家还是教会中，人们都不会允许有色人种与白人之间存在任何的平

等。”[①]

在奥兰治自由共和国和德兰士瓦，黑人不能拥有土地，不能没有证件就外出旅游，不能在黄昏后于户外散步。布莱斯告诉我们这样一个案例：一个农场主，碰巧是个英国人，在东开普敦殖民地把自己的一个黑人奴隶鞭打至死。当他在公开法庭上被宣判无罪后，他的邻居们奏乐送他回家。白人还经常在当地的自由劳动者完成工作后虐待他们，以使他们不得不逃离，从而节省自己应支付的工资。

而英国政府却采用了相反的策略。长期以来，它看似是当地人的保护者，尤其讨好酋长，支持他们的权威，并力图使他们拥有对土地的处置权；它尽可能以各种有效的方式令酋长们拥有部落的土地所有权，尽管这种做法违背了黑人的传统和真实的社会结构。事实上，所有的部落都共同持有土地，即便是像马塔贝列的酋长——罗本古拉（Lobengula）那样最残酷和专制的统治者，也只有给每个家族分配一块土地的权利和义务，而这些家族也只有在耕作时才能保留这块土地。英国政府的最终目标很明确，即以当地的酋长为工具，提前做好了大规模的土地掠夺的准备。但在刚开始的时候，它也通过密集的军事行动来“安抚”黑人；到 1879 年共发生了九次血腥的卡菲尔战争以镇压班图人的抵抗。

在发生了两个重要的事件之后，英国资本暴露了自己的真实意图；这两个重要事件分别是 1869—1870 年在金伯利发现了钻石矿，以及 1882—1885 年在德兰士瓦发现了金矿，它们开启了南非历史

① 第九条。

上的新纪元。于是英国南非公司，也就是塞西尔·罗德斯公司开始采取行动。瞩目的舆论及对南非宝藏的贪图，促使英国政府采取了重大举措。突然有大量的移民充斥南非，而在此之前他们的数量很少，大部分都被吸引去了美国。可随着钻石和金矿的发现，南非殖民地中的白人数量激增，自 1885 年至 1895 年间，仅在威特沃特斯兰德就迁入了 100,000 英国人。简朴的农民经济即刻被推入底层，而矿业以及采掘资本开始崭露头角；英国政府的政策也突然转向。在 19 世纪 50 年代，英国曾经根据砂河协定与布隆方丹条约承认波尔共和国；现在，它的政治力量已经从各个方面向这些小国推进，占领其所有的邻近地区，切断其扩张的一切可能。与此同时，黑人也不再是受保护的宠儿，而是被牺牲的对象。英国资本正在稳步地向前迈进。1868 年，英国接管了巴苏陀兰的统治，之所以如此做的原因自然是因为当地人的“再三恳求”；[①] 1871 年，英国人从奥兰治自由共和国手里夺走了威特沃特斯兰德金矿，或者说西格里夸兰，并把它变成了皇家殖民地；1879 年征服了祖鲁兰，之后把它并入纳塔尔殖民地；1885 年又征服了贝专纳，把它加入开普敦殖民地；1888 年，英国接管了马塔贝列和马绍纳兰，1889 年又在这两个地区的当地人的意愿和要求下，把这两个地区的经营特权赋予了英国

① “巴苏陀人的伟大领袖莫谢什（Moshesh）——因为他的勇气和政治家才能，巴苏陀人才能作为一个民族而生存——在当时还活着，但与奥兰治自由共和国的波尔人的持续战争，把他和他的追随者带入了绝境。2,000 名巴苏陀战士被杀、牛群被抢走、当地人的住房被摧毁、作物被破坏。这个部落被摧残到了饥饿的难民状态，没有什么可以拯救他们，除了他们多次寻求的英国政府的保护。”［卢卡斯（C. P. Lucas）：《英国殖民地的历史布局》，第二编，第四卷（南非和东非的地理），牛津出版社，1904 年，第 39 页］

南非公司。[1] 在 1884—1887 年间,英国吞并了圣露西亚湾及至葡萄牙领地的整个东海岸地区，又在 1894 年征服了唐格兰地区。马塔贝列和马绍纳兰拼尽最后的力气，再次发动殊死抗争，但在罗德斯的领导下，英国南非公司先是血腥镇压起义，再以屡试不爽的手段教化和安抚当地人——在反叛地区修建了两条大铁路。

面对这些突然的压制，波尔共和国日益感到不安，其内部事务也变得杂乱不堪。移民的大量涌入与狂热的新资本主义经济浪潮的兴起，已令小农经济国家的屏障面临突破的威胁。一方的农业和政治上的农民经济，与另一方的资本积累需求和条件之间，确实存在着赤裸裸的矛盾，这些共和国完全无法应对新兴的问题。毫无疑问深得英国人之意的卡菲尔人的持续威胁，笨拙的、落后的行政管理，大资本家通过贿赂渗入的日益腐败的议会，以貌似秩序的方式控制任性的冒险家的警力的匮乏，规制和保障矿井中的黑人使用问题的劳工立法缺失，殖民地中突然涌入的 100,000 名移民的饮水和交通的不足，高关税导致的资本家用工成本的增加，以及煤炭的高额运费，所有的这些因素结合在一起，导致了这些农民共和国的快速破产。

他们固执、刻板地力图以难以想象的简陋方式来保护自己免受已经包围了他们的资本主义的快速侵蚀，这种方式也只有倔强、守旧的农民脑袋才想得出来，即他们拒绝给外国人任何公民权利，而这些外国人不仅在人数上超过了他们，还代表着资本、权力与时代

① “这一领土的东部是马绍纳兰，在得到罗本古拉酋长的同意后，英国南非公司最先兴办与此。”(卢卡斯:《英国殖民地的历史布局》，第二编，第四卷，牛津出版社，1904 年，第 72 页)

趋势。在那些关键的时刻，这是一种不详的把戏。农民共和国的管理不善导致了红利的大幅减少，这是绝对不能被容忍的。采掘资本已经到了崩溃的边缘，而英国南非公司修建铁路、镇压卡菲尔人、组织外国人起义，并最终激起了波尔战争。农民经济的丧钟已经敲响。在美国，战争是经济变革的起点，而在南非，战争却带来了终结；但这两种情况的结果都是一样的，即资本主义战胜了产生于当地人的原始结构所代表的自然经济废墟上的小农经济。资本统治的大局已定，波尔共和国的抵抗就像美国农民的抵抗一样无望。资本正式接管了对新的南非联邦的控制，而南非联邦则通过塞西尔·罗德斯的帝国主义纲领所构想的一个伟大的现代国家取代了小农共和国。资本与劳动之间的新冲突已经取代了英国和荷兰之间的旧恩怨。两个国家的一百万白人剥削者以对五百万有色劳工的市民权利和政治权利的剥夺，在联邦内结成了兄弟般的联盟。不仅是波尔共和国的黑人空手离去，就连那些曾经被英国政府承认过政治平等的开普敦殖民地的当地人，也被剥夺了一些权利。这项高尚的事业，虽然在保守派的帝国主义政策的公开压迫下达到高潮，实际却是由自由党在“欧洲的自由主义白痴”的疯狂欢呼中自己完成的，这些人以煽情的骄傲把英国人授予南非少数白人的完全自治与自由权，视为英国的自由主义依然保持创造性的活力与伟大的证据。

资本主义竞争所造成的独立手工业的破产，在被减弱的过程中也是非常痛苦的，按理应该为它专门写一章；在这一章中最黑暗的莫过于资本主义下的外包工作——但我们在这里不必详述这些现象。

资本主义与简单商品生产之间的斗争的一般结果是：在以商品经济取代了自然经济之后，资本取代了简单商品生产。非资本主义结构为资本主义提供了沃土，更严格地说，资本以这些结构的破产为生，尽管非资本主义环境对积累而言是不可或缺的，但尽管如此，积累还是以这种生活环境为代价，即以将它消耗殆尽的方式前进。从历史角度来看，资本积累是资本主义经济与前资本主义生产方式之间的一种新陈代谢，没有前资本主义的生产方式，资本主义经济也无法进行，就此而言，是资本主义经济侵蚀和同化着非资本主义的生产方式。因此，没有非资本主义结构的帮助，资本无法积累；但资本无法容忍非资本主义结构与自己并存。只有不断地、加速解体非资本主义结构，资本积累才成为可能。

相应地，马克思的积累图式所假定的前提，代表的只是积累运动的历史趋势与逻辑结论。积累的过程力图在各地使简单商品经济取代自然经济，也就是说，它的最终目的是在所有国家和所有工业部门建立资本主义生产的唯一且普遍的统治。

但是，这种主张无法引导一切。只要这一最终结果实现了——当然只是理论上的，因为它永远不会实际发生——积累就必将停止，剩余价值的实现与资本化也变成了不可能的事情。只要现实符合马克思的扩大再生产图式，积累的终结就会即刻在望，因为它已经达到了自己的极限，资本主义生产将面临绝境。对资本而言，积累的停顿意味着生产力的发展受到抑制，也意味着之后的资本主义崩溃的不可避免，作为一种客观的历史必然。这也是资本主义在其历史生涯的最后阶段，即帝国主义阶段行为矛盾的原因。

因此，马克思的扩大再生产图式并不符合真实过程中的积累条件。积累的进展并不像图式那样被简化为社会生产的两大部类（生产资料部类和消费资料部类）之间的静态关联与相互依存。在资本主义经济的各个部门之间，积累不只是一个内在的关系，它首先是资本与非资本主义环境之间的关系，在这里生产的两大部类有时会各自独立地完成自己的积累过程，但即便如此，它们在运动的每个阶段都相互交错与关联。由此我们可以得出最为复杂的关系，两个部类的积累速度与方向的差异、积累与非资本主义生产方式在物质要素和价值要素之间的不同关系，所有的这些我们都不能放入僵化的公式中。马克思的积累图式只是对资本统治达到极限的那一刻的理论反映，因而只是一个与其简单再生产图式一样的虚构，而这一简单再生产图式为资本主义积累的起点提供了理论阐述。在这两个虚构之间，存在着对资本主义积累及其规律的清晰界定。

第三十章　国际贷款

意味着普遍竞争的资本主义积累的帝国主义阶段，包含着落后地区的工业化和资本的解放，而这些地区以前曾是资本实现其剩余价值的地方。这一阶段的特点是：国外贷款、铁路建设、革命与战争。从1900年到1910年的最近十年里，尤其展现出资本在世界范围，特别是在俄罗斯、土耳其、波斯、印度、日本、中国、北非等亚洲以及邻近欧洲地区的运动。正如商品经济对自然经济的替代一样，资本主义生产对简单商品生产的替代，也是通过战争、社会危机以及整个社会制度的破坏而实现的，如今又通过革命与战争取得了落后地区与殖民地的资本主义自治。资本主义的解放过程离不开革命。落后的社会必须摆脱自己过时的政治组织以及自然经济与简单商品经济的残余，创造一个适于资本主义生产目的的现代国家机器。土耳其、俄罗斯和中国的革命都属于此类；尤其是后面两个国家的革命，并不只是服务于资本主义的直接政治要求，也在某种程度上延续着过时的前资本主义诉求，而另一方面它们已经包含着与资本统治相悖离的新矛盾。这些因素为革命提供了巨大的动力，但同时也阻碍并推迟着革命力量的最后胜利。新兴的国家往往通过战争切断老牌资本主义国家的主导关系，并在火的洗礼中锻造与考验现代国家的资本主义独立性。这也是军队与财政改革必然

成为经济独立要求先驱的原因。

在铁路网络的发展上大致可以看出资本的前进动力。欧洲铁路的最快速扩张时期是19世纪40年代，美国是50年代，亚洲是60年代，澳大利亚是七八十年代，非洲则是90年代。[①]

在资本积累的任何阶段都伴随着铁路建设与军备的公共贷款：商品经济的导入、国家的工业化、农业的资本主义革命化以及新兴资本主义国家的解放。对于资本积累，贷款具有多种功能：(1)它可以把非资本主义群体的货币，即作为商品等价物(中下阶级的储蓄)与资本家阶级的食利者的消费基金的货币转化为资本；(2)它可以通过国有企业将货币资本转化为生产性的资本；(3)它可以把积累的资本从老牌资本主义国家转移到新兴的资本主义国家。贷款在16和17世纪把资本从意大利的城市转移到英国，在18世纪从荷兰转移到英格兰，在19世纪从英格兰转移到美国和澳大利亚，从

① 铁路建设状况(以公里为单位)

年份	欧洲	美洲	非洲	亚洲	澳大利亚
1840	2,925	4,754	—	—	—
1850	23,405	16,064	—	—	—
1860	51,862	53,955	1,393	455	376
1870	104,914	93,193	8,185	1,786	1,765
1880	168,983	174,666	16,278	4,646	7,847
1890	223,869	331,417	33,724	9,386	18,889
1900	283,878	402,171	60,301	20,114	24,014
1910	333,848	526,382	101,916	36,854	31,014

相应的增长率如下：

	%	%	%	%	%
1840/1850	710	215	—	—	—
1850/1860	121	257	—	—	—
1860/1870	102	73	489	350	350
1870/1880	61	88	99	156	333
1880/1890	32	89	107	104	142
1890/1900	27	21	79	114	27

法国、德国和比利时转移到俄罗斯，现在(1912)又从德国转移到土耳其，从英国、德国、法国转移到中国或通过俄罗斯转移到波斯。

在帝国主义时期，外国贷款对于新兴的资本主义国家获得独立发挥了显著的作用。内含于现代外国贷款制度的矛盾，正是帝国主义阶段特征的具体表现。虽然外国贷款对于成长中的资本主义国家的解放而言，是不可或缺的，但它们无疑也是老牌资本主义国家据以保持自己的影响力，对新兴的资本主义国家实施财政控制，对其关税、外交及商业政策施加压力的束缚。作为老牌国家所积累的资本在新领域的杰出投资渠道，这种贷款在扩大资本积累范围的同时，却又因给投资国家创造了新的竞争者而限制它。

国际贷款制度的这些内在矛盾是剩余价值的实现条件与其资本化条件之间的时空差异的最佳例证。虽然剩余价值的实现只需要商品生产的普遍扩散，但它的资本化却要求资本主义经济逐步取代简单商品生产，并产生剩余价值的实现与资本化限度日益缩小的必然结果。国际资本在世界铁路网络建设中的使用，反映了这一差异。在 19 世纪 30 年代到 60 年代之间，铁路建设及其所必需的贷款都主要用于驱逐自然经济、扩展商品经济，例如 60 年代的俄罗斯铁路贷款，或使用欧洲资本修建的美国铁路。另一方面，最近 20 年的亚洲和非洲铁路建设却几乎全然服务于帝国主义的政策目的，服务于对落后社会的经济垄断和经济奴役目的。例如，对俄国在亚洲东部的铁路建设，众所周知的是，俄国以派军保护其在中国东北铁路工作的工程师为由铺设军事占领该地的道路。出于同样目的，俄罗斯在波斯、德国在小亚细亚和美索不达米亚、英国和德国在非洲取得铁路建设特许权。

为此，我们有必要处理一下对外国资本投资以及这些国家的资本输入要求的误解。在19世纪20年代初期，英国对美国的资本输出就已发挥了重要的作用，是1825年英国第一个真正的工业和商业危机的主要成因。从1824年开始，伦敦证券交易所中就满是南美的债券和股票。第二年，中、南美洲新成立的各国仅在伦敦就筹集到了2,000万英镑的贷款；此外还有大量的南美工业股票和类似的债券出售。南美市场的突然繁荣与开放，又引起了英国商品对拉丁美洲出口的巨大增长。英国商品对这些国家的出口已经从1821年的290万英镑上升到1825年的640万英镑。

在这些出口的商品中，棉纺织品的份额最大；这种强劲的需求促进了英国棉花生产的快速扩张，新的工厂被大量创办。1821年，英国的原棉产值为12,900万英镑；1826年这一数值就增长到了16,700万英镑。

如此，这种状况就具备了危机的要素。杜冈-巴拉诺夫斯基提出了这样的问题："但南美各国从哪里获得财富去购买1825年的两倍于1821年的商品呢？英国人自己提供了这些财富。在伦敦证券交易所浮动的贷款成了进口商品的支付手段。在他们自己所创造的需求的蒙蔽下，英国工厂的所有者们将很快被自己的经历带回现实，这种经历就是他们的高预期缺乏事实根据。"[①]

如此，他把英国资本所带来的南美对英国商品的需求这种不健康的、反常的经济现象描述为欺骗性的。于是，他不加批判地接受了一个专家的学说，而这个专家的其他理论是他不希望有任何共同

① 杜冈-巴拉诺夫斯基：《英国商业危机的理论和历史研究》，第74页。

之处的。在 1825 年的英国危机期间，已经有观点认为，可以用英国资本与南美需求之间关系的“奇特”发展来解释这个危机。正是西斯蒙第提出了与杜冈-巴拉诺夫斯基一样的问题，并在他的第二版《政治经济学新原理》中对事件做了最为精确的描述：

“对于工业生产者而言，西属拉美巨大市场的开放似乎为英国制造业的复兴提供了良好的机会。英国政府也这么认为，并在 1818 年危机后的七年里以空前的行动帮助英国贸易进入墨西哥、哥伦比亚、巴西、普拉特河、智利和秘鲁等最偏远的地区。在英国政府决定承认这些新国家之前，它不得不频繁动用军舰保护本国贸易，而这些军舰的船长担负的则是外交而非军事使命。因此，它公然违抗神圣联盟的呼吁，在整个欧洲都在密谋如何毁灭掉那些新兴共和国时，反而在第一时间承认它们。但是，不管自由的美洲所提供的需求有多大，也不足以吸收消费需要之外的所有英国商品，用于购买英国商品的财富也不会突然超越那些新兴共和国的贷款范围。每个美洲国家都向英国借了大量货币以稳固其政府。虽然这些钱是资本贷款，但它们都被当作收入在一年中花掉了，也就是说它们完全被用于为国库购买英国商品，或支付那些已经因私人订购发出的货物。与此同时，为了开发各种美洲矿山，成立了大量资本雄厚的企业，但这些企业所花费的资金又以支付它们即刻要使用的机器或分配给工程所在地的货物的方式回到了英国。只要这种神奇的贸易得以持续，在这个贸易中，英国人仅要求美洲人安心地使用英国资本购买英国商品供自己消费，英国的制造业就会表现出令人炫目的繁荣。除了英国资本，没有其他任何收入用于推动消费：英国人自己购买和支付着自己运到美洲的商品，由此放弃的不过是使用这

些商品的乐趣。”①

西斯蒙第由此得出独特的结论，即真正确定资本主义市场限度的只是收入，也就是个人消费，并用这个例子再次对积累提出警告。

直到今天，1825 年危机之前的状况依然是资本繁荣与扩张时期的典型，而这种“奇特的贸易”实质是资本积累的最重要基础之一。尤其是在英国资本的历史上，它规律地发生于每次危机之前，正如杜冈-巴拉诺夫斯基以下列事实和数据所展示的：1836 年危机的直接成因是英国商品在美洲的泛滥，而这些商品再次得到了英国货币的资助。1834 年，美国的商品进口超过出口 120 万英镑，但与此同时它们的贵金属输入却超过输出近 320 万英镑；即使在 1836 年，危机发生的那一年，它们的进口商品差额达到 1,040 万英镑，而黄金输入依然有 100 万英镑的超出。这些大量注入的资金与涌入的货物一样，都主要来自大量购买美国铁路股票的英国。在 1835 至 1836 年间，美国新成立了 61 家拥有 1,040 万英镑资本的银行，这些资本主要来自英国。英国人又一次为自己的出口买单。同样地，最终导致南北战争的美国北部的空前工业繁荣，也源于英国资本的帮助，这些资本再次为英国工业在美国开辟了广阔的市场。

不仅仅是英国资本，其他的欧洲资本也在尽一切可能参与这个“奇特的贸易”。根据舍弗勒（Schaeffle）的说法，从 1849 至 1854 的五年时间里，在欧洲各个证券交易所至少有 10,000 万英镑被投资于美洲的股票，同时全球工业复兴到了引发 1857 年世界危机的

① 西斯蒙第：《政治经济学新原理》，第一卷，第四册，第四章“商业财富伴随收入增长”，第 368—370 页。

规模。在19世纪60年代，英国资本不失时机地在亚洲创造出与美国相似的条件。资本源源不断地流向小亚细亚和东印度，在这些地方，它们为最庞大的铁路建设项目提供资金。1860年，英属印度的铁路线总计为844英里，1870年为4,802英里，1880年为9,361英里，1890年则达到了16,875英里。这立即增加了对英国商品的需求。南北战争一结束，英国资本就再次流向美国。在19世纪60年代和70年代，它又为美国巨大铁路建设中的大部分项目提供了支付，1850年时美国的铁路线总计为8,844英里，1860年为30,807英里，1870年为53,212英里，1880年为94,198英里，1890年达到179,005英里。这些铁路建设的原材料也由英国提供，这也是英国的煤炭和钢铁工业快速发展的主要原因之一，以及这些行业为什么会严重遭受1866年、1873年和1884年美洲危机影响的原因。西斯蒙第所认为的极其愚蠢的事情，就这个例子而言确实是真的：英国人用自己的原材料、自己的钢铁在美国修建铁路，用自己的资本支付铁路建设费用，却放弃了自己的“使用”。然而，不管这些周期性的危机，欧洲资本已经习惯了如此疯狂的滋味，在19世纪70年代中期，伦敦证券交易所就已经被真正的外国贷款狂潮掳获。从1870年到1875年，伦敦共筹集到价值26,000万英镑的各类贷款，这直接带动了英国商品出口海外的快速增长。尽管有些国家时常面临破产的危险，但依然有大量资本不断涌入。土耳其、埃及、希腊、玻利维亚、哥斯达黎加、厄瓜多尔、洪都拉斯、墨西哥、巴拉圭、秘鲁、圣多明哥、乌拉圭和委内瑞拉在19世纪70年代末期就完全或部分地停止支付利息，但这不曾阻止外国贷款的狂热在80年代末再次爆发。南美国家和南非的殖民地，都从欧洲资本那里借到了巨额资金。例如，阿根廷共和国在 1874 年的借款数额为 1,000 万英镑，1890 年的借款数额则上升到 5,900 万英镑。

英国也用自己的钢铁与煤炭在这些国家修建铁路，并用自己的资本支付费用。1885 年，阿根廷的铁路线为 1,952 英里，1893 年则达到 8,557 英里。

相应地，英国的出口也在增加：

	1886	1890
	百万英镑	百万英镑
钢铁	21.8	31.6
机器	10	16.4
煤炭	9	19

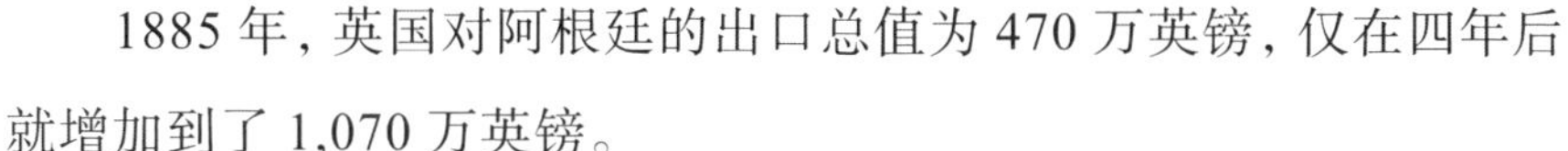

1885 年，英国对阿根廷的出口总值为 470 万英镑，仅在四年后就增加到了 1,070 万英镑。

同时，英国资本还以国家贷款的形式流入澳大利亚。在 19 世纪 80 年代末期，对维多利亚、新南威尔士以及塔斯马尼亚这三个殖民地的贷款总计为 11,200 万英镑，其中的 8,100 万英镑投资于铁路建设。澳大利亚的铁路线从 1880 年的 4,900 英里扩展到了 1895 年的 15,600 多英里。

为这些铁路提供资金和原材料的英国，同样卷入了阿根廷、德兰士瓦、墨西哥、乌拉圭的 1890 年危机，以及澳大利亚的 1893 年危机。

由于德国、法国以及比利时的资本很大程度上参与了英国资本的对外投资，因而在接下来的 20 年里发生了一些变化，尽管从 19 世纪 50 年代到 80 年代末，小亚细亚的铁路建设资金完全由英国资本提供，但从那以后，德国资本接手并实施了安纳托利亚铁路建设的巨大工程。德国资本在土耳其的投资导致了德国商品对该国出口的增长。

1896年，德国对土耳其的出口总计为140万英镑，1911年则增加到了565万英镑，特别是对土耳其亚洲部分的商品出口，1901年的总值为6万英镑，1911年则达到185万英镑。这样德国资本就被相当大程度地用于支付德国商品，按照西斯蒙第的说法，就是德国人放弃了使用自己产品的乐趣。

让我们更仔细地考察这种状况。那些已被实现的剩余价值，因不能在英国或德国被资本化或闲置，就被投资于阿根廷、澳大利亚、开普敦殖民地或美索不达米亚的铁路建设、水利工程等。机器、材料以及其他物品，都由资本来源地的国家提供，同样的资本也支付给这些国家。事实上，这一过程表明资本主义条件无处不在，甚至在国内。资本必须先购买生产要素，并因此在其可以运转之前变成生产性资本，然后产品就在本国内被使用，虽然在前面的情况下，产品是被外国人所使用。但是，资本主义生产的目的并不在于享用其产品，而在于积累剩余价值。由于国内并没有对剩余产品的需求，资本就因此而闲置，失去了积累的可能性。但在资本主义生产还未获得发展的国外，不管是自愿还是被迫，已经产生了非资本主义阶层的新需求。对积累的目的而言，国内资本家和工人阶级的消费是无关的；对资本而言，真正重要的是它的产品能被别人“使用”。新的消费者们必须确切地认识到使用这些产品需要支付，为了支付这些产品他们需要钱。通过开始于此时的商品交换，他们可以得到一些资金，因为在铁路建设与矿石开采（金矿等）之后紧跟着的是活跃的商品交易。因此，为铁路建设与矿石开采所垫付的资本，连同额外的剩余价值，都在逐步地得到实现。无论这些出口的资本是成为新的独立企业的股份资本，还是作为政府贷款经由外国政府的影响在工业和交通上找到新的运作领域，对于整体局势而言都不重要；无论是在第一种情况下，有些公司不诚实，没过多久倒闭了，或是在第二种情况下，借款国最终走向了破产，也就是说资本的所有者有时会以一种或另一种方式失去自己的部分资本，这些都不重要，因为个体资本总是会在危机中蒙受损失，即使是资本的原产地也无法幸免。重要的是，老牌国家所积累的资本必须在别的地方找到新机会以生产和实现剩余价值，从而使积累得以继续。在新兴国家，有大规模的自然经济地区愿意转化为商品经济，或已有的商品经济可以被资本罢黜。铁路建设与采矿，特别是黄金开采，是老牌资本主义国家对新兴国家资本投资的典型领域。它们最为适合在一直由自然经济所决定的条件下，激发活跃的商品交易；二者在经济史上都具有重大的意义，是旧的经济组织快速解体、社会危机与现代物质环境发展道路上的里程碑，也就是以商品经济为起点的发展与资本生产道路上的里程碑。

因此，国外贷款与资本对外国铁路和矿业股票投资所起的作用，是一个有效说明马克思资本积累图式缺陷的样本。在这些情况下，资本的扩大再生产资本化了已经实现的剩余价值（只要贷款或外国投资并不是由小资产阶级或半无产阶级的储蓄提供资金）。对于当前的积累领域而言，完全没有意义去了解老牌国家的资本是在何时、何地以及如何被实现从而流入这个新兴国家的。在阿根廷的铁路建设中找到出口的英国资本，或许过去曾经在中国以鸦片的形式得到实现。此外，在阿根廷修建铁路的英国资本，不仅作为货币

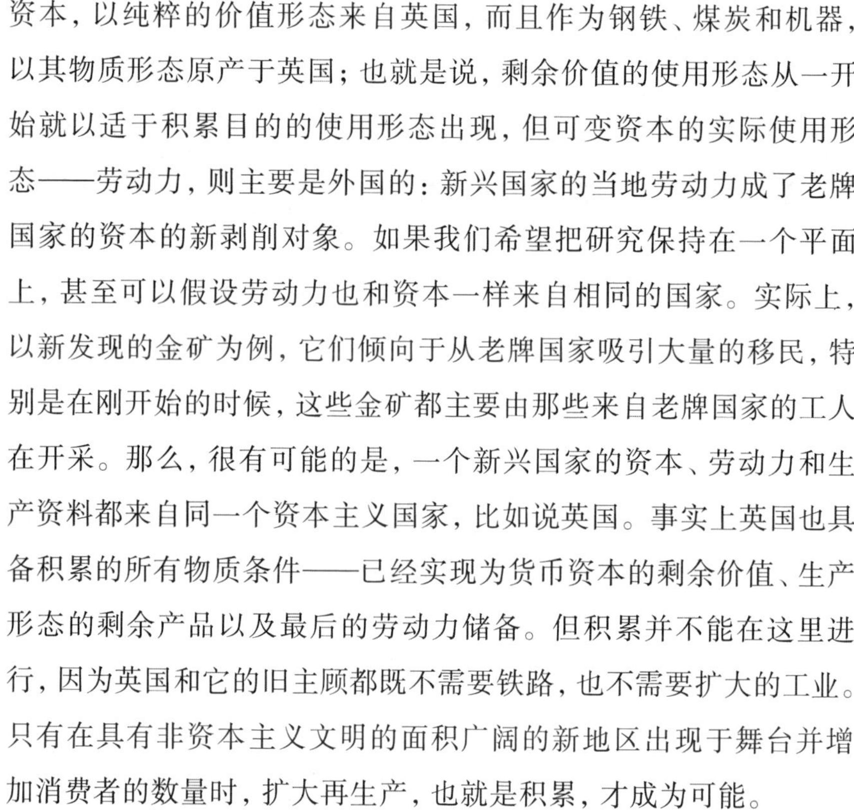

资本，以纯粹的价值形态来自英国，而且作为钢铁、煤炭和机器，以其物质形态原产于英国；也就是说，剩余价值的使用形态从一开始就以适于积累目的的使用形态出现，但可变资本的实际使用形态——劳动力，则主要是外国的：新兴国家的当地劳动力成了老牌国家的资本的新剥削对象。如果我们希望把研究保持在一个平面上，甚至可以假设劳动力也和资本一样来自相同的国家。实际上，以新发现的金矿为例，它们倾向于从老牌国家吸引大量的移民，特别是在刚开始的时候，这些金矿都主要由那些来自老牌国家的工人在开采。那么，很有可能的是，一个新兴国家的资本、劳动力和生产资料都来自同一个资本主义国家，比如说英国。事实上英国也具备积累的所有物质条件——已经实现为货币资本的剩余价值、生产形态的剩余产品以及最后的劳动力储备。但积累并不能在这里进行，因为英国和它的旧主顾都既不需要铁路，也不需要扩大的工业。只有在具有非资本主义文明的面积广阔的新地区出现于舞台并增加消费者的数量时，扩大再生产，也就是积累，才成为可能。

不过，谁是真正的新的消费者；谁实现了那些始于国外贷款的资本主义企业的剩余价值；并且归根结底，是谁支付了这些贷款？埃及的国际贷款为此提供了最好的答案。

在 19 世纪的后半叶，埃及的国内历史决定于下列三种相互作用的现象：大规模的资本主义企业、快速增长的国债以及崩溃的农民经济。直到最近，在埃及还盛行着劳役，原来的土耳其统治者以及后来的埃及总督都无限制地对土地所有权关系推行自己的强权政策。这些原始条件恰好为欧洲资本的运营提供了无与伦比的沃土。从经济上讲，首先必须建立货币经济条件，国家通过直接的强制手段创建它们。直到19世纪30年代，现代埃及的创始人穆罕默德·阿里(Mehemet Ali)采用了一个简单的家长制方法：每年，他都为国库"收购"农夫的所有收成，并允许他们以较高的价格买回维持生计与播种所需的最低限度的份额。此外，他还从东印度进口棉花、从美洲进口甘蔗，购买靛蓝和胡椒，并向农民发出种什么以及种多少的官方命令。政府还宣布垄断棉花和靛蓝的生产，自己保留购买和销售这些商品的专有权。商品交换就通过这些方式被引入了埃及。无可否认，穆罕默德·阿里还做了一些提高劳动生产率的事情，他安排人疏通旧沟渠，而且最重要的是他启动了伟大的卡列布(Kaliub)尼罗河水坝工程，这个工程引发了一系列埃及的大资本主义企业的创建。他所做的事情涵盖了四大领域：(1)灌溉系统，首先是兴建于1845至1853年的卡列布工程，除了无偿的强制劳动外，它们耗费了250万英镑，并在初期就被证明为毫无用处；(2)交通路线——苏伊士运河最终被证明为不利于埃及的最重要建设；(3)棉花种植；(4)甘蔗生产。随着苏伊士运河的修建，埃及开始陷入欧洲资本主义的网络中，并再也无力挣脱。法国资本带头，英国资本紧随其后，二者之间的争斗在以后的20年里，影响着埃及内部的骚乱。法国资本可能是以原始环境为代价的欧洲资本积累方式的最独特代表，它们的运作产生了无用的尼罗河水坝与苏伊士运河。埃及首先约定将提供20,000名农奴无偿劳动若干年，其次以350万英镑参股苏伊士公司，占该公司总资本的40%。所有这些都是为了开凿一条运河，而这条运河却使得欧洲与亚洲之间的整个贸易绕过了埃及，并直接影响了埃及在这一贸易中的地位。而这350万英镑还构成了埃及巨额国债的主体，正是这些国债导致了20

年后英国对埃及的军事占领。灌溉系统也发生了突然的改变：尼罗河三角洲上的一年繁忙工作七个月的50,000辆古老水车，即牛拖的水轮，已经部分地被蒸汽抽水机所取代。在开罗与阿斯旺之间的尼罗河上，穿梭着大量的现代轮船。但埃及经济状况的最重大变化来自棉花种植。由于美国的南北战争和英国的棉花荒，当一吨棉花的价格从30到40英镑上涨到200到250英镑时，棉花的种植在埃及近乎盛行。所有的人都在种植棉花，受益最多的是总督和他的家人。由于大规模的土地掠夺、没收、强行“贱卖”或明显的盗窃，他的地产越来越多。虽然毫无法律依据，他却突然占有了无数的村庄。作为埃及传统农业技术整体变革的结果，这些广袤的土地在一夜之间都被种上了棉花。为了保护棉田免受尼罗河季节性洪水的危害，各地都在修建堤坝，并广泛引入人工灌溉系统。这些水利工程与持续的深耕方式——对于直到当时还在用法老时代的犁松动土地的农夫而言，是一个新起点——以及最后收获时所需要的密集劳动，都对埃及的劳动力提出了巨大的需求。自始至终，这些劳动力还是那些被强制的农民劳动者，对于他们，国家宣布有不受限制的处置权；已经有数以千计的农民被征用于修建卡列布水坝和苏伊士运河，现在，灌溉系统的建设与总督庄园的种植工作也需要这些苦役。已经被分配给苏伊士运河公司的20,000农奴，现在则由埃及总督自己支配，而这也造成了埃及与法国资本的第一次冲突。拿破仑三世的仲裁判决公司获得335万英镑的赔偿，对于这个判决，总督是再同意不过了，因为将由劳动权被作为争论焦点的农民，最后承担这一罚金。灌溉工程也即刻被着手进行，因而从英国和法国订购了离心机、蒸汽机和牵引机，数以百计的这些机器被轮船从英国运至亚历山大港，然后再去其他的地方。开垦土地需要蒸汽犁，特别是在1864年的牛瘟杀死了所有的牛后，英国再次成为这些机器的主要供应商。而且因为总督的要求，埃及只能购买福勒（Fowler）产品，该产品的销路由此获得急剧的扩张。[①]

只是现在，埃及还需要第三种机器——轧棉机和打包机。在三角洲的城镇里，安装了几十台这样的轧棉机。如同英国的工业城市一样，沙加西格（Sagasig）、坦塔（Tanta）、萨曼努得（Samanud）及其他城镇也被烟雾笼罩，巨额财富在亚历山大港与开罗的银行中流通。

然而，在美国内战结束后，棉花价格在几天内从每磅27便士

① 福勒的代表、工程师伊斯（Eyth）告诉我们："目前在开罗、伦敦与利兹之间有着热烈的电报往来。'什么时候福勒可以交付150个蒸汽犁？'回答：'开足马力生产，在一年之内。''不好，希望春天时能在亚历山大港交付150个蒸汽犁。'回答：'不可能。'那时候工厂最多能在一星期内生产出三台蒸汽犁。值得注意的是，这种型号的机器价值2,500英镑，这个订单的金额是375万英镑。伊斯梅尔·帕夏（Ismail Pasha）的下一封电报是：'工厂立即扩建需要多少钱，总督愿意支付账单。'你可以想象，利兹是会把握时机的。此外，英国和法国的其他工厂也开始供应蒸汽犁。卸载运往总督庄园货物的亚历山大港的仓库里，直到屋顶都堆满了锅炉、车轮、滚筒、钢索以及各种箱子与盒子。由于每个蒸汽犁都必须至少由一个文明先驱操作，因此开罗的二流旅馆里挤满了新的合格的蒸汽犁手，他们匆忙从铁或铧式犁中升级，年轻且充满希望，适合做任何事情。各种各样的货物被装在车上运往内地，以便卸载下一艘船上的货物。你无法想象它们是在什么样的条件下被送达目的地，或者目的地之外的其他地方。十个锅炉正躺在尼罗河畔，而它们要装配的机器却在十英里之外。这是一小堆钢丝绳，但你却不得不历经二十个小时去寻找合适的滑轮。在一个地方，有一个准备组装机器的英国人，孤独且饥肠辘辘地蹲在一堆法国装货箱上，而在另一个地方，是他正在绝望中痛饮本地烧酒的同伴。先生们和书记员们呼唤着真主的帮助，在艾斯尤特与亚历山大港之间奔波，编制着无穷无尽的物品清单，他们甚至都不清楚这些清单上的名字。但在最后，这些机器中的部分还是开动了。在埃及，犁在喷出蒸汽，文明与进步又向前迈进了一步。"（《生动的力量，关于技术的七个演讲》，柏林，1908年，第27页）

下跌到每磅15便士、12便士，最后是每磅6便士；在之后的第二年，棉花投机就失败了。次年，伊斯梅尔·帕夏进行了甘蔗生产的新投机，被强制劳动的农民将与已经废除了奴隶制的美国南方各州展开竞争，埃及农业再次遭遇颠覆，法国和英国的资本家发现了快速积累的新领域。1868至1869年间，共有18家预计日产量为200美吨蔗糖，也就是现有工厂最大产量的四倍的大型制糖厂被投建，其中的6家由英国建造，12家由法国建造，但由于普法战争，最终是英国完成了大部分工厂的建设工作。沿着尼罗河，这些工厂作为方圆10平方公里内的甘蔗种植园的中心，按照6.2英里（10公里）一个的间隔修建。每个工厂每天需要供应2,000吨甘蔗才能全负荷工作。数以千计的农民被驱赶到甘蔗种植园劳作，而更多的农民则被迫去修建伊布拉新亚（Ibrahimya）运河，棍子和皮鞭自然大有用处。很快出现了交通问题，必须沿着每个工厂修建铁路网以运入大量的甘蔗，也必须尽快获得车辆、索道等交通工具。这些巨额订单再次落入英国资本之手。第一家大型制糖厂投产于1872年，有4,000只骆驼提供临时运输。但这根本不可能供应工厂运转所需要的甘蔗数量，人手也完全不够，因为习惯于在土地上劳作的农民，不可能在一夜之间被鞭打为现代产业工人。甚至在许多进口机器尚未安装之前，企业就倒闭了。蔗糖投机最终在1873年结束了埃及的大资本主义企业时期。

是谁为这些企业提供了资本？国际贷款。在1862年，也就是赛德·帕夏（Said Pasha）离世的前一年，他筹集了总额为330万英镑的第一笔贷款，这笔贷款在扣除佣金、折扣后的现金价值为250万英镑。他把这笔债务以及苏伊士运河公司的合同作为遗产留给了伊斯梅尔·帕夏；对埃及而言，那个合同意味着价值1,700万英镑的债务负担。伊斯梅尔·帕夏自己又于1864年筹集了第一笔贷款，该贷款的额度是利率为7%的570万英镑，实际现金价值却是利率为8.25%的485万英镑；在作为补偿支付给苏伊士运河公司335万英镑后，剩下的就在当年花完了，大部分被用于棉花投机。1865年，在埃及总督私人财产的担保下，英埃银行发行了第一笔所谓的德拉（Daira）贷款，这种贷款的额度是利率为9%的340万英镑，真正价值却是利率为12%的250万英镑。1866年，弗吕林-戈申（Fruehling & Goschen）银行发行了一种额度为300万英镑、现金价值为200万英镑的新贷款；1867年，奥斯曼银行发行了另一种额度为200万英镑，实际价值为170万英镑的贷款。埃及的流动负债在那时已经达到3,000万英镑。1868年，奥本海姆-纳芬（Oppenheim & Neffen）银行又发行巨额贷款以合并这笔债务的部分内容，其贷款的额度是利率为7%的1,190万英镑，而伊斯梅尔实际拿到手的却只有利率为13.5%的710万英镑。但这笔钱却可以支付有欧洲宫廷、金融业以及半个世界的重要人物出席的豪华的苏伊士运河通航庆典，可以支付无比奢华的表演，还可以100万英镑的新酬金方式贿赂土耳其君主苏丹王。1870年，蔗糖投机还需要另一笔贷款，这笔贷款的额度是利率为7%的710万英镑，现金价值却只有500万英镑，由毕谢夫海姆-戈尔德施密特（Bischoffsheim & Goldschmidt）银行发行；在1872至1873年间，奥本海姆银行又发行了两个贷款，较小的那个总计为利率14%的400万英镑，大的那个则是利率为8%的3,200万英镑，它们还了一半的流动债务，但实际的现金价值却只有1,100万英镑，因为欧洲的银行家们在承

购这些贷款时，部分以贴现汇票的方式支付。

1874 年，埃及试图筹集年利率为 9% 的 5,000 万英镑的国内贷款，但只得到了 340 万英镑。埃及证券的报价仅为其额度的 54%。在赛德·帕夏死后的十三年内，埃及的国债总额已经从 329.3 万英镑发展到了 9,411 万英镑[①]，崩溃一触即发。

乍一看，这些资本运作似乎达到了疯狂的境地。一笔贷款紧跟着另一笔贷款，以新贷款支付旧贷款的利息，以从英国和法国借来的资本支付英国和法国工业资本的巨额订单。

在整个欧洲都对伊斯梅尔的疯狂经济摇头叹息的时候，欧洲的资本却正以特别庞大的规模在埃及做生意——令人难以置信的现代版的圣经中的肥牛传奇，它在资本主义历史上仍然是无与伦比的。

首先，每笔贷款都有高利贷的成分，表面上借出资金的五分之一到三分之一仍留在欧洲银行家的手中。最终，高额的利息必须以某种方式支付，但如何支付，支付的钱财又来自哪里呢？埃及自己提供这些资金；它们来自埃及的农民—— 归根结底，是农民经济为大规模的资本主义企业提供了一切最为重要的要素。通过抢劫和勒索无数的村庄，所谓的埃及总督的私人地产得到了快速的扩张，他就为此提供了土地；这些地产是灌溉工程与棉花和甘蔗投机的基础。由于被强制劳动，农夫还提供了劳动力，而且被无偿地剥削着，甚至在工作中被迫自己掏钱维持生计。欧洲的工程师和机器在埃及的灌溉、交通、农业和工业领域所展现的技术奇迹，都在于这个

① 参见艾弗林·巴林(Evelyn Baring)、克罗默(Cromer)伯爵:《埃及的今天》(伦敦，1908 年)，第一卷，第 11 页。

有着农奴的农民经济。在卡列布的尼罗河水坝与苏伊士运河上，在棉花种植园与蔗糖厂中，数不清的农民在被迫劳动；随着需要，他们从一个工作转移到下一个工作，被剥削到只剩最后一口气。虽然为了现代资本目标而使用强制劳动在每一阶段都明显存在技术限制，但这种限制已经被资本对劳动力蓄水池的无限支配权所充分弥补，这种权利决定着人们工作、生活和被剥削的时间长度与条件。

农民经济不仅提供了土地和劳动力，还提供了资金。在资本主义经济的影响下，还可以通过对农民征税获得收入，农民土地的税负在不断增长；19 世纪 60 年代末时，农民土地的纳税额达到了每公顷 25 先令，而王室的巨大私人地产却不付分文。此外，埃及政府还制定出很多特别费率。为了维持几乎只有王室地产受益的灌溉系统，农民的每公顷土地必须征收 2 先令 6 便士的费用；对于每天的树木砍伐，农民必须支付 1 先令 4 便士；住的每间土屋，必须缴纳 9 便士；此外，每个十岁以上的男性要交 6 先令 6 便士的人头税。在穆罕默德·阿里时期，农民的总纳税额为 250 万英镑，赛德·帕夏时期为 500 万英镑，伊斯梅尔·帕夏时期则达到 815 万英镑。

欧洲资本的债务越大，从农民身上榨取的也就越多。[①] 在 1869 年，所有的税额都被提高了 10%，并提前征收下一年度的税款；1870 年，又对每公顷土地额外征收了 8 先令的土地税。仅仅为了避税，所有埃及的居民都迁离了村庄，拆毁自己的住宅，不再耕种土地。在 1876 年，海枣税增加了 6 便士，整个村庄都在砍伐自己

① 顺便说一句，从埃及农民身上榨取的金钱仍然通过土耳其变成欧洲资本。土耳其的 1854 年、1855 年、1871 年、1877 年及 1886 年的贷款就以埃及的贡赋为基础，这些贡赋增加了好几倍，并被直接支付给英国银行。

的海枣树并被政府以机枪扫射所阻止。1879 年，据说在艾斯尤特北部有 10,000 名农夫被饿死，因为他们无力再为自己的土地缴纳灌溉税，并杀了自己的牲口，以避免为它们缴税。[①]

现在，农民已经被耗尽了最后一滴血。作为欧洲资本的水蛭，埃及政府已经完成了自己的使命并不再被需要。埃及总督伊斯梅尔可以卸任了，资本开始进行运营结算。

埃及还必须支付 39.4 万埃及镑作为英国在 1875 年购买 4,00 万英镑的苏伊士运河股票的利息。现在，"管制"埃及财政的英国委员会开始行动。奇怪的是，欧洲资本根本没有被这个破产国家的危险状态所吓倒，还是一再为拯救埃及提供巨额的救济贷款。科欧（Cowe）和斯托克斯（Stokes）提出以利率为 9% 的 7,600 万英镑的贷款转换所有的债务，里弗斯·威尔逊（Rivers Wilson）认为至少需要 10,300 万英镑的贷款。土地信贷买下数百万的短期汇票，以期通过 9,100 万英镑的贷款合并所有债务，却没有成功。随着财政状况变得越来越令人绝望，这个国家及其所有的生产力成为欧洲资本猎物的时间也在日益迫近。1878 年 10 月，欧洲债权人代表来到亚历山大港。英国和法国资本设置了双重财政控制和新的税制；农民遭到鞭打和压迫，因而在 1876 年暂停的利息支付，又在 1877 年得到恢复。[②]

① 1879 年 3 月 31 日的《泰晤士报》报道："三角洲的居民说，当前正在用老方法征收本年第三季度的税款。这听起来很奇怪，消息的另一边是人们正在路边挨饿，由于物质负担，这个国家的大片土地被荒废，农民卖掉了自己的牲畜，女人卖掉了精美的服饰，抵押办公室里满是拿着自己债券的高利贷者，法庭上到处都是丧失抵押品回赎权的诉讼。"［引自罗斯坦（Th. Rothstein）的《埃及的破产》，1910 年，第 69—70 页］

② 《泰晤士报》在亚历山大港的记者写道："这一结果完全由农民以实物所缴纳的

现在，欧洲资本的索赔成为经济生活的重点与财政制度的唯一考量。1878 年，成立了一个新的委员会和一个政府部门，它们的工作人员有一半是欧洲人。1879 年，在欧洲资本的永久控制下，埃及财政由设在开罗的埃及公债委员会管理。1878 年，共计 431,100 英亩的总督私人领地悌士弗利克斯（Tshifliks）被转为国有土地，作为国债的抵押担保品典押给欧洲资本家；总督在埃及的 485,131 英亩的私人领地德拉，也遭遇了同样的命运，这块土地后来被卖给了一个大财团；其他的土地绝大部分都落入了资本主义企业，特别是苏伊士运河公司的手中。为了足以支付占领成本，英国还征用清真寺和学校的教会土地。当欧洲官员领着丰厚的薪水，而埃及军队却在欧洲的财政控制下挨饿时，他们掀起了兵变；这件事情与亚历山大港被榨干血汗的民众所发动的起义，共同成为欧洲资本最后一击的借口。作为大企业 20 年运营的结果，英国于 1882 年军事占领了埃及，从此再也没有离开。这就是埃及为欧洲资本和欧洲资本清除农民经济所走的最后、最彻底的一步。①

现在应该清楚的是，虽然欧洲的贷款资本与工业资本之间的

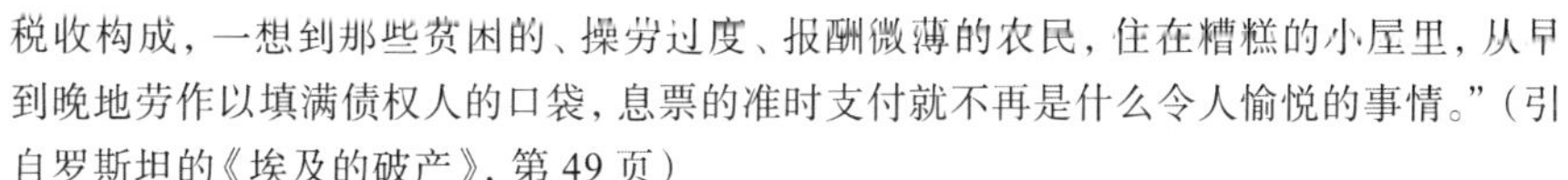

税收构成，一想到那些贫困的、操劳过度、报酬微薄的农民，住在糟糕的小屋里，从早到晚地劳作以填满债权人的口袋，息票的准时支付就不再是什么令人愉悦的事情。”（引自罗斯坦的《埃及的破产》，第 49 页）

① 作为资本主义文明在落后国家的杰出代言人，伊斯（Eyth）以下列帝国主义信念典型地总结了他对埃及的精彩描述：“我们从过去所学到的，同样也适用于未来。当对与错的区分变得模糊，当政治和历史的正义往往意味着千百万人的灾难，而对他们的救赎又必须依靠政治上的错误，欧洲必须并且也将坚定地出手干预那些无法依靠自己的力量追随现代条件的国家，尽管这样可能会引起各种各样的斗争。这只最强壮的手能结束全世界的混乱，在尼罗河畔也是如此。”（引自罗斯坦，同上书，第 247 页）罗斯坦清楚地说明了英国人在“尼罗河畔”创造了什么样的“秩序”。

交易，对于不经意的观察者而言显得很荒谬，因为这种贷款资本支付埃及的订单，并以新贷款来支付利息；但对资本积累而言，这种交易却以非常理性与明智的关系为基础。剥去所有掩饰性的连接环节，这些关系包含着欧洲资本已基本吞没埃及农民经济的简单事实。政府以税收获得的大片土地、无数劳动与不尽的劳动产品，最终都被转化为欧洲资本并得到积累。显然，只有使用皮鞭才能把通常为几个世纪的历史发展压缩到二三十年，埃及的原始自然条件成了资本积累的沃土。

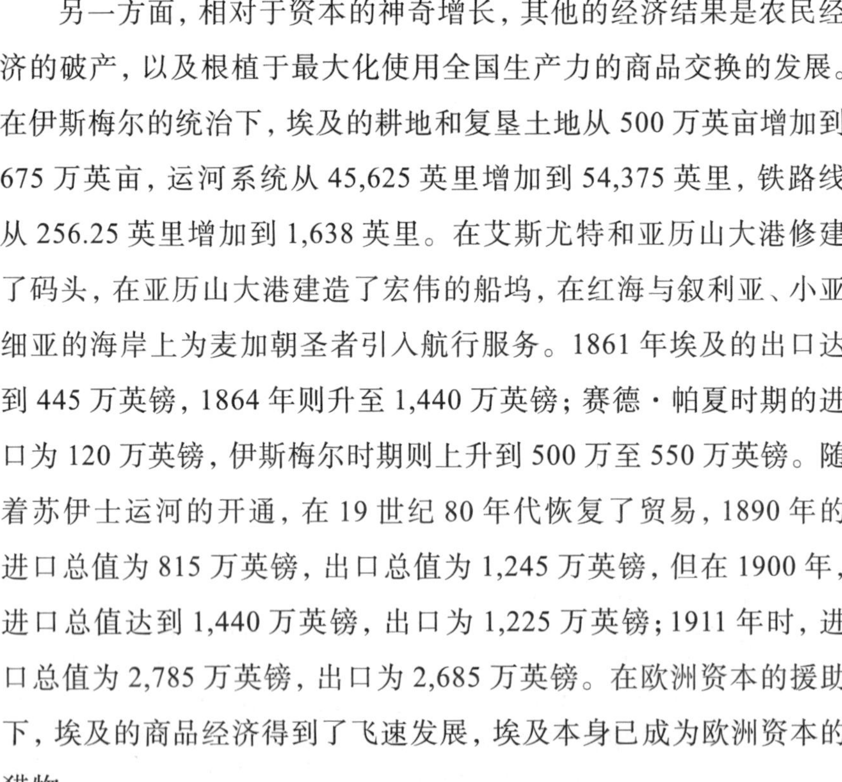

另一方面，相对于资本的神奇增长，其他的经济结果是农民经济的破产，以及根植于最大化使用全国生产力的商品交换的发展。在伊斯梅尔的统治下，埃及的耕地和复垦土地从 500 万英亩增加到 675 万英亩，运河系统从 45,625 英里增加到 54,375 英里，铁路线从 256.25 英里增加到 1,638 英里。在艾斯尤特和亚历山大港修建了码头，在亚历山大港建造了宏伟的船坞，在红海与叙利亚、小亚细亚的海岸上为麦加朝圣者引入航行服务。1861 年埃及的出口达到 445 万英镑，1864 年则升至 1,440 万英镑；赛德・帕夏时期的进口为 120 万英镑，伊斯梅尔时期则上升到 500 万至 550 万英镑。随着苏伊士运河的开通，在 19 世纪 80 年代恢复了贸易，1890 年的进口总值为 815 万英镑，出口总值为 1,245 万英镑，但在 1900 年，进口总值达到 1,440 万英镑，出口为 1,225 万英镑；1911 年时，进口总值为 2,785 万英镑，出口为 2,685 万英镑。在欧洲资本的援助下，埃及的商品经济得到了飞速发展，埃及本身已成为欧洲资本的猎物。

埃及，就像当年的中国与最近的摩洛哥一样，展示着军国主义

作为资本积累的执行者，潜伏在国际贷款、铁路建设、灌溉系统以及类似的文明工程背后。东方国家并不能足够迅速地从自然经济发展至商品经济，再进一步走向资本主义经济，它们被国际资本吞噬了，因为它们不能在没有向资本出售自己灵魂的同时，实现这些转变。它们的狂热改变意味着国际资本对它们的吸纳。

另一个最近的有效例证，就是德国资本在亚洲土耳其所做的交易。欧洲资本，特别是英国资本，在很早以前就企图占有这个发展出欧洲与亚洲之间古老贸易路线的地方。[①]

在五六十年代，英国资本就修建了士麦那(Smyrna)—艾登(Aydin)—岱纳(Diner)和士麦那—卡萨布(Kassaba)—阿拉谢希尔(Alasehir)铁路，并获得许可把线路延长至阿菲永—卡拉希萨尔(Afyon Karahisar)，还租用了安纳托利亚铁路上的第一条艾达(Ada)—巴扎(Bazar)—伊兹米特(Izmid)线。在这段时间里，法国资本逐渐获得铁路建设部分的影响力。德国资本则于1888年登场，它在新合并的国际利益集团中占据了60%的股份，主要与奥斯曼(Ottomane)银行所代表的法国资本主义集团交涉，国际资

① 19世纪20年代初期，为了分别在地中海与波斯湾以及地中海与印度之间建立最短连接，英印政府委托切斯尼(Chesney)上校调查幼发拉底河的适航性。经过详细的准备与1831年冬的初步勘探，正式的探险队于1835至1837年出发。没过多久，英国的官员和职员考察与测量了东美索不达米亚的大部分地区。这些工作一直拖延到1866年，也没有给英国政府提供任何有用的结果。但在后来，英国又以不同的方式，即底格里斯河铁路工程的方式，回归通过波斯湾连接地中海与印度的计划。1879年，卡梅伦(Cameron)为英国政府走遍美索不达米亚，研究所规划铁路的土地线路。[马克思·弗莱赫尔·冯·奥本海姆(Max Freiherr v. Oppenheim)：《从地中海到波斯湾、叙利亚的沙漠和美索不达米亚》，第二卷，第5、36页]

本占了剩余的 40%的股份。[①] 安纳托利亚铁路公司是一家土耳其公司，它在德意志银行的主要支持下，成立于回历 1306 年，即公元 1889 年 3 月 4 日，接管从 19 世纪 70 年代初就开始运行的艾达—巴扎与伊兹米特之间的铁路线，修建伊兹米特—埃斯基谢希尔（Eskisehir）—安哥拉（Angora）铁路（525 英里）。除了根据 1893 年的许可修建埃斯基谢希尔—科尼亚（Konya）（278 英里）的补充线路外，它还被授权完成艾达—巴扎—斯库塔里（Scutari）铁路及其到布鲁沙（Brussa）的分支线的建设工作，并最终负责安哥拉到凯沙里（Kaisari）的铁路的运营（264 英里）。土耳其政府给这家公司提供了国家担保，保证其在艾达—巴扎铁路上每公里的年度总收入为 412 英镑，在伊兹米特—安哥拉线上每公里的年度总收入为 600 英镑。为此，土耳其政府把伊兹米特、厄托格鲁尔（Ertoghrul）、库塔利亚（Kutalia）和安哥拉等省的什一税收入，转给奥斯曼帝国国债管理署，以此支付政府所担保的总收入。对安哥拉—凯沙里线，政府担保的年度总收入为每公里 775 土耳其镑，即 712 英镑；至于埃斯基谢希尔—科尼亚线，政府担保的年度总收入为每公里 604 土耳其镑，即 550 英镑，并附加每公里补助不超过 219 土耳其镑（200 英镑一年）的条件。如果最终收入超出担保金额，政府将获得超出部分的 25%。作为政府担保的执行者，奥斯曼帝国国债管理署直接征收特拉布宗省（Trebizonde）和古穆克恩省（Gumuchhane）的什一税，并从由这些什一税所建立的公共基金中拨付资金给铁路公司。1898 年，对埃斯基谢希尔—科尼亚线的最高补助从 219 土耳其镑

① 施耐德（S. Schneider）：《德国的主要港口》，1900 年，第 3 页。

提高到296土耳其镑。

1899年，该公司获得建设和运营艾达—巴扎船坞、发出令状、建设谷物起重机和各种商品存放仓库的许可，并有权聘用自己的装卸人员以及享有自由港般的关税政策设计。

1901年，该公司又获得科尼亚—巴格达—巴斯拉（Bazra）—波斯湾（1,500英里）中的巴格达铁路建设许可，这条线路通过科尼亚—艾利格里（Aregli）—布尔古尔卢（Bulgurlu）线连接安纳托利亚线。为行使这一许可权利，又成立了一家新的有限公司，这家公司把这一订单中的首先通往布尔古尔卢部分的铁路建设工程，分包给了一家在美因河上的法兰克福注册登记的建筑公司。

在1893到1910年间，土耳其政府给艾达—巴扎—安哥拉线提供了194.8万英镑的补助，为埃斯基谢希尔—科尼亚线提供了180万土耳其镑的补助，二者合计达363.2万英镑。[1]最后，根据1907年的许可，该公司被授权建设卡拉维拉湖（Karaviran）的排水工程与科尼亚平原的灌溉工程，这些工程都由政府出资在六年内完成。在这种情况下，公司以5%的利息预付给政府78万英镑的必需资本，在36年内偿还。作为回报，土耳其政府承诺担保：(1)从交给奥斯曼帝国国债管理署以支付铁路补助和其他债务的什一税基金的盈余中，每年拨付2.5万土耳其镑；(2)新灌溉地区过去五年的什一税余额；(3)灌溉系统运营所得的净值，以及(4)所有复垦与灌溉土地的销售收入。为了完成这些工作，法兰克福公司又成立了一个资本为540万英镑的子公司来承担手中的工程。

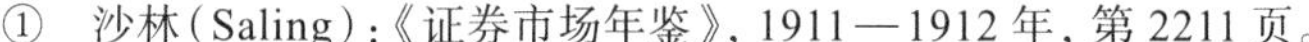

① 沙林（Saling）：《证券市场年鉴》，1911—1912年，第2211页。

1908 年，公司获得了将科尼亚铁路延长至巴格达和波斯湾的许可，并再次获得收入担保。

为了支付这条铁路的补助金，土耳其政府分三次发行了德国巴格达铁路贷款，分别是 216 万英镑、432 万英镑和 476 万英镑，并以艾登、巴格达、摩苏尔（Mossul）、迪亚尔贝克（Diarbekir）、乌尔萨（Ursa）和阿勒颇（Alleppo）各省的什一税总额与科尼亚、亚达那（Adana）、阿勒颇省的羊税为担保。[①]

在这里，积累的基础已经变得很清楚。德国资本在亚洲土耳其修建铁路、港口和水利工程；它在所有这些企业中，从其雇用为劳

① 沙林：《证券市场年鉴》，第 360—361 页。维滕贝格（Wuerttemberg）的工程师普鲁瑟尔（Pressel）作为赫希（Hirsch）男爵的助理，积极参与了欧洲与土耳其的交易，他清晰地计算出了欧洲资本通过土耳其政府在该国铁路建设中所掠夺的补助总额：

	长度（km）	支付的保证金（法郎）
欧洲土耳其的三条线路	1,888.8	33,099,352
1900 年前完成的土耳其在亚洲的铁路线	2,313.2	53,811,538
付给奥斯曼帝国国债管理署的佣金及其他与铁路担保补助相关的费用		9,351,209
合计		96,262,099

所有这些指的仅是 1899 年之前的；1899 年之后才开始部分地支付收入补助金。在亚洲土耳其的 74 个行政区中，至少有 28 个行政区的什一税已经被用来担保收入补助；在这些补助的支付下，从 1856 到 1900 年间，亚洲土耳其共铺设了总长度为 1,516 英里的铁轨。专家普鲁瑟尔顺便给出了铁路公司采用卑劣手段牺牲土耳其利益的事例，他说根据 1893 年的协议，安纳托利亚公司承诺运营经安哥拉到巴格达的铁路，但后来公司发现自己的计划行不通，就在获得收入担保后，抛开这条线路不管而忙于修建另一条通过科尼亚的路线。“公司一成功获得士麦那—艾登—岱纳铁路线的修建权，就要求将这条线路延伸到科尼亚，只要完成了这些线路的修建，公司就想方设法地迫使货物运输使用这些线路，因为这些线路没有收入担保，而且更重要的是，不能分享它们的收入，而其他线路则必须在总收入超过一定数量时，向政府支付剩余中的部分。结果，政府从艾登线路中一无所获，而公司却赚翻了。政府为卡萨布—安哥拉线路支付了全部的收入保证，却永远也别指望从超出 600 英镑以上的总收入盈余中得到原来约定的 25%。”［普鲁瑟尔（W. V. Pressel）：《亚洲土耳其的铁路》（苏黎世，1900 年），第 7 页］

动力的亚洲人身上获取新的剩余价值。但是这种剩余价值必须与德国的生产资料（铁路建设的材料、机器等）一起被实现，它是如何做到的呢？部分是通过铁路、船坞等所带来的、并在小亚细亚的自然经济条件下孕育出商品交换；部分是通过使用武力、国家机器，把国家的实际收入转化为商品，如果商品交换的发展速度不能满足资本的需要；为了实现资本与剩余价值，这些商品都变成了现金。这就是为外国资本所独立运营的企业提供收入补助，以及贷款条件下的抵押品的真正目的。在这两种情况下，以各种方式承诺的所谓什一税，由土耳其农民以实物支付，这种税收也逐渐被提高到12%至12.5%。亚洲行政区的农民不得不交付自己的什一税，否则它们就会被警察以及中央和地方当局没收。这些什一税，本身就是以自然经济为基础的古代亚细亚专制主义的体现，它们不是由土耳其政府直接征收，而是由类似旧政权下的税务员的税吏来完成，也就是说，国家把每个行政区通过征税所产生的预期收益分别拍卖给税吏，主要由个人投机者或财团购买，这些个人或财团再把每个行政区的什一税卖给其他的投机者，而这些投机者再把自己的份额卖给一系列更小的代理人。所有的这些中间人都要弥补自己的开支，并赚取尽可能多的利润，因此，当什一税被实际征收时，农民要缴纳的税收就膨胀到了非常庞大的规模。税吏还会以农民为代价来挽回自己的计算错误，而农民则几乎永远处于负债中，急不可待地等着出售自己的收成。但往往是，农民收割了自己的谷物后，还不能开始打谷，他还要等上几个星期，直到税吏决定了他的什一税份额。他的全部收成有可能腐烂在田地里，而税吏，通常也是粮商商人，就会利用这一点，迫使农民低价出售自己的谷物。这些税吏还知道

如何争取官员，尤其是当地头领——穆克塔尔（muktar）的支持，以对付那些不满者的抱怨。[①]

什一税与盐、烟草、酒、丝绸消费、渔业等税收一起，作为铁路补助与贷款的担保，抵押给了奥斯曼帝国国债管理委员会。在任何情况下，委员会都保留审查税吏合同的权利，并规定什一税收入必须直接存入其地方办事处的金库。如果没有税吏，什一税就由土耳其政府以实物方式储存，而仓库的钥匙则交由委员会存放，这样它就能以自己的名义出售什一税。

因此，小亚细亚、叙利亚和美索不达米亚的农民就以下列方式与德国资本进行经济上的代谢：在科尼亚、巴格达、巴士拉等省，粮食成了原始的农民经济的简单用品。它立刻作为国家税收落入什一税承包人的手中；只有这样，在后者手中，它才能成为一种商品；并变成货币属于国家。这笔资金正是农民被转化的粮食，它并不是作为商品被生产出来的。而它现在作为国家的担保，被用于支付铁路建设和运营，即实现生产资料的价值，以及在铁路建设与运营中从亚洲农民与无产阶级身上所榨取的剩余价值。在这个过程中，还使用了来自德国的生产资料，于是亚洲农民的粮食被转化成货币，还被用于将从德国工人身上所榨取的剩余价值转变为货币。在这些功能的履行上，货币从土耳其政府的手中转入德意志银行的金库，并在这里作为资本主义的剩余价值被积累下来，它以发起人的利润、使用费、分红与利息的方式存入格温纳（Gwinner）、西门

① 查尔斯·莫拉维茨（Charles Moravitz）：《从财政上看土耳其》（1903 年），第 84 页。

子（Siemens）、施廷内斯（Stinnes）及其董事的账户，存入德意志银行的股东与客户及其附属公司的繁杂系统的账户。如果没有特权所产生的税吏，那么复杂的变化就会被还原为最简单、明显的方式：农民的粮食直接交给奥斯曼帝国国债管理署，即欧洲资本的代表人，并以其自然形态成为德国和其他外国资本的收入；甚至在它摆脱亚洲农民的使用形态、在它成为商品并实现自己的价值之前，就已经实现了资本主义的剩余价值。这就是欧洲资本与亚洲农民经济之间的粗糙而直接的代谢，而土耳其政府则回归其真正作用，即为了资本主义目的剥削农民经济的政治机器，这也是资本帝国主义时期，所有东方国家的政府的实际功能。在亚洲，用德国资本支付德国商品的交易并不是乍看下的荒唐循环——善良的德国人让狡猾的土耳其人“使用”自己文明的伟大成果，它实际是德国资本和亚洲农民经济之间的交换，一种在国家强制下完成的交换。一方面，它作为德国资本在土耳其的深层次政治和经济扩张的借口，促进了不断增长的积累和“势力范围”的扩大，另一方面，政府以亚洲农民经济的快速解体、破产以及被剥削为基础鼓励铁路建设和商品交换，在这个过程中，土耳其政府在政治与金融上变得越来越依赖欧洲资本。①

① “顺便说一句，这个国家的一切都是困难和复杂的。如果政府希望垄断烟草与纸牌的经营，法国和奥匈帝国就会为了自己的利益而当场否决这个项目，如果主题是石油，俄罗斯就会提出反对，甚至是那些牵涉最少的强国，也要依赖某些协议做出是否同意的决定。土耳其的命运就像桑科·潘萨（Sancho Panza，小说《堂吉诃德》中的人物，堂吉诃德的仆人——译者注）和他的晚餐一样：只要财政部长想做某件事，一些外交官就会站起来打断他，严厉地否决他。”（莫拉维茨：《从财政上看土耳其》，第70页）

第三十一章 保护性关税与资本积累

帝国主义是资本积累对依然开放的非资本主义环境的竞争性争夺的政治表现。就地理而言，世界的绝大部分地方仍属于这种开放的非资本主义环境，但对资本的扩张而言，相对于资本的生产力所取得的高水平发展，这些地方却是微不足道的；这可以在为自己的剩余产品寻找出口并力图资本化自己的剩余价值的老牌国家所积累的巨量资本，以及前资本主义文明向资本主义文明的迅速转化上得到证明。因此，资本必须在国际舞台上采取适当的措施。随着资本主义国家的高度发展及其在获取非资本主义区域上的日益激烈的竞争，帝国主义在对非资本主义世界的侵略中，变得越来越无序和残暴。但是，帝国主义越是粗暴、无情和彻底地摧毁非资本主义文明，资本主义积累的存续基础就会越快速地被削减。尽管帝国主义是延长资本主义生命的历史方法，但也确实是一种带领资本主义迅速走向终结的手段。这并不是说资本主义的发展必须被真正引入这一末路，只是进入帝国主义这一趋势本身表现出各种形态，而这些形态令资本主义的最后阶段成为一个灾难时期。

在风雨飘摇时期，古典经济学曾对资本积累的和平发展以及贸易和工业只能繁荣于和平年代寄予厚望，形成一方面在世界上的商业国家之间，另一方面在资本家与工人之间的正统的曼彻斯特利

益和谐理论。在欧洲19世纪六七十年代的短期自由贸易阶段，这些希望还看似合理，可这一短期自由贸易阶段是以英国自由贸易者的错误学说为基础的，该学说认为资本积累的唯一理论和实践条件就是商品交换，即资本积累与商品交换是等同的。正如我们所看到的，李嘉图及其门徒都把积累和它的再生产条件与简单商品的生产及流通条件混为一谈。很快，这种看法就在一般的自由贸易者的实践中变得更为明显。科布登(Cobden)联盟的所有观点，都取决于曼彻斯特兰开夏郡的棉制品生产商的特殊出口利益，他们的首要目标是获取市场，并成为一个信念："从外国购买，然后在新市场推销我们的工业产品、我们的棉制品。"为了消费者利益，科布登和布莱特(Bright)都要求自由贸易和更廉价的食物，但这里的消费者指的并不是吃面包的工人，而是使用劳动力的资本家。

这种学说从来不会表达资本积累的整体利益。在19世纪40年代，它就已经在英国被视为谎言，当时东方商业国家的和谐利益被宣布为鸦片战争的炮火，通过侵占香港，这场战争最终产生了此类和谐的对立物——"势力范围"体系。[①] 在19世纪60年代，自由贸

① 不仅英国如此，"即使在1859年，德国各地曾出现过一本呼吁该国在适当时候确保东亚市场的手册，该手册由一位菲尔森(Viersen)的工厂主迪尔加特(Diergardt)所作，它主张把彰显武力方式作为从日本和一般东亚国家获取商业优势的唯一手段。用民众的小额积蓄建设德国舰队，是汉尼拔·菲舍尔(Hannibal Fischer)时期就埋下的一个梦想。虽然普鲁士有几艘船，但它的海军力量并不强大。为了与东亚进行商业磋商，它决定装备一艘船，并任命最具能力和最谨慎的普鲁士政治家奥伦堡(Eulenburg)伯爵担任这一还带有科学目标的代表团的领导。他在最困难的条件下，以高超的技巧完成了自己的任务，尽管被迫放弃了与夏威夷群岛的同时谈判计划，代表团的工作依然很成功。尽管当时的柏林新闻对之了解甚多，一有新的困难被报道，就宣称这是预料中的事，并谴责海军所有的示威开支都是浪费纳税人的钱，但新时期的政府并未动摇，成功的果实最终由继任的政府收获。"[洛茨(W. Lotz)：《德国贸易政策的思路》，第80页]

易并不是欧洲大陆上的产业资本利益的代表，因为当时大陆上的最重要的自由贸易国家仍然以农业为主，工业的发展相对薄弱。核心的欧洲国家反而把实施自由贸易政策视为一种政治重建手段。在德国，这种政策是曼陀菲尔（Manteuffel）和俾斯麦领导下的特殊普鲁士手段，其目的是将奥地利从联邦及关税同盟中驱逐出去，建立普鲁士领导的德意志新帝国。既然这样，从经济上说，自由贸易的支柱就是商业资本，尤其是汉莎镇上的与国际贸易有着利害关系的商业资本的利益，以及农业消费者的利益；但在正常的工业中，情况却恰好相反。钢铁业困难重重，只有以取消莱茵河的通行费为条件才被争取过来，而德国南部的棉花产业却不肯妥协，坚决主张保护性关税。在法国，拿破仑三世缔结了以整个欧洲的自由贸易制度为基础的"最惠国"条款协议，却未得到议会以及绝大多数的工业家和农民的支持，甚至违背了他们的意愿，因为他们支持保护性关税。第二帝国政府只把商业协议视为一项紧急措施——英国也是如此，目的是绕开法国的政治反对，通过国际行动在立法机构背后建立自由贸易。英法之间的第一个主要条约直接蹂躏了法国舆论。[①] 两道皇家法令废除了法国从 1853 到 1862 年间施行的古老关税保护制度。在不遵守正式手续的情况下，它们于 1863 年得到"批准"。

---

① 在谢瓦利埃（Michel Chevalier）与科布登（Richard Cobden）分别代表法国与英国政府进行初步商谈后，"很快就进入了正式会谈，会谈是在最机密的情况下进行的。1860 年 1 月 1 日，拿破仑三世给国务部长福尔德（M. Fould）一份备忘录，宣布自己的意图。这个声明就像一个晴天霹雳。过去一年的事态发展令公众普遍认为，1861 年之前不会有任何修改关税制度的尝试。虽然群情激奋，但条约还是于 1 月 23 日被签署"。［奥古斯特·德弗斯 (Auguste Devers)：《1860 年以后的法国贸易政策》，《社会政策学报》，第 51 卷，第 136 页］

在意大利，自由贸易是加富尔（Cavour）政策的靠山，并取决于法国的支持，在舆论压力下于1870年所做的一个调查显示，那些关联程度最高的人都敌视自由贸易政策。最后在俄国，19世纪60年代的自由贸易趋势只是为商品经济和大规模工业创造广泛基础的第一步，与农奴制的废除和铁路网络的建设同时出现。①

因此，自由贸易的国际制度从一开始就显示为资本主义积累历史上的过渡阶段，它也说明把19世纪70年代后保护性关税的普遍恢复，单纯归结为对英国自由贸易的防御性反应是错误的。②

① 在1857到1868年间，俄国根据自由主义路线所做的关税修正以及荒唐的康克林（kantrin）关税保护制度的最终被取消，都是灾难性的克里木战争所导致的渐进式改革的体现与必然结果。但关税的降低也反映了地主士绅的利益，他们作为外国商品的消费者与出口粮食的生产者，对俄国与西欧之间的无限制贸易非常感兴趣。作为农业利益的捍卫者，自由经济协会声称："在过去的60年，即从1822到1882年，俄国最大的生产部门——农业，因四次重大挫折被带到了危险的境地，每次挫折都与过高的关税直接相关。另一方面，从1845到1877年的32年里，尽管有三次对外战争和一次内战（意指1863年的波兰起义——作者按），几乎每次战争都给国家的财政资源带来压力，但由于当时的关税制度是温和的，也就没有产生什么危机，意外地安然度过。"[《帝国自由经济协会关于修改俄国关税的备忘录》（圣彼得堡，1890年），第148页]之后，到了19世纪90年代，有学问的自由贸易运动的发言人，即上述"自由经济协会"，将保护性关税视为把资本主义工业移植到俄国的发明，煽动反对保护性关税。他们以保守的"民粹主义"精神，把资本主义谴责为现代无产阶级的滋生地，"那群没有家庭或财产的懒惰的人，没有什么可失去的，也早已声名狼藉"（第191页）。这足以说明，在最近，俄国自由贸易或至少是温和关税的支持者们，显然并不代表工业资本的利益。[参见罗德申斯基（K. Lodyshenski）：《俄国关税史》（圣彼得堡，1886年），第239—258页]

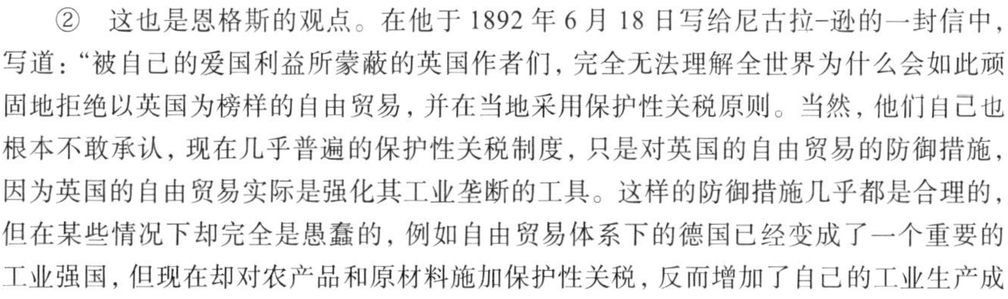

② 这也是恩格斯的观点。在他于1892年6月18日写给尼古拉-逊的一封信中，写道："被自己的爱国利益所蒙蔽的英国作者们，完全无法理解全世界为什么会如此顽固地拒绝以英国为榜样的自由贸易，并在当地采用保护性关税原则。当然，他们自己也根本不敢承认，现在几乎普遍的保护性关税制度，只是对英国的自由贸易的防御措施，因为英国的自由贸易实际是强化其工业垄断的工具。这样的防御措施几乎都是合理的，但在某些情况下却完全是愚蠢的，例如自由贸易体系下的德国已经变成了一个重要的工业强国，但现在却对农产品和原材料施加保护性关税，反而增加了自己的工业生产成

面对下列事实，这样的解释是无效的：德国和法国的领导人是为了农业利益而恢复保护性关税，因此这些举措直接针对的不是英国而是美国的竞争；在俄国，不是英国而是德国构成了其上升中的国内产业的主要威胁；在意大利，则是法国。也不是英国的垄断导致了世界范围自 19 世纪 70 年代以来所盛行的萧条，引起了对保护性关税的要求。我们必须深入寻找导致保护性关税问题的战线发生改变的原因。自由贸易理论及其关于世界市场的利益和谐错觉，是与根据商品交换的视角展望一切的观点相一致的。只要大的工业资本已经在欧洲大陆的主要国家得到完全建立、需要为自己的积累寻找条件时，这种理论就会被抛弃。与资本主义国家的共同利益相反，对资本积累条件的寻求，将令竞争性争夺非资本主义环境所产生的对立情绪显而易见。

当自由贸易时代开启时，东亚仅因对中国的鸦片战争而变得可以进入，欧洲资本也才开始在埃及取得进展。到了 19 世纪 80 年代，扩张政策随保护性关税政策一起，变得越来越强大，在这个时期出现了一系列不间断的连续事件：英国占领埃及，德国征服非洲殖民地，法国占领突尼斯并远征越南北部，意大利进入阿萨布（Assab）和马萨瓦（Massawa），埃塞俄比亚爆发战争，独立的厄立特里亚（Eritrea）宣告成立，英国攻克南非。意大利与法国对突尼斯的势力范围的争夺，是七年后两国之间的关税大战的序幕，通过这个激烈

本。在我看来，这种对保护性关税的普遍恢复并不是一个偶然现象，而是对无法容忍的英国工业垄断的反应。正如我前面所说的，这种反应所采取的形式也许是错的、不足的，甚至更为糟糕，但它的历史必然性在我看来却是清晰且明显的。”［《马克思、恩格斯致尼古拉-逊》（圣彼得堡，1908 年），第 71 页］

的尾声，欧洲大陆上的自由贸易利益和谐论宣告结束。资本的口号是垄断国内、国外的非资本主义地区，而“门户开放”的自由贸易政策则确切地代表着非资本主义国家面对国际资本的无助，以及国际资本旨在通过全部或部分地占有这些领域作为殖民地或势力范围的初级阶段竞争所要达到的自然均衡。作为历史最悠久的资本主义帝国，英国迄今还能单独保持对自由贸易的忠诚，主要是因为它长期占有大量的非资本主义区域作为运营基础，这几乎为它的资本主义积累提供了无限机会。直到最近，英国实际已超越了与其他资本主义国家的竞争；而这些国家却普遍以保护性关税为壁垒，力求做到自给自足；但他们依然购买对方的商品，并为了补充自己的再生产物质条件而日益依赖对方。事实上，保护性关税现在已经完全失去了自己对生产力的技术发展的作用，反而经常成为应废弃生产方式的人为保存工具。国际保护性关税政策的内在矛盾，正如国际贷款制度的双重特征一样，不过是由积累的双重利益而发展出的历史对抗性的反映：一方面是扩张，即剩余价值的实现与资本化，另一方面则是纯粹从商品交换的视角展望一切的观点。

这一事实特别体现在下列情况，即殖民扩张与资本主义环境的内在张力的增长所需要的高保护性关税，也是为了扩充军备而实施。德国对保护性关税的恢复，与法国、意大利和俄国一样，都是伴随着军队的扩张、为了军队的利益而实施的，是作为当时正在发展的，首先在陆地、然后在海上的欧洲军备竞争的基础而实施的。欧洲的自由贸易及其附随的大陆步兵制度，已经被作为帝国主义制度的基础和补充的保护性关税以及强大的海军偏好所取代。

因此，资本主义积累作为一个整体、一个真正的历史过程，具有两个不同的层面。一个涉及商品市场和剩余价值被生产的地方——工厂、矿山和农场。就此而言，积累是一个纯粹的经济过程，其最重要的阶段是资本家和工资劳动者之间的交易。但是，它在这两个阶段都被限制为等价物的交换，并停留在商品交换的限度内。在这里，和平、财产与平等至少在形式上占据优势，至于所有权如何在积累的过程中将他人的财产据为己有、商品交换如何变成剥削、平等如何变成阶级统治，则需要辩证法的科学分析来揭示。

资本积累的另一层面则涉及开始出现于国际舞台的资本主义与非资本主义生产方式之间的关系。它的主要方法是殖民政策、国际贷款制度——即势力范围政策——与战争。暴力、欺诈、压迫、掠夺都被公然地、不加任何掩饰地展示出来，需要努力才能从这个混乱的政治暴力与权力竞争中发现经济过程的严密规律。

资产阶级的自由主义理论只考虑第一个层面，即“和平竞争”领域，技术和纯商品交换的奇迹；它把该层面与另一个层面，即资本的疯狂暴力范围严格区分开来，而后者几乎被视为偶然的外交政策，完全独立于资本的经济范围。

在现实中，政治权力不过是经济过程的载体。资本的再生产条件为资本积累的这两个方面提供了有机联系。只有把这两个层面结合在一起，才能理解资本主义的历史生涯。“从头到脚，每一个毛孔都滴着血和肮脏的东西”所描述的不仅是资本的诞生，还有它在这个世界的每一步进展；因此，资本主义将在日益剧烈的扭曲和动荡下，迎接自己的衰落。

第三十二章　作为积累领域的军国主义

伴随着积累的每个历史阶段，军国主义在资本的历史上完成了十分确定的功能。在欧洲资本的初始阶段，即在所谓的“原始累积”阶段，它作为新世界的征服手段，发挥了决定性的作用。后来，军国主义被用来统治现代的殖民地，破坏原始社会的制度以占有它们的生产资料，迫使一些社会结构并不适宜的国家引入商品贸易，通过在殖民地强迫当地人为工资劳作而将其变成无产阶级。它负责在欧洲之外的地区为欧洲资本创建和扩大势力范围，勒索落后国家的铁路建设特权，执行欧洲资本作为国际贷款人的索赔。最后，军国主义还是资本主义国家争夺非资本主义文明区域的武器。

此外，军国主义还有一个重要的功能。从纯粹的经济观点看，它是实现剩余价值的杰出手段，它本身就是一个积累领域。在研究谁应该被算作买家，去购买大量包含着资本化的剩余价值的产品时，我们一再拒绝把国家及其机构视为消费者，因为它们的收入是派生的，所以它们应该与自由职业者和现代社会的各种寄生虫（国王、教授、妓女、雇佣兵）一样被归入依赖剩余价值（或部分地依赖劳动工资）的特定群类。但这种解释只在下列两种假设下有效：首先，根据马克思的图式，假设国家除了资本主义的剩余价值和工资，没有其他的税收来源[1]；其次，把国家及其机构视为纯粹而直接的消费者。如果问题涉及的是国家机构（或"雇佣兵"）的个人消费，重点是消费部分地从工人阶级转移到资本家阶级的食利者，就由工人付账。

让我们暂时假设从工人那里榨取间接税，这意味着工人消费的缩减，所征收的间接税全部用于支付国家官员的薪水和正规军的给养。社会资本的再生产总体不发生变化。由于社会作为一个整体仍然要求同等类型和数量的产品，两个部类也都将保持不变。只有作为"劳动力"商品的 v 与部类Ⅱ的产品，即生活资料的价值关系发生了改变。这个 v，即代表劳动力的同样数量的货币，现在只能与较少数量的生活资料进行交换。那么，如何处理部类Ⅱ中的剩余产品呢？现在，不是工人，而是国家官员和正规军得到了它们。资本主义国家的机构正好占用了相同数量的工人消费。虽然再生产的条件保持不变，但因此出现了总产品的再分配问题。部分部类Ⅱ中的产品，原本应作为 v 的等价物完全用于工人的消费，现在则被分配给了资本家阶级的食利者消费。从社会再生产的角度看，似乎相对剩余价值从一开始就有了一定数量的增长，而增长部分被加入到

---

① 伦纳（Renner）博士确实将这一假设作为自己税收论著的基础，"在一年内所创造的每个细微价值都包含四个部分：利润、利息、地租和工资。因此，每年的税收也只能来源于此"（《劳动者与税收》，维也纳，1909 年）。尽管伦纳后来也直接谈到了农民，但只用一句话就匆忙地打发了他们："例如，一个农民，同时也是企业家、工人和地主，他的农业收成就合其工资、利润和地租为一体。"显然，把资本主义生产的所有范畴都同时应用到农民身上，把农民视为集企业家、工资劳动者与地主于一体的人，只是一种空洞的抽象。如果像伦纳一样，把农民视为单独的范畴，那么他的经济特点就在于：既不属于资本主义的企业家阶级，也不属于被雇用的无产阶级；只能代表简单商品生产，无法代表资本主义。

了资产阶级及其食利者的消费。

到目前为止，为了供养资本主义国家的官员而通过间接税机制剥削工人阶级的做法，只是增加了剩余价值，或者说增加了其中的消费部分。不同的是，这种剩余价值对可变资本的进一步分离要晚些才能进行，要在资本与劳动的交易完成后才能进行；但资本主义国家机构的消费与资本化的剩余价值的实现毫无关系，因为用于它们消费的额外剩余价值，即使来自工人的牺牲，也是后来才被创造出的。另一方面，如果工人没有支付国家官员的大部分供养费用，就要由资本家自己承担它的全部开支。在资本家的剩余价值中，将有相应部分被直接分配给维持阶级统治的国家机构，从而牺牲生产，导致生产的相应削减；或更可能是减少消费。资本家只能在较小的规模上资本化剩余价值，因为他们必须直接使用更多的款项来维持自己的阶级。只要他们能把自己的食利者的主要费用转嫁给工人阶级（或者简单商品生产的代表，如农民和工匠），就能得到更大部分的可资本化的剩余价值。然而，到目前为止，已经存在的剩余价值还没有这样的资本化机会，或者说还没有生产和实现新商品的新市场。但当集中于国库的税款被用于生产武器时，情况发生了改变。

与间接税和高保护性关税一样，军国主义的账单也主要由工人阶级和农民支付。对这两种税收，必须分别予以考察。从经济的角度看，对工人阶级而言：如果工资不被提高以支付价格上涨的食品——这是目前绝大部分工人阶级的命运，即便是那些在卡特尔和雇主组织压力下成立了工会的极少数人，也是如此[①]——间接税意

① 对于卡塔尔和托拉斯作为帝国主义阶段特殊现象的讨论，将超过本书范围。它们的产生应归于个体资本家集团为垄断现有的积累和利润分配范围所进行的内部竞争。

味着工人阶级的部分购买力被转移给了国家。现在，可变资本作为固定数量的货币，将像从前那样带动相应数量的活劳动，也就是说，它在生产中使用一定数量的不变资本，并生产出相应数额的剩余价值。一旦资本完成这个循环，就会在工人阶级与国家之间进行分配：工人把自己的部分工资收入献给了国家。资本已经以实物形态完全占有了以前的可变资本，而工人阶级作为劳动力，只得到了部分货币形态的可变资本，其余的被国家拿走了。这种情况总是在资本家与工人之间的资本循环完成之后发生，也可以说它躲在资本的背后进行，完全没有影响资本流通与剩余价值生产的各个重要环节，因而也与剩余价值的生产毫无关联。但总体而言，它同样影响到了资本再生产的条件。部分购买力从工人阶级向国家的转移，势必造成工人阶级的生活资料消费的相应减少。对整体资本而言，就意味着只生产较少数量的消费品供工人阶级使用，如果可变资本（以货币形态和作为劳动力）与所占有的剩余价值的数量都保持不变，结果是工人在总产品中所得份额更少。然后，在整个资本的再生产过程中，将要被生产的生活资料在数量上少于可变资本的价值，因为可变资本的价值与生活资料的数量之间的比例发生了变化，而根据我们的假设，劳动的货币工资保持不变，或至少不会增长到足以抵消食品的价格上涨，这种上涨体现了间接税水平。

应如何调整再生产的物质关系呢？当劳动力的更新只需较少的生活资料时，相应数量的固定资本与活劳动就可以被用于其他商品的生产，以满足社会内部出现的新的有效需求。国家通过税收立法占有工人的购买力后，提出了自己想要的部分，但它这次并不需要生活资料（毕竟在“第三人”的标题下已经谈了很多，我们在这里并不考虑以税收为满足的国家官员的生活资料需求），而是需要一种特殊的产品，即军国主义的陆地与海上的战争武器。

我们再以马克思的第二积累图式为基础，考察社会再生产中的相应变化：

Ⅰ. $5{,}000c + 1{,}000v + 1{,}000s = 7{,}000$ 生产资料

Ⅱ. $1{,}430c + 285v + 285s = 2{,}000$ 生活资料

现在让我们假设，由于间接税及其所造成的生活资料的价格上涨，工人阶级整体减少了消费，比方说减少至实际收入的 100 个价值单位。跟往常一样，工人们收到了 $1{,}000v + 285v = 1{,}285v$ 的货币，但对于这些货币，他们只得到了价值为 $1{,}185v$ 的生活资料。这 100 个单位来自食品价格的上涨，作为税收转给了国家，而国家又从农民等处得到了价值 150 个单位的军事税，致使总额达到 250。这一总量产生了一个新需求——对武器的需求。但在目前，我们只关注从工人的工资中得到的 100 个单位。100 个价值单位的武器需求必须通过建立一个合适的生产部门来满足，根据马克思的图式所假定的平均有机结构，这个生产部门需要 71.5 的不变资本和 14.25 的可变资本。

$71.5c + 14.25v + 14.25s = 100$ 战争武器

这个新的生产部门还需要生产 71.5 的生产资料和 13 的生活资料，因为工人的实际收入也理当降低十三分之一。

你可能会反驳说，这种新需求扩张所带来的资本利润不过是一纸空谈，因为工人阶级的实际消费的减少，必然会导致所生产的生活资料的相应削减。在部类Ⅱ中，将出现下列状态：

$71.5c + 14.25v + 14.25s = 100$

此外，部类Ⅰ也会相应地收缩。因此，由于工人阶级消费的下降，这两个部类的等式将变成：

Ⅰ. $4,949c + 989.75v + 989.75s = 6,928.5$

Ⅱ. $1,358.5c + 270.75v + 270.75s = 1,900$

如果在国家的干预下，同样的100个单位现在引起了相同规模的军备生产，并相应地刺激生产资料的生产，乍看之下在社会生产的物质形态中就只有一个外来变化：不是一定数量的生活资料，而是一定数量的军备正在被生产，资本是失之东隅，收之桑榆。或者我们也可以说，大多数生产生活资料的资本家失去了有效需求，而少数大的军火制造商却得到了它们。

但这种情景只适于个体资本。在这里，无论生产涉及哪个活动领域，都没有什么区别。对个体资本而言，不存在图式所区分的总生产部类，只有商品和买家；对个体资本家而言，是生产救命工具还是杀人武器、咸牛肉或装甲板，都无关紧要。

军国主义的反对者们经常诉诸这个观点以说明：对于资本，军备所提供的投资不过是把利润从一个资本家的口袋，放到另一个资本家的口袋。[①] 另一方面，资本及其辩护者则试图从这个角度强行

① 例如，曼努伊洛夫（Manuilov）在给沃龙佐夫的一封回信——这封信还得到了俄国马克思主义者的高度赞美——中写道：“在这里，我们必须严格区分生产战争武器的企业家集团与整个的资本家阶级。对于枪炮和其他军事物资的生产者，军国主义无疑是有利可图且绝对必要的存在。废除武装和平制度，确实完全有可能让克虏伯（Krupp）公司破产。但问题不在于一个特殊的企业家集团，而在于资本家阶级，在于整个的资本主义生产。”不过，在这里要注意的是，“如果税收的负担主要落在了劳动人口上，这一负担的任何增长都会降低人口的购买力以及相应的商品需求”。这一事实可以证明，在军备生产方面，军国主义确实“令一个资本主义集团富有，却同时伤害其他的，等于一手得，一手失”。[普拉瓦（Vesnik Prava）：《军国主义与资本主义》，《法学会杂志》（圣彼得堡，1890年），第一期]

说服工人阶级，让他们同意间接税与国家需求只会带来再生产的物质形态的变化；如果没有更好的选择，巡洋舰和枪炮的生产也会给工人良好的生活。

看一眼图式就会发现，这个观点对于工人来说是多么的错误。为了简化比较，我们将假设军火工厂就像在以前为工人阶级生产生活资料那样，雇用了同样多的工人。将有 1,285 个单位被支付为工资，但他们现在只能买价值 1,185 的生活资料。

这就与整体资本视角的结果不一样。对整体资本而言，国家对这 100 个单位的处置，也就是军备需求，构成了一个新的市场。最初，这笔钱是可变资本，并作为可变资本完成了自己的工作，已经被用来交换生产剩余价值的活劳动。之后，可变资本的流通却突然被停止了，这笔钱被分离出来并作为国家所有的新的购买力。在某种程度上，它就像变戏法一样地被生产出来，但却有着新兴市场般的效果。当然，资本暂时被阻止向工人阶级出售 100 个单位的消费品，在个体资本家看来，工人就像另一个资本家、国家、农民、外国及其他人一样，是合适的商品购买者和消费者。但是，我们不要忘了，对于整体资本，维持工人阶级不过是一种必要的恶，不过是其真正的生产目的，即创造和实现剩余价值的手段。如果不用为劳动者提供对等的生活资料就能剥削他们的剩余价值，这将是再好不过的生意。起初，间接税好像取得了相同的效果——食品的价格保持不变，资本家无须减少所完成的工作，就把工资降低了 100 个单位，因为不断削减工资必然导致消费品产出减少的结果。如果工资被大幅削减，资本并不担忧将因此而降低工人的生活资料的生产，事实上，它在实践中一有机会就这么做；同样，因为间接税并不依

靠增加工资来补偿，资本总体上也不会介意工人阶级对生活资料的有效需求的缩减。这看上去很奇怪，因为在后一种情况下，可变资本的余额流向了国库，而直接削减工资时，这些差额却留在资本家的口袋并增加相对剩余价值——若商品价格保持不变。但货币工资的持续和普遍下降只能出现在极少数情况下，在工会组织高度发展的情况下，尤其难以实现。对于资本的这一妄想，存在着强烈的社会和政治障碍。但在另一方面，却可以通过间接税手段，迅速、顺利并普遍地降低实际工资，而且对于这种方式的抗议通常需要较长时间才能被得知，对抗也只限于政治领域，不会产生直接的经济影响。对整体资本而言，之后对生活资料生产的限制并不代表市场损失，而是剩余价值生产的成本节约。剩余价值永远不会通过为工人生产生活资料而得以实现，尽管它作为活劳动的再生产，是剩余价值生产的必要条件。

回到我们的例子：

Ⅰ. $5{,}000c + 1{,}000v + 1{,}000s = 7{,}000$ 生产资料

Ⅱ. $1{,}430c + 285v + 285s = 2{,}000$ 生活资料

首先，看似部类Ⅱ在为工人生产生活资料的过程中，创造和实现了剩余价值，部类Ⅰ则通过生产必要的生产资料，创造和实现了剩余价值；但如果我们把社会产品视为一个整体，错觉就消失了。等式变成了：

$6{,}430c + 1{,}285v + 1{,}285s = 9{,}000$

现在，如果工人的生活资料被减少了 100 个单位，两个部类的生产将相应地缩减为下列等式：

Ⅰ. $4{,}949c + 989.75v + 989.75s = 6{,}928.5$

Ⅱ. $1,358.5c+270.75v+270.75s = 1,900$

整个社会产品则是：

$6,307.5c+1,260.5v+1,260.5s=8,828.5$

看上去，好像两个部类的总体生产规模与剩余价值的生产都普遍减少了，但这只出现于我们仅考虑总产品结构中的抽象价值数量时；它并不适用于其中的物质结构。如果予以更仔细的研究，我们就会发现劳动的维持费用实际在下降，现在只有更少的生活资料及其生产，但另一方面是，它们除了供养工人，也没有其他的功能。社会产品变少了，雇佣资本也在减少——但资本主义的生产对象不仅仅是尽可能多地使用资本，而是尽可能多地创造剩余价值。因为只要较少的生活资料就足以养活工人，那么就只好减少资本了。如果在第一种情况下，养活社会上所使用的工人的总成本是 1,285，目前则从维持费用中减少了 171.5 的社会产品——即 (9,000−8,828.5) 的差额，并改变了社会产品的结构：

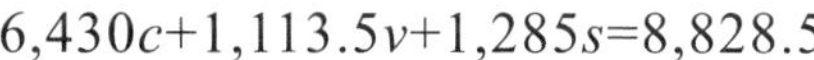

$6,430c+1,113.5v+1,285s=8,828.5$

不变资本与剩余价值保持不变，只有可变资本，即有偿劳动减少了。又或者，如果对不变资本的不受影响持有怀疑，那么我们就进一步假设，如同实际所发生的那样，随着工人的生活资料的减少，在不变资本中也出现了相应的削减。整体的社会产品等式将变成：

$6,307.5c+1,236v+1,285s=8,828.5$

不管社会产品的减少，剩余价值在两种情况下都没有发生变化，下降的只是工人的供养成本。

这样说吧，社会总产品的价值可以被定义为三个组成部分：社会的所有不变资本、可变资本与剩余价值，其中的第一部分不包括额外的劳动力，第二部分与第三部分不包括生产资料。它们的物质形态都形成于特定的生产时期，尽管就价值而言，不变资本产生于上一个生产周期并只是被转入新产品。在此基础上，我们还可以把所有的工人分为下列三个相互独立的类别：专门生产社会总不变资本的工人，专门提供所有工人供养费用的工人，以及为资本家阶级生产全部剩余价值的工人。

因此，如果工人的消费减少了，就只有第二类工人会失业。根据假定，这些工人永远不能为资本创造剩余价值，因而对资本家而言，解雇他们不是损失而是收益，因为这样降低了剩余价值的生产成本。

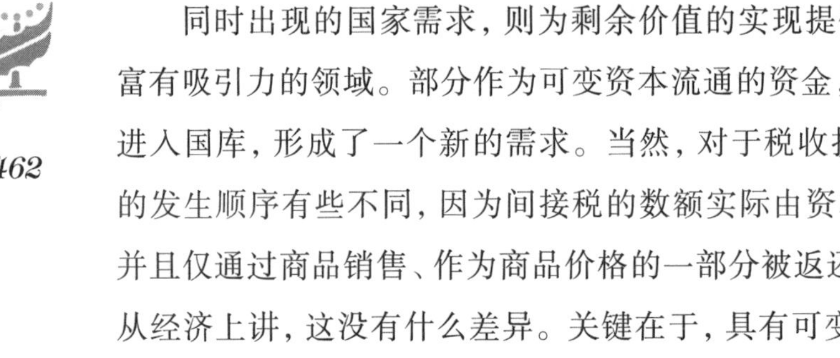

同时出现的国家需求，则为剩余价值的实现提供了一个新的、富有吸引力的领域。部分作为可变资本流通的资金，摆脱这种循环进入国库，形成了一个新的需求。当然，对于税收技术而言，事件的发生顺序有些不同，因为间接税的数额实际由资本为国家垫付，并且仅通过商品销售、作为商品价格的一部分被返还给资本家。但从经济上讲，这没有什么差异。关键在于，具有可变资本功能的货币数量首先应调节资本与劳动力之间的交换。之后，当出现了工人与资本家分别作为商品买家与卖家的交易时，这笔钱就会换手并作为税收交给国家。被资本投入流通的这笔资金，首先在与劳动力的交换中完成了自己的基本功能，随后却在国家的干预下，开始了一个全新的生涯。作为一种新的购买力，它既不属于劳动也不属于资本，只对一个既不满足资本家、也不满足工人阶级需要的特殊生产部门的新产品感兴趣，从而为资本提供创造和实现剩余价值的新机会。过去，我们曾认为，从工人那里剥削而来的间接税被用于支付官员和维持军队，我们发现工人阶级消费中的“节约”意味着是工人而非资本家为资本家阶级的食利者的个人消费提供支付。这种费用逐渐从剩余价值转嫁到可变资本，相应数量的剩余价值变得可以被资本化。现在，我们则看到当剥削自工人的税收被用于军备制造时，如何为资本的积累提供新机遇。

在间接税的基础上，军国主义实际以两种方式开展运作。通过降低工人阶级的一般生活水平，确保资本可以维持常规军队与资本主义的统治机构，从而为进一步的积累开发重大领域。①

我们还必须研究国家购买力在我们的例子中的第二个来源，即总的 250 个单位的军备投资中的另外 150 个。它们与前面所讨论的 100 个单位有着本质的差异，因为它们不是由工人，而是由小资产阶级，即工匠和农民所提供的（在这方面，我们不考虑资本家阶级本身相对微弱的税收贡献）。

国家从广人农民——在此作为我们对所有非无产阶级消费者的总称——那里所征得的税收资金，最初并不是由资本垫付，也没有从流通的资本中被分离出来。在农民的手中，它是已经实现了的商品的等价物，即简单商品生产的交换价值。国家现在得到了非资本主义消费者的部分购买力，也就是说，这些购买力已经可以自由地为资本主义的积累实现剩余价值。现在的问题是，为了军国主义目的，将这一阶层的购买力分流到国家是否会给资本造成经济变化；

① 最终，劳动力更新的正常条件的恶化将导致劳动力自身的恶化，它降低了劳动的平均效率和生产力，从而损害了剩余价值的生产条件。但资本将长时间感觉不到这些后果，也不会直接把它们纳入到自己的经济考量，除非它们引发了一般雇佣劳动者的更加激烈的防卫措施。

如果造成了，又是什么性质的经济变化。看起来，几乎像是我们碰到了再生产的物质形态的又一变化问题。现在，资本将为国家生产等量的战争物资，而不是为农民消费者生产大量的生产资料和生活资料。实际上，这些变化走得更远，首先国家可以利用税收机制，从非资本主义的消费者那里调动比他们通常用于自身消费的更大数量的购买力。

事实上，主要是现代税收制度自己把商品经济强加给农民。在税收的压力下，农民必须把自己的越来越多的农产品转化为商品，同时还必须购买越来越多的商品。税收迫使农民经济的产品进入流通，强迫农民成为资本主义产品的购买者。最后，在农民式的商品生产的基础上，税收制度又从农民经济那里诱导出比原来更多的购买力。

通常被农民和下层中产阶级积攒起来直到足够多才投资到储蓄银行和其他银行的资金，现在被释放出来以形成有效需求和投资机会。现在，对各种商品的大量的个人的、微小的需求——它们形成于不同时间并通常被简单商品生产所满足，已经被广泛的、同质的国家需求所取代了，而国家需求的满足则以高水平的大工业为前提。它需要最有利的剩余价值生产条件和积累条件。以政府军事合同的形式把消费者分散的购买力大批量地集中在一起，且没有个人消费的变化莫测与主观波动，它取得了一个近乎自动的规律，实现了节律性生长。最后，资本自身通过立法机构和制造“公共舆论”的新闻界，控制这一自动和有节奏的军国主义生产运动。这就是该特殊的资本主义积累领域从一开始就看似拥有无限扩张能力的原因。所有其他的扩大市场与建立资本运作基础的尝试，都主要依赖于超出资本控制的历史、社会和政治因素，而军国主义的生产则代表着这样的一个领域，该领域的有规律的、渐进的扩大似乎主要取决于资本自身。

这样，资本就把历史必然性变成了一种优势，即资本主义世界的日益激烈的竞争本身就提供了容量巨大的积累领域。为了执行外交与殖民政策以占有非资本主义国家和社会的生产资料与劳动力，资本越来越多地适用军国主义。在资本主义国家，同样的军国主义以类似的方式把购买力从非资本主义阶层中转移出来。简单商品生产的代表者和工人阶级都受到了同样的影响；以他们为代价，通过掠夺前者的生产力与抑制后者的生活水平，资本积累被提升到了最高水平。不用说，在经历一定阶段后，资本积累的条件在国内与国外都走向了自己的对立面，即它们成了资本主义衰退的条件。

资本对国内与国外的非资本主义阶层的破坏越残酷，越是降低工人阶级的整体生活水平，它每天的历史变化也就会越大。它变成了一系列的政治动乱与社会灾难，在这些条件下，再加上周期性的经济灾难或危机，积累无法再得到进行。

但即使在完全到达资本自己所创造的这种自然经济绝境之前，国际工人阶级也有必要反抗资本的统治。

资本主义是第一个带有宣传武器的经济模式，一种倾向于吞噬全球、消灭所有其他经济制度、不允许任何对手存在的模式；但它同时也是第一个无法依靠自己生存、需要其他经济制度作为媒介和土壤的模式。虽然它力求成为普遍的，并确实因此而具有这种趋势，但它必然会失败，因为它天生不具有成为普遍生产方式的能力。

在它的生存史中，它本身就是一个矛盾，它的积累运动在提供矛盾解决方案的同时又加剧了矛盾。到了一定的发展阶段，除了适用社会主义原则，没有其他的出路。社会主义的目的不是积累，而是通过发展全世界的生产力来满足劳动人民的需要。因此我们发现，社会主义本质上是一种和谐、普遍的经济制度。

图书在版编目(CIP)数据

资本积累论/(德)罗莎·卢森堡著;董文琪译. —北京:商务印书馆,2024

(汉译世界学术名著丛书:120年纪念版:珍藏本:增订本)

ISBN 978-7-100-23812-0

Ⅰ.①资… Ⅱ.①罗…②董… Ⅲ.①资本积累—经济理论 Ⅳ.①F014.391

中国国家版本馆 CIP 数据核字(2024)第 078640 号

汉译世界学术名著丛书

(120 年纪念版·珍藏本·增订本)

资本积累论

〔德〕罗莎·卢森堡 著

董文琪 译

商 务 印 书 馆 出 版

(北京王府井大街 36 号 邮政编码 100710)

商 务 印 书 馆 发 行

北京新华印刷有限公司印刷

ISBN 978-7-100-23812-0

2024 年 5 月第 1 版　　开本 710×1000 1/16

2024 年 5 月北京第 1 次印刷　　印张 29½

定价:165.00 元